儿童写作课

朱萍名师工作室　编著

东南大学出版社
SOUTHEAST UNIVERSITY PRESS
·南京·

内容提要

如何破解小学写作教学难题？首先在于激活儿童的六大写作力——观察力、感受力、想象力、分析力、表达力和思想力。六大写作力，相对独立又相互关联，是教师提升儿童习作水平的具体抓手，更是儿童习作思维发展的引领力量。

其次，富有创意的习作课程保障了每个儿童经历学习写作的全过程，留下宝贵的学习轨迹，如广播剧课程、"个性化日记"课程、微写作课程、绘本写话课程、"读写画"课程、田园习作课程等。每一个儿童写作课程都是团队教师深度实践的结果，都指向了儿童创造潜能的开发。

所有小学写作教学实践和教学经验，还呈现在每一堂课里和每一个教学故事里。团队汇集的统编教材和原创内容的写作教学实录，都是以儿童的生活经验为写作内容，以儿童积极探究展开教学过程，发展儿童语言、提升素养。团队还写下了一个个鲜活的写作教学故事，有借助信息化平台的网络写作故事，有拓展写作素材的电影写作故事，有经典的读写结合的故事，还有真实写作故事、作前聊天故事等。

图书在版编目(CIP)数据

儿童写作课 / 朱萍名师工作室编著. —南京：东南大学出版社，2021.11
　　ISBN 978-7-5641-9873-2

Ⅰ.①儿… Ⅱ.①朱… Ⅲ.①作文课—小学—教学参考资料 Ⅳ.①G624.243

中国版本图书馆 CIP 数据核字(2021)第 254580 号

儿童写作课
ERTONG XIEZUOKE

编　　著	朱萍名师工作室
出版发行	东南大学出版社
社　　址	南京市四牌楼2号　邮编：210096
责任编辑	戴　丽
责任校对	子雪莲
封面设计	王　玥
责任印制	周荣虎
网　　址	http://www.seupress.com
电子邮箱	press@seupress.com
经　　销	全国各地新华书店
印　　刷	江苏凤凰数码印务有限公司
开　　本	700 mm×1000 mm　1/16
印　　张	21.25
字　　数	480 千字
版　　次	2021年11月第1版
印　　次	2021年11月第1次印刷
书　　号	ISBN 978-7-5641-9873-2
定　　价	78.00 元

本社图书若有印装质量问题，请直接与营销部联系。电话：025-83791830

序

朱萍老师的团队为我们呈现的"儿童写作课",如同从清晨的原野里采撷的花朵,沾着新鲜的朝露,散发沁人的芬芳,真切、生动,甚至有几分令人陶醉。触及的问题,则又指向写作教学的一般规律。

写作课根本价值何在?或者说,写作课以什么为目的?从我们对写作教学的一般了解看,中小学的写作课陷入技巧教学的泥沼,老师们所讲的一二三四、ABCD,都是作文技法之类。然而,没有生活土壤,没有思想厚度,没有真情实感,再多的技法也扎不下根,也难以让学生转化为写作素养,真正带得走。朱萍老师的团队显然对此有所警醒,他们的写作课努力以培养学生的写作素养为根本价值追求。具体说来,第一,建构儿童完整的写作生活。他们的写作课程是向儿童的语文生活全面打开的,是涵盖儿童全部的语文学习的。他们提出要培养儿童写作的六大能力——观察力、感受力、想象力、分析力、表达力、思想力,这六大能力构成了儿童写作素养的基本要素,也使儿童在一次次具体写作实践中完成自我构建。第二,聚焦儿童的思考能力。儿童写作课,不是教儿童写已有的东西,而是教儿童写思考过的东西,写作的过程就是思维的过程,就是思考力提升的过程。这里的思考包括逻辑思维和形象思维。引导儿童"我手写我思",儿童的写作课才有内涵,才有品位。可以说,儿童的写作生活是以思想为灵魂的。第三,关注儿童个性化的写作。现在的学校教育是集体性教学的体制安排,但学习是非常具有个性特点的,而写作在诸多学习活动中又最具有个性化的特点。许多写作课没有能够从这一学习活动的特点出发,教学时不能关注具体的儿童,以致儿童的写作手法雷同,作品千人一面、千篇一律,甚至影响儿童的思维模式,影响儿童终身主体人格的养成。朱萍和老师们敏锐地注意到这个问题,他们注意培养儿童的自我意识,关注每一个儿童，引导儿童说自己的话，这才使儿童真正拥有属于自己的写作生活。这样的儿童写作课才真正熠耀着以儿童为本的光彩。

怎么构建写作课的内容体系？朱萍老师的团队是花了大工夫的。他们在长期实践的基础上，构成了儿童写作课的三大系列。第一，教材规定系列。现在的教材是按照读写融通的原则编写的，每一个单元至少有一个写作任务。相对而言，这个写作任务是刚性的，非完成不可。因为，写是读的延伸，是阅读的某些知识的具体化运用。同时，因为写，学生对阅读的领悟更加深刻，阅读中形成的认知图式更能内化、优化。在这个系列的教学中，朱萍老师的团队都能从读写融通的视角设计，特别注意把单元强调的关键能力加以落实。第二，校本开发系列。在朱萍老师那里，写作是覆盖到儿童所有的语文学习的。他们开发了儿童故事屋课程、儿童诗歌读写课程、新闻评论写作课程、个性化日记课程、田园写作课程、节气文化读写课程、绘本写话课程等等。从课程安排看，儿童的语文学习是丰富的，又都是有机融入写作，甚至以写作为主导的。美国的老师强调：一周如果没有三次写作，你将一事无成。巴金谈写作能力培养时说："只有写，才会写。"相比较，一些老师那里只有"大作文"，更有可能，这些老师关于"大作文"的写作课质量也是堪忧的。朱萍老师的团队能够自觉地有创意地开发写作课，在朱萍等老师引导下的儿童，至少写作生活是幸福的，写作能力是可期的。第三，随文练笔系列。我曾经看过朱萍老师的团队将所有统编版教材做过一个梳理，哪些地方随文写作可以安排，他们都列出了纲目。随文写作，大致有三种情况：一种是课文提供了一种表达图式，让学生通过随文练笔学习运用，事半而功倍。另一种是课文中有留白，"言已尽而意无穷"，让学生用自己的语言充实留白，不仅练了笔，而且对作品的意蕴会有更深切的体味。还有一种是教学的一些关节点、高潮处，学生有话要说，想一吐为快，老师顺势而为，提供机会，学生可以尽兴，语文训练也因此而加强。随文练笔，还促使所有儿童都参与到学习中去。这种独立学习又可以提升合作学习的水平，可谓一举多得，朱萍老师的团队有意为之、系统落实，是值得充分肯定的。

如何"授之以渔"？这是写作课绕不开的问题。反对技法至上和唯技法,不是不要技法。写作课当然要教学生"会写"。朱萍老师的团队提供的案例,让我印象较深的有以下几点:第一,问题意识。老师们紧紧贴着儿童的写作实际,发现写作中存在的基本问题,有针对性地设计教学,让教学的过程成为问题解决的过程,从而引导学生突破写作难点。第二,提供支架。学生写作中存在问题,怎么解决?教师的有效支持最重要的是提供学习支架,这种支架来自课文,也来自师生们在写作过程中自己创造的成品。总之,在学生"爬坡"有困难时,为学生"垫了一脚",这道坎过了,儿童的写作就顺畅了。当然,我们还要考虑,怎样让学生自己找支架?怎样为儿童写作提供个性化的支架?提供支架到撤掉支架,怎样进行整体的考量?朱萍老师在这方面已经开了好头,相信后面会有更有心得的研究。第三,也是我最看重的一点,他们的儿童写作课"授之以渔"的,不只是教师,更多的是同伴,或者儿童自己。看看他们的教例,教师大都就是引导者,孩子们自己去感悟、去梳理、去归纳、去提炼。在他们的课堂上,写作的知识是生生、师生共同生产的,儿童学习写作的过程,也是经历群体共同生产写作知识的过程,儿童的写作知识是对话而来,是内化而来。这样的"授之以渔",不仅使儿童获得了方法、技术,也使他们经历了思想的磨炼。

  人常说:理论是灰色的,生活之树常青。何况我只是谈了一些粗浅的读后感,未必得其真谛。要想登堂入室,获取朱萍老师的团队儿童写作课的真经,还是建议同仁们认真品味他们的文章和案例,最好是走进他们原生态的课堂,相信大家在那里,一定会有更大的收获。

杨九俊

2021 年 5 月 31 日

  杨九俊,江苏省教育学会名誉会长,江苏省教育科学研究院研究员,江苏省特级教师。

目录 CONTENTS

第一章　儿童写作力 ························ 1
- 为发展儿童写作思维而教 ························ 2
- 小学习作课堂"视觉思维"漠视的学理审视与问题解决策略 ························ 18
- 自我意识：儿童个性化习作的精神内核 ························ 25
- 整合读写内容，培养高阶思维 ························ 33
- 激发学生想象力，培养写作思维 ························ 39
- 让习作插上思想的翅膀 ························ 45
- 语言弹性的方程式 ························ 55

第二章　儿童写作课程 ························ 61
- 儿童广播剧课程：我的另一种"儿童语文" ························ 62
- 呵护孩子丰盈的心灵世界
  ——低年级"读写画"微课程 ························ 69
- 儿童创意读写课程的内涵、特征及实施路径 ························ 75
- 每种色彩都应盛开
  ——小学高年段"个性化日记"课程的开发与实践 ························ 82
- "童心·节气"读写微课程：重拾传统文化之美
  ——第三学段节气文化读写微课程的开发与实践 ························ 89
- 以读促写：绘本写话课程的探究与实施 ························ 103
- 统编教材单元整合背景下微写作课程的研究与实施 ························ 109
- 写话地图：助力儿童写话自然生长
  ——一年级写话课程设计 ························ 115
- 学程真发生，课堂有真味 ························ 125
- 与自然对话：在深度实践中探寻田园习作之旅 ························ 131

第三章　儿童写作课堂 …………………………………………… 141

紧扣"三力",凸显人物个性
——统编版三年级下册习作六《身边那些有特点的人》教学实录 …… 142

写好游戏过程,细节成就精彩
——统编版四年级上册习作六《记一次游戏》教学实录 ……… 148

触摸生命律动,探寻自然之趣
——统编版四年级上册习作三《写观察日记》教学实录 ……… 154

想象有了温度
——统编版四年级上册习作二《小小"动物园"》教学实录 ……… 161

打开生活万花筒,撷取缤纷花一朵
——统编版四年级上册习作五《生活万花筒》教学实录 ……… 167

用"故事"为想象插上翅膀
——统编版四年级上册习作四《我和_____过一天》教学实录 ……… 176

锻炼表达,提升口语交际能力
——统编版五年级下册《口语交际八》教学实录 ……… 183

因为爱,所以"棒"
——一年级绘本作文《我爸爸》教学实录 ……… 188

让学生插上想象的翅膀
——二年级绘本作文《云朵面包》教学实录 ……… 196

微写作:小聚焦,大突破
——三年级生活作文《按顺序写清楚一连串动作》教学实录 ……… 203

把故事写生动
——三年级绘本作文《獾的礼物》教学实录 ……… 209

习文写话,给孩子一个有趣课堂
——三年级绘本作文《我家是动物园》教学实录 ……… 216

奇妙的想象
——四年级想象作文《想象接龙创编故事》教学实录 ……… 224

对话,原来这样有讲究
——五年级情境作文《学写剧本中的人物对话》教学实录 ……… 231

多一种创造美的角度
——五年级读写练作文《学写动物活动特点》教学实录 ……… 236

第四章　儿童写作故事 ········· 243
  在言语实践中让言语能力提高看得见 ········· 244
  我和孩子的作文故事 ········· 250
  秧好一半谷，题好一半文 ········· 257
  巧迁电影元素，呈现精彩习作 ········· 262
  心理描写：倾听内心的声音
    ——以《谁是幸运星》为例谈"儿童视角"下的写作教学 ········· 266
  小小"蒲公英"的故事 ········· 273
  《负荆请罪》第三幕 ········· 278
  动笔前，让我们聊一聊 ········· 283
  一次美丽的"发现"之旅 ········· 289
  别出心裁言出彩，不拘一格语纷呈
    ——以写诗填词为例谈"活化言语"的尝试 ········· 295
  从规范走向个性与创新
    ——跟托尔斯泰学心理描写 ········· 300
  踏上"真情写作"的追寻之路 ········· 304
  读写结合，让《宝葫芦的秘密（节选）》更"有意思" ········· 309
  我们班与网络作文的那些故事 ········· 315
  在"真实写作"中学会写作
    ——记一次习作课磨课经历和课后思考 ········· 321
  其实，每一个孩子都是语言大师 ········· 325

后记 ········· 329

第一章 儿童写作力

　　儿童写作不能仅仅关注作品,更要关注写作过程,关注写作过程中儿童思维的发展与提升。那么,如何在儿童写作教学中有效落实习作思维的培养?这是儿童写作研究不可回避的重要课题。

　　我们提出写作思维的六大能力,其中有多维视角的观察力,有细致体悟的感受力,有自由新奇的想象力,有斟词酌句的分析力,有自然灵动的表达力,以及深刻理性的思想力。这六种"写作力"相互关联,又相对独立。儿童写作力将抽象的写作思维具体化,让提升儿童写作思维有了具体的抓手,是儿童写作思维发展的引领力量。

为发展儿童写作思维而教

作为一群热爱儿童、热爱习作、热爱教学、热爱儿童习作教学的人，我们始终把"让习作成为童年的快乐和需要"作为自己的初心、职责和使命。什么是好的儿童习作教学？我们认为，好的习作教学，一定是着眼于一个个活泼泼的儿童，和着儿童情感的节拍，尊重儿童的天性与个性，并让习作成为儿童幸福童年的生活方式。

儿童习作教学，应该让孩子在习作实践中找到"自我"，通过习作自我探求，具备自我意图的观照。教师应该积极创设符合儿童年龄特点的教学情境，创造丰富、快乐的童年活动，让儿童在喜闻乐见的生活中充分体验、观察、交流，引起他们在活动中的"自我探求"和"自我追问"，激发儿童主动表达的意识，启发儿童说真话、抒真情。

我们坚信，习作是童年生活的重要组成部分，且应该成为儿童的一种生活方式。习作教学应该在儿童的自我建构中得以完成，儿童也会因习作更加快乐、幸福。

我们思索，如何将习作与童年生活统一起来，让儿童在真实的生活中积极调动起各种感官，充分参与体验、主动观察发现、尽情抒写创造，用语言文字记录下快乐的童年足迹，而这些记录值得他们珍藏一生，也会滋养他们一生。

我们希望，我们的习作教学，最终目标是能够帮助儿童通过写作与他人交流、自我抒发感情、发表意见、参与社会实践，让习作成为一种重要的生活乐趣。

我们深知，唯有尊重儿童内在情感、思维发展规律的习作教学，唯有尊重儿童个性差异的习作教学，才能真正促进儿童习作能力和语言基本素养的有效形成和发展。

一、提出"培养儿童写作思维力"的背景

令我们欣慰的是，作文教学改革多年来，已取得了不少好成绩和好经验。然而，审视当下儿童习作现状，"少慢差费""千人一面"等现象依然很普遍地存在着，"怕写作文"始终是学生习作的一大症结。我们曾经将三到六年级同类题材

的儿童习作进行对比,发现了一些"变"与"不变":逐年改变的是,越往高年级走,学生习作的字数要求越多;基本不变的是,儿童习作视野狭窄、素材雷同、结构松散、语言老套。相较于广大教师多年的指导、训练学生习作所耗费的心血,学生的写作思维能力的提升幅度的确不大。

通过长期基于教学第一线的观察和思考,我们发现目前小学生习作教学中普遍存在以下问题:

其一,注重结果,轻视过程。以第三学段为例,《义务教育语文课程标准(2011年版)》(以下简称《课程标准》)对这一学段学生习作提出的要求是:"懂得写作是为了自我表达和与人交流。"可现实生活中,学生罕有以自我表达和与人交流为指向的写作,基本都是为了完成教师所布置的习作任务。在这种情形下,无论教师的指导多么努力,示范的例文多么精美,都不能够真正有效地调动起学生的写作兴趣和写作思维。长期处于如此的学习状态,学生的习作内容和形式都将必然指向那一篇篇作文本上的"结果",而缺少了写作中最珍贵的思索"过程"。

其二,套路明显,个性不足。仍以小学第三学段的习作教学为例,《课程标准》提出"内容具体,感情真实。能根据内容表达的需要,分段表述"的要求。其中,"内容具体"似乎从低年级开始就被教师当作习作教学的"金科玉律",成了教师挂在嘴边的"口头禅"。然而,具体到教学实践中,很多教师也仅仅是在人物的"动作、语言、神态"上不断地追问"车轱辘话":"这样写还不够具体,请再写得生动、具体一点。"不仅如此,"表达情感"也被"套路化"的首尾呼应、连续排比所替代;"分段"也被"格式化"为"开头结尾要围绕文章中心反复强调,否则就会偏题""文章最好分成五到六个自然段,这样条理最清楚"等等所谓"写作技巧"或"作文模式"等。然而,作文终归是作者表情达意的工具和载体,作者情动于衷、外化于文,怎能统一要求成一个模式来"表达情感"? 正因为此,《课程标准》中才特别强调:"能根据内容表达的需要,分段表述。"可见,应该在满足情感表达需要的前提下灵活运用,包括"分段"在内的所有"文章技巧"。处于写作思维发展黄金时期的小学阶段的学生,一定不能囿于"套路"而成"邯郸学步"之人。

其三,缺乏自改,评价笼统。《课程标准》从第二学段开始就提出"学习修改习作中明显错误的词句",第三学段更是进一步要求"修改自己的习作,并主动与他人交换修改"。可是,现实教学中,学生自评自改的能力普遍无法得到有效的发展。除了很多教师没有明确此项要求,以致学生难以养成良好的自改能力之外,更为重要的是学生也只是习惯于看一眼教师评点之后的分数和评语,这自然也就导致了针对自己的习作问题进行重构文章、丰富内容、调整重点、雕琢语言的思考过程的缺失。再加上教师的习作评语大都很笼统,无非就是"具体生动、重点突出、富有童趣"等套话,学生很容易缺失自我修改的"方向标",也就难以展开有效的作文评改。作文讲评,不仅需要讲讲评评,更需要练练。仅仅悟得写作方法、写作知识,尚不能转化为写作能力,唯有实践才能化知识为能力。有效的作文讲评,应该能让我们看到作文质量的提升;在富有愉悦感的思维碰撞中,实实在在的进步感也要充分体现出来:作文讲评,应是一种基于思维力提升的"再写作"。如果说,习作指导课是教师为儿童写作信心鼓足力量的首次起航,那么,习作讲评课,正是儿童写作思维扬起风帆的再次出发。

二、什么是写作思维力?

作文教学千万条,学生爱写第一条。作文教学首先需要解决的问题便是让学生发自内心地"想写、爱写、愿意写"。可用什么方法才能有效调动起学生的写作积极性呢?于是,紧随其后的第二个问题便来了——让学生"写什么"?应该说,"愿意写"和"写什么"正是儿童写好作文的前提和基础。

如何让学生欢心喜悦地拿起笔来写作文?最关键的秘诀就在于教师能够充分激发学生的表达意愿,让学生感到自己"有话想说,不吐不快"。因此,适合儿童心理需求和生活情境的作文题目就显得尤其珍贵。好的作文题目应该真正触及儿童的心灵。例如面对"一件难忘的事儿"这样大而泛泛的话题,学生通常的反应是"最近没有什么难忘的事儿啊,这个题目我实在不会写"。其实,不是他们不会写,而是不想写、不愿写。是真的缺少生活积累吗?其实不然,原因往往是我们的作文题目"姿态太高",过于"一本正经",因而不能够唤醒学生的兴趣;或者过于笼统、过于平淡,丝毫不能触及学生内心的真实感受和情感积淀,导致学生熟视无睹、审美疲劳,自然也就没有写作文的激情。

然而,仅有真情实感和写作情绪,还远远不够,还需要有思维的支撑才能让儿童的写作"行稳致远"。是的,贯穿写作教学全过程的一条线索正是思维。在小学阶段,学生说与写的能力发展极不平衡,这是较为普遍的学情。甚至绝大多数受过教育的成年人,往往也是"说得要比写得好得多"。为何如此呢?写作心理学研究发现,口头语言转化为书面语言之前,要先转化为内部思维语言,这是写作的"核心处理器"。只有经过长期言语实践后,才能实现"说与写"的无缝对接。在整个小学阶段,大多数言语训练不到位的儿童是很难实现"说与写"即时转换的。所以,我们的习作教学必须要在学生表达的关键处——"写作思维"上做好梳理、拓展、指导、丰富和提升。

何谓写作思维力?简而言之,在习作过程中,运用语言文字加以写作表达的思维能力即是写作思维力。如果说,写作是说话的延伸和提升,那么,写作思维就是语文思维的延伸和提升,是直觉思维、形象思维、抽象思维和辩证思维在写作过程中的具体表征,是一般语文思维在写作过程中的强化体现。

我们常说"想好才能写好",其实就是在强调写作思维活动的价值。关于写作与思维的关系问题,美国纽约大学的著名写作理论家、写作教育家唐纳德·奎得和罗伯特·爱德温概括得最为准确:"过去大家以为,思维是一种内部的语言活动,而写作是外在的语言表达,这是自然不错的。但事实上,我们在思考问题时,总要有一定的语言形式,这就涉及思维和口头语言之间的密切联系的问题了。在整个写作中,写作和思维的特征是同时产生的,写作的过程也就是思维的过程。在写作的时候,我们除了要学习如何以小见大,如何在局部小事中包含较广阔、较深远的意思之外,还要学习怎样将一种思维形式引导到文章的结构形式中,怎样使一个简单的词语和隐喻成为一篇文章的一个组成部分,等等。"

也正是基于此,当代著名心理学家、教育家皮亚杰才会斩钉截铁地说:"写作才能思维。"同样也是源于此,语文大家叶圣陶先生才谆谆教导我们:"学习写作的人应该记住,学习写作不单是在空白的纸上涂上一些字句,重要的还要在乎学习思想。"我们就作文教学来看,写作思维的训练价值最大,因为它最具有可教性和可学性,所以它自然应该是习作教学与训练的重中之重。正是因为思维与写作的联系最密切,因此,我们坚信并大声地鼓与呼:"为发展儿童写作思维而教,就是牵住了作文训练的'纲','纲'举方能'目'张。"

三、儿童写作思维力的六个维度

我们富有开创性地提出写作思维的六大能力,即观察力、感受力、想象力、分析力、表达力和思想力。这六种"写作力"犹如六座连绵相依、风光秀丽的山峰,吸引着有志于儿童习作教学研究的同仁去攀登览胜,于山谷峰顶间、云霞照耀处领略那无限的"美"。

(一)观察力:美在准确,美在独特

儿童要写好作文,最重要的秘诀就是要热爱生活,拥有一颗对生活的好奇心,对生活具有敏锐的观察力。一个对周围事物从不凝神注视的人,当然也不可能把握住事物的特点,建立起事物间的联系,创造出美妙的语言。

好的写作首先是观察出来的。观察力强的孩子,不仅能做到准确、细致观察,而且能够做到多角度、多层面观察。比如,学生在假期里来到名胜景区游玩,以寻常的观察,看到的是山顶上、山坡上和山脚下都有许多人,这是从近处观察所看到的景象,不可谓不准确、不细致。若观察仅止于此,顶多写出"人山人海"

等"长了白胡子的句子"。如何让观察力"升级"？需要我们引导儿童进行多角度的观察。比如我们知道，电影镜头有远景、中景、近景和特写之分。运用远景，镜头拍摄出来的空间大，空间里的景物就相对缩小，这时看上去景物就不像是原来的样子。很多精彩的描写便是运用"大远景"的手法产生的。经过指导，学生站在这一座山，望向那一座山，观察到整个山头满是人，这时候视野里的人缩得很小，看上去活像一群蚂蚁。于是浓缩了童真妙趣的"蚁聚"一词便诞生于笔下。

凡是太过宏大的景象都难以观察，也难以描写。如让儿童描写天空，试问如何才能让他们整体把握住天空的特点呢？答案是教会他们运用远景手法进行观察。如天空看上去就是一座中央高、四面低的"圆顶苍穹"，活像蒙古包。这样观察出的天空就极具形象美。类似运用远景手法描写的还有"游人好像蝴蝶，在桃花白下、杏花红间翩翩起舞""在城市的大绘本中，学校是装帧最讲究、最精美的一幅插画"，等等，不一而足。

景物太大，固然难写，景物太小，也不好描写。怎么办？我们依然可以借鉴电影技术，尝试拉近距离来观察，实现放大和夸张的视觉效果。比如，有同学描写一个小球迷奋勇踢球时擦伤了腿，贴近了观察后写道："那火辣辣的伤口，也是一道阻击对手进攻的钢铁闸门。"您瞧，把伤口放大到"钢铁闸门"那么大的程度，多么有童趣。

观察不仅要多角度，还需要多层面。例如，同样是观察一朵玫瑰花，从视觉上观察，可以说"好像是一位穿着大红连衣裙的小姑娘"；从触觉上观察，可以说"摸上去犹如柔软的天鹅绒布"；从嗅觉上观察，可以说"那清香的芬芳，正是幸福生活的蜜糖"。

大千世界，丰富多彩，只有引导儿童充分调动感官系统，准确、细致、多角度、多层面地观察，才能帮助他们在习作时迸发灵感，眼有所见，心有所想，笔下流淌出一句句美妙的语句。

（二）感受力：美在细致，美在人情

感受力，就是人对自然和生活的细腻感受、细致体悟的能力，具有鲜明的个人色彩和情感倾向。因此，习作感受力，美就美在细致的感悟、脉脉的人情。有作家总结："一个好的写作者，其本领不在于他对生活中强信息的接收，而在于他是否能捕捉到生活中的微信息。"还有所谓"魅力藏在细节中"，说的都是感受力。儿童写作能力要想获得长足的发展，就需要对生活场面、自然景物、人际交往、社会现象等等的价值和意义具备捕捉、觉察和感受的能力。学生对四季变化、阴晴晦明缺乏感受力，眼里就没有风景，笔下也不会有描绘；对举手投足、眉高眼低缺乏感受力，眼里就没有细节，笔下也不会有故事。

　　写好作文，离不开细致入微、富有人情的感受力。比如，同样是看湖、写湖，不同的人，因为周围环境、兴趣爱好、文化素养各异，感受就会大相径庭。即便是同一个人在不同的心境下看湖，所获得的感受也会各有旨趣。若是在晴天丽日的天气下游湖，蓝天白云倒映在清澈平静的湖面，"天光云影共徘徊"间，赏湖人心情大好，会感受到湖与天相融，湖就好像是大地上的一片天。若是赏湖人热爱自然，又心平气和，当他看到湖面映出晚霞的余晖，"半江瑟瑟半江红"时，便会感受到湖面上流光溢彩，俨然就是晚霞的一面镜子。若是看湖人刚刚受到了坏人的欺骗，吃了大亏，遭受了挫折，心灰意冷，再看这湖，真是一个险恶的陷阱。若是看湖人热衷于美术，醉心于绘画，在斑斓树木的映照下，怎么看那湖，都感觉是一幅漂亮的水彩画。若是看湖人酷爱摄影，在夏日的夜晚，见湖面"微微风簇浪"，定会感受到那是"散作满河星"，于是湖便成了星星的摄影机。

　　同样是源于感同身受的"移情原理"，若是看湖人正热切地等待一个人或一个消息，那一汪湖水，就好像是一只望眼欲穿的眼；若是看湖人正口渴难耐，那湖便是群山捧出的一杯饮料；若是看湖人刚看了一本《格林童话》，他会很容易感受到那湖是青蛙王子的海；若是看湖人是个运动健将、健身达人，在他眼里那湖便是运动场……

　　总之，如果儿童对自然和生活的感受不敏锐，没有形成自己的内心喜好和情感倾向，那他的观察、描写一定还是浅层的、被动的、无个性的、无生命力的。感受力的培养对儿童写作思维的发展至关重要。童年时期，错失培养感受力的最佳时机，将直接影响儿童以后感受力的发展水平。我们要让孩子放慢生活的节奏，走出狭小的空间，停下匆忙的脚步，多一些体验，多一些发自心灵的对话，这样儿童的感受能力才可以逐步得到提升。感受力强了，内心丰盈了，才能够从生活中感受真善美，才能感受到别人不易觉察、难以捕捉的"微信息"，好的语句也才会水到渠成。

　　其实，观察力和感受力，正如一对须臾不可分离的好兄弟，不存在没有感受的高质量观察，也决然不可能有脱离了观察的精细感受。

　　善教作文者，首先应当善于培养儿童写作思维中的这两种基础能力。这也是教师习作教学素养的基础能力。

（三）分析力：美在严谨，美在引申

　　说起分析力，我们耳熟能详的是数学思维能力的培养，由例题分析到习题操练，学生在教师的带领下分析问题，然后解决问题。其实，要让学生学好作文，教师同样需要注重培养学生的分析力。因为作文是一项艰苦复杂的脑力劳动，它的每一个步骤、每一个环节，都必须以分析为基础。没有分析，审题立意、布局谋篇、遣词造句、增删修改都无法进行。因此，在儿童习作训练中，我们应该格外重视分析力的训练。

首先，好的习作需要分析力。字词语句从来不是孤立存在的，它是整篇文章的一个部分。用什么样的词句才恰当，得看文章整体需要什么样的效果。这就需要分析局部和整体的关系。比如，只有当描写复仇的军人时，我们才会把士兵的头发和鞭子联系起来。但如果写美发店，能说头发像鞭子吗？当然不合时宜。可见有的语句虽好，但未必放在任何地方都适用。

再比如，同一篇文章中，有学生两次形容秒针，一次是在怀念农村生活的段落中，顺着这种情感，他很自然地把走动的秒针看作"鸡啄碎米"，这种表达就合乎情境。另一个段落中他写的是外出旅行，"在家千日好，出门一时难"，顺着这种情感基调，秒针在他眼里一步一步走得很慢、很吃力，就像他辛苦行路、负重前进一样。可以想见，两次表达时，作者一定有着深思熟虑的分析。其思维辨析时的精细，不亚于"吟安一个字，捻断数茎须"琢磨时的仔细。

其次，写作思维力强的人都擅长运用语言的引申义。儿童习作过程中，"炼字"是很考验能力的。打开字典，我们会发现字的字义由"本义"和"引申义"构成。本义是字本来的意思，是字刚刚被造出来时的意思。后来随着字的运用范围越来越广泛，它的意思也随之扩大了，用途更广泛了，于是便产生了引申义。这种语言"引申"的现象，好比是向湖中投入一粒石子，水面出现一圈圈的波纹，那圆心便是本义，那一层层涟漪便是引申义。比如，课文《桂花雨》中："全年，整个村子都浸在桂花的香气里。"这里的"浸"字用得巧妙，其实正暗藏着一个引申的句子："整个村子都浸泡在如水波般涌动的桂花香气里。"细细想来，很多带给我们高级文学陌生感的"字"，都含有精简、隐藏了的引申意思。

岂止"炼字"，阅读学生的优秀作文，凡有文学效果的语句，多半是运用了引申义。"亲情可以化陋室为宫殿"，这个宫殿绝不是真正的明清故宫。"友谊是调味品，也是止痛剂"，这个调味品绝不是椒盐酱醋，这个止痛剂也绝不是阿司匹林。有个学生写过一句很豪迈的话："我的字典里，从没有'难'字。"一个小学生不可能编写过字典。书店里也没有一部以他名字来命名的字典，他为何能够这样说呢？其实，要运用引申义才能够解释这句话里的"字典"。字典是什么？它是一本"书"，是人们用字的总汇，对每个字的用法都有可靠的说明。那么，"我的字典"就是这个同学所用过的字（此为第一次引申），也就是他曾说过的话（此为第二次引申），一个人说话用字即代表了他的思想，他既然从没有说过、写过"难"

字,也就是指他从来不会惧怕困难(这是第三次引申)。为什么不干脆说"我从来不怕困难"呢？因为这样说虽然意思没有改变,但却毫无文采。这看似平常的一句话,竟隐藏着三次引申。没有强大的分析力,如何能够写出这样看似平常,却耐人寻味的佳句?

(四) 想象力:美在新奇,美在合理

想象力是大自然给予人类的"天赋神权",是儿童精神发展最美妙的神奇礼物。朱萍老师更是坚信,在儿童习作中,想象力是最宝贵的素养和能力。她说:"儿童想象力的培养很困难,可是扼杀它却很容易。一个不屑的眼神、一句轻视的话语,就足以将想象扼杀。因而教学中,教师对儿童想象力的养护、激励和成全显得尤为重要。"根据儿童年龄、阅历和心智的特点,儿童写作思维创新性培养重点就在于激活想象力。《课程标准》在小学各个学段的具体目标中都提出了这个要求:第一学段是"写想象中的事物",第二学段是"能不拘形式地写下自己的见闻、感受和想象",第三学段是"能写简单的纪实作文和想象作文"。由此可见"想象力"培养的重要性。

现实教学中,一提到写"想象作文",很多孩子就是"穿越时空""遇见外星人"的"超现实主义题材"。殊不知习作的宝藏不是远在"外太空",而是就在我们身边的环境中、我们脚下的土地上。儿童想象力,美在新奇,美在合理。拥有丰富想象力的儿童,可以扎根于合理的现实土地,让笔下生出新奇的"鲜花"。

我们运用语言文字直接描写事物,看似容易,可惜多半很难出色,但是,若用一句似乎平平凡凡的话去描述与之类似的另一事物,这句话就好像被"灵光所照",其内部似有一股潜力奔放出来,给人以"毛虫化蝶"的惊喜。比如,引导孩子们描写波浪滔天,该如何写出文采?就波浪写波浪,恐怕没有多少人能写好。只一句"山外有山,忽起忽伏,连绵不断",很多人都要费尽心思也才只能写到这个程度。如果引导学生从波浪形态上加以想象,学生便会联想到群山万壑,因为那山峰山谷和波峰波谷是多么相似。于是,由眼前的山峰去想象心中的海浪,海浪也"忽起忽伏,连绵不断";由海浪而想象群山,写出"远望,连绵群山是那凝固的海浪",海浪就"救活"了群山。这就是运用想象力来实现"化平淡为神奇"了。同样,换一个情境,我们也可以用"忽起忽伏,连绵不断"的群山去"救活"海浪,把海浪描写成"沸腾的群山"。在想象力丰富的人看来,两件事物不能,也不必完全相像,我们只需要取其近似的一点联系即可,哪怕这一点联系只是轻如飞絮、细若游丝。山和海不同之处颇多,但只是从"连绵起伏"这一点着眼,就可由山想象到海,也可以由海想象到山。

分析力和想象力犹如鸟之双足和双翼,正是儿童写作思维发展的助推力。分析力好比双足,想象力犹如双翼。若鸟儿只有双足没有双翼,则只能在地面行走蹦跳,无法飞向高远的蓝天。同理,若儿童习作教学只注重分析力而轻视想象力,则学生的作文将失去飘逸飞扬的灵性,读来毫无童趣。若鸟儿只有双翼没有双足,也必将飞在空中,无处寻找大地上的栖息地。如果儿童习作教学只强调激发想象力而忽略了分析力,则学生的作文必定是东拉西扯,不知所云,与胡思乱想无异。只有双足强健,双翼有力,才能助推鸟儿腾于枝头,飞翔蓝天。所以,分析力和想象力相互支持,方能平衡。没有想象,分析会缺少许多乐趣。只有想象,不依托于分析,想象也会漫无边际。

善教作文者,应当兼顾发展儿童写作思维中的这两种助推力。这也是教师提升习作教学素养的助推力。

(五) 表达力:美在妥帖,美在创造

发展习作表达力,是儿童作文教学的核心目标。习作表达力是指写作者能够根据表达内容和表达对象,灵活选用适宜、妥帖的表达方式,将自己的情感思想准确、清楚地表达出来,并能给读者留下良好感受和深刻印象的能力。它应该包含两个方面:其一,表达的内容,此谓表达之"意";其二,表达的形式,此谓表达之"形"。良好的表达能力就应该以契合的"形"展现丰富的"意",在表达过程中学生能够自然地在形意之间切换,实现语言表达的灵动自然。

朱萍老师曾问大家:"你觉得表达力能否纳入儿童习作力的范畴?"我们想了又想,认为完全可以,也应该纳入进来。作家王蒙说过:"任何一个意思,都有大致十五种及以上的表达方式,我们应该追求那个最好的表达方式。"这句话正说明了训练表达力的价值和意义。表达力也正是衡量学生写作思维力的显性标准。

表达力之美,首先美在妥帖,即意思表达出来要让他人读了之后感到适宜、妥当。学生要描写一种情状,往往苦于如何表达才能使读者知道那到底是一种什么样子,比喻恰是我们可使用的最便捷,也是最重要的"修辞工具"。文学家努力寻找的是别人没有用过的创造性比喻,而我们日常写作,用的多是约定俗成的比喻。比如,我们都管演员叫明星。吃喜酒时,有人酒量大,就说他是海量,如海之量。"铁汉",像钢铁一样的汉子。"山积",像山一般堆积。"斧正",像用斧子一般指正……生活中真可谓处处皆是比喻,也可以说比喻中自有天地!

表达力更高级的美感,在于创造。我们在写作时,可能写出四种句子:一、内容陈旧,形式也陈旧的句子;二、内容陈旧,形式却新颖的句子;三、内容新颖,而

形式陈旧的句子;四、内容和形式都新颖的句子。有志于写作的人自然会追求第四种句子,然而这种句子确实因难为之,而不可多得!一般而言,我们都是在"内容旧而形式新"和"形式旧而内容新"两种表达之间奋斗。有时因为内容旧,必须琢磨新的形式以资救济;有时因为内容新,姑且沿用旧的形式作外衣。在语文的世界里,"创新的法则"永远是少数人创造,多数人模仿。所谓"转益多师是汝师",我们需要模仿他人好的表达。我们苦心孤诣创造出新的表达,即便"预支五百年新意"后,却也不到片刻"又觉陈"。

表达的创新实属艰辛,我们如何能让自己的表达多一些"新鲜感"呢?运用修辞手法正可以助我们一臂之力。如比喻是同时描写两个东西,使它们相互辉映,互相衬托,互相形容,在某一点上合二为一,这正是"双料"描写、"复式"描写。比如,有同学写道:"每朵花都像即将登台的演员那样打扮得美丽端庄。""深秋傍晚,风很急劲,弹拨琴弦似的吹动在草叶上,发出一片瑟瑟声。"这些比喻皆能让表达者尽兴倾吐,让接受者感觉新意。

当我们在学习一个新词时,很可能是在同时学一种新鲜的表达。比如"兔脱",若只解释为"迅速逃走"是不够的,只有理解为"像兔子一样逃走了",才算解释得传神。同理,"学业荒废"并不是把功课忘记了而已,还带着田里没长庄稼只长野草的惋惜。

既然许多词语都是变形的比喻,我们就可以把这些已熟知的词语化作句子,这样便能收到创新的效果。仅举一例,"商店开张",有学生写道:"那家商店像一张弓般徐徐拉开了。"又写那老板:"他开了店,精神紧张得像一张拉足了的弓。"如此"反其道而行之",就能让一个平常词语重获新生,得到满满的新鲜感了。

(六) 思想力:美在真诚,美在深刻

培养思想力,是帮助儿童写好今天的作文,服务于明天发展的引领性力量。比之满篇成语却空洞无物的作文,那些洋溢着真诚童心,又不乏真切思想的儿童习作更能闪耀着文学审美的灵光。

怎样才能具有良好的习作思想力呢?这无疑需要付出艰辛的努力。这种能力不可能一蹴而就,而是需要勤于观察,乐于思考;需要博览群书,汲取营养;需要开阔视野,涵养价值观;需要提高认识,让精神世界更丰厚。语言修辞,能为儿童发展思想力铺就一条生趣盎然的通幽路径,通向真诚而深刻的审美之境。

钱锺书的《围城》,未必是小学生必读的推荐书目。但书中有数百个富有哲理、精彩绝伦的语句,令人回味无穷。我会把书中颇为幽默的语句挑拣出来,和学生一同品味。比如,有位从美国留洋归国的张先生附庸风雅,喜欢在中国话里

夹杂无谓的英文，似乎汉语不足以表达他的意思。钱锺书先说这些英文好比是"一个人嘴里镶的金牙"，总是露出来给别人看，只为炫耀他的阔气。可随后再一想，"金牙"毕竟还能用于咀嚼，但这些"散装"英文除了令人厌恶之外，并无任何有助于表情达意的作用。于是钱钟书写道："还比不得嘴里嵌的金牙，因为金牙不仅装点，尚可使用，只好比牙缝里嵌的肉屑，表示饭菜吃得好，此外全无用处。"玩味之余，会心一笑，我们也能感受到钱先生反对崇洋媚外的思想。

翻开习作能力出众的小学生的作文本，那一句句洋溢着思想生命力的语句真是俯拾皆是，让人目不暇接。比如，我们总是说"长江如带"，可有同学认为说长江像一条带子，是降低了长江的气势。他在飞机上俯瞰了长江后，认为那绝不是一条无生命的带子，因为它的每一个波浪都撼动着自己的神经。长江应该是祖国大地上流淌着的一根动力澎湃的血管，是祖国母亲的动脉血管。这句话就体现出了小作者感恩长江、热爱祖国的思想。

又比如，当一场足球赛胜利后，很多同学观察球员们满脸汗珠时，写下的大多都是"汗如雨下"。可有同学认为这些汗珠是为力争冠军而流的，凝聚着球员们的荣誉感，这是"雨水"所不能体现的，于是他想到了："每一颗汗珠都是镶嵌在冠军奖杯上的珍珠。"这个句子就充分体现出小作者崇尚胜利、勇于拼搏的思想。

再比如，有位同学对手表生出了想法："看着表面上逐渐扩大的两针之间的夹角，便想到了那是一面徐徐打开的扇面。"还不满足于此，他由一块手表想到了整个钟表大家族，于是精彩的佳句又诞生了——"它们有一个庞大的家族，族长住在气象局。它们还有国际背景，跟格林尼治天文台息息相关。它们有严密的指挥系统，每天中午十二时整，全族照例要向族长报到，校正自己的错误。"这段文字里的"家族、族长、国际背景、指挥系统、报到"，都具有深刻的情思。小作者如果没有丰沛的思想，如何能够驾驭它们？

表达力和思想力犹如一辆汽车的四轮和引擎，正是儿童写作思维进阶的引领力。表达力就是四轮，思想力就是引擎。汽车性能好不好，最直观的体现就是四轮转得快不快、稳不稳。但轮子自己不会转动，它需要有强劲的引擎做动力支撑。同理，儿童习作素养高不高，最直观的表现是他的语言表达是否能做到文从字顺，更高一点的要求是文工意新，最高的要求是言近旨远。当然，这样的语言表达力绝不是堆砌华丽辞藻，更不是故作高深语句，它需要有丰厚、深刻的思想做引领。在强劲的思想力的牵引下，表达力才能不断地"泵"出"汩汩清泉"，"涌"出"源源活水"。表达力和思想力，又如一个富有魅力的人的健康俊朗的形象及谈吐不俗的气质和厚德载物的品质。良好的表达，一定蕴含着真诚的思想；诚恳的思想也需要适宜的表达。

善教作文者,应当有此前瞻意识,高度重视学生表达力和思想力的进阶成长,着力激活儿童写作思维中的这两种引领力量。这也是教师习作教学素养进阶的引领力量。

四、提出"为发展儿童写作思维力而教"的价值

思维是与言语生成"知行合一"的,没有思维就没有写作,物化的思维就是写作,写作就是让思维定型。与此同时,写作思维的展开也是对一种抽象的无限生命时空之美的表达。在写作中,文章的立意、选材、行文、言语、结构的生成又是对一个时代的写作文化精神的表达。因此,我们坚定地相信,写作言语运行的背后就是写作思维的运行,写作思维的运行依靠的是写作审美活动的推动,而写作美学背后又受写作者的时代、地域乃至文化精神的制约、推动。故而,"言—思—美—文"就是写作行为的核心素养和内在机制,只有站在儿童的立场上,对儿童潜藏于心智中的这些因素予以唤醒、培养,才能帮助他们发展出强大的写作能力。

写作思维如此重要,而学生习作素养的基本框架又是在小学阶段得以形成的。那么,如何在儿童习作教学中有效落实写作思维的培养,就是有志于儿童习作教学研究的教师不可回避的重要课题。

当下很多的习作课堂,似乎都流行着"习作技巧满堂飞"。我们并不否认,习作固然离不开技巧,但如果缺乏思维的深度加工,习作技巧就只能是一堆僵化的公式和符号,无法真正激发儿童习作的兴趣,更无法形成随取随用、能带得走、可迁移的习作能力。

儿童习作过程中的每一个环节,大如选材立意,中至谋篇布局,小到遣词造句等,都是思维活动在起作用。思维乃是习作的基础、前提和灵魂,没有精细绵密的思维支撑,就没有习作活动。反之,只有通过习作活动,思维才能凭借文字符号这个载体而媒介化、清晰化,思维的轨迹才能被"白纸黑字"地彰显出来。一个完整的习作过程,总是情智内化过程和思维外化过程的有机统一。同时,也只有通过高质量的习作训练,脑海中的朦胧意象才能发展得清晰明朗,思绪中的杂乱无章才能被整理得井然有序,思考中的肤浅见解才能逐渐得到沉潜升华,思维中的疏漏之处才能得以弥补修正。如此,写作思维才能发展得严谨、周全而强健。

基于这样的学理,我们认为儿童习作教学就是要以写作思维训练为核心,同时注重写作动力的培养和激发。唯有这样的训练才能够较快地,并且大面积地提高儿童的写作水平和能力。这不仅为了今天的考试,也为了明天的生活、未来的工作,以及生命中的创作。

五、"为发展儿童写作思维力而教"的可能路径

一个完整的写作思维活动过程,总是情感的内孕过程和文章的外化过程的有机统一。习作过程中,思维要与知识、经验、情感相互作用。习作是抽象思维、形象思维、灵感思维综合运用的结果,思维与思维之间也存在着相互作用。此外,任何新信息介入习作活动之后,也都会与思维产生交互作用。各种因素相互联系、相互影响、相互制约、相互交融,产生动态反应,形成具有情思智能的思维状态,进而影响儿童的习作活动。因此,良好的儿童习作教学应致力于营造有助于儿童写作思维发展的教学情境。

作家陈祖芬说:"童年是在没有天真没有想象力的时候结束的。"这话耐人寻味:童年,并不完全是一个时间概念;童年,其界限应该以是否具有儿童特性的思维力来划分。

写作思维力,关乎儿童精神生命的成长。今天,我们该如何养护儿童发展写作思维力?

这里我们先来说说何为养护儿童的写作思维力。它主要是指发现并呵护儿童写作思维的潜能,并积极创设条件,给予适当指导,为他们创造实践机会,使他们的写作思维潜能得到最大的发展。

表1-1 课程总目标:提升习作兴趣,发展儿童的写作思维力

年段规划	年段目标	学习资源	实施方式	时间分配	评量方式
低年段	发展兴趣,提高表达能力	绘本故事、童话故事	戏剧扮演、故事讲述	每学期8个单元,共计16次	鼓励参与、儿童互评
中年段	发展思维,鼓励创造性表达	绘本故事、童话故事、历史故事	戏剧扮演、故事仿写	每学期6个单元,共计12次	互动讨论、儿童互评
高年段	发展思维,尝试创造性表达	绘本故事、历史故事、儿童小说	戏剧扮演、故事仿创	每学期4个单元,共计8次	表达思考、作品呈现

首先,建构丰富多样的读写融合课程。言语思维力是语文核心竞争力。儿童的写作思维力绝不是上一两节作文课就能解决的,这需要依靠长期、系统的语文课程的力量。其中,读写融合课程的建构,可以为儿童写作思维力的养护提供丰富、稳定的学习资源。例如,开发建构"儿童故事屋"习作课程,融合儿童读写,

提升儿童习作兴趣,指向儿童写作思维力培育,发展他们的习作创造力。要想通过读写融合课程激发儿童的写作思维潜能,教师就要具有专业眼光,积极选择适合的课程内容。如在"儿童故事屋"习作课程中,教师精心选择了符合各年段儿童发展需要的中外经典阅读内容。这些充满童趣创意的优秀文字,能对孩子起到很好的熏陶与启迪作用。除此之外,绘本作文课程、儿童诗歌读写课程、儿童新闻评论课程等融合了读写的课程,在研究、建构过程中,都收到了良好的效果。伴随绘本作文课程成长起来的不少孩子,都热爱表达,且他们的文字充满思维力的美感。

儿童诗歌读写融合课程,则精选了金子美玲、谢尔·希尔弗斯坦、泰戈尔、金波、桂文亚等中外诗人的优秀作品。经典的诗歌文字可以帮助儿童营造具有激发写作思维的图画、声音或气味等,使其享受其中的乐趣,并促进其思考、想象与表达。在语文教学中,将写作思维只归属于叙事、抒情性习作中,是不够全面的。事实上,纪实类、实用性的习作,依然需要写作思维。我们开发的"新闻评论"习作课程也已初见成效。

其次,开发富有创意的儿童游戏活动。儿童游戏是创造世界的预演,是创造、发明的萌芽。苏霍姆林斯基说:"教师把准备好的种种原理、结论和推理一股脑儿塞进儿童的脑子,往往不让儿童有可能哪怕接触一下思维和活的言语的源泉,这就捆住了他们的想象力的翅膀……"他启迪我们,以充满童趣写作思维力的方式展开儿童的学习过程,重视形式感培养,才能充分发挥儿童的写作思维力的潜能。

我们可以从阅读规律本身出发,设计符合儿童需要的游戏活动。例如,可以指导他们体验"跳返"阅读小游戏。儿童阅读时遇到难懂的词,尝试着先跳过去,继续读下去,但是要在恰当的时候回头想想,刚才跳过的地方用什么意思的词语才讲得通。教师可组织小组集体尝试这个阅读游戏。它不仅可以使儿童掌握相应的阅读方法,而且可以发展儿童的写作思维力,帮助他们体验阅读的乐趣。再如,"复制人物的表情""画出更多细节"等等阅读小游戏,都可以有效推进儿童思维的发展,提升他们的阅读理解力和写作思维力的水平。

我们可以从读写融合的特点出发,也可以设计出不少深受儿童喜爱的游戏活动。例如,开展"系列图书大猜测"阅读小游戏活动,在阅读系列图书的一本新书时,引导儿童总结这一系列图书的其他书,回顾自己对这个故事的发展有怎样的了解,想一想书中出现问题的类型,人物会怎样解决书中的主要问题,并且预测将要阅读的这一本书的故事会怎样发展。儿童在这个读写融合的过程中,学习系列图书的叙述模式,并且充分享受着阅读和写作的快乐。其间,他们的写作思维力也能得到很好的激发。例如,孩子们在阅读了葛竞的作品《鱼缸里的生物课》以后,跃跃欲试,纷纷写下了自己的奇特创想:《时光机里的历史课》《故宫里的历史课》《树桩子上的历史课》……

最后,融评价与学习为一体。儿童想象力培育很困难,可是扼杀它却很容易。一个不屑的眼神、一句轻视的话语,就足以将其扼杀。教学中,教师对儿童写作思维力的养护、激励和成全显得尤为重要。在教师培育儿童的写作思维力,评价其写作思维力时,"合理"这一要求的提出应该谨慎。比如想象力的基础是记忆表象、知识回忆、联想,基本要求是"新奇与合理的统一",即"出乎意料,又在情理之中"。

教师要遵从儿童写作思维力发展的规律,尝试融评价与学习为一体。如果只是一味地强调"大胆想象,展开奇思妙想",很多时候,孩子们是无从下手的。例如,要求孩子由浪花展开联想,越奇妙越好。事实上,仅仅这样说,孩子还是会受惯性思维的影响,局限在"海鸥""海盗船""暴风雨""贝壳"等常规的联想中。这时候,教师可以出示日本诗人金子美玲的诗句:"海浪是橡皮擦,把沙上的字,全都擦去了。海浪是糊涂虫,把很美很美的贝壳,忘在了沙滩上……"这样的想象思维是可爱的,更是新奇与合理的。孩子在赏析了这样的美文以后,思路一下子被打开,既知道了该怎样展开联想,又明白了什么是好的联想。

总之,养护儿童的写作思维力,一定要结合语文学科特点,落实到语文课程教学中,渗透到儿童的语文学习活动中。

如果说儿童习作教学是一条绵长的河流,那么,写作思维就是汇注于这条河流的源源活水:时而欢快流淌,时而舒缓静谧,时而曲折婉转,时而奔涌湍急……

行文至此,已不算短,但我们对儿童写作思维力的思考,才只是开始,更全面、更深刻的领悟,有待于今后进一步的研究。"大道行思,取则行远。"既然已经在路上,我们必将会且行且思,且悟且进,在"为发展儿童写作思维而教"的坦途正道上越走越远。

参考文献

[1] 亚里士多德. 诗学[M]. 罗念生,译. 上海:上海人民出版社,2016.

[2] 钱锺书. 七缀集[M]. 北京:生活·读书·新知三联书店,2019.

[3] 王蒙,温晨. 永远不要说文学要衰微了:中央电视台纪录片《花城》访谈实录[J]. 花城,2020(1):207-212.

[4] 曹文轩. 经典作家十五讲[M]. 北京:中信出版社,2014.

[5] 朱萍. 论语文教育中的生命教育[J]. 生活教育,2020(5):86.

［6］安妮特·西蒙斯.故事思维[M].俞沈彧,译.南昌:江西人民出版社,2017.

［7］戴维·希契柯克,张亦凡,周文慧.批判性思维教育理念[J].高等教育研究,2012(11):54-63.

［8］钟启泉.现代课程论[M].上海:上海教育出版社,2003.

［9］王荣生.语文科课程论基础[M].2版.上海:上海教育出版社,2005.

［10］叶黎明.辨异:想象与文学的想象:对想象作为教学目标的审议与讨论[J].语文建设,2008(9):7-10.

［11］常志丹.统编小学语文教材想象作文编排特点与教学建议[J].语文建设,2019(2):4-8.

［12］夏建筠."童心作文"在小学习作教学中的实践与探索[J].生活教育,2019(12):56-59.

［13］朱琰.语文课,让学生成为生命表现的主体[J].生活教育,2019(10):76-77.

［14］梁立东.浅谈小学想象作文教学[J].作文教学研究,2014(3):81-83.

（南京市北京东路小学　朱萍）

（南京市长江路小学　赵凯宁）

小学习作课堂"视觉思维"漠视的学理审视与问题解决策略

一、缘起:"看了"就能"看见"了吗?

案例一:

一节习作课上,为了让孩子们写好人物外貌,我启用了一个孩子当模特,课堂气氛热烈。课后,我兴致勃勃地批改习作,突然,一句话闯入我的眼帘:

他的鼻孔像两个山洞。

顿时,我哭笑不得,问这个孩子:"你为什么这样写呢?"

他不好意思地说:"鼻孔不就像两个山洞吗?"

噢!他看见了两个鼻孔。

案例二:

师:今天,老师想请同学们吃西瓜,谁想试试?(老师摆出一片西瓜,众生欢呼,老师请一名儿童上台吃西瓜)

师:(提要求)注意观察,看看这位同学是怎么吃西瓜的,一会大家一起来说说。

(台上的儿童很快把一块西瓜吃完了,台下的儿童看得兴奋异常,一个个跃跃欲试。课堂气氛热烈)

师:谁来说说这位同学是怎么吃西瓜的?

生1:他大口大口地吃西瓜。

生2:他狼吞虎咽。

(原本热闹的场面不一会就冷了下来,预期中孩子们七嘴八舌说得很精彩的场景并没有出现,教师陷入深深的疑惑中)

二、反思:习作教学中对"视觉思维"的漠视

以上两个教学场景中,教师都设计了与"看"有关的活动。让儿童当模特、现

场吃西瓜，这些设计看似新颖吸睛，实际教学中却没有起到预期的效果。在当下习作教学中，类似教学活动还在如火如荼地开展着。

随着视觉文化时代的来临，加上儿童本身具有的认知特点，我们发现，儿童对图像的接受程度远高于文字——他们热衷于阅读漫画、绘本一类的书籍。为了在习作教学中激发儿童兴趣，加深视觉与语言表达的联系，用上一些新鲜素材吸引儿童眼球，这些做法并非不可取。但是，事情并非这么简单。

在传统的心理学中，"视觉"与"思维"是两个泾渭分明的概念。不少人认为，"视觉"是初级认知活动，而"思维"是更高级更理性的认知活动。因此，部分教师只用新颖有趣的视觉活动作为习作课的"引子"，后续用理性的分析来指导儿童完成习作。

美国心理学家阿恩海姆认为，视觉并不是对刺激物的被动复制，而是一种积极的理性活动。他提出了"一切知觉中都包含着思维，一切推理中都包含着直觉，一切观测中都包含着创造"的重要思想。"视觉思维"所依据的理论基础和试验已经在心理学和艺术学中得到发展。笔者认为，在习作教学中，"视觉思维"同样重要。激活视觉思维，有利于激发和提高儿童言语表达创造力。

三、探航：激活视觉思维，我们可以怎么做？

以创造性思维训练见长的美国心理学家麦金认为，视觉思维可以借助"人们看到的意象""心灵之窗所想象的""我们的构绘，随意画成的东西或绘画作品"来表现。这是他结合心理学知识，对视觉思维在艺术领域作用的描述。那么，笔者认为，绘画与写作同为思维活动的外在表达方式，麦金的这一发现也适用于习作教学。激活视觉思维，我们可以在儿童看到的及用心灵之窗所想象到的这两个范畴去实践探索。

（一）视觉冲击，打开语言创造力的大门

人的视觉是有选择性的。阿恩海姆说：在那些不动的东西中固然看不到变化，就是在那些不断重复同一个动作或是一直做着同一个动作的事物中，也看不到变化。儿童强烈的好奇心决定了他们的注意力很容易被直观的新奇的事物所吸引。这种"无意注意"的优势在于可以让儿童在不知不觉中充满兴趣，不需要意志和努力就可以保持长时间的注意力集中。在习作教学中，我们要充分利用儿童的"无意注意"，制造视觉冲击，打开儿童语言创造力的大门。

1. 置换比较，诱发冲突

当儿童对眼前的一切都视若无睹的时候，要想引导他们去发现，比较就是一种很有趣的办法。

例如：在教学人物外貌时，我请两位小模特上台。当两个孩子站在一起的时候，在彼此的衬托下，两个人的外貌特征更加突出，形象更加鲜明了。一时间，大家思路大开，纷纷说个不停。

在指导《写好"吃"的一连串动作》时，我设计了如下的教学环节：

师：小朋友们，俗话说得好，"民以食为天"。咱们中国人会吃，食物的种类、做法很多，吃法也很多，因此我们创造了很多表示吃的字。

师：如果吃的是液体的东西，我们可以用哪个字？

生1：喝。

生2：吸。

师：一点一点咬下来叫什么？

生3：啃。

师：像这样表示吃的字，你们还知道哪些？

生4：咬。

生5：大口大口吃叫"吞"。

生6：还有嚼咽。

师：（把儿童说的字都写在板书上）这些字不仅表示吃，还把吃的样子告诉了大家，多有趣呀！

儿童在习作过程中，经常把与饮食有关的事情用"吃"字来概括，导致描写浮泛不具体。教师出示吃不同东西的图片，有了对比，视觉形象更直观，儿童就明白了，吃不同的东西，方法不一样，用词也不一样。

2. 引导变形，刷新观感

一个学生在写自己的妈妈时，这样描述：弯弯的眉毛、大大的眼睛、樱桃般的嘴巴……勾勒出一个"模具"妈妈。我启发他："妈妈什么时候的样子给你留下的印象最深刻，你就写什么时候的。"

不久之后，该学生就写出了这样的一段话：

我的妈妈看着很温柔，其实很可怕！妈妈的眼睛圆圆的，水汪汪的。但生气的时候，眼睛瞪得像母老虎，让我感觉芒刺在背。她的鼻子小巧，可是发火的时候，鼻子"呼哧呼哧"地喘着气，像一只发怒的牛。她的嘴巴红润润的，但我一考不好，她就能从我放学说到我上床睡觉，说得我一个头两个大。

妈妈生气的时候，原本没有特色的五官一下子生动起来，给儿童带来足够的视觉冲击。

（二）视觉具象，为语言创造力提供支点

"视觉具象"突出了视觉的真实性和客观性，即眼中所看到的世界的样子。为形成视觉具象，我们要提到"有意注意"这一概念。"有意注意"是有一定的目的，需要做一定意志上的努力的注意，是一种主动服从于某种任务的注意。教学任务的完成很大程度依赖"有意注意"。"无意注意"和"有意注意"在某种情况下是可以互相转化的。在习作教学中，教师有意识地帮助儿童化"无意注意"为"有意注意"，对儿童形成视觉具象起重要的作用。

1. 支点一：视觉分组

视网膜的局限性要求眼睛必须在一次观看中挑选出某些特殊的部位，使之突出孤立出来，变成视域的中心或主要部位。这意味着，每一次注视只能对准一件事物，而且必须把这一主要的对象同周围其他一切东西区分开来。

了解了这一现状，有利于我们在习作教学过程中，有意识地帮助儿童将视觉分组，抓取目标。

【教学片段】

师：老师班上有个同学也特别爱吃西瓜，仔细瞧，看清楚他怎么吃西瓜的。一、二两组的同学重点看他做了哪些动作，第三组的同学注意他吃西瓜的样子。（播放视频）

生1：他先闻一闻，然后张大嘴巴，一口咬下去，嚼了嚼，把西瓜咽下去了。这样一口接一口地吃，吃到后面，西瓜肉不多了，他把西瓜竖起来，贴到脸上啃。

师：你说得很清楚。瞧，吃西瓜不是一个动作，而是一连串动作，把这一连串动作按顺序说清楚了，才能把完整的吃西瓜过程说清楚。

师：刚刚我请第三组的同学重点注意了吃西瓜时人物的样子，谁来说一说？

生2：他吃得满脸都是西瓜汁，西瓜籽都粘脸上了，像个大花猫。

生3：他吃西瓜的时候，嘴巴张得老大，就像个贪吃鬼。

师：同学们说得很好。现在，请你们把这些动作呀、样子呀放到一起，连起来说说吃西瓜的过程。

以上是我指导儿童写清楚吃西瓜过程的练说阶段。在第一次试教时，我现场请一名儿童上台吃西瓜，其他儿童观看。但是，在"吃西瓜"这么一个极具视觉冲击力的环节结束后，他们却无法说出具体的吃西瓜过程。这是因为儿童视觉没有落脚点，观看的点较分散，大脑不能及时给出反馈，表达也就跟不上了。在以上的教学环节中，我设定了具体的观察目标，儿童视觉有了落脚点，视觉、理解、表达这一连串动作相继产生，语言表达就更具体了。

2. 支点二：抓取场景

在写作教学中，教师最头疼的事莫过于儿童写流水账。我们可以从儿童的角度去思考这个问题，当儿童需要写作时，他会去回忆发生过的事情。在回忆的过程中，这件事情的轮廓是模糊的，不够清晰的。因而儿童只能将一件事情的大致轮廓叙述出来，这就形成了所谓的"流水账"。要改变这一局面，就要让儿童学会在这部"电影"中截取关键画面，形成视觉具象。而截取的方式可以是拍照、构图甚至是冥想。

例如，写游记时附上一张照片，只描述照片中的景和事。照片记录下的都是精彩的部分，儿童对着照片这类实物，回忆细节，文字就会更聚焦。

也可以在写作时配上插图。随着画面的展开，想表达的内容也源源不断地蹦出了脑海。例如：

> 我一转身，看到一个熟悉的背影，原来是小A呀。我悄悄端起水枪，朝小A身上扫射。小A立刻捂住脑袋转过身来。我原以为他要扑过来，结果他瞪大眼睛，朝我"汪汪"大叫起来。我被他逗得哈哈大笑，水枪都端不稳了。（儿童习作片段）

图 1-1　学生习作插图

积极的选择是视觉的一种基本特征，抓取场景的行为不是无意识的随意行动，是带有强烈主观意识的一种理性行动。我们在要求儿童抓取场景，形成视觉具象的过程中，儿童主动选择的场景，正是他们大脑认定的特别的部分。这部分内容通过语言表达出来，是鲜活有生命力的。

3. 支点三：时空拉伸

之前我们提到，在大部分状态下，儿童注意力集中的方式以"无意注意"为主。这种情况下，视觉在接触到某些对象时的思维活动并不强烈。此时，只有较为抽象的直观感受，视觉具象没有形成。儿童常常会用抽象的词汇表述这类直观感受，如：我今天玩了水，很开心。"玩""开心"就是抽象词汇。

在生活中，儿童的视觉来不及捕捉快速闪过的画面，但是，这并不影响他们形成视觉具象。由于视觉的认识功能，在很多情况下，即使是事物缺席或隐匿的部分，也会成为视觉对象的一个积极或肯定成分。此时，我们指导儿童在回忆画面时调动视知觉，激活视觉感知能力和视觉解读能力，拉伸时空，将瞬间行动分解为一个个小画面，从而促进儿童进行创造性的表达。例：

> 我朝同学扔了一团泡泡。

分解画面1：(扔之前)我迅速在地上一摸，抓了一团泡泡在手上。

分解画面2：(扔的时候)这泡泡可没什么重量，为了砸到对方，我使出了九牛二虎之力，手臂使劲往后伸，猛地往前一扔。

分解画面3：(扔之后)泡泡从我手中飞了出去，"啪"的一声，砸到了他的背上，他的后背顿时湿了一块。我哈哈大笑起来。

课堂上，我指导儿童定点某一个抽象词汇，如上文事例中定点了"扔"，而后有意识地将脑海中的画面分解。儿童尝试用这样的方法，调动视觉思维，分解画面，语言表达果然丰满起来。

（三）打破标准意象，展现语言表达活力

所谓"意象"，就是融入人们思想感情的物象，是赋有某种特殊含义和文学意味的具体形象。例如说到"柳树"，我们会想到"惜别、留恋"；说到"少年"，我们会想起"朝气蓬勃"。而语言创造力的形成并不欢迎这类标准意象。知觉对象同记忆中的标准意象之间密切联系的中断，反而能使视知觉活动滋生一股活生生的力量，激发创造性的表达。

比如在指导写《我的老师》一文时，很多孩子写了班主任H老师，他们在文中提到的事例均指向教师教学方面的"严格"和"耐心"。"严格""耐心"就是教师给孩子们留下的标准意象。只有打破这个标准意象，孩子们才会"看见"老师身上其他特质。于是我悄悄和孩子们聊起了H老师的"小秘密"。一番"秘密"大分享后，孩子们交上来的习作就不一样了。

H老师整天忙忙碌碌，上课呀，改作业呀，盯着那些调皮捣蛋鬼呀……我觉得她特别能干。可是，有一次，我看到H老师在走廊上哭了。她用手捂着脸，不让自己发出声音，可是我还是看见，她满脸都是泪水，看上去很伤心。我很纳闷：是被校长批评了吗？后来，我把这件事告诉语文老师。语文老师说，H老师的奶奶生病了，她很着急。原来是这样啊！H老师一定很爱她的奶奶。我真希望H老师的奶奶快点好起来。(儿童习作片段)

这样的习作，语言虽朴素，但情感真挚，充满生命力。

为打破标准意象，笔者曾与儿童玩过类似"头脑风暴"的游戏。我给出一个名词，如"小狗"，儿童在纸上写下自己能想到的所有词语。他们当时写下了"鸡犬不宁""可爱""忠诚"等一系列词语，大家投票选出最意想不到的那个词语，再根据词语编一个小故事。沉浸在游戏中的儿童，展示出更灵活的头脑。

接收信息过于单一是形成标准意象的原因之一，教师要为儿童提供多元的信息，以打破标准意象。实践表明，系列绘本阅读是可行的办法。教科书中关于

狐狸的课文有《狐狸和乌鸦》《狐狸和葡萄》《狐假虎威》等,在儿童心中植入了"狡猾的狐狸"的形象。笔者推荐给儿童一系列关于狐狸的绘本:《小狐狸买手套》散发着爱的光芒,表现了人和自然的亲密关系;《小狐狸阿权》里有一只善良、孤独、淘气的小狐狸;《狐狸的钱袋》里有一群想和人类交朋友的小狐狸……这些不同意象的补充,丰富了狐狸的形象,诱发儿童的言语创造潜力。

朱熹说:"问渠那得清如许,为有源头活水来。"生活是习作的源泉,它本就是五彩斑斓的。打破标准意象,让儿童突破思维定式,激发创新欲望和真情实感,让儿童"看见"缤纷的世界。

四、结语

写作是心灵的表达,而眼睛是心灵的窗户。本文就激活"视觉思维"所谈到的种种策略均在实践中得以验证。但是,由于研究对象及笔者自身知识水平的局限,该策略的系统性和科学性还有待进一步研究。此外,在习作教学过程中,如何实现视觉与其他感官的统一调动也有待进一步研究。笔者将继续努力。

参考文献

[1]鲁道夫·阿恩海姆.视觉思维:审美直觉心理学[M].滕守尧,译.成都:四川人民出版社,1998.

[2]吴勇.吴勇用教材:小学教材习作教学探索[M].福州:福建教育出版社,2017.

[3]李颖.教学中的有意注意和无意注意[J].文学教育(上),2009(8):29.

(南京市北京东路小学阳光分校　吴文霞)

自我意识：儿童个性化习作的精神内核

【故事】同一碗西红柿炒鸡蛋？

四年级上学期，我请学生写一篇有关做饭的文章。第二天，作业收上来了。好嘛，大部分同学都写了西红柿炒鸡蛋。再看看，咦，怎么文字都差不多呢？

课上，我贴出几份习作："你们瞧，写得都差不多呢。"大家不好意思地笑了。有位胆大地说："西红柿炒鸡蛋就是这么炒的。"

西红柿炒鸡蛋的做法差不多，这话听起来很有道理。

"材料差不多，做法差不多。可是，肯定有不同。"我对学生说，"不信，你们聊聊看，这次做饭中自己印象最深刻的是什么。"

大家七嘴八舌地聊开了。有的说："我觉得做饭非常危险，我被油溅了一下，疼死我了。"有的说："其实我忘记放盐了，做出来的非常难吃。"……

看他们聊得起劲，我很欣慰。怎么会一样呢？每个人都是独一无二的个体，哪怕做同样的事情，感受也一定不同。

【反思】独一无二的"我"哪去了？

故事中的"巧合"不是第一次发生，我们时不时地发现，学生会写出雷同的文字。研究表明，当婴儿学会说"我"的时候，他就已经意识到了自己和他人的不同，自己是区别于其他人的存在。1890年美国心理学之父詹姆斯在《心理学原理》中提出了"自我意识"这一概念。自我意识是意识的一种形式，是人对自己身心状态及对自己同客观世界的关系的意识。正是有了自我意识，人才成为真正的人。中高年段小学生的自我意识发展相对稳定，自我意识从关注自己的生理方面面向关注自己在社会生活中的发展。他们能根据他人的反馈，调整自己的行为表现，开始比较能够客观地认识、评价自己，并开始学会摆正自己与社会、他人的关系，社会适应能力也在相应增强。

那么，自我意识已经发展到一定程度的儿童，他们的习作为何同类化现象严重呢？原因自然是多方面的，笔者从心理学及习作教学方面谈两点。

原因一：儿童自身心理发展特点造成习作同类化现象严重。该阶段的儿童，思维缺乏批判性和灵活性。此外，他们自尊心增强，对来自外界的评价更加在意。这些特点会导致他们更愿意为了得到老师和同伴的认可而忽略内心的声音，以求完成习作任务。

原因二：习作教学过程中重语言形式，轻真情实感。教师更注重写作技巧的训练，忽略了儿童内心表达的需求。

习作的千篇一律，不完全是教师指导的问题，但是作为儿童信赖的引路人，我们应该知道，写作是对生命的思考。如果一个人不知道自己在做什么，喜欢什么，追求什么，人生非常迷茫，那是十分痛苦的。儿童亦然。唤醒儿童自我意识，让儿童真正书写自己的生命，这是每一位语文教师的使命。

【研究】让"我"不再隐身

写作即是坐下来判断自己。——易卜生

一、强化儿童自我认识

自我认识即对自己身心活动的觉察，反映在习作中，体现为我为什么要选择这个题材、我为什么要这样来写、我想告诉大家的是什么等等具体的问题。对自我认识的漠视会使习作变成一项重负，学生写得疲乏，教师改得无趣。在教学过程中，教师可以有意识地采取一些策略强化儿童自我认识。

（一）建立情感联结，凸显独一无二

《小王子》一书中有一段非常著名的台词：

狐狸说："对我来说，你还只是一个小男孩，就像其他千万个小男孩一样。我不需要你。你也同样用不着我。对你来说，我也不过是一只狐狸，和其他千万只狐狸一样。但是，如果你驯服了我，我们就互相不可缺少了。对我来说，你就是世界上唯一的了；我对你来说，也是世界上唯一的了。"

这其中"驯服"就是建立联系的意思。当儿童和他的写作对象之间有情感的联系，写作对象才会是独一无二的。比如，我手中的这支笔有千千万万支同款，但是，这支笔是妈妈送给我的生日礼物，里面承载了妈妈对我的爱，所以，这支笔对我来说就是独一无二的，是特别的。当儿童选择写作对象时，教师要引导他们想清楚，写作对象和他们之间是否有情感的联系。

记得三年级习作起步时，小朋友们写自己的妈妈都是"大大的眼睛、高高的

鼻子、红润润的嘴唇"。为引导儿童写出真实的妈妈的样子，我这样指导：

师：同学们笔下的妈妈都是"大大的眼睛、高高的鼻子、红润润的嘴唇"，看来在你们心里，妈妈都是很美的。（学生都笑了）

师：每一个妈妈都是美的，但肯定各有各的美。在你心里，最喜欢妈妈哪个部分？为什么？

生1：我最喜欢我妈妈的眼睛，她的睫毛很长，眼睛特别大。

生2：我也喜欢妈妈的眼睛，每次我表现好，妈妈就笑眯眯地看着我，眼睛眯成一条缝。我很喜欢看妈妈笑。

生3：我最喜欢妈妈脸上的酒窝，她一笑脸上就出现一个酒窝。那个酒窝我也有一个，一模一样的。

……

师：是啊，我们的妈妈也许比不上大明星那么漂亮，但是她们是我们最熟悉、最亲近的妈妈，她们的一举一动都会牵动着我们的心。

——（《我的妈妈》教学实录）

有人说："用真情浇灌的文章才有生命力。"在以上教学过程中，教师唤醒儿童和妈妈之间的情感联系，让文章撕去雷同的外衣，焕发真实的生命力。

（二）学会聚焦主题，抓住真实感受

端午节前一天，我们班举行了"编蛋篓迎端午"的活动。后来，学生把这件事写了下来。

（片段一）我们要开始做蛋篓了！我先挑出七根绳子中最短的一根，然后把其他长绳子全部挂在那根短绳子上。我又在最短的那根绳子上打了个死结。

（片段二）刚听到编蛋篓这个活动时，我觉得那是件很好玩并且很简单的事，可编完我才知道，真难啊！

……

但谁知道下一步让我大伤脑筋。接下来要把下面的绳子和上面对应的绳子绑到一起。绳子太多太乱，我头昏脑涨，一遍又一遍重做……

终于编好了。我把鸭蛋放进蛋篓，只听"啪嗒"一声，蛋掉下来碎了。老师说："你的网洞太大，鸭蛋太小了。"前功尽弃，我真是欲哭无泪啊。

比较两个片段，我们发现，片段一着眼"做蛋篓"的步骤，而片段二聚焦"做蛋篓"的难处，生动地写出了作者遇到的困难和过程中的心理活动，更能体现儿童的自我意识。其实，聚焦主题的过程就是学生思考"我想表达什么"的过程。如果没有主题，如片段一，只是记录一件事情，那大家做的确实是同一件事，难怪会千篇一律。因此,在写作开始之前,教师可以引导学生想一想,这次活动中你印象最深刻的是什么?你最想表达什么?以此确定写作主题。

(三) 打破思维惯性,表达真实想法

前文提到,小学中年段儿童批判性思维还未深入发展,有较多的依赖和模仿行为,同时他们处在自尊敏感期,期待获得同伴和教师的认可,所以他们会采取趋同行为。教师要有意识地改变儿童的思维惯性,鼓励儿童表达自己的真实想法。

方法一:学会由事实推导结论。例如写"我的爸爸",教师可以先和学生聊一聊爸爸平时都做些什么、你们之间发生的最好玩的事情是什么。再由真实的事件引出爸爸最鲜明的特点。避免提出"你的爸爸是个什么样的人"这类概括性的问题,将学生思维引入惯性中。

方法二:随时随地表达感受。教师可以有意识地引导学生表达感受,以下是我做过的一些小训练。

"我觉得"

看到情景时的感受。　　今天是个大晴天,阳光明媚,天空一碧如洗。_____
　　　　　　　　　　　今天下雨了,滴答滴答的雨声不绝于耳。_____
做事情时的感受。　　我拿起铁锅,_____
　　　　　　　　　　　我弯着腰,把教室边边角角都清理干净了,_____

相关小训练可以让儿童习惯性地表达自己的真实想法。

二、尊重儿童自我体验

儿童是自我感觉的主人。感觉是人内在世界发生的生命体验。伽达默尔说:"如果某个东西不仅被经历过,而且它的经历存在还获得一种使自身具有继续存在意义的特征,那么这种东西就属于体验。"体验不是一般的经历,要有充分的情感、智慧投入其中。尊重儿童的自我体验,才能给予其表达的生命力。

(一) 引导观察生活

生活是习作的土壤。儿童不缺少丰富多彩的生活,缺的是对生活的观察和感悟。教师要善于引导儿童观察和感悟生活,抓住生活细节,及时记录生活点滴,聆听内心的声音。

1. 用好日记本

我们班的学生都有一本日记本,我鼓励学生每天写一篇日记。对字数和内容不作要求,有话则长,无话则短。这本日记本完全属于学生自己,喜欢的可以

画上插图。如果是隐私内容,写上保密二字,老师就不会在班级内公开。

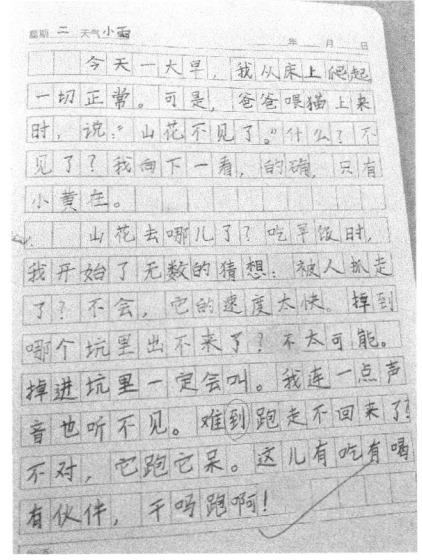

图 1-2　学生日记

在这篇日记中,学生表达了猫咪丢失后的急切心情。一连串的问号,无不昭示着小作者备受煎熬的内心。这位男生平时粗枝大叶,好像对什么都满不在乎,但是在日记中,他充分展示了细腻柔情的一面。

2. 捕捉"不凡事"

儿童每天有六个小时在校园里,校园生活中一些特别的事情,教师要和儿童一起及时捕捉记录下来。午自习时,教室里飞进来一只蜜蜂,嗡嗡嗡地绕着我们班最文静的小姑娘打转,小姑娘吓得花容失色。全班一阵骚动。我硬是忍着没动。任由两个胆大的男生跑下座位,左扑右打,折腾了好一阵,终于赶走了这只蜜蜂。当天的日记里,大部分同学就写到了这次意外事件。

3. 推动"真体验"

四年级的时候,我发现学生越来越排斥家务劳动,对父母的付出也视而不见。我给学生一周的时间,请学生每天完成一项家务,并告诉他们,我会从家长那得到反馈,他们必须每个人都完成任务。我从家长的微信上看到孩子做饭的照片、从QQ群里听到家长们谈论自己被洗脚的感受,又读到这样的文字:"我猛地发现,妈妈右脚面破了两处,红红的,旁边还有点淤青。我心疼地用嘴吹吹,就像小时候,我每次摔跤之后,妈妈都会用嘴帮我吹吹那样,吹吹就不疼了。""我从冰箱里取出两只鸡蛋朝桌角轻轻一敲,结果鸡蛋纹丝不动。我急了,狠狠地往桌上使劲一敲……哎呀,不好啦,鸡蛋汁流了我一手。"……我觉得这次学习任务能够给他们带来情感上的触动,能够让他们学到生活中的智慧,能够被称为"体验"。每逢节假日,我们班级总会结合主题开展一些活动,例如元宵节的"包元宵"、端午节的"编蛋篓"、母亲节的"寻找最美的妈妈"活动……一项项活动给孩子的生命抹上了鲜艳的色彩,孩子们也自发地把这些经历付诸笔尖。

三、促进儿童自我提升

写作的过程其实就是自我观察、反思的过程,儿童会在写作时思考事件的真实性、自己的言行举止是否合宜、事件和自身的联系等等。教师要抓住这类自我意识,促成儿童自我提升,使他们逐步形成积极的人生态度和正确的世界观、价值观。

(一)重视自我反思和评价

习作是表情达意的手段,是一种交流的工具。不过交流的对象不限于别人,还有自己。习作也是我们审视自身的工具。教师要重视儿童的自我评价。

曾有一位学生写下这样一个故事——

这个星期,我狂想买一只玩具豹。妈妈知道了,说:"如果你跳绳能达到每分钟150下,我就给你买。"可是,对于我来说,达到这个目标太难了。

我想到了一个主意:偷走妈妈的手机,学会买东西,玩具豹不就到手了吗?

中午,妈妈躺在床上呼呼大睡。机会到了!

我悄悄打开了移门,像老虎伏击猎物那样悄无声息地一步一步接近手机,接着拿着手机,一步跨出了门。出来以后,我坐在椅子上打开了手机淘宝,找我的玩具豹。过了一会儿,我找到了,点了"立即购买"键……

做"贼"心虚,我当然不敢把这事告诉妈妈。

我也努力练习跳绳,没两天,就能每分钟跳150下了,妈妈给我买了玩具豹。这下好了,几天之后,我收到了两个快递,都是玩具豹。

秘密被揭穿了,妈妈再也不允许我碰她的手机了。

——《玩具豹的故事》

这篇文章真实地写出了小作者在做这样一件事时的心路历程,是一篇真实自然的习作。文章结尾提到了妈妈对这件事情的处置——"再也不允许我碰她的手机了",但是,小作者本人对这件事的看法却没有提及。小作者已经四年级了,具备一定的反思能力。于是,我没有在评语中写下我对这件事的看法,而是请他自己谈谈想法。后来,他又在文末补了一段:"其实,偷拿妈妈的手机买东西虽然满足了我的愿望,但是我一直提心吊胆的,并不快乐。而且我发现,还是靠努力得来的奖品更让人满足啊。"这个结尾,促进了作者正向价值观的形成,也提升了习作的立意。

"作文即做人",习作教学不等同于心理健康教育,但是在这样的引导中,学生形成了良好的心理素质,写出了高质量的文章,这是一个良性循环。

(二)支持社会认知和探索

《课程标准》中指出:时代的进步要求人们具有开阔的视野、开放的心态、创新的思维,对人们的语言文字运用能力和文化选择能力提出了更高的要求,也给语文教育的发展提出了新的课题。小学生如果被拘于"象牙塔"内,视线只在家庭生活和校园生活中打转,不闻"窗外事",不利于形成正确的"三观"及培养社会责任意识。所以,教师应该有意识地引导学生关注身边事,观察社会,培养学生逻辑思维能力和思辨能力。叶圣陶先生说:"生活犹如泉源,文章犹如溪水,泉源丰盈,溪流自然活泼泼地昼夜不息。"一个心系社会、胸怀大志的孩子,何愁写不出见解深刻的文章?

统编版教材从习作起步年级三年级开始,就设立了"我有一个想法"这样开放型的习作话题,教师可以引导学生把视线往外延伸,不仅关注家庭、校园中的事,也了解了解社会上发生的事。每周,笔者都会抽出一两节晨会课,专门给孩子读报纸,与孩子们交流最近热门事件。学生人手一本剪贴本,每周关注一篇新闻评论。小小年纪,要对事物有自己深刻的见解,无疑要靠长期关注身边事物来养成思辨能力。正如《课程标准》中提到的:语文教学要为学生形成正确的世界观、人生观、价值观,形成良好个性和健全人格打下基础;为学生的全面发展和终身发展打下基础。支持儿童对社会的认知和探索,这其中的每一步都将让儿童在思考和写作中提升自己,成为鲜活而独特的个体。

【结语】能做的还有很多……

时代的进步对教育提出了更高的要求,教育在不断变革。为应试而生的模式化习作教学,不仅荼毒了儿童的心灵,以后,也过不了应试这关。所以,唤醒儿童自我意识,实现个性化表达势在必行。以上是笔者教学过程中的一些尝试,前方的道路还很长,有待笔者积极探索。期待每一位儿童,都能在习作中大胆表露自己的内心,真正做到"我手写我心"。

参考文献

［1］李晓文.学生自我发展之心理学探究［M］.北京：教育科学出版社，1999.
［2］李建邡.自我意识和自能作文［J］.教研天地，2011(16)：14-15.
［3］王燕.小学生作文自我意识的唤醒［J］.华人时刊(校长)，2013(4)：138-139.

（南京市北京东路小学阳光分校　吴文霞）

整合读写内容,培养高阶思维

根据布卢姆在《教育目标分类学》中提出的认知领域理论,人们习惯上把"认知过程"中的"记忆、理解、应用"归于低阶思维,把"分析、评价和创造"归于高阶思维。提升学生思维品质是语文教学不懈追求的目标,其中发展高阶思维是当下对创新型人才培养的具体要求,整合读写内容是培养高阶思维的重要途径。整合读写内容指:教师根据课程标准及学生的发展需要,遵循语文教学的规律,按照一定的主题针对语文教材补充阅读材料,用不同的方式对这些材料进行重组,引导学生开展丰富的读写活动。笔者在教学实践中做了以下尝试,以探索培养学生高阶思维的途径。

一、延伸式整合,培养思维的深刻性

延伸式整合是指小学语文教科书中的节选文章片段与整篇文章或整部小说整合,将课文放在原文或原著中学习。这种整合方式可以培养学生思维的深刻性。统编小学语文教材中有不少课文节选自小说,如《芦花鞋》节选自《青铜葵花》、《祖父的园子》节选自《呼兰河传》《草船借箭》节选自《三国演义》等。如果教学时不把课文置于整本书的框架中,那么不管是对人物形象的认识,还是对小说语言特色的理解,都将是"只见树木不见森林"。延伸式整合既能使学生更准确地把握课文内容,又能推动学生阅读整本书,促进学生思维的深度发展,可谓一举多得。

以《少年闰土》一课教学为例,很多教师往往从文章开头的"月夜刺猹"图开始,突显出少年闰土机智勇敢的形象,然后从"盼望闰土、看见闰土"娓娓道来,最后在"从此没有再见面"处戛然而止。如此教学只是囿于教材内容,留给学生的是闰土少年时可爱的人物形象。教学仅停留在童趣的层面是不够的,还应上升到"鲁迅精神"与"鲁迅文化"的层面,这样才能充分彰显鲁迅作品的文学价值。

为了引导学生思考人物形象的意义,学会联系时代背景去分析人物,培养学生思维的深刻性,笔者将本课教学与小说《故乡》中的相关内容进行整合,设计了三个教学环节。第一环节:学完课文请学生猜测"我"后来再见闰土会是什么时候,那时闰土可能是什么样?动笔描写闰土的外貌。第二环节:出示有关中年闰土的文字描写,"这来的便是闰土。虽然我一见便知道是闰土,但又不是我这记忆上的闰土了。他身材增加了一倍;先前的紫色的圆脸,已经变作灰黄,而且加上了很深的皱纹;眼睛也像他父亲一样,周围都肿得通红,这我知道,在海边种地的人,终日吹着海风,大抵是这样的。他头上是一顶破毡帽,身上只一件极薄的棉衣,浑身瑟缩着;手里提着一个纸包和一支长烟管,那手也不是我所记得的红活圆实的手,却又粗又笨而且开裂,像是松树皮了"。请学生阅读思考,并讨论交流:闰土哪些变化出乎你的意料,却又在情理之中呢?第三环节:出示《少年闰土》的结尾,"阿!闰土的心里有无穷无尽的稀奇的事,都是我往常的朋友所不知道的。他们不知道一些事,闰土在海边时,他们都和我一样只看见院子里高墙上的四角的天空"。再出示《故乡》的结尾,"我只觉得我四面有看不见的高墙,将我隔成孤身,使我非常气闷;那西瓜地上的银项圈的小英雄的影像,我本来十分清楚,现在却忽地模糊了,又使我非常的悲哀"。让学生讨论:两处结尾都提到了"高墙",意思一样吗?最后推荐学生去阅读原文《故乡》,阅读短篇小说集《呐喊》,会有更多的发现。

学生在教师的引领下,思维不再"肤浅化",他们跳出童趣,站在更大的空间,从历史长河的角度充分感受闰土这一艺术形象,了解了闰土的不幸命运,也对那个时代这一类人的共同命运有所思考。延伸式读写整合,就是这样将课文放入原有文本的结构中,那是一个更为厚重的结构框架,让学生在读与写的过程中跳出课文本身,产生了更多的思考,逐渐靠近作品的逻辑思维结构。于是,学生的思维经历了从点到线的过程,他们由认识一个人物延伸到对整本书的阅读,从认识一个人物到对整本书的思考,思维的深度得以拓展。再如从课文《草船借箭》到《三国演义》的阅读、从《景阳冈》到《水浒传》的阅读等。开展丰富的延伸式读写实践活动、研究最著名的战役、分析最喜欢的人物等,受到学生广泛的欢迎。

二、连线式整合,培养思维的系统性

连线式整合是指选取几个关键学习内容,这几个关键点可以形成一条线,最终形成对某类作品较为完整的认识。这种以点带线,最终形成面的整合式读写,其实是一种专题式学习。学生通过学习某一作家在不同历史时期的作品,或者对同一时代不同作家某一类型的作品进行组合式学习,对某个作家的思想,对那个时代的发展,将产生系统的认识,从而培养了思维的系统性。

如统编小学语文教材中选取了不少陆游的作品,笔者在教学五年级《古诗三首》时,把其所写诗词《卜算子·咏梅》《关山月》《秋夜将晓出篱门迎凉有感》《十一月四日风雨大作》《示儿》整合在一起。这五首诗词是陆游不同时期的作品,它们既能反映陆游个人发展的轨迹,又便于学生梳理出南宋的发展脉络。作品将作家与时代紧密联结,让学生深刻感受到诗人的爱国情怀。

学生从《卜算子·咏梅》"零落成泥碾作尘,只有香如故"中感受到诗人壮年时期力排众议、坚持抗争的精神,这是诗人坚贞不屈、高贵品格的真实写照。读《关山月》中的"遗民忍死望恢复,几处今宵垂泪痕",感受诗人在知天命之际被罢黜官职,仍对身处沦陷区的百姓在水深火热之中煎熬的深切同情。再读《秋夜将晓出篱门迎凉有感》中的"遗民泪尽胡尘里,南望王师又一年",看到中原已沦陷整整 60 多年了,那里的百姓已经哭干了眼泪,诗人已过花甲之年,感到极其悲愤。读《十一月四日风雨大作》中"夜阑卧听风吹雨,铁马冰河入梦来"的诗句,感受将至古稀之年的陆游仍想投身抗战,为国雪耻,然而他不为朝廷重用,只能空怀壮志,于是他把这种豪情壮志放到梦境之中。直至《示儿》这首诗,学生看到一位耄耋老人在临终之前交代遗言,希望"王师北定中原日,家祭无忘告乃翁"。至此,诗人浓浓的家国情怀表现得淋漓尽致。

经过几首诗的"连线",学生能清楚地感受到诗人在不同时期或渴望、或担忧、或悲痛、或失望的心情,然而始终不变的就是那颗拳拳爱国心,从而意识到陆游的诗歌创作情感与其个人的命运及社会环境密切相关。北宋的遗民"又一年"没有盼来王师,陆游的子孙也没能"家祭告乃翁",过了 60 多年,南宋被元朝所灭。为何南宋朝廷显得如此无能?此时,笔者出示南宋诗人林升写的《题临安邸》,请学生读后思考,并写下感受。学生这才明白北宋的遗民不仅是被遗留下了,更是被遗忘、被遗弃了。南宋的王师、皇帝和官员居然还沉醉于西湖歌舞,他们烂醉如泥、纸醉金迷、醉生梦死,让北宋的遗民苦苦期盼、度日如年,最终导致灭亡。悲剧就是偏安一隅、苟且偷生的南宋统治者自己一手造成的。最后向学生推荐,那个时代不仅有陆游,还有"至今思项羽,不肯过江东"的李清照,有"醉里挑灯看剑,梦回吹角连营"的辛弃疾,有"人生自古谁无死,留取丹心照汗青"的文天祥,有"怒发冲冠,凭栏处"的岳飞,等等。

总之,连线式读写整合使多个散点形成紧密的联系,最终得出结论,防止思维的"碎片化"。否则,若学生只从孤立的信息中形成观点,不利于系统性思维的发展。学生将同一事物的不同阶段前后联系起来分析,思维将更加严谨缜密。正如上述案例所呈现,学生对陆游、对南宋爱国诗词的认识,将更加全面。这样的读写整合,旨在引导学生不要站在局部看问题,而要用整体的观点去认识问题,让思考更深入,从而有效培养学生思维的系统性。

三、比较式整合,培养思维的批判性

比较式整合是指将一组同类型文章组合在一起,选取某一个角度进行比较,开展探究式学习。它以小组合作学习为组织形式,以任务链为教学策略,以相近的点为突破口。学生通过这种整合发现内容之间的内在联系,然后进行比较和分析,写下自己的观点与评价,从而掌握学习的基本规律,发展思维的批判性。

以《穷人》这篇微型小说的教学为例,笔者在教学时补充《爱之链》《哦!冬夜的灯光》等小说,开展比较式读写整合,希望学生能够在同类作品阅读的基础上,对这一类小说的主题构思及表现手法进行比较分析,在对比中感知微型小说的特点。具体有如下步骤:课前将补充的微型小说发给学生,请学生在预习环节思考老师为什么要将这三篇文章放在一起学,让学生在自主比较中生发问题意识。从课堂反馈来看,他们能找到几篇文章的共同点:体裁上都是微型小说,内容上都是有关穷人的故事。接着笔者引导学生发现这三篇文章中的穷人分别来自俄国、美国、英国,这是不同国家的穷人的故事。为了表现他们的穷困,作者在写法上有什么不同呢?接着引导学生关注三篇文章的结尾处,分别是"我们,我们总能熬过去的""一切都会好起来的,亲爱的,乔依……""可是我绝不感到孤独,那种感觉就像在黑暗中经过灯塔一样",从中分析穷人还有什么共同的地方。他们真的很穷吗?学生得出结论:一个人倘若失去了善良、勤劳和希望,那才是真正的穷人。最后请学生以小组为单位,围绕"穷"与"不穷"写下自己想法,凝练出观点。

一般来说,学生初读这三篇文章时不会觉得自己有什么读不懂的地方,如果一定要让其提出问题,很可能造成无病呻吟。如何帮助学生从"知道"到"不知道"呢?笔者抛出的问题"为什么把这三篇文章放一起集中学习",是为了让学生反思自己的"阅读初感",对照文本的结构框架与描写细节,开启自己的发现之旅。虽然这三篇微型小说的作者来自不同国家和不同时代,然而通过比较式读写整合,学生能发现共同点与不同点,接着进行评价分析和抽象概括,发现问题,寻找线索,展开逻辑推理,最后成功解决问题。在这个过程中,学生的思维被激活,他们不再满足于对人物"标签化"的解读,也不再表现为单纯寻找阅读理解的答案,而更重视阅读过程的感受与体验,阅读思维有效突破"概念化"模式。

学生在阅读过程中用比较的方式产生疑问,接着讨论问题,寻找证据,最终进行评估,得出结论,批判性思维贯穿阅读始终,这就是批判性阅读。批判性阅读是一种积极的阅读活动,它强调阅读主体向文本敞开心智,将自己的知识积累和个体经验融入阅读过程,基于坚实的证据、严密的推理来感知、诠释和评价文

本,建构有意义的结论。比较活动有求同比较和求异比较两个方向,其中求异比较是科学哲学的核心理念。在批判性思维教学中应该注意引导学生进行求异比较,尤其是同中求异的比较。上述案例正是遵循这样的规律,先进行求同比较,找出几篇文章的共同点,再进行求异比较,比较作者写法上的不同,最后找寻相异之处背后的共同之处。

总之,比较式读写整合能够引导学生进行横向思考,认识到不同的文章有其各自的特点,但也能找到共同点,在比较异同之中把握共性与个性,让思维更独到,更有批判性,从而让语文学习走向深度。

四、跨界式整合,培养思维的创造性

跨界式整合是指用整合的思维重新审视和建构现有的语文课程。这个跨界式整合有三种形式:一是语文课程内部各版块之间的整合,具体表现为阅读、写作、口语交际、识字写字、综合性学习等语文学习领域之间的整合。二是语文学科与其余学科之间的整合,具体表现为语文课程与其他学科课程之间的整合。三是语文与生活的整合,具体表现为语文课程与生活之间的整合,如阅读大自然这本书,阅读生活这本书。跨界式读写整合可以促进学生更加主动地运用语言。由于提供了不同领域之间对话的机会,更多的学生在课堂上会积极有效地参与课堂讨论。这有利于培养学生思维的创造性。

以统编语文教材四年级写观察日记为例,笔者将四年级科学教科书里的观察日记——《给蚕宝宝记日记》与之结合起来进行跨学科读写整合。请学生先阅读科学教科书第二单元观察日记,从中知道出生到蜕皮,蚕宝宝共蜕四次皮,最终吐丝结茧,交配产卵,这几个关键期是一定要仔细观察的,并学会科学的观察方法,留意大小、颜色、形状、声音等的变化。再结合语文教科书中的观察日记,先阅读单元课文,了解叶圣陶经过一段时间的观察,了解了爬山虎不断向上爬的秘密;看到法布尔观察了很久,终于发现了蟋蟀筑巢的全过程;比安基用日记的形式,记下了燕子窝的变化。学生明白了观察日记不仅要运用科学的观察方法,还要记录下观察者当时的想法和心情。最后与美术学科相整合,为观察日记配上图画,也可以与信息技术学科整合,在观察的过程中拍摄有代表性的照片,附在观察日记中。这样的跨界式整合,使学生兴趣盎然,不管是观察蚕宝宝,还是观察绿豆芽,抑或是观察天上的云彩、可爱的小动物,他们都有自己的新发现,思维的火花不断迸现,形成各具特色的观察日记。

统编语文教材每个年级都安排了综合性学习,这是跨界式整合的最佳时机。以三年级综合性学习"中华传统节日"为例,笔者发现三年级信息技术教科书中有这样一课——《如何搜索图文资料并保存》。于是就有了这样的研究：学生先在语文课上确定自己想要研究的传统节日，再在信息课上运用老师传授的网页搜索与文件保存方法，筛选下载有用的资料，并保存下来，最后在美术老师的指导下制作图文并茂的小报，以展示自己的研究性学习成果。此外，有老师尝试用绘本拓展课程容纳数学阅读、知识学习、绘本创作、绘本表演等活动，改变了原来的课堂模式，拓宽了学生的学习视野，让学生的思维活跃起来。还有老师尝试把导演戏剧与文本阅读整合在一起，充分发挥了学生的创造力。

跨界式读写整合中的阅读材料除了常见的文本外，还包括电影电视、照片绘画、图表符号、戏剧表演等视听材料。学生通过与阅读材料对话，获取其中的信息，了解表达的观点，并尝试用图文形式表达自己的想法。具体呈现形式丰富多样，除了常规的习作外，还应该有观察日记、实验报告、研究论文、流程说明、宣传广告等。教师应该选择位于学生"最近发展区"的阅读材料，依托各种材料精心设计丰富的读写活动，引导学生在阅读活动中创造性地使用概括、整合、演绎、推理、评价、反思等完成活动任务。这些形式多样的言语表达，让"套路化"的读写思维无处藏身。学生不断积累表达经验，丰富想象空间，拓展创意思维。

总之，高阶思维的培养关系到学生的全面发展。以上四种途径的读写整合方式，能有效培养学生的高阶思维。一是引导学生用整体的思维认识事物，看待问题；二是引导学生学会纵向比较，站在时间轴上将过去、现在与将来联系起来思考；三是引导学生学会横向比较，用一把尺子衡量事物的共性与个性；四是引导学生进行创造性的思考，突破思维原有的"套路"。

参考文献

[1] 高峰. 基础教育阶段对学生高阶思维培养的理念与做法[J]. 人民教育，2019(Z2)：67-70.

[2] 汤明清. 指向高阶思维的课堂提问策略探究[J]. 基础教育课程，2019(19)：41-47.

[3] 徐鹏. 批判性阅读的域外视界：借鉴与反思[J]. 中学语文教学，2017(9)：4-8.

[4] 赵国瑞. 批判性思维能力培养的核心要素分析：以协作式辩论教学为例[J]. 基础教育课程，2019(11)：40-43.

[5] 徐明旭. 多学科整合理念下的数学绘本教学：以数学绘本《嘀嗒嘀嗒当当当》教学为例[J]. 基础教育课程，2019(2)：47-50.

（南京市孝陵卫中学小学部　王成）

激发学生想象力,培养写作思维

想象力是人在已有形象的基础上,在头脑中创造出新形象的能力。它是人类智能的重要组成部分,是人类生活、工作中不可缺少的智慧。可以说,没有想象就没有创造。在习作教学中培养学生的写作思维力时,注重培养学生的想象力十分重要。

第一,从生活层面来说,想象是儿童所从事的一种最富有创造力的事情。美国著名写作教练于尔根·沃尔夫就曾说:"写作是世界上最让人心满意足、最富有创造力的事情。"对于儿童来说,想象意味着张扬,意味着尊重,意味着成全。

第二,儿童的想象力是与生俱来的,每个儿童都会有一段想象力丰富的时期,而且有极大的想象空间。日本学者木村久一提出"潜能递减法则",认为儿童具有的创新潜能只是一种"可能能力",这种能力若得不到及时开发,就会产生"递减现象"。因此,我们应抓住儿童想象力的丰富期,开掘想象的潜能。

第三,从表达的层面来说,想象可以有效促进儿童语言的发展。作文中想象出的鲜活的人物、新鲜的内容、生动的故事、奇趣的情节、多变的环境都依靠"语言"表现出来。想象的过程,是提取语言、锤炼语言、丰富语言、发展语言的过程,是语言表达能力提高与发展的过程。

一、想象力是一种重要的写作思维力

语文学科核心素养是一种以语文能力为核心的综合素养,主要包括"语言建构与运用""思维发展与提升""审美鉴赏与创造""文化传承与理解"四个方面。同时,义务教育课程标准指出:"写作是运用语言文字进行表达和交流的重要方式,是认识世界、认识自我、进行创造性表述的过程。"可见,写作是思维的一种外在形式,离开思维的写作,如同无源之水。因此,在语文教学中,对学生写作思维的培养非常重要。

在学生写作的过程中,想象力贯穿始终。在写作前的日常积累中,想象力可以弥补学生的生活经验。譬如统编版语文教材四年级下学期《天窗》一课,就典型地写出了孩子对世界的瑰丽想象。当孩子因下雨只好留在家中、因被"逼"上床睡觉却睡不着时，只能透过天窗，去想象窗外的风雨雷电、一朵云、一颗星等等。因着这样的想象，作者发出了这样的感慨——"小小的天窗会使你的想象锐利起来！"并不止一次地感叹："这时候，小小的天窗（又）是你唯一的慰藉。"想象力，使得学生对世界的感知更为丰富。在写作过程中，想象力能够帮助学生更好地表达。学生在写作中用到的比喻、拟人、夸张等，其实就是想象力的体现。想象越丰富，表达也随之越丰富。相应地，学生文章中的文字更生动，更能丰富地表达自己的情感。

因此，要使学生写好文章，培养学生的写作思维力，就要培养学生丰富的想象力。

二、目前存在的一些问题

在日常的教学中，我们可以发现学生在发挥想象力进行写作方面还存在一定的问题：一是积累不够，想象力贫乏。学生只是写出自己看到的、听到的，不能据此展开想象。二是想象的范围比较狭隘，表现为虽有一定的想象，却是"刻板印象"。比如一提到梧桐叶，就是"很像手掌"；一想到蝴蝶，就是"仿佛在翩翩起舞"；等等。三是想象缺乏一定的逻辑性。即使是天马行空的想象，也会存在"意料之外，情理之中"的合理性，而有些学生的想象则是简单的叠加。比如在写四年级下学期习作"我的奇思妙想"时，有些孩子设想的奇妙物品只是各种物品的堆砌，并没有思维的"含金量"。四是想象缺乏真实的情感。比如一写"着急"，就会想到"急得像热锅上的蚂蚁"；一写"高兴"，就会写到"心里像吃了蜜一样甜"……这些看似表达了情感的想象，却因为所想象的事物过于普遍，而掩盖了学生真实的情感。

产生这些问题的原因有：一是学生的积累不足，既有生活经验的积累不足，又有阅读经验的积累不足。目前许多学生的日常生活多在学校、家庭、课外班之间，缺乏对鲜活生活的感悟；课外阅读量少，片面理解了想象的合理性；或者即使读了一些课外书，也因为缺乏引导，忽视了书与书、书与生活之间的联系，从而无法转换为自己的阅读积累，最终导致虽然读了一些课外书，但依然想象力匮乏的情形。二是缺乏自我认识，缺乏对自己情感的体察。学生文字表达的是对世界的认识，对自我的建构。一个缺乏自我认知、没有良好思考习惯的学生，难以写出自己独特的想象，更难以表达自己独特的感受。

三、激发学生想象力的有效策略

刘勰在《文心雕龙·神思》中谈到培养"神思"能力的途径和方法时,讲到"积学以储宝,酌理以富才,研阅以穷照,驯致以怿辞""登山则情满于山,观海则意溢于海"等。这对语文教学中的学生想象力培养有着借鉴意义。

(一)观察生活,大量阅读,丰富积累

表象是想象的基础,表象贫乏,想象也会枯竭,学生能够拥有的表象越丰富,审美想象也就越丰富。"积学以储宝""研阅以穷照",就是要求人们必须积累渊博的知识和丰富的生活经验。学生脑海中的"已有形象"越丰富、越多元,那么创造出新形象的可能性就越高。这"已有形象"就来自学生对身边事物的观察。笔者班里曾经有一位同学在小练笔中这样写:"听说玄武湖的荷花里居然有并蒂莲,人们一波一波涌过去观看。我和妈妈也去了,人可真多呀,就像蚂蚁看到了糖块一样。"一提到人多,很多学生首先会想到"人山人海",但这位同学的比喻独树一帜,这得益于他蹲在树下看蚂蚁搬糖块的经历。

除了观察身边的世界,阅读也是丰富积累、使"已有形象"更多元的好办法。大量的阅读,不仅能使学生储备极大的词汇量,也会使学生在潜移默化中感受到文化的传承,体会各种美好的意境。比如新冠肺炎疫情期间,日本寄送到我国的抗疫物资上分别写着"山川异域,风月同天""青山一道同云雨,明月何曾是两乡""岂曰无衣?与子同裳""辽河雪融,富山花开;同气连枝,共盼春来"等唯美诗句,寥寥数语却让人感受到困难当前、两国暂且抛却其他、并肩作战的决心,感受到对美好未来的共同期待。这就是文字蕴含的力量。越是广泛地阅读,越是能感受到不同文字背后的东西,这有助于学生更好地进行创造,更好地进行表达。

在临近端午节的一次小练笔里,有一位同学是这么开头的:"抬头看着天上的朵朵白云,低头我便想到了每一年奶奶给我包的白白胖胖的粽子。"很明显,这位同学化用了"举头望明月,低头思故乡"的意境。还有一位同学写天冷:"当我一出门,瞬间觉得被一股凉气包围。天啊,是'差点没头的尼克'从我身上穿过去了吗?一边嘀咕着,我一边小跑起来。嘿,我开始觉得浑身暖洋洋的,没错,一定是'守护神'环绕在我身边!"这个小作者是《哈利·波特》的忠实读者,在写作时他自然地联想到了书中的内容,将之用在了自己的文字中。

学生的日常生活不应囿于狭小的教室、局限于有限的课堂,教师应当引导学生投入到火热的实际生活中,投入到丰富的课外世界里,拥抱自然、拥抱生活、拥抱艺术,在实践中通过观察、学习、阅读、思考等途径积累知识,储存感性

经验。

（二）认识自我，体察情感

想象不仅伴随着鲜明的形象，也伴随着强烈的情感活动。想象以情感为动力，而且正是情感的波澜起伏、摇曳多姿才触发、激起并推动想象活动的展开和深化。那么，习作教学中怎样促使学生体察到自己的情感并由此展开丰富的想象呢？

1. 酝酿情感，推动想象的产生和发展

首先，在日常的教学中，利用教材、各种阅读材料、故事中丰富的情感感染学生，使学生对生活充满信心，对社会充满责任心，明确是非善恶，在成长过程中积累丰富的情感底蕴。其次，引导学生学会移情、共情。在对文字的赏析中，引领学生进入作品所创造的艺术世界，激发学生的情感及想象力。

2. 润饰情感，丰富想象的色彩和内容

有情感，想象才是富有活力的。比如李煜写"愁"："问君能有几多愁？恰似一江春水向东流。"李煜作为亡国君主，在被毒死前写下了这首词。这里把"愁"比成了滚滚东流的春水，一下子让人感受到愁的汹涌翻腾、悠长深远，感受到一代君王没落前的忧愁悔恨。在一次关于"秋天的树叶"的小练笔中，一位喜欢画画的小姑娘写梧桐叶："这片大大的梧桐叶一半绿，一半黄，还有一些小斑点，好像是谁打翻了调色盘。"另一位同学同样写有斑点的梧桐叶："那片土黄色的梧桐叶上有一些斑点，让我不由得想起了姥姥的手。"还有一位同学捡到了青色的枫叶，他写道："已经是秋天了，这片枫叶怎么还是青色的呢？难道它跟我一样喜欢夏天，舍不得夏天走，所以留着夏天的颜色？"这些精彩的语句背后，表达的都是学生真挚的情感。

（三）遵循规律，培养想象能力

想象不是表象的堆砌，而是按表象的规律将其"重新组合"，是一种严密的构思和创造过程。在丰富积累、体察情感的基础上，遵循想象的规律，才能更好地培养想象能力。

1. 想象力之画面的再现能力

阅读与写作密不可分。"画面的再现能力"在阅读中，就体现为通过文字在脑海中建构画面的能力；在写作中，就体现为一种将生活事件转化为艺术形象，并通过文字将其表达出来的能力。

对学生来说，他们一般会先将语言文字转化为头脑中的某种形象，唤起生活的回忆,联想已有的经验,由此幻化出属于自己的独特画面。因此,要培养画面的再现能力,首先是要引导学生调动生活积累。比如在学习统编版教材四年级下册《乡下人家》时,学到"或是瞧见耸着尾巴的雄鸡,在场地上大踏步地走来走去"时,有不少在老家见过公鸡的学生纷纷举手表达自己的想法:"我在老家见过,公鸡就是那样昂首挺胸地耸着尾巴,很有气势。""公鸡就像一个威风凛凛的将军。""公鸡可凶了,还会啄人。"……其中一位同学说:"我到现在都记得,我奶奶家的大公鸡特别凶,看到我就追着我,要啄我屁股。我也不知道为什么,大公鸡把我当敌人。我就赶紧把手背在后面护住屁股逃,最后还是被啄到了一下,疼死了!"当时,他一边发言一边还真的用手护住屁股,仿佛又回到了当时的情境中。很明显,他根据书中的文字,调动起了自己的回忆,并将当时的画面通过语言表达了出来。

其次是要引导学生揣摩语言文字,更好地再现画面。对语言文字进行推敲,是为了根据不同的需要,用最合适的文字来表达想象中的画面,使学生的表达更为准确。还是以《乡下人家》中描写大公鸡的这句话为例:"或是瞧见耸着尾巴的雄鸡,在场地上大踏步地走来走去。""耸着尾巴""大踏步"一下子写出了公鸡的姿态,学生才能由此想象到"将军""把我当成敌人"。抓住文字推敲,能够更好地培养学生的画面想象力。

2. 想象力之情感的洞察能力

文学作品常常用"托物言志""借景抒情"的手法。教师在教学中需要引导学生在了解文意的基础上进一步发挥想象力,体察作品表达的情感。最典型的文本是古诗词。比如教学四下语文园地中毛主席所作的《卜算子·咏梅》,学生读通这首词、理解大致意思以后,能够想象到寒冰封锁时不畏严寒的梅花,想象到春光烂漫时淡然开放的梅花。然而,这仅仅是学生对于画面中的梅花形象的直观感受,对于画面背后所传递情感的理解,就需要学生进一步调动想象力。在这里,教师可以联系背景,进行追问:作者仅仅是为了描写梅花吗?背景资料显示,这首词创作于1961年12月,此时国家正处于困难时期,而这首词饱含希望,让人振奋。此外,教学时可用陆游的同题《卜算子·咏梅》进行对比学习。陆游在词中描绘的梅花,就显得凄凉、孤芳自赏,这也和陆游有满腔爱国抱负却不得重用的经历有关。

要经由文字形成的经典画面去洞察其背后的情感,需要发挥学生的主观能动性,在这样的过程中,想象力得到了培养。

3. 想象力之心理的共情能力

阅读中,学生通过文字想象人物的心理活动。比如《陀螺》这篇课文中写道:"曾有很长一段时间我的世界堆满乌云,快乐像过冬的燕子一般,飞到一个谁也看不到的地方去了。"借助"乌云""过冬的燕子"这样的常见事物,学生能想象出作者当时的心情是多么沮丧。比如雨果的《"诺曼底号"遇难记》中这样一段描写:"一刹那间,男人、女人、小孩,所有的人都奔到甲板上,人们半裸着身子,奔跑着,尖叫着,哭泣着,惊恐万状,一片混乱。海水哗哗往里灌,汹涌湍急,势不可当。"这一段完全是由小短句构成的场面描写,读来急促,学生们能够体会到当时船上乘客们的惊慌失措。还有一段经典的对话:"洛克机械师在哪儿?""船长叫我吗?""炉子怎么样了?""海水淹了。""火呢?""灭了。""机器怎样?""停了。"……"哪个男人胆敢抢在女人前面,你就开枪打死他。"听着这样简短却铿锵有力、掷地有声的对话与命令,学生们可以分别去揣摩船长、大副及乘客们此刻的心理。有了这样的共情,学生们才能更好地走进当时的场景,体会情况的紧急,船长的智慧、坚决、果敢与忠于职守。

而在写作中,学生也需要这种共情的想象力,通过联想其他事物、场景、对话等去表达人物的内心。比如学完《陀螺》以后,有学生在日记里仿写:我的快乐就像春天的燕子,翩翩归来。更有学生进行拓展,直接与事物对话,表达自己的内心。如一位同学在周记中给飘落下来的树叶写了一封信:你从树枝尖上跃了下来,乘着风,缓缓下降;你仿佛知道自己要重归大地的怀抱。看着你飘飘荡荡,仿佛在空中画了一个笑脸,我想你一定在和你的同伴告别,对着它们露出最美的微笑。小作者通过观察树叶,发挥了自己的想象,表达了自己的心情。

爱因斯坦说:"想象力比知识更为重要,因为知识是有限的,而想象力概括着世界的一切。"总之,教师需要重视学生想象力的培养,发挥创意,采取多种措施和策略,才能更好地激发学生想象力,培养学生写作思维。

参考文献

[1]李吉林.学习科学与儿童情境学习:快乐、高效课堂的教学设计[J].教育研究,2013(11):81-91.

(南京师范大学附属小学 肖娴)

让习作插上思想的翅膀

拿破仑曾经说过,世界上有两种东西最有力量,一是宝剑,二是思想,而思想比宝剑更有力量。什么是"思想"?"所谓思想,是客观现实在意识中的反映,是人们对客观事物的理性认识。"(《哲学大辞典》)人们在自然、社会等实践中得到的是感性认识,从感性认识走向理性认识,就产生了思想。然而,在"思想"后面加上一个"力",其内涵就不同了。从物理学角度讲,"力"是指改变物质状态的运动,"思想力"就是思想对客观物质世界的作用力。"思想"加之以"力"正是为了让我们对"思想"有更加清晰的认识,让"思想"从抽象走向具体,从模糊走向清晰。

思想是内生的,思想的奥妙之处是无法靠他人给予的,必须依靠自身去体验、感悟、获得,因此思想是无法被教授的,但这并不是说我们不需要去引导孩子产生自己的思想。恰恰相反,这更需要我们思考研究如何让儿童更好地产生思想,这正是儿童习作"思想力"的提出意义之所在。

思想从何而来?我们都知道人的大脑既然分为不同脑区,那么大脑的正常发育,就应该是所有脑区无一例外地全面正常发展。对于小学生而言,他们有三部分脑区的发育应该是在成长时期齐头并进的,那就是主导记忆的脑区,主导计算与推理的脑区(这部分脑区通常也被叫作"理性思维"脑区),主导形象储存与运用这种储存进行各种方式的表达的脑区(这部分脑区通常也被叫作"感性思维"脑区)。如果哪一部分脑区在学生时期,特别是在小学、初中和高中时期,没有受到很好的激发和提升,那么那一部分脑区就会长期处于"休眠"状态。一个人成年,意味着他的身体各方面达到成熟,其中包括大脑的成熟。大脑成熟意味着记忆脑区、感性思维脑区、理性思维脑区同时得到了开发和提升。但事实上,我们的教育方法、教育体制很大程度上使得儿童大脑中被开发运用最多的是记忆脑区,相对而言小学生大脑中受到激发最不充分、提升最为滞后的那部分脑区,正是主导感性思维的脑区。

一、思想力,语文教学的追求

我们都说,读和写是语文教学的两条腿。但是在教学中,我们经常发现孩子读不懂文章,不理解一个故事的寓意,不会提炼文章的主题思想,这就是缺乏思想力的表现。因为缺乏思想力,孩子们不能感知到文章中的情景或故事情节,以及社会道理、生活道理之间的内在联系,弄不清楚作者在文章中为什么要写这样一件事,写这样一件事是想告诉人们什么道理,所以无法真正去读懂文章的内涵。

缺乏思想力的孩子,在语文学习中,只会死记硬背老师课堂上对课文的讲解,一旦遇上陌生的文章,就会感觉到阅读困难。不具备相应的思想力,阅读就只能停留在低级阶段,只能把阅读的快乐建立在一些故事情节上。这类孩子,阅读的兴趣往往集中在绘本、连环画、小说、漫画一类的阅读材料上。那些文笔优美、内涵丰富的作品,对他们来说,味同嚼蜡。

有思想力的孩子,不仅能从文字中准确把握作者的思想情感,还能结合自己的生活经历与社会认知,从文章中读出自己独特的感悟。阅读的快乐,是读出自己的感悟,形成自己的思考,否则,只能人云亦云,不仅不能提升语文的素养,还会降低阅读的兴趣。

写作的本质是什么?角度不同,得出的结论可能不尽相同。但是有一点是共识:写作是运用语言认识世界、认识自我、表达思想的实践活动。

绝大部分文章写出来是给别人看的。缺乏思想力的文章,就是一堆无意义语句的堆积,也就是我们常说的"言之无物"或"无病呻吟"。缺乏思想力的作文,往往有两个鲜明的特征:一是主题思想人云亦云,二是选用材料老调重弹。这样的学生作文例子举不胜举:写同学就写乐于助人,刻苦学习;写妈妈就写自己生病,妈妈送自己去医院;写景物必然是景色优美……有老师笑谈小学生作文中"万能的西红柿炒鸡蛋":难忘的一件事,西红柿炒鸡蛋;我长大了,西红柿炒鸡蛋;妈妈的爱,西红柿炒鸡蛋……

儿童的习作缺乏思想力,原因是多方面的。面对一个主题,他们无法找到与之对应的生活案例,或找到的案例不恰当、不独特;把握不准事件本质与思想主题之间的关联程度。

思想力缺乏,对孩子今后议论文和材料作文的写作影响更大。议论文,就是要提出观点和主张,并进行论证,这需要以一定的思想力为基础。而材料作文,则更是孩子思想力的"试金石"。它要求从一则材料中,提出与众不同的观点,或者从若干看上去互不关联的材料中,找到统一的思想,这是对思想力的更高要求。

所以，有学者提出，语文教学的终极追求是培养有思想力的学生。这话说得虽然有些极端，但思想力在语文教学中的重要性毋庸置疑。因为，思想力不仅存在于阅读理解与写作中，而且要伴随孩子的一生。

二、儿童习作，一株有思想的芦苇

北京语言大学梁晓声教授认为：使小学生、初中生和高中生主导感性思维的脑区受到不断激发并越来越活跃，功能也不断提升的课程，第一是作文，第二是作文，第三还是作文。写好作文的关键在于对感性思维脑区功能的激发，所以小学生要借助作文活跃自己的感性脑区，别让自己成了感性脑区僵化的"半脑人"。作文是对感性脑区思维能力的综合检验。克服懒惰，唤醒感性脑区中的记忆，冷静而理性地筛选记忆中的印象和景象，并进一步加工、组合，即可获得较好的写作素材。

1. 儿童习作呼唤思想力

统编教材施行以来，习作教学在教材中的分量得到了很大的提升，这无疑促使教师对习作教学的认识更加深刻了。习作教学的内容设计更加广泛，习作教学的体例编排更加科学，习作教学的操作性更加可行，习作教学与学生的生活和时代的结合更加紧密。从统编教材习作的目标来看，在注重培养学生习作表达能力的同时，更加注重习作中思维能力的培养。但在实际习作教学中，仍然出现了很多的问题。一方面是固有的老问题，仍然有很多教师只重视学生语言表达、习作能力与技巧的培养，忽视习作中儿童思想的生长。另一方面是统编教材施行以来作文教学出现的新问题：统编习作教学编排更加具有体系性，需要教师能够从宏观上把握习作教材编排的意图，把每一次习作教学放到整个习作体系中去。如以写信而言……再如写人而言……这显然给一线教师的习作教学带来了困难和挑战，因为教学实践中很多教师常年只教中年级或高年级。因此带来的问题是教师吃不透编排意图，习作教学要么流于形式，草草了事；要么过度开发，拔高要求。再者，统编教材从三年级开始，双线并进，每个单元都有鲜明的主题和语文要素，习作教学也紧扣语文要素，这同样带来了问题：很多教师的习作教学只见"要素"，不见"思想"。

因此，从某种程度而言，"学生怕写作文，教师怕教作文"这一个问题还没有从根本上得到解决。

阳光喔作文教学创始人罗珠彪在《作文，让每个孩子成为有思想的人》一文中这样认为：孩子为什么怕作文，很多时候是因为我们的教育（学校、家庭）都在做一件吃力不讨好的事情——扼杀孩子们的思想。教学中孩子们首先想到的是老师希望我们说什么，而不是我想说什么。久而久之，孩子们失去了自己的思想，头脑里装的只有别人的想法。

2. 用阅读与生活点燃儿童习作的思想力

一片树叶从树上落下来，如果孩子们的描写都是"一片树叶从树上落了下来，像一只只黄蝴蝶在空中飞舞"；描写身边一个有特点的人，如果孩子们的笔下只有"认真学习""助人为乐"的同学，认真负责的老师，爱自己的妈妈；描写我喜爱的一个地方，如果孩子们的眼中只有某处名胜古迹……可以说这是习作教学的悲哀。

思想，不是空中楼阁，不是无源之水。思想的源泉是生活，是阅读。儿童作文，就是把自己看到的、听到的、经历的、想到的，用语言表达出来。要想让孩子的作文有思想，首先要从源头上着手。

阅读与生活，就是儿童习作有"思想"的源头。孩子们不缺乏阅读与生活，只是缺少对阅读与生活的感受，缺少关于阅读与生活的"思想"。儿童不是成人，他们对人与人之间交往的经验，对自然、社会中各种现象的认识，都处于儿童特有的认识与思考阶段。然而儿童需要成长，思想需要培养，这就是教学的意义。这不是过度拔节，而是唤醒和点燃、引领和提升。让儿童的思想从迷茫走向清晰，从懵懂走向深刻，从混沌走向顿悟。

统编教材中，单元主题鲜明，大部分习作安排也紧扣单元主题。编写童话故事，是中年级的一次单元习作。我知道以孩子们的认知水平与生活经验，编写的童话故事大多会缺乏故事情节，故事编得没有什么意思，人物特点与故事情节也缺少关联性。与其事后弥补，一次次修改重写，不如在习作前做好充分的准备。于是，我自己搜集整理了教材中的、课外的一些童话故事，同时让孩子们自己搜集两三篇自己喜爱的童话故事，并想一想自己为什么喜欢这些通话故事。课堂上，我们来了一次"童话故事交流会"，孩子们热情高涨，先是小组交流，然后推荐汇报。在交流前，我特别关注了那些内容不同、角度不同、有思想的习作，让这样一些文章走进所有孩子的视线。在汇报时我牢牢抓住两个问题让孩子们思考："故事怎么有趣？你为什么喜欢这个故事？"虽然这一次习作指导，我没有说一句应该怎么写，但是孩子们在交流中却自己悟出了很多：童话故事内容原来这么丰富啊，原来故事情节不能一下子就写完啊，原来要让故事有意思可以这样去编啊……一节课的交流时间孩子们觉得不够，我就让孩子们交流两节课。写呢？孩子们说我们都想好了，只要一会儿就能写好。

回想这样一次习作教学的经历，它给了我深刻的启发：对孩子而言，思想的产生需要激发。阅读是最好的工具,因为对孩子们而言他们的所见与经历是有限的,对自然、社会、生活、自我的认识需要通过阅读来弥补。

雨后初晴的校园水泥小道上,一只蜗牛在慢慢地爬着,我蹲下来观察这只可怜的小东西,也引来班级几个孩子的关注。孩子们好奇我为什么会对这样一只小蜗牛感兴趣,他们七嘴八舌议论着,却觉得没有什么好看的。上课铃打响了,孩子们回去上课。下课后一个孩子告诉我蜗牛被晒死了。我带着孩子们再去看这只蜗牛,它果然死了,身后留下了一条弯弯曲曲的乳白色的痕迹。

这只是孩子们生活中的一件小事,如果我们不加引导,也许它不会在孩子们心中泛起波澜,不会留下任何痕迹。然而当我仔细思考后,却觉得其中蕴含着思想的光芒。

于是,我用一节课和孩子们聊起了这只蜗牛。

我让孩子们思考这只蜗牛为什么会来到小道上,它要爬向哪里;

我让孩子们思考为什么这只蜗牛直到被晒死,还没有停止爬行;

让孩子们看到,小路对我们而言只要一步就能跨过。这只蜗牛身后留下的痕迹是弯弯曲曲的,如果它能够横着爬,会怎样……

逐渐地,孩子们的思想被我引向广阔,引向深邃。就这样,一篇篇闪烁着孩子思想的作文在他们笔下静静流淌,尽管我看到了稚嫩,看到了肤浅,但是我更看到了纯真。我很庆幸自己抓住了这一点点契机,让一只蜗牛走进了孩子心里。试想,如果我视而不见,或者仅仅只是让孩子们去看一下,他们愿意写或能写出这样有思想的作文吗?"问渠那得清如许?为有源头活水来。"生活和大自然是如此广阔、如此深邃,我们应投入其中,始终保持对生活、对大自然的好奇、敏感和兴趣,积极思考,勇于质疑,乐于发掘,从蚂蚁搬食中看到团结就是力量,从向日葵向阳的特性中想到光明永远值得追求,从滴水穿石中洞见柔能克刚的奥秘……

然而,我们更需要谨记:儿童习作,需要有思想,但是需要的是儿童自己的思想。

很多时候,我们发现儿童的习作缺少童真童趣,缺少立意,于是教师煞费苦心,精心设计教学,一个一个看似精巧的环节将学生的思维引向所谓的深刻。殊不知,此时儿童的思想只是老师的思想,他们习作里的"高大上"只是鹦鹉学舌。周一贯老师说:在以成人为本位的社会里,人们并不很重视儿童的存在。虽然成人曾经都是孩子,但他们长大后,便很快遗忘了属于儿童的真正价值。我们要清醒地认识到儿童的思想是肤浅的、稚嫩的,我们要允许这种肤浅和稚嫩的存在,并呵护它们,让它们闪烁着童年的光芒。因为我们知道——儿童的思想是需要成长的,我们要做的不是给予浇灌,不是拔苗助长,而是呵护、唤醒、点燃。

习作,呼唤思想;思想,需要我们去呵护、点燃。

三、从统编教材出发,培养儿童习作的思想力

思想力的产生需要实践,实践需要教师运用方法进行引导,所以思想力的形成需要方法。

首先,要明确儿童习作需要思想力,儿童习作应着重培养思想力,接下来我们要思考的是:儿童习作思想力包含了哪些层面的指标,或者说我们应该培养儿童思想力的哪些方面?最后从操作层面分析,如何在习作教学中培养儿童习作的思想力?从大多数语文教师的立场出发,我们的习作教学主要还是依托教材,所以我们培养儿童习作思想力的主要载体应该是教材。

统编版小学语文教材借鉴历次语文课程改革的经验,从写作的"内驱力、思想力及表达力"三个维度,整体建构写作课程内容,设计了三条可以把握的教学线——模仿运用线、语境交际线、能力进阶线。每个"单元习作"的语境具体明确,既能激发学生的写作内驱力,又能培养学生的思想力与表达力,是一种主题统整下的综合性写作实践。由此可见,培养儿童习作思想力,用好统编教材是行之有效的办法。

我们应培养儿童思想力的哪些方面?从思维的品质出发,可从以下几个方面来评价:思维的广阔性、思维的规律性、思维的逻辑性、思维的深刻性、思维的灵活创新性。

1. 广度思考:阅读中发现广阔

统编版教材习作教学开创了"习作单元",从某种程度而言,这是为儿童习作指出了一条路,揭开了习作教学的面纱。如果说以往我们习作教学还有些羞羞答答,"犹抱琵琶半遮面",那么统编教材的习作单元,则清晰地指出,儿童习作教学需要范文,名家名篇和儿童自己的习作都可以是范文。范文存在的意义在于,它从写作层面出发,不仅能指导怎么写,更能为写什么打开一片天空。从课文到习作例文,都紧紧围绕习作主题,让孩子们发现原来写作内容可以如此丰富,空间可以如此广阔。

当然,阅读培养学生习作思维的广阔性,其意义绝不仅仅局限在某一次习作上。它更深层次的意义是打开儿童的生活视角,在广泛的课外阅读中,认识自然,认识世界,认识社会,在阅读中看到一个个鲜活的人物,吸收他们的思想,获得知识,得到体验。我们需要做的是利用一次次习作实践的机会,去激发孩子们的阅读兴趣,使他们获得阅读体验,从而形成自己的思想。例如在写读后感的教

学中,我们可以引导孩子共读一本书,在一本书的阅读中,让儿童发现,原来我们的感受可以这样广阔。

2. 分类思考:比较中总结规律

研读统编版教材习作编排,我们会发现统编版教材设置了八个习作单元,这八个习作单元的主题是"观察""想象""记事""游记""说明文""写出人物的特点""围绕中心意思写"及"让真情自然流露"。而同一个主题,在不同年级又设计了不同要求的训练内容,这样编排体现了习作能力的层层提升。

这八个主题,可以说涵盖了儿童习作的方方面面,有利于教师在习作教学中引导孩子进行比较、总结,形成习作能力,并训练思维的规律性。如描写动物的作文,可以结合课文《白鹅》以及老舍的《猫》《母鸡》,再推荐学生课外阅读相关的描写动物的文章,让学生在比较中形成写好小动物的过程意识、结构意识及表达意识。教师推荐《变色龙》《金蝉脱壳》阅读,引导学生总结描写小动物的外形特征、生活习性等特点可以渗透在一件事情或具体的活动场景中;学会运用过渡句将小动物诸方面的特点巧妙地连接起来。学生在这样的阅读与比较中,主动感悟文章的表达智慧,建构该类文章的写作框架,从而达成对思维规律性的训练。

比较中总结规律,还可以注意引导学生关注同一主题的习作前后的关联性。如写人的作文,统编版教材从三年级上册开始到六年级下册,每学期基本安排一次,共八次。在写人习作练习中我们可以引导学生回顾前面写人的文章,有什么要求,是怎么写的,再比较现在的要求,看看有什么不同;还可以让学生把以前写的作文拿出来再读一读,学生在阅读中"温故而知新",自然会产生比较并总结规律,从而达到思维训练的目的。

比较总结,是一种分类思考方法的训练,对学生思想力的形成大有裨益。思想力的基础,对单独事物来说,是认识到它的本质;对众多事件来说,就是认识到它们之间的本质联系。对习作练习的分类比较,首先要建立一个分类的标准,而这个标准,就是自己要去发现总结的这一类习作的共同本质。例如,今天我们要学习写一篇介绍动物的文章,学生思维自然要去思考写这类文章的要求,写出动物的特点。

3. 逻辑思考:实践中建立逻辑

如何在写作实践中培养儿童思维品质的逻辑性?

一是要从习作教学的完整过程入手,抓住选材、构思、立意、起草、加工等环节,建立写作过程的完整性,在实践中培养儿童写作的严谨性和逻辑思维品质。

二是可以借助思维导图,努力让学生思想可视化。如在统编版教材四年级上册第二单元"小小'动物园'"习作教学中,就可以让孩子借助思维导图进行创作。有了思维导图，再引导孩子补充相关事例，描写人物的相应的语言、动作等，孩子们习作起来将更加轻松。

与思维导图类似的是编写习作提纲，这也是训练学生思维逻辑性的有效方法。例如记事作文，可以引导学生按照时间、地点、人物，事情的起因、经过、结果这六要素来编写提纲；写人的文章，让学生从人物特点、典型事例中选取外貌、语言、动作、心理的特点来编拟提纲；写景物的文章，从描写顺序、景物特点去编写提纲……

三是在习作的修改中，将引导学生修改自己的习作作为重要环节。这一点在统编版教材的习作编排中体现得非常充分，以统编版教材五年级下册为例，8次习作安排中，除了综合性学习单元写研究报告外，其他均对习作提出了修改的要求。第一单元"那一刻，我长大了"提出了"写完后和同学交流，看看有没有把'那一刻'的情形写具体，根据同学的意见进行修改"的建议。第二单元写读后感，提出了"写完后读一读，看看有没有把自己的感想表达清楚，再和同学交流"的建议。第四单元"他_____了"提出了"写好后，和同学交流，看看有没有把人物当时的表现写具体，反映出他的内心，然后对不满意的地方进行修改"的建议。第五单元"形形色色的人"要求："写完后，和同学交流，看看有没有具体地表现出人物的特点，再根据同学的意见进行修改。"第六单元"神奇的探险之旅"要求"写完后，认真修改自己的习作"。第七单元介绍"中国的世界文化遗产"，要求"写完后，和同学交流，互相评一评介绍得是否清楚，再根据同学的意见修改习作"。第八单元"漫画的启示"要求"写完后，同学互换习作读一读，看看从漫画中获得的启示是不是写清楚了，再根据同学的建议修改"。教材这样编排体现了《课程标准》中关于习作教学实施建议的"重视引导学生在自我修改和相互修改的过程中提高写作能力"的精神。另外，学生在对自己习作以及同学习作的评议、修改过程中，思维的逻辑性无疑会进一步得到提升。

修改，本质是对自己习作的一种反思，学生在反思中发现、总结、领悟，并在这一过程中获得思维逻辑的训练。

4. 哲学思考：思辨中获得深刻

思维深刻性的获得，离不开教师的引导，需要教师恰当的点拨。那么何为"恰当"？一是点拨的时机要恰当，二是点拨的方式要恰当，三是点拨的深浅、导向要恰当。

如在"推荐一本书"习作教学中，有学生推荐了儿童文学名著《长袜子皮皮》，但有同学提出了反对意见："此书虽然是世界文学名著，但作为主人公的皮皮身上却有一些不值得大家学习的东西，她没有纪律观念，不受约束，想干什么就干什么。低中年级的同学年龄小,是非观念差,模仿能力强。如果没有大人的阅读指导,有些同学很可能会不自觉地去模仿皮皮的行为。这样他们不但得不到好书的熏陶,反而会形成不好的品行。"学生很有想法,但是是否全面、深刻呢？这时候,就需要教师引导学生思考：让学生辩证地思考问题,让学生明白批判不是完全否定,而是自我独到想法的表白,阅读作品要发现其阅读价值,并在吸收、借鉴他人对该书评价的基础上进行有效整合,形成自己对该书的独特理解。

在思辨中走向深刻,其本质是引导学生对事件或现象进行一种"哲学"的思考。如统编版教材五年级下册第一单元习作"那一刻,我长大了",习作要求要把"'那一刻'的情形写具体",但是这次习作除了语言表达训练这一要求外,不能忘记对"长大"这一主题的儿童领悟。什么是"长大"？教材列举了三个例子：①发现妈妈眼角出现了浅浅的皱纹……②接过爷爷走了很远的路,给我买的鞋子,我感觉沉甸甸的……③开学典礼上面对同学的目光,原本紧张的我有了信心……教材的这几个例子,实质是想引导学生对"长大"这一现象进行哲学的思考。教师还可以通过推荐相关文章,引导学生对"长大"进行回味：打开衣橱,小时候的衣服现在看来那么小,我长大了；翻开照片,那哇哇大哭的小不点,那傻傻笑的丫头,是我吗？我长大了；"丫头,快来帮我搭把手,妈妈拎不动了！"哦,原来我长大了；失败了,没有哭,摔倒了,爬起来,哦,我长大了……通过思辨让儿童对"长大"形成自己的思考,进一步追问自己：我长大了吗？

5. 创新思考：模仿中寻求突破

朱熹曾说："古人作文写诗,多是模仿前人而作之,盖学之既久,自然纯熟。"写作从模仿起步,这是一条基本经验。母语学习,最简单有效的办法是"跟我学",在模仿中习得言语能力、积累言语经验,达到熟能生巧的境界。生活中自然状态下的模仿是随意的,而教材中设计的模仿是"故意"的,带有明确的学习目的,隐藏着确定的言语知识,设计了科学的"规定动作",避免了盲目和无效。

统编版教材习作的编排,从遣词造句到连句成段,从单项练习到综合运用,体现了循序渐进的教学规律,让学生既累积了表情达意的基本技能,又知晓了语言运用的基本规则。知其然,更要知其所以然,模仿的目的是促使学生通过"举三反一",最终达到"举一反三",从模仿中走出,形成自我突破与创新。

当然,习作承载思想的小船驶向远方,让儿童作文插上思想的翅膀,不是要让儿童的习作多么有思想,或者思想有多么深刻,不是要让儿童的习作中生长出一种叫"思想"的东西,而是要让儿童埋下一颗可以萌发的种子。

参考文献

［1］薛法根. 用语文教儿童：统编本小学语文教材的教学要义[J]. 语文建设,2018(10):12-16.

［2］陈建新. 也谈儿童习作的思想、方法与实践[J]. 新作文(小学作文创新教学),2016(4):7-9.

［3］梁晓声. 梁晓声的写作课[M]. 青岛:青岛出版社,2019.

（南京市小营小学　徐红飞）

语言弹性的方程式

儿童习作教学名师、著名特级教师朱萍老师做过一个判断：当今文学世界，可以说是一个散文的世界；当下的语文教材，也可以说是一个散文的世界。宽泛定义下的散文在中小学教材中所占十之七八。

此言不虚。仅以统编版小学语文教材为例，除去诗歌和以情节人物见长的小说、剧本之外，散文篇目占到总篇幅的一大半。其中，《祖父的园子》《月是故乡明》《威尼斯的小艇》《牧场之国》《慈母情深》等作品，文质兼美，情真意切，早已成为散文教学中的课例名篇。由此可见，散文对于学生作文学习的影响，既深且远。

在当代散文大家中，余光中是不可不提的名字。余先生的语言文质兼美，其散文不局限于传统的形式，为读者描绘出一种亦歌亦曲、如诗如画的意境。其作品多次被选入中小学课本，堪称学生语文学习的典范佳作。

关于散文写作的心得，余先生曾做过这样的阐释："现代散文当然以现代人的口语为基础。但是，只要不是洋学者生涩的翻译腔，它可以斟酌采用一些欧化的句法，使句法活泼些，新颖些；只要不是国学者迂腐的语录体，它也不妨容纳一些方言的句法，使句法简洁些，浑成些。有时候，在美学的范围内，选用一些音调悦耳、表情十足的方言或俚语，反衬在常用的文字背景上，只有更显得生动而突出。"

基于此，余先生说自己有一个说不上是座右铭的话，即"白以为常"，白话文是常态；"文以应变"，在有需要时，运用文言文以增加语言的变化；"俚以见真"，多运用俚语、俗语，表达真性情；"西以求新"，借鉴西语中的一些句法，以增添语言的新鲜感。

的确，品读余先生的散文，于朗朗上口的现代白话文中，既能读到简洁的文言文，又能看到新鲜的西式语言，间或跳出一句句恰到好处的俗言俚语。余光中先生将这四种语言揉捏融合在一起，挥洒出的文字行云流水，独具魅力，字里行间充盈着语言的弹性美。

笔者对此"余式写作理念"深以为然,并试做更简洁的概括,以一道方程式呈现:白以为常+文以应变+俚以见真+西以求新=语言的弹性。

我以为,求解这道语言方程式中的未知数,不论之于教师的教,还是学生的学,都有很好的启迪价值。接下来笔者将以自己的教学为例,谈谈我对这道方程式的思索和运用。

一、白以为常

先秦时代,文言文与口语的差异微乎其微。随着历史的变迁、语言的演变,中国人的书面语和口头语才渐行渐远,"文言分离"。比如,想问他人是否吃饭了,用口语表述是:"吃饭了吗?"而用书面语表述就是:"饭否?"也许是中国人太相信"文章天下事",太过讲究引经据典、骈俪对仗、音律和谐、格式工整,再经过历代文人的修饰装扮,文章愈加显得庄重华丽。于是,写作成为读书人的专利。直到"新文化运动"时期,主张"话怎么说就怎么写"的白话文,以其简练清晰、通俗易懂的优势,才最终取代文言文,成为主要的书面表达方式。

语文教育发展到今天,我们认识到写作是让学生认识自我、交流表达的渠道。习作教学要努力激发学生的写作兴趣,使学生易于动笔,乐于表达,"我手写我口,我手写我心",抒发真情实感,提高写作能力。然而,整个小学阶段,仍有大量学生存在"会说不会写""说得好,写得差"的问题。这便是典型的"说写分家"现象。

其实,要做到"白以为常",绝非"水到渠成"那么简单。在小学阶段,说与写的能力发展不平衡,是较为普遍的学情。甚至绝大多数受过教育的成年人,往往也是"说的要比写的好得多"。为何如此呢?写作心理学研究发现,从口头语言到书面语言的转化过程中,还要经历内部思维语言,这是写作的"核心处理器"。只有经过长期言语实践后,才能实现"说与写"的无缝对接。在小学中低年段的儿童是很难实现"说与写"的即时转换的。如果我们的教学指导不能切中要点,未在学生表达的关键处——"思维"上做好梳理、帮助、指导,只是"望天收"般期待学生写作顺畅,结果自然是"他也苦恼,你也无奈"。

以第一学段为例,按照从"说"到"写"、从易到难的原则,我们可以设定有序列的教学重点,为每一环节设计最适切的训练内容,构建起始阶段儿童写作的教学结构。

比如:在刚入学时,先要求学生能够清楚、完整、通顺地进行"一句话"口语表达练习。到了一年级上的后期,再要求能够清楚、完整、通顺地进行"一句话"书面表达练习。到了一年级下学期,先重点训练"几句连贯话"的口语表达练习,进而开始"几句连贯话"的书面表达练习。到二年级,可以开启"整段话"的口语表达练习,进而开启"整段话"的书面表达练习。如此扎实训练,到了二年级下学期,便可以进行"一件简单的事"的口语表达练习。在二年级下学期结束前,"一件简单的事"的书面表达也便成为学生"应运而生"的能力。

写作起步教学的最大任务也就在于培养儿童的写作兴趣,使儿童在自觉自愿的情绪下,愿意说,喜欢说,说得全,说得顺,并把说的完整清晰的句子愈发流畅地写下来。如此强化练习直至熟能生巧,学生到了中高年段,"白以为常"便不再是"雾里看花""水中望月"的写作秘密。

二、文以应变

中华民族博大精深的文化中,自然少不了文言文。它文字凝练、论述精辟、短小精悍,让人浮想联翩,深入思考。宽泛意义上来讲,成语、韵文和古诗词也是文言文的一种。曾几何时,学生总以为作文中运用大量成语,或如歌如画的诗句,便是文采斐然的优美语言,这当然是偏颇的观点。但也不可否认的是,在"白以为常"的基础上,必要之时,能够恰如其分地运用一些浅易平实的文言文,遣词造句间便能收到古朴凝练、音韵铿锵、含蓄隽永、饱含诗意的美感与趣味。

诚如余光中先生在《论"的的不休"》中指出:我现在用"的"用得很少,为什么呢?因为现在的白话文有一个毛病,什么形容词后面都是一个"的"。美丽的、丑陋的、迅速的、缓慢的、高峰的、低调的……都是"的"。我们一路"的的的的"下来就非常单调,所以我自己写散文,主要是白话,碰到紧要关头,要诉诸权威、要用典故时,就运用文言。据于此,今年世界杯期间,我们班开展"每日评球"练笔活动,有学生用笔赞叹道:"梅西在场上即兴地表演了一次精彩的穿裆过人。"我把这句话修改为——"梅西灵光一现,穿裆而过。"如此简洁,不再有"的"。

当下的语文教学中,"小古文"的出现令人耳目一新。其实,它就是适合儿童阅读的浅近易懂的篇幅短小的文言文。小学阶段,让学生接触这种叙事说理形象生动的小古文,是提高学生语文核心素养、提升语言关键能力的良策,其潜移默化的濡染会令学生一生受用。

具体到教学策略,我们可以通过比较,体会小古文的言简意赅。比如在学习《龟兔竞走》时,通过文白比对,抓关键字词,学生可以轻松理解内容。这让学生感受到:原来古文并不玄奥,自有巧妙。还可以通过表演,体会小古文的生动情趣。学习《猫斗》时,在反复诵读的基础上,学生以小组为单位,确定角色,加以排练。表演中,同学们都能将两只猫相持久、互不相让的模样演绎得活灵活现,有的同学还创造出了黄猫得意和白猫退缩的样子。

到了高年级,学生学习小古文自然离不开背诵,在熟读成诵的基础上,完全可以鼓励学生续写,体会小古文创作的快乐。这是有效运用文言的实践机会。在学习《猫捕鱼》时,除了表演以外,我让学生猜猜这失足落水后又跃起的猫儿,接下来会有什么举动。学生在讨论交流时,各抒己见,相互启迪。尝试续写时,我发现学生对文言逐渐掌握:"猫抖水,又伏缸上,又跌水中,再跃。久之,捕到鱼。""猫又跃之,与鱼斗之,不得,终放弃。"这些出自学生笔下的模仿之句,尽管稚嫩,却让我看到他们运用文言的勇气,还有对传统文化的那份亲近。

三、俚以见真

"我们作文作诗,所摆脱不了,而且是能运用到最真挚一步的,便是母亲抱我们在膝上所学的语言。她能使我们受最深切的感动,觉得比一切别种语言分外亲切有味。"这是刘半农先生对方言俚语价值的认识。胡适在《文学改良刍议》中也郑重提出"不避俗语俗字"。

方言俚语是一方区域内历史文化、世俗生活的积淀。我们的语文教学,在大力推广普通话的基础上,也完全有必要引导学生传承好本土文化中的方言俚语。此二者之间不仅没有矛盾,反而是水乳交融、互为依存的。教会学生灵活、恰当地运用好方言俚语,至少可以有以下三种作用。①凸现人物形神。胡适先生说:"方言文学所以可贵,正因为方言最能表现人的神理。通俗的白话终不如方言能表现说话人的神情口气。方言土语里的人物是自然流露的人。"人物若要传神,首在个性化语言。而方言俚语的使用,自然能使言如其人、人如其言,使人物更加栩栩如生、个性鲜明。各种语言中最能直接、准确地表达人们情感的非方言俚语莫属。②传递生活情趣。每一种方言俚语都有一些特定的话语习惯方式。北方话的干脆利落,江浙语的软糯婉转,天南海北,差异甚大,把这些语言特点体现在写作中,最能够传递出人间烟火的气息。③传承乡土文化。方言俚语,除了传达信息,往往透射出一方水土滋养出的人之性情喜好。在本地人和异乡人的眼里,这种话语最能体现出乡土风韵,传达出民俗情趣。独特的乡土情趣恰恰是语言文学所追求的永恒主题。

于是,我在平时教学中,便有意识地注重引导学生积累、运用方言俚语。只需要轻轻接触,这些扎根泥土又妙趣横生的语言,便能深深扎根于儿童的心中。一个男生爱睡懒觉,便用南京本地俚语为自己"辩护":"吃头大肥猪,不如一觉呼。"贪睡立刻就有了"理论支撑"。一个女生的妈妈是哈尔滨人,她写道:"考试前,我妈说,你要是这次考不好,回来看我怎么削你。"一个"削"字,素来严厉又亲切可爱的母亲形象便跃然纸上。一位男生作文中记叙了一件事:他在参加跑步比赛时摔骨折了,妈妈赶来看他,第一句话就是:"你这个倒头小孩,叫你慢点跑,你怎么就不听呢?"当送到医院,医生问要不要用高级药时,他听见妈妈对爸爸嘀咕:"贵就贵点吧,只要小孩儿少受点罪。"这里的"倒头""少受点罪"都是南京话中常见的方言俚语,用在此处,真切感人,令我鼻子一酸……

在我们的语文教材中,方言俚语也占有重要的一席。统编版教材一年级上册语文园地四"日积月累"中有"一年之计在于春,一日之计在于晨""一寸光阴一寸金,寸金难买寸光阴"。语文园地七"日积月累"中有"种瓜得瓜,种豆得豆""前人栽树,后人乘凉""千里之行,始于足下""百尺竿头,更进一步"。这些俗言俚语,朗朗上口间蕴藏着中国人的智慧。教师理应把更多更好的方言俚语介绍给学生,促其积累并运用。

四、西以求新

今日之中国,家长和学生对英语学习的热衷可谓如火如荼。尤其是小学高年级往后,所耗精力之巨,所费时间之多,大有赶超母语学习之势。如此,英语学习就必然会对学生的汉语表达产生或多或少的影响。

回看历史,在中西文化的交流过程中,英语作为强势语言,对现代汉语已经产生不小的影响,最明显的例子就是汉语中出现了大量英语外来词,如嘉年华、鳄鱼的眼泪、最后一根稻草等等。甚至还出现了英文单词直接用于汉语中的现象,如 PM2.5、GDP 等,而且这种字母外来词在汉语中出现的频率越来越高。在写作表达中,如果学生情不自禁写出"今天玩得很嗨""为你打 call""你 out 了"这样较有格调的西式词句,也是趣味盎然的。

除了词汇的引入,英语对汉语更深层次的影响表现在句式上。一般而言,英语句子很长,一个句子包含三四十个单词也并不夸张。有一个极形象的比喻:英文中,中心名词是个大力士,可以扛起长而复杂的定语成分。相较之下,汉语句子则较短,即使有长句,也大多用逗号将其隔开,一个短句接一个短句叙述。

在以短句为主的中文里,适度地运用一些西式长句子,能够起到"活色添香"的美感。就连最擅长写短句子的汪曾祺也认为:"语言的奥秘,说穿了不过是长句与短句的搭配。"比如这样一句符合中文表达习惯的话:"辰辰迷上了阅读,连小伙伴们玩游戏都打动不了他。"意思不变,一位学生于懵懵懂懂之间便运用了西式的语言习惯:"小伙伴们玩游戏都打动不了的他,却深深迷上了阅读。"

还有曾经风靡一时的"舌尖体"语言,其句式特点也颇为西化。有六年级学生模仿"舌尖体"来写"油条":这是中国人最喜爱的早点之一,据传已经有上千年的历史。寡淡的小麦粉与浓烈的热油碰撞,平凡的食材造就非凡的味道,配上一碗现磨豆浆，就是带给人们一天活力的完美早餐……如此语句，令我惊喜，因为它让熟悉的语句多了几分新鲜感。这在文学上，即是一种高级状态——语言的陌生化。

汉语英语，各有所长。作为语文教师，应当拥有我们的母语一样宽阔的胸怀，兼收并蓄，与时俱进，允许我们的学生在语言发展中的"西以求新"的表达。

行文至此，想起歌德的名言："语言的内容人人得见，含义只给有心人得知，而形式对于大多数人而言是一个秘密。"语言是一个人文化修养最直接的表现。学生语言的弹性有多大，便体现出他的语文核心素养有多高。因而，作为语文教师，我们理应在日常教学中，从白以为常、文以应变、俚以见真、西以求新四个维度入手，引领学生厚积薄发，内化外用，共同破译语言弹性的密码方程式。

参考文献

[1] 余光中. 教育：剪掉散文的辫子[J]. 当代学生，2003(16)：66.

（南京市长江路小学　赵凯宁）

第二章 儿童写作课程

日本著名教育学者佐藤学曾明确提出，"课程"不是"教的课程"，而是"学的课程"，是"学习的轨迹""学习的经验"。儿童写作课程这一板块正是让我们看到了儿童写作的轨迹，总结了儿童写作的经验。

这里有内容独特的广播剧课程、"个性化日记"课程，有篇幅短小、见微知著的微写作课程，有指向低段的绘本写话课程、"读写画"课程，还有在自然实践园中构建出的田园习作课程，以及主题式学程设计、创意读写课程等。每一个儿童写作课程都是深度实践的结果，都指向了儿童创造潜能的开发。

儿童广播剧课程：我的另一种"儿童语文"

广播剧是借助语言、音乐、音响等因素来表现人物、事件，表达思想感情的一种艺术表现形式，曾经受到很多人的喜爱。

随着电视剧、电影行业的蓬勃发展，随着网络、信息化的迅速普及，广播剧的影响逐渐在我们的生活中淡化了、消逝了。但近年来，一些有声作品网络平台的发展又一次激发了人们对广播剧的关注与热情。

我认为，在我们的语文教学中，也应该为广播剧留出一块试验田，因为，广播剧需要通过文字来创作剧本，通过语言来表达剧情，这和语文学科的联系密不可分。如果利用好广播剧这一载体，从听说读写多方面着手，可以为提升学生的语文综合素养探索出一条新颖而特别的路径。

【课程内涵】

儿童广播剧课程呈现的载体是微型广播剧，又可称微剧；是由师生共同打造完成的，有完整策划、完整故事情节，有演员角色对话以及系统制作体系支持的有声作品；时长一般在五至十分钟，适合在各种媒体平台上播放，是一种源于儿童创作，并指向儿童收听的有声作品。

围绕这种儿童主题的广播剧，设计具有特色的课程，旨在发展学生的听说读写全面能力，积攒儿童成长过程中的全方面经验。通过收听、品析、编创、录音、制作广播剧，提高学生的创新意识，激发学生的创造潜能，进而提升学生的语文综合素养。

【课程特征】

当广播剧进入校园，成为一门独具语文味的学生课程，我们可以明显地看出其具备的几大特征，亦是其重要的价值指向。

一、具备生活价值

广播剧的素材大多来源于生活,这就需要孩子们更多地关注生活、记录生活、再现生活。因此,广播剧活动的开展是具有生活价值的。孩子们通过声音诉说生活中的故事,通过电波传达不同的生活价值观,将生活搬上声音的舞台。同时,参与这项活动,也让孩子们在生活中多了一件有意思的事情。师生们可以通过广播剧的编稿、导演、录音、制作等一系列的体验来充实自己的校园生活。这样的校园生活是新颖的,是让学生喜欢的。

二、具备审美价值

广播剧活动还具有审美价值。文学是具有审美属性的语言行为及作品,这是文学的审美含义。其实,广播剧的剧本也属于一种独特的文学形式,那么,和学生一起阅读优秀的广播剧剧本就是一个审美的过程。它要求我们通过人物的语言来感受作品,这是一种多么特别的审美方式啊!同时,广播剧的声音作品也是如此,只依靠耳朵来欣赏,通过声音来审美,这种体验也算是独具匠心了。

三、具备文化价值

经典小说是有文化价值的,诗词歌赋也是有文化价值的;写作是有文化价值的,诵读也是有文化价值的。那么,我们可以理解为文字和语言都是具有文化价值的,所以,广播剧也是具有文化价值的。它的剧本属于和文字有关的文化,它的演绎则属于和语言相关的文化,将语言、文字两方面内容结合起来最终形成广播剧,我们还能够忽略它所具备的文化价值吗?或许我们应该担心这其中的文化太多、太广、太深,需要我们慢慢探索。

四、具备创造价值

广播剧的价值还体现在创造性方面。除了学会欣赏广播剧,学生还可以更加主动地参与其中,让自己成为编剧,编写出精彩的剧本;让自己成为导演,掌控着整台剧的方方面面;让自己成为演员,用声音来诉说一段故事、诠释一份感情。这些,都需要学生的自我创造。因此,在广播剧的课程中,我们不需要设置太多的限制,尽管让学生自由地发挥,创造出属于他们自己的广播剧。希望能通过这项活动对学生未来的性格和发展带来一些积极的影响。

五、具备语文价值

当然,无论是生活价值、审美价值,还是文化价值、创造价值,这些价值综合在一起就成了广播剧开发的语文价值。想要成功完成一部广播剧的制作是需要扎实的语文能力作为基础的。更可贵的是,整个实践过程也可以潜移默化地训练孩子们的语文能力,提高孩子们的语文素养。

【课程实施】

广播剧剧本的撰写可以锻炼学生的写作能力,广播剧的表演则是训练口语表达能力和朗读能力的好机会。其实,在广播剧的表演中想要"说好"角色的语言,还需要很强的理解能力,要能够读懂剧本、读懂角色,这就更加具有挑战性。再进一步,学生还要参与剧本的创作、录音,在这一过程中,个性的表达与演绎更是体现出了广播剧的独特魅力。因此,我们可以发现,在广播剧活动的开展中,存在着很多很重要的语文价值。近几年来,我便在这块营养肥沃的土地上进行着一些新鲜的尝试。

在开发广播剧课程的过程中,我且行且思,不断地总结教训、积累经验,并且从中得到了很多的感悟。尤其是很多新颖的教学方式,仿佛给语文教学吹来了新鲜的春风。

从整体来看,广播剧课程的开发方式可以分成两部分,一部分关于文字,一部分关于语言。合在一起来看,即观照了完整的语文世界。

一、从剧本出发,给文字以生命

文字是具有生命的,只是这生命太宽广,我们总是难以观其全貌。或许,只注视其某一处会观察得更清晰,那就让我们抓住广播剧这个视角吧。

1. 品读优秀的剧

广播剧的文字主要体现在剧本上,苏教版的小学语文教材也涉及了剧本,但不是广播剧剧本。广播剧的剧本与其他剧本是有区别的,它是一种用耳朵听的剧本,需要将文字转化成声音,让听者明白你所表达的事情、呈现的场景。只通过声音,不依靠图像,也就意味着对文字有着更多的限制,有着更高的要求。所以,广播剧的文字是值得品味、赏析和学习的。但在实践中,我还是让学生先从接触课本中的剧本开始。

我曾给五年级的学生上了一课——"学写剧本中人物的对话"。

在这节课中,我就通过课本中出现的剧本,让小学生学会通过人物对话突显人物特点,初步了解如何写好剧本中的人物语言。

之后,我还挑选了一些优秀的广播剧剧本带领学生阅读。例如《我的社团我做主》《我爱下雨天》等校园广播剧。学生通过阅读这些优秀的校园广播剧,对如何写人物语言有了更多的心得。可以说,在学生的课外阅读选择中,除了经典的文学作品、科普类读物、各种工具书等读物之外,广播剧也可以成为一种新型的、有效的、具有价值的阅读选择。

2. 改编别人的剧

除了欣赏优秀的广播剧作品之外,我们还带领学生修改剧本。我找来一些合适的剧本,让学生亲自去尝试如何修改。这也是一种新型的写作教学的方式,尤其可以训练学生对人物形象的塑造。在语言、动作、神态、心理等细致的方面塑造形象,正是广播剧剧本最大的特点。当然,除了人物形象的刻画之外,情节的编写也是很有意思的。我曾让孩子们续写《半截蜡烛》的剧本故事,结果出现了各种情况。当让 20 名参与的同学各自思考,随意发挥去写作时,不同的思维火花都迸发了出来,经过统计发现结果如下表:

表 2-1　改编剧本方式统计

方式	人数	方式	人数
延续剧本人物	17	增加剧本人物	3(增加我方军人;增加周围邻居)
保留剧本场景	17	更换剧本场景	3(门外发生的新情况;另一个情报站的情况)
保密行动成功	14	保密行动失败	6
行动顺利成功	5	经过波折后成功	9
军官形象保持	19	军官形象变化	1(原来德国军官中有一人是潜伏者)
结局交代清楚	15	结局仍有悬念	5

可见,针对同样的主题进行剧本改写,学生的个性化表达得到了明显的体现。他们对情节的想象是多样的,更是具有个性的,而对此的评价标准也变得灵活起来。这使得我们常见的模式化评价发生了显著变化。

有时候,我还会和学生在网络平台一同分享对剧本的改编,例如,有一次我让孩子们改写《大作家的小老师》剧本片段。

收到的作业中,我看到了学生的各种不同思考和表达。例如徐同学这一次所写的作业,不仅想象出了人物在当时的语言,还加上了说话语气的备注,这让剧本变得更加完整和清楚。

每当看到这样精彩的文字,我不得不为学生的想象力和创作力所折服,他们的文字都具备了自己独特的想法,让剧本变得更加精彩。

3. 创作自己的剧

比起改编文字,创造文字则是更加困难的一件事。没有基础,白手做起。对于学生来说,这是不容易的。但当我们尝试过之后,会发现,如果教师能够巧妙地在其中助一份力,学生还是可以比较出色地完成的。

这两年我校连续参加了我市的校园广播剧比赛,每次都会在校内一大群广播剧爱好者中找出几位精英一起讨论、交流、合作,去创作一个属于自己的广播剧,也算是送给他们的一样特别的成长礼物。这礼物需要自己去创造,用心去创造,用真实的体验和感悟去创造,这是我最大的感受。学生会用自己的、富有儿童性的语言来创作剧本。很多学生透过文字反映了小学生活的点点滴滴,或感动,或欢笑,或兴奋,或酸涩。

当剧本完成之后,呈现出来的剧本真正是儿童的剧本,真正是儿童广播剧的剧本,是由儿童创作给儿童欣赏的剧本。不得不让人感叹孩子的文字创造能力,不比成人逊色。那些文字是源自生活的真实体验和感悟,是最原汁原味的。

有一次,我们的创作主题是"魔力水",几位小编剧的独特想象力让我们佩服。

王同学的创作:

甲:快喝喝我这魔力水吧,喝了能让你飞上太空。

乙:真的能让我飞上太空吗?

甲:那当然。

乙:好,我喝。(喝水声:咕咕)

乙:哎呀,快救救我,飞得这么高,我该怎么返回地面呀?

陈同学的创作:

甲:隔壁班丹丹有瓶魔力水,你们听说了吗?

乙:魔——力——水?

(众人议论声)

甲:(羡慕的语气)是啊,喝了之后能实现人的愿望呢!

乙:哇!我也想喝。

丙:唉,哪里有的卖呀?

乙:要有的话我要买上一万瓶!

这部剧有大约6名同学参与了正式剧本的编写,他们每个人的巧思综合到一起,便有了《你喝了吗?》这样一个广播剧的剧本初稿。后来,经过进一步的改编和完善,这部剧还得到了省电台广播剧专家们的好评。可见,孩子是天生的作家,是天生的剧作家。广播剧的活动便给孩子们提供了一个个性创作的重要平台。

二、从演绎出发,给声音以灵魂

声音是具有灵魂的,只是我们常常忽略,但广播剧可以让我们直观地感受到这种灵魂,甚至可以让我们重塑新的灵魂。

1. 用耳朵阅读

广播剧的作品欣赏是依靠听觉完成的,不借助其他的任何感官。听众只是根据所听见的内容展开联想和想象。

我们常说语文课要训练学生"听、说、读、写"的能力,后面三个能力都好理解,而摆在第一个的"听"究竟是一种什么能力呢?难道只是指上课能听清老师的要求、听明白同学的发言吗?这样的要求是必需的,但也是基础的。如果说对学生的"听"提出更高的要求,就应该给他们推荐更优秀的可听的内容。优秀的广播剧作品就是一个很好的可听的内容。这种由声音、音响和音效展现情节、诉说故事的载体,难道不是最佳的选择吗?它有丰富而优秀的内容选材,有专业而优秀的播音水平,正是孩子们最需要的声音读物。

在一节课上,我就给学生听广播剧,让学生边听边感悟,听完后再进行问题交流。这就好像一篇靠耳朵完成的"课外阅读"一样。

2. 用听觉采集

根据剧本需要添加各种不同的音效,这是广播剧制作过程中的一个重要部分。虽然网络上也有很多音效资源可供下载,但如果想要让音效符合剧本中的情节需要,并不是一件容易的事情。这就需要我们自己去发现、创造和采集声音了。为了试着建立起属于我们的素材库,学生也是纷纷出动,利用各自的电子录音设备,随处、随时、随便找到对象进行采集。

以"笑"的声音为例,看似很普通的一个音效,但细化起来却很复杂。不同的性别、年龄,不同的环境、心情,都会带来不一样的笑声。我首先带领学生列表,计划好我们需要去找寻什么样的音效,然后再分组行动,完成各自的任务。结果,用了一周的时间学生搜集到了各式各样的笑声。当这些笑声经过剪辑播放出来的时候,大家都不由自主地发出了笑声。

采集声音的活动除了锻炼了学生的动手、实践能力,还加深了他们对文学作品的理解。读懂剧本表达的是什么、明白需要去找到什么音效来配合、在生活中去发现符合的音效……这都是关于语文能力潜移默化的训练。

3. 用声音演绎

广播剧的最终呈现形式是需要通过声音来演绎的。这就给学生的口语表达能力带来了考验。要能够将声音表演得自然，让人听起来就像在生活中说话一样，并不容易。

那么，广播剧训练的就是这种生活化的朗读和表达。在这个过程中，参与录音的学生都很大程度地提高了朗读水平，再回到课堂上发言、读书，他们那种自然的语气是与众不同的，是脱颖而出的。

在一次广播剧的录制中，一段对话需要笑着说，可徐同学对着录音话筒怎么都笑得不自然，效果非常不理想。于是，有同学想出了办法，在旁边给他说笑话，或是扮鬼脸，逗得徐同学边笑边说台词，好不容易完成了这个片段的演绎。

不难发现，在广播剧的演绎过程中，学生就是一个"小演员"，他们通过一次次的尝试让自己的表达能力、表演能力逐步提高。

校园广播剧正逐步在校园里扎根、生芽，也总会有一天，在师生的共同努力下开花、结果，让学生的语文实践活动多一些美妙的声音、多一些真实的声音、多一些自己的声音。校园广播剧，这种特别的"儿童语文"值得期待！

（南京市长江路小学　赵昌竹）

呵护孩子丰盈的心灵世界

——低年级"读写画"微课程

初入学的儿童,因为在母语环境中长大,早已习得基本的言语表达,即便是一些较难的内容,他们也可以借助当时具体的语境和说话人的动作、神态等进行理解。而这个年龄段特有的敏锐细腻的感受、丰富有趣的想象、生动活泼的表达,更让他们的语言充满灵气童趣。但我们知道,与口头表达相比,书面表达要严格得多,它需要借助文字这样的抽象符号来进行表述,对所写内容则有清楚、通顺、连贯、完整等要求。低年级的"写话"要求虽不同于习作,篇幅也不长,但写话时,从词到句再到写几句话,一字一句都是需要根据表达的内容,通过思考进行语言组织,再用文字写下来的。这些环节,缺一不可。应该说,对于低年级孩子来说,这是具有一定难度的作业。大多数孩子的问题在于会说、能说,却不易写出自己真实的感受。同时,由于一年级孩子的识字量不足,绝大多数儿童还不能独立阅读。在入学之初,既激发儿童的阅读兴趣,培养其独立阅读的能力,又能帮助他们顺利地踏上"写话"之路,是"读写画"课程追求的目标所在。

【课程内涵】

读,是阅读;写,是写话;画,是画画。简单地说,就是读读、写写、画画。和孩子们一起读他们喜欢的儿歌、童谣、故事等,然后让他们模仿着写或者为内容配上一幅幅画面,从而激发起他们对阅读和写话的兴趣。但是,读、写、画三者并不是简单地叠加,而是相辅相成、互相交融的。"读"是"画"和"写"的基础,"画"则架起了一年级孩子阅读和写作之间的桥梁,让孩子们爱上表达、敢于表达、乐于表达。"写"则是课程的最终目标。但是鉴于孩子的能力,我们并不作过高要求,更注重孩子内心真实的表达。同时"读写画"中的"画"并不是简单配图,更不是可有可无的附属。它和图画书类似,图和画缺一不可,互相补充;它又不同于图画书,毕竟那是作家用语言和画面精心打造出的童年世界,而孩子此时的画是他们特有的语言,是他们内心的感受。一年级的他们也有着自己小小的内心世界,同样需要抒发,需要表达,需要想象。但是他们遣词造句的能力还不够,而"画"恰恰满足了这一需要,将他们的所思所想直观呈现出来,使其有能力将自己丰富的内心世界画出来。有了"画"这座桥梁的连接,随着年龄增长、能力增加,他们就可以自然地过渡到用语言去表达。

【课程特征】

"读写画"课程的实施对象是低年级儿童,应充分考虑到儿童的年龄特点和学习能力,更要链接他们的实际生活经验,让它能真正对提升儿童的读写能力有所帮助。其具体特征如下:

一、大量的阅读

一年级孩子进入小学,就意味着从现实的双向对话进入了较多的文字符号单向独白的神奇世界,阅读也会慢慢成为孩子们认识世界的主要途径。一年级的孩子由于在识字方面存在困难,更愿意读图画书。低年级恰恰要让他们从图画阅读过渡到独立文字阅读。而大量的阅读必将为写话打下厚实的基础。所以,课程实施过程中,围绕不同的类别、体裁、主题进行书目选择并制订相关阅读计划是非常重要的。我们以儿歌、谜语、儿童诗引路,利用图文并茂的图画书、短篇儿童小说、童话故事等做辅助,这些作品内容丰富又符合低年段儿童的阅读能力。

二、趣味的写画

低年级儿童活泼天真,他们更愿意分享表达,教师应该引导儿童把自己的所思所想及时呈现出来,并为他们提供合适呈现的方式。写和画的结合,不仅是一项读写能力的训练,更是他们自主交流、表达真情实感的方式,是一种独特的创作形式。孩子尤为真实,他们的写画内容直抒胸臆,想象更是天马行空。教师根据阅读内容,为儿童提供创作的支架和主题,不宜注重画的质量和是否写得文通字顺,应关注儿童表达的兴趣和表达内容的真实。

三、丰富的活动

儿童乐于游戏,喜欢在活动中学习,这样更能激发起他们的好奇心和求知欲。"读写画"课程以各种活动为载体,既有集体的阅读分享课、指导课,也有小剧场形式的故事表演、节日性的时令主题活动……活动不宜过于隆重,要让每个孩子参与其中,有所体验感悟。教师再适时介入,引导孩子把自己的体验写画出来。

【课程实施】

一、我们一起读

一个热爱阅读的班级，一定有一位经常为他们阅读的老师。这是《朗读手册》的作者在实践研究中证明的。"我们一起读"是指老师和孩子一起、家长和孩子一起、孩子们彼此一起读。在学习拼音的时候，我每天都会给孩子们读一两个小故事，每周还会留下一节课全班共读一本图画书。除此以外，我还提倡每天15分钟的亲子共读，鼓励孩子利用中午的持续默读时间根据自身能力独立阅读相关书籍，创设阅读氛围，让孩子慢慢去习惯继而爱上阅读。而大量的阅读积累则是"读写画"微课程的基础所在。因为孩子可以在阅读中更好地认识自己。读书时，他们用一双眼睛看书中的世界，用另一双眼睛去发现自己，观察生活，从而启发思维。

记得有一天，班级QQ群里有位妈妈贴了张图片，并留言道："女儿眼中的我，真是让我哭笑不得。"图上显示："这是我妈妈，其实呢，她是一条蛇。不管我做什么，她都会滋溜一下冒出来。"好一个"滋溜一下"，把妈妈的紧张和敏感体现得淋漓尽致。配图更有意思，妈妈正在大喊："丁丁，你在干什么！"如此形象鲜活的语言就是在读完《我爸爸》《我妈妈》《我家是个动物园》等一系列图画书之后的作品。我鼓励孩子们模仿图画书内容进行创作，写写自己的家人、同学。其实除了"一条蛇"，还有"一只小猪"的故事呢。

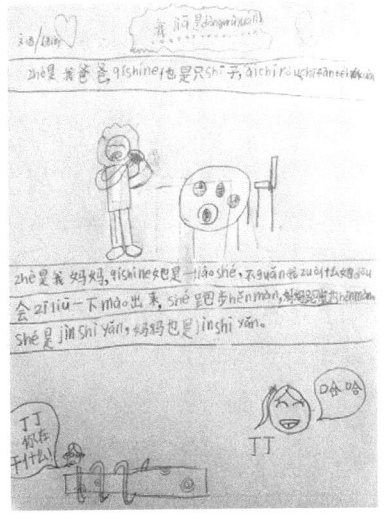
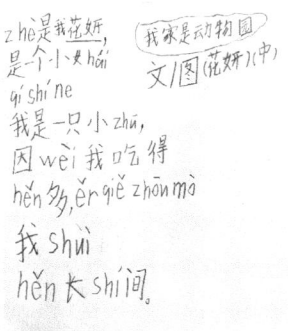

图 2-1　学生作品

我们还可以在阅读后让学生进行模仿。比如读《我家是个动物园》，可以让孩子们模仿图画书的语言，用一种动物来说说自己的同学。班上的小何是整个年级里最高最胖的男生，我请他上台来说。"我同桌是一头猪，她饭吃得很多，而且总是趴在桌上想睡觉。"他刚说完，全班哄堂大笑，最高最胖最能吃的他说这番话本来就很逗，关键是他的同桌是一位瘦瘦高高看起来和他形成强烈对比的女生。老师怕女孩子心里不好受，便赶紧打圆场："我觉得你的确抓住她和动物之间的相似之处，不过如果将'一头猪'改成'一只小猪'，听起来就可爱多了。再说，我们小朋友正在长身体，多吃才能长得结实啊。她爱睡觉，是因为她家离学校太远，早晨要很早起床！"一番话说完，教室里总算平静了一些。有趣的是第二天我看到这个女孩子的作业，才发现这个故事的结局是多么完美。小姑娘写的是："我是一只小猪。因为我吃得很多，而且周末我睡很长时间。"

没有做作，没有虚伪，纯真自然，纯净温暖，这就是儿童世界的本来面貌。他们的画，他们的话，都出自内心的真实情感。而这一切正是因为有了前期的阅读准备和引导，他们的日常体验有了可以表达的支点，他们在模仿中创造，在文字与画面中表达出最真的自己，这是一种真情流露。"读写画"这样的微课程让教师更懂得孩子，也更加尊重孩子。

二、用图画说话

前文说过"读写画"中的"画"并不是简单配图，更不是可有可无的附属。在很多时候，它为识字不多、写字能力欠缺的孩子提供最适合又最巧妙的表达形式。他们用稚嫩的笔触，往往能描绘出目前的语言所不能准确表达的世界，从而能够完整地写画出自己的真情实感。

以儿童诗《雨点》为例，小诗很短，句式整齐，内容也贴近儿童的生活。"雨点落进池塘里，在池塘里睡觉。雨点落进小溪里，在小溪里散步。雨点落进江河里，在江河里奔跑。雨点落进海洋里，在海洋里跳跃。"当时，老师追问道："你们觉得可爱的小雨点还会去哪里做什么呢？"班里一下子炸开了锅，一番激烈的讨论后，"雨点落在屋顶上，在屋顶上滑滑梯""雨点落在雨伞上，在雨伞上演奏""雨点落进花朵里，在花朵里玩捉迷藏"……各种奇思妙想层出不穷。趁着这股热情，老师让学生尝试在本子上将自己的想法写一写、画一画，课堂瞬间安静了。瞧瞧这个抓耳挠腮地想着拼音，看看那个瞪大了眼睛，小手在纸上来回挥舞，颇有些大师做派……下课后，每一个孩子都兴高采烈地举着"作品"往我面前挤。有个小女孩的作品是这样的："雨点落进瀑布里，在瀑布里滑滑梯。"句子倒没什么特别，但她画的画却让人拍案叫绝：瀑布里的小雨点有的举着双手兴高采烈，有的垂着手臂一脸不开心,有的瞪大双眼看起来好紧张,那个头戴王冠的雨点国王,正乐呵呵地美着呢……再看汽车上跳舞的小雨点,或坐或倒立,或跳或拉手;从大树上往下跳伞的雨点更是有趣,有的俯冲下来,有的结伴而跳,似乎在互相鼓励……此刻,画就是她的语言,她用连环画般生动的画面描绘出她暂时无法用语言准确诉说的奇特想象,让单薄的文字变得更加形象饱满,创造了一个神奇的雨点王国。

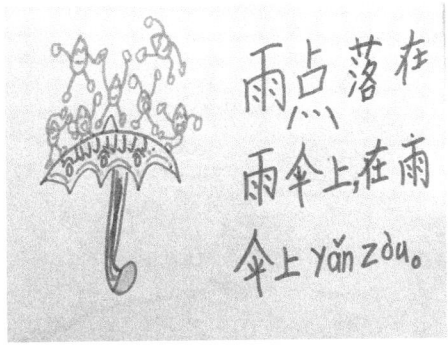

图 2-2　学生作品《雨点》

所以,要引导孩子发挥自己的优势,学会用图画说话。这样既能降低表达的难度,又能充分展示孩子独特的童趣思维,让表达更加生动有趣,凸显出儿童语言的特点。但是,画得如何并不重要,重要的是说自己想说的话。

三、用活动激趣

"读写画"微课程的最终目的就是让孩子爱上阅读,乐于表达,所以画得如何、写得怎样并不重要。我们需要关注的是孩子们是否能积极主动地表达,是否对"写"充满热情而不惧怕。为了让"读写画"对孩子们更有吸引力,我们围绕课程设计了许多主题活动。比如,可以以节日为契机,开展"诗画话年""元宵灯谜""诗说端午"等活动;可以在四月樱花飞舞的时候,带着孩子们去赏花,和他们在树下念童谣,创作童谣;可以定期举行作品展示会,让孩子们走到台前介绍自己的作品,朗读自己的作品。此外,还可以设计一些主题阅读,如"动物故事""亲近自然""游戏童谣"等。活动的形式多样,但目标一致,就是让孩子在活动中感受到"读写画"带来的表达的喜悦。

记得当春天脚步临近时,"遇见春天"的主题阅读就诞生了。这个名字,就是取自图画书《遇见春天》。当孩子们跟随故事中的小熊一起寻找春天时,我们也在许多儿歌、童谣、古诗、故事中感受到了春天。在赏读完有关春天的古诗后,让孩子们也为自己眼中的春天配上一首小诗,一句两句都可以。孩子们的作品如下:

"阳光照在花上,花开了。"

"鸟儿飞,花儿开,兔子出洞蹦蹦跳。"

"小蝌蚪,圆脑袋,游来游去真可爱。"

"小石头,小石头,小花拽石头,小草拽石头,石头被拽得脸红了。"

……

图 2-3　学生作品一

图 2-4　学生作品二

"清水出芙蓉,天然去雕饰",不得不赞叹这一个个小诗人的灵气和慧眼。这些简单朴实的文字一下子让画面生机勃勃,充满童趣。画面和文字相辅相成,互相映衬,前期大量的阅读的积累为写、画做了最有力的铺垫。"读写画"也没有顺序可言,可以是"画读写",也可以是"读画写",无论怎样组合排列,只要能触及孩子的内心世界,唤起孩子表达的欲望,就是最好的方式。

(南京市北京东路小学　　左海霞)

儿童创意读写课程的内涵、特征及实施路径

"创意读写"是指有创意的阅读与写作。创意写作作为一个学科,在国际上已经完全成熟。其在1936年创生于美国艾奥瓦大学,其核心理念是"作家可以培养""人人都可以成为作家"。创意写作在长期的发展过程中,与创意阅读紧密结合,逐渐形成一套经验与方法。如20世纪30年代,多萝西娅·布兰德在《成为作家》一书中提出"像作家一样读书"的理念和"批评式阅读"的方法。约翰·怀特海德说:"我教阅读,而且我是按照作家的阅读方法来教的。"阅读与写作的紧密结合使创意读写应运而生。在我国,"创意读写"还没有进入学术讨论的范畴,目前局限于小学阶段,教学内容以绘本居多,发展前景非常广阔。下面,笔者试图在审美视野下探讨儿童创意读写课程的内涵、特征及实现路径。

【课程内涵】

《课程标准》提出应该让学生多读多写,日积月累,在大量的语文实践中体会、把握运用语文的规律。如何在不加重学生学习负担的前提下"多读多写"呢?我们理解"多读"是指有创意地读,读出更多的内容;"多写"是指有创意地写,写得更有创意。让学生在兴趣盎然中不知不觉"多读多写"。近年来关于创意阅读与创意写作的讨论逐渐活跃,如何进行"创意读写",进而提高学生的阅读水平和习作水平呢?不少老师尝试从不同层面解读并实践。

"创意读写"始于绘本的读写结合。最早提到"创意读写"的是浙江的曹爱卫,其在2014年发表的《二年级绘本创意读写课"最奇妙的……"教学实录》,被认为是趣味十足、富有创意的绘本读写课。曹老师这样定义"绘本创意读写":以绘本为载体开展的体现儿童个体创意的读写活动。以读为主,适当结合"写"。在读写活动中,重在激发儿童的阅读兴趣,教授儿童基本的绘本阅读技能和方法,发展他们的阅读策略、想象力和思考力。韩梅跳出绘本和低年级,认为"创意读写"是在大量阅读中发现作者创意,或者说发现作者在写作表达上的与众不同之处,进而使自己所写的东西与众不同。显然,前者侧重阅

读,后者侧重写作,共同特点都指向"创意"。笔者也曾尝试从师生两个角度定义"创意读写"。对教师而言,它是指将阅读和习作融合,开展有创意的教学活动;对学生而言,它是指对文本或其他"材料"有独特理解,能写出真正富有童真童趣的富有创意的佳作。

在梳理了创意读写的"前世今生"后,本文结合语用学理论,再次深入分析"创意读写"在语文学习过程中的动态过程。由此,我们将儿童创意读写课程理解为:整合课内外多种资源,开展体现儿童个体创意的读写活动,以读促写,以写促读,激发儿童读写兴趣,培养儿童的想象力和创造力,让儿童的思考、理解和表达都更有个性,更富创意。儿童创意读写中的"读",不是狭义上的文字阅读,还包含了用眼观察、用耳聆听、用心感受等形式的"读"。儿童创意读写中的"写",不仅指文字表达,还指结合述说、扮演、画画等形式来表达。"读写"相互依存,互为目的,共同指向创意思维,促进儿童创造性表达。

【课程特征】

我们认为儿童创意读写课程的基础是要开展创意的活动,前提是要给儿童有自由选择的可能,关键在于儿童能否展开丰富的想象,最终进行大胆的表达。其具体特征如下:

一、创意的活动

课内阅读提倡个性化阅读,把自主阅读放在课前,给儿童一个自由想象与讨论交流的空间。可以采取"随文练笔"的方式,可以仿写、补写、续写、改写,将儿童的课文理解与言语实践紧密结合起来,读写融合,互相促进。课外阅读让儿童经历多样化的阅读形式,如立体阅读,让儿童在社区、家庭经历有趣的阅读活动。如动态阅读,让儿童将故事情节搬上舞台,通过亲身演绎感受人物形象与故事内容。如猜想阅读,让儿童猜想人物的心理或故事的发展与结局,以提升儿童的审美鉴赏能力。

教师要设法设计并组织新颖的活动。事先把精心准备的活动方案发给家长,让家长与孩子一起阅读活动方案,明确活动规则,做好活动准备。接着创设儿童表达的情境,举办特色读写活动,激发儿童的好奇心和求知欲,让他们获得良好的审美体验。在活动过程中,教师适时介入指导,让学生或说说自己的感受,或画画思维导图,或到台前展示,等等。活动结束后,让每个学生将这样的活动过程写下来,写出自己独特的见闻与感悟。

二、自由的选择

"横看成岭侧成峰,远近高低各不同。"自由选择,让儿童创意读写成为可能。选择阅读材料必须坚持与儿童相契合的基本原则,要考虑儿童认知发展特点,与儿童能力水平、生活经验相一致。在此基础上,还应该充分考虑阅读材料的创意价值,如内容是否形象生动、哲理是否引人思考、艺术表现是否丰富多彩等。

对于低年段儿童,可以让他们自由选择图文并茂的绘本,以激发他们的读写兴趣。绘本中精美的画面和简洁的语言相得益彰,很多细节都能让学生有兴趣盎然的发现。对于中高段儿童,这里选择的创意体现在两个方面:一是作者如何选择切入点进行观察记录的。切入点不同,表达效果就会不一样,有创意的切入点自然会给人耳目一新的感觉。二是作者如何选择材料进行剪辑组合的。美国著名创意学大师韦伯·扬说过,创意就是对旧材料的新组合。不同的组合能表达不同的意思,能有与别人不一样的组合就是创意的集中体现。

儿童创意读写中的"写",也应该给学生留有选择的余地,如在难度系数方面可以选择不同的挑战、在完成任务方面可以选择不同的内容、在合作探究方面可以选择不同的对象等。特别在表现形式上可以选择不同的方式,"写"不仅仅指写篇作文,还包括图文结合展示、画思维导图、故事连载、自制绘本等。

三、丰富的想象

黑格尔说:"如果谈到本领,最杰出的艺术本领就是想象。""创意"在字典中的定义是:"特指文学与艺术,也指作家或艺术家有创造才能或想象力。"在这个定义中,想象力几乎等同于创造才能。可见,在审美视野下儿童创意读写离不开有创意的想象。教师应根据儿童天生爱想象的特点,让他们展开丰富而奇特的想象。要鼓励学生探究性阅读,因为探究性阅读就是培养学生的想象力和创造力,就是让学生动口、动脑,多角度、有创意地阅读。教师应组织学生展开讨论,想象情节的可能变化,猜想故事的发展与结局,这样既能保持学生持续阅读的兴趣,又能多维度发展学生的创意思维。

根据想象的方式和形成过程,想象可分为及物性想象、再造性想象、创造性想象及幻想。人们通常都拥有前两种类型的想象,创造性想象却随着年龄的增长而逐渐消减。作品的撰写需要作者发挥想象力,用最富吸引力、最具审美价值的语言使故事构架丰满起来。儿童最不缺的就是创造性想象,他们可以通过创造性想象整合零散的材料,获得不可多得的故事,加深自己对事物的理解,使笔下的人物与故事充满传奇色彩,甚至可以创造一个属于自己的童话世界。

四、大胆的表达

每个人都有想表达的冲动与欲望，儿童更是明显。鉴赏美不是审美视野下儿童创意读写的最终目的，教师应该引导学生把鉴赏得到的感悟表达出来，这就是创造美。儿童用笔来写文，不仅是一项进行知识和技能训练的学科作业，更是其在独特生命阶段进行自主表达的交流活动，是直抒胸臆、倾吐真情的方式。儿童用书面语言描述自然美和社会生活的美，表达美好的思想和健康的情感，这本身就是一种创造美的过程。在创意读写的课堂上，我们可以看到读与写的创意结合，相互交织。这使得课堂上学生的审美情感一次又一次被唤醒，表达欲望一次又一次被催生，当学生感到不吐不快时，便收获了生花的妙笔。

儿童创意的表达与成人世界的表达往往不一样。首先表现为真实的表达。要放暑假了，一位同学说："今天是本学期在校的最后一天，我依依不舍地离开校园。"另一位同学说："放假了，太好了，可以睡懒觉啦！可以痛痛快快地玩啦！"尽管成人喜欢前者的表达，然而后者的表达更真实。其次表现为勇敢的表达。所有的伟大，都源于一个勇敢的开始。正如《皇帝的新装》中的那个男孩，他不顾成年人对皇帝新装的夸赞，大胆地说出了自己的想法。只有天真的儿童才会这样直言不讳、无所顾忌地勇敢表达。再次表现为有个性的表达。儿童喜欢表达"有意思"和"没意思"，这是个性化的情绪表达。儿童喜欢"胡思乱想"，想到了就说，这才可能呈现出有创意的"奇思妙想"。

【课程实施】

一、提炼创意读写主题

教师根据儿童在小学不同学段中的心理特征及学习基础，将课内外的阅读材料有机融合，打破原有教材的单元框架，可以提炼出审美视野下儿童创意读写的单元主题。以单篇文本进行儿童创意读写往往局限于结构、语言、修辞等，容易破坏单元整体的教育价值。

儿童创意读写的主题应与教材中的单元主题相匹配，或直接借用，或补充拓展，或深化延伸。小学统编版语文教材"双线并进"的编排方式为此提供了便利。每一单元都有一个明确的人文主题、一个核心的阅读要素、一个关键的写作要素。如语文六上第八单元的人文主题是：认识鲁迅。核心的阅读要素是：借助熟读资料，理解课文主要内容。关键的写作要素是：通过故事写一个人，表达出自己的情感。本单元进行的儿童创意读写的主题就可以定为：认识鲁迅。在学习

《少年闰土》后可以补充阅读《故乡》以及《呐喊》。在学习《好的故事》后可以补充阅读散文诗集《野草》。还可以阅读《从百草园到三味书屋》,感受鲁迅的童年。在此基础上,学生可以模仿进行创作,也可以从感受鲁迅到感受身边的人,创意表达自己的情感。

二、整合创意读写材料

整合已逐渐成为世界范围内课程改革的重要形态,呈现整体性、跨学科性、实践性、复杂性、创新性等特征。《课程标准》指出:"语文课程是一门学习语言文字运用的综合性、实践性课程。""工具性与人文性的有机统一是语文课程的基本特点。"要体现这样的要求,必须加强课程内容整合,提炼语文知识,解决好"教什么""怎么教"的问题。

审美视野下的儿童创意读写应注重语文课程各板块之间的整合,注重语文课程与其他课程之间的整合,以及语文课程与儿童生活之间的整合。首先要寻找语文教材中的资源。教师要充分挖掘课本中的读写资源,引导学生仿写、改写、补写、缩写、扩写、续写等。其次要寻找课外阅读中的资源。儿童文学一般是围绕主人公讲述故事,儿童在阅读时会不知不觉走进故事,与主人公同呼吸共命运。教师可以引导学生展开幻想的翅膀,成为书中的一员,进行创意读写。再次要寻找其他课程的资源。如整合美术课程绘制思维导图,整合音乐课程作词谱曲,整合科学课程查找相应资料等。此外,要寻找儿童生活中的资源。教师要指导学生留心身边的事物,捕捉其中的精彩,发现其中的美妙,并将感受到的这份美好用语言文字表达出来。

三、明确创意读写任务

创意读写可以加深儿童对文本的阅读理解,提高儿童言语表达能力,然而这并不是其主要的任务。审美视野下的儿童创意读写特别关注在文本鉴赏、创意表达、提升思维品质等方面对儿童进行不同程度的提升。《课程标准》提出要"多角度、有创意的阅读",要"丰富写作形式,激发写作兴趣,增加学生创造性表达的机会"。在此背景下的创意读写,呈现出"以读促写"和"以写促读"的态势。以读促写,不是指把阅读课上成所谓的指向习作的阅读课,而是指儿童在创意写作之前,教师有意识地让儿童"读",以促进儿童创意表达。以写促读,不是指在写作过程中促使儿童大量阅读,而是指儿童在阅读过程中,通过精心设计的"写",理解文本的创意美,或者有创意地理解文本。

"指向习作的阅读课"与"指向阅读的习作课"混淆了阅读课和写作课相对独

立的概念，这不是我们理解的儿童创意读写。儿童创意读写在阅读课堂教学中是为了促进儿童的阅读，在写作课堂教学中是为了促进儿童的表达。该是什么课就上成什么课的样子，让阅读与习作相互促进，却又相互独立。

四、完善创意读写序列

儿童创意读写应根据课标要求，围绕教材内容进行适当的拓展与延伸，以培养学生的创新思维。这一过程应注意序列化，使创意读写的内容安排合理有序，有内在的逻辑与规律，以促进学生语文综合素养的提高。从文体角度看，有诗歌创意读写、小说创意读写、散文创意读写等；从内容角度看，有童话创意读写、神话创意读写、民间故事创意读写等；从形式上看，有特色活动类创意读写、补白猜测类创意读写、图像审美类创意读写等。

审美视野下的儿童创意读写直指学生的创意，从这个角度看，创意思维的训练序列显得很重要。要鼓励儿童多向展开思维、表达情感、写出个性，各年段应有所侧重。对于低学段的儿童，要充分培养他们的想象力，多进行想象类的创意读写。对于中学段的儿童，要培养他们持续观察的能力，多进行观察类的创意读写。对于高学段的儿童，要培养他们抽象思维的能力，多进行评价类的创意读写。此外，作为一种补充，针对儿童作文情况灵活安排的动态序列很有必要。对于儿童作文中的问题，有针对性地设计相应的创意读写活动，这种看似无序却有序的安排，以生为本，对症下药，不失为一种有效序列。

五、建立创意反馈机制

儿童创意读写评价反馈的第一步是判断儿童是否有自己的创意，是否突破了自己原有的读写能力。反馈的目的则在于促使儿童对读写活动过程进行反思。教师要摆脱传统枯燥的评价方式，探索多种手段，采取多元评价方式，放手让学生自评自改，引导学生互相欣赏，鼓励家长积极参与，促进各层次的学生都能有所发展，提高语文综合素养。

儿童创意读写的主体是儿童，却离不开教师的引导。教师深入了解儿童的读写动机、读写策略、读写过程、读写结果，并结合个体已有的创意读写的情况提出有针对性的建议。这是儿童读写走向自觉创意的重要举措，更是在言语实践活动中实现审美鉴赏与审美创造的关键环节。教师要从赏识的角度出发，寻找学生读写中的创意，多给学生一些肯定的评价，架起师生之间的信任之桥。在学生创意读写的过程中，教师要注重过程性评价，建立反馈机制，提倡多次评价，适当进行示范展示，让学生根据多次的反馈进行自我调整，以激发更多的创意。

参考文献

[1] 许道军."像作家一样读书":从新批评到创意阅读:创意写作活动中的阅读研究[J].当代文坛,2019(1):108-112.

[2] 中华人民共和国教育部.义务教育语文课程标准[M].北京:北京师范大学出版社,2012.

[3] 柳琏.兴趣为先 读写融合:二年级绘本创意读写课评析[J].小学语文教学,2014(6):29-30.

[4] 曹爱卫.二年级绘本创意读写课"最奇妙的……"教学实录[J].小学语文教学,2014(6):26-29.

[5] 韩梅.创意读写:让习作很好玩[J].教育研究与评论(小学教育教学),2016(8):38-41.

[6] 何建明.创意写作理念与实践:中国非虚构文学发展的新契机[J].江西师范大学学报(哲学社会科学版),2017(1):53-56.

[7] 梅艳.特色活动:创意读写的另一番奇妙天地[J].新作文(小学作文创新教学),2019(3):20-23.

[8] 刘洪森,牡丹.4~5岁幼儿创造力影响的研究:以绘本创意阅读为干预手段[J].教育实践与研究(C),2019(4):56-59.

[9] 延永刚.创意写作实践:"乃寅写作班"教学能力培养[J].继续教育研究,2017(10):4-6.

[10] 徐洁,姜春美,单如一.课程整合的特征、内容与现实路径[J].中小学教师培训,2017(5):35-38.

(南京市孝陵卫中学小学部 王成)

每种色彩都应盛开

——小学高年段"个性化日记"课程的开发与实践

《课程标准》关于写作的总目标是:"能具体明确、文从字顺地表述自己的意思。能根据日常生活需要,运用常见的表达方式写作。"虽然整个《课程标准》没有明确提及"日记教学"这一概念,但它所提出的具体要求的内涵与"日记教学"是一致的,借助日记这种体裁能够很好地达成课标所承载的理念。目前,国内外关于小学生日记教学的研究成果颇丰,一方面,学者对日记与日记教学的意义进行了高度肯定;另一方面,现有研究在日记教学的策略方面也提出了读写结合、日记写真等方法。除此之外,我国学者对当前日记写作兴趣培养、特种日记教学及日记评价方式等操作性层面也进行了探究。笔者试图从一线教师的视角出发,在真实的教学环境中对个性化日记展开实践研究,丰富自身的日记习作教学经验,对日记教学产生推动作用。

【课程内涵】

一、课程界定

指导学生写日记,不仅可以有效培养学生的观察能力,发展学生的语言表达技巧,还能够丰富学生的语言素材积累,培养学生优秀的读写习惯。与中低年段的学生相比,高年级学生在写作水平和思维能力上的横向差异更为明显。在我所在班级中,我坚持以尊重学生的能力、兴趣和意愿为前提,设置个性化的日记模式。在对培养学生日记写作兴趣、提高学生写作能力的追求之外,我更希望探寻出适应高年级学生差异性的日记模式,实现自由、和谐的师生沟通。

在我的构想中,"个性化日记"课程应当具有这样的特征:

1. 个性化的评价

这一点尤其体现在学困生身上,老师必须坚持激励性的原则,引导学生充分挖掘日记中的闪光之处,让学生在一次次的激励中树立信心,培养兴趣。

2. 个性化的引导

虽然我们再三强调"个性化",但是不能忽视学生写作、观察能力有限的事实。教师必须适时地在选材、体裁甚至立意上给予学生正确的引导,这既是磨炼学生写作能力的途径,也是了解学生思想、实施立德树人的重要契机。

3. 个性化的交流

在本课程实施的两年中,我坚持每周安排一节课让学生读日记,给学生一个充分聆听、展示的机会,让他们能博采众长,学习方法,同时也了解到同学的思想动态,以一种独特的形式和同学交往。

二、课程缘起

我任教的是一个极为普通的班级,学生生源并不出色,学困生的比例并不低。尽管如此,班级中还是有许多孩子对写日记抱有浓厚的兴趣。很多次的日记交流都让他们充满了乐趣。正是因为如此,我希望通过本课题的研究,积极探索适应小学生差异性的日记教学模式,切实提升小学语文教师的日记指导水平,更好地为作文教学服务。与此同时,在实践中发掘日记对学生自我认知、师生和谐沟通的应用价值,为差异性理论、生活教育理论、主体性理论等相关理论提供实践经验。其中最为重要的就是,通过这一研究,对日记教学产生推动作用,丰富自身的日记习作教学经验,为其他教师提供借鉴。

【课程特征】

一、丰富形式,提升学生写日记的兴趣

形式创新是个性化日记创意指导的一个重要组成部分,它既能在第一时间抓住学生的眼球,也能给目前较为枯燥的习作教学带来一丝新鲜感。回顾一个学期的日记教学工作,我总结出这些具有创意,又让学生充满兴趣的日记形式。

1. 摘抄日记

一般每星期的日记我都要布置学生摘抄辑录他们自己感兴趣的资料,如"名人轶事""名人档案""生活百科""时事纵横""好词佳句"等。这不仅培养了学生课外阅读的好习惯,而且使日记成为以后写作取之不尽的资源宝库,从而享受到日记给他们带来的好处。这种形式适合于写作能力不是很出色的学生,教师在采用时务必要求孩子注意书写的工整。

2. 想象日记

日记的内容并不局限于生活的事实和个人经历，想象甚至幻想也是日记的重要内容。小学生的想象十分丰富和奇特，往往是海阔天空、亘古绵延、神奇多变、物我两忘。想象日记的思路也极为开阔，它的引入为日记的内容开启了鲜活的、永不枯竭的源泉。这是很多学生都愿意下笔的一种日记形式，无论长短皆成文章，但教师须对内容进行把握，保证学生的写作有一定的思路，而不要变成胡言乱语。

3. 漂流日记

把全班学生分成若干个学习小组，一组一本大开日记本，各组内组员依次轮流写作，每天一篇，一周一个循环。写作内容、体裁不限。后写的同学要做前面日记的读者，点评前几名同学的日记，并要在点评处留下自己的笔名。这样既做作者，又做读者，学习别人之长，补自己之短。同学之间互相学习，互相交流，在老师的点评引领下，逐渐形成一种良好的写作风气。虽然具有突出的优点，但教师在采取这样的方法时务必及时监督，避免日记成了"聊天本"，反倒起了副作用。

4. 图文日记

图文日记，顾名思义，就是图文并茂的一种日记。毋庸置疑，一篇生动流畅的日记，配上各种各样的图案，的确能激起学生极大的热情和兴趣。但这一形式对于学生要求较高，需要大量的时间去完成。如果教师在全班范围采取"图文日记"，则会出现两个问题，一是图片精美而文字平实，二是文字图片都"不堪入目"，本来创新的方法却成了干扰日记写作的阻碍，这就违背了日记作为习作最本真的性质。建议教师让学有余力的孩子采用这一形式。

需要指出的是，这些日记形式并不完全是研究者的原创，其中既有学生的"妙手偶成""误打误撞"，也有向其他教师借鉴而来的点子。在采取这些具体的日记形式时，必须从学生的实际兴趣和能力出发，不要让"形式创新"成为"命题作文"的另一套外衣。

二、合理评价，树立学生写日记的信心

在调查中我发现，不少学校都会将日记作为习作教学的补充，但日记又是充满个性的写作平台，仅靠一个等第甚至是一个"√"很难维持学生的写作积极性。由此，在本课程的实施中，如何对学生的日记进行合理而有针对性的评价就显得特别关键。在一个阶段的实践后，我得出了以下的认识。

教师对学生日记的评价作为一种直接双向的沟通形式，往往比谈话更有深

度,教师能借助这个机会接触到学生内心更深处的想法。倘若敷衍了事,不仅丧失了极好的沟通机会,更会使学生和教师疏远,这无异于给孩子的写作热情浇上一盆冷水。试想:谁会希望自己个性洋溢的日记交上去只被老师打个勾、写个"阅"呢?因此,在批改日记时,教师应该遵循这样的原则。

1. 尊重能力,真诚相待

学生能力的差异是教师必须承认的现实,难道对于能力较低的学生教师就该放弃吗?当然不是,这类孩子更需要教师的肯定和鼓励。以我任教班级的小R为例,他的书写并不理想,语文基础也不是很好,却有着极其出色的文笔,我不止一次在同学和家长面前朗读他的"梦境日记",他绚烂的想象不止一次征服了我们,他也因此成了班里的小作家。

"真诚"二字就更难做到了,接纳、倾听和品味每一个孩子的日记并不容易。有时学生写的内容并不是老师想看到的"赞歌""感恩",甚至是直接的质疑和发泄,此时教师的宽容将给孩子一个"胆子",让他们成为一个敢想敢说的"真人"。学生处于富于幻想的童年,他们的日记里常有许多天马行空的想法,当把这些心里话说出来时,无论多么可笑、幼稚,只要是真实的,教师都应该加以表扬。这些真实的感受正是日记的第一手材料,它们不仅可以丰富学生的内心体验,让学生把自己的想象力和创造力都尽情地释放出来,更有可能成为学生写作水平的"生长点"。

2. 激励为主,培养志趣

因为能力有限,孩子写出的日记又是初稿,错别字、不通顺等小问题自然很多,这是很正常的。教师应遵循鼓励为主的原则,实行多留少删,多批少改,多褒少贬和"高分政策",这是保护学生写作兴趣的好办法。

培养兴趣只是第一阶段,如何让学生在个性化日记写作上体验成功,产生成就感,将日记的乐趣发展为志趣,则需要进一步的实施。在我的班级里我采取了校园网发布和班级群分享的形式,但这仅是刚刚起步的工作。在下一阶段,我计划将孩子优秀的日记装订成册,在校园中"出版",让学生体会到成功的喜悦。

3. 尊重隐私,耐心批改

日记本就是较为私密的,在这学期的教学中出现许多愿意把日记给老师看,却不愿意给爸爸妈妈看的情况,教师应当予以理解并及时和家长做好沟通。对学生来说那些话其实算不得秘密,但这确实是他们应有的权利。如果学生不愿老师把自己说的话公开,老师就应保证严守这些秘密,以消除孩子的后顾之忧。然而,如果学生在个性日记中反映出一些较为敏感的问题时(例如班级矛盾),老师不可坐视不管,要做好协调工作,把握好一个"度"。

此外，在批写评语时，最好不要用否定式的评语，而要千方百计挖掘其优点实行肯定式评价。语言要有亲和力，具有感染人的真情和热情。这样的真情批注，才能调动学生写"真"的积极性，学生才会在真情表达上产生安全感。

【课程实施】

一、通过访谈问卷，了解当下日记课程的现状

在课程正式实施前，我面向所在区域的小学高年段师生发放了500份问卷，以了解当前日记课程（教学）的实际开展情况。通过反馈，我大致了解到这样一些有借鉴意义的信息。

1. 学生写日记的很多

绝大多数学生对日记感兴趣，也都会进行日记写作，但学生的日记多数源于老师布置的作业。

2. 学生不太喜欢写日记

造成学生不喜欢写日记的主要原因有两点。其一，教师缺乏具体的方法指导。教师只简单地撂下一句"日记一篇"，可对于"写什么""怎么写"却不做引导。其二，教师缺乏应有的表扬激励。不少教师批阅日记时只写个日期，有的只写个"优""良""差"了事，大大挫伤了学生写日记的积极性。

3. 学生对个性化的日记形式感兴趣

许多学生对"朋友圈日记"和"图画日记"（虽然有些学生只是初闻其名）有兴趣，也有一些学生提出了"师生共同完成日记""班级日记""幻想日记"这些充满奇思妙想的日记形式。

通过对我校五、六年级的师生进行访谈，我简单了解到我校语文教师对于日记教学的实施情况，得出这样的结论：

从普及度来看，大多数班级都规定学生写日记，但对于日记的总体教学缺乏一致标准。同年级的不同班级对作业性日记在字数、次数和内容上存在着不同的要求。例如四年级（2）班老师要求学生每周以主题形式进行日记写作；同年级（1）班老师则要求每天写日记。

然而，部分老师的日记要求过高，缺乏应有的弹性。有的老师把日记与作文等同起来，表面是要求学生写一则日记，实际却是要求学生写一篇作文，结构、篇幅、内容甚至表现手法都以作文的标准来衡量。

二、合理把握本班学情,设定课程实施的起点

我所在的班级共有41位学生,学困生7名,他们的短板主要体现在基础知识不扎实(如字不会写)和学习能力不高(如写作业速度慢、书写不理想)。总体来说,学生的写作水平不高,但大多数对日记写作抱有浓厚兴趣。

针对班级学生的实际情况,我采取了以下的日记教学策略:

1. 规范写作要求,突出"个性化"目的

在开学伊始,我郑重地对学生宣布:从今天开始我们就要写作"个性化日记"了。我坦率地告诉学生开展"个性化日记"的目的,就是为了改变以前写日记的方式,让大家能把日记写好。我强调:日记和作文不同,它只要求写自己想说的话,无论写什么、怎么写都可以,允许"有话则长,无话则短",但必须每天坚持,哪怕只写一句。

2. 开展内部交流,促进写作兴趣提高

刚开始学生并不适应这种个性化的写作模式,最明显的体现是:学生交上来的日记字数、内容、体裁参差不齐、五花八门,既有满篇狂草的"人生感慨",也有不知所云的"双语日记"。于是我每天利用晨会时间加以引导,如让学生交流今天可以写哪些内容。每周阅读课点评一周精彩日记,以此启发引导学生合理地选材。当然,我也会找到共同的主题和学生一起写日记,并将自己的文章和学生的文章做比较。

3. 展开评奖反馈,激励学生写作

在一开始我就告诉孩子们,我将在班级内开展日记评比活动,评出"最善观察奖""最具真情奖""周十佳""月冠军"等。同一时间内,我让学生养成天天坚持写日记的习惯,让学生保持写日记的热情。半学期下来,绝大多数孩子都能坚持每天完成一篇或长或短的日记。

三、与学生交流,优化课程的评价方式

通过与学生访谈,我了解到两类不受学生喜欢的评价方式。

第一类,批改随意,缺乏细评。客观来说,出现"笼统"一些的评价并不完全是教师的"态度问题",语文老师大多兼任班主任,琐事繁多,把作业全部批完就要耗至少两节课。在这样的情况下详细批改几十本日记,绝对不是一件短时间内能够完成的事情。在刚开始进行写日记的尝试时,我对写日记意义的理解比较功利,认为写日记是为了"帮助学生写好作文"。此外,我们关于日记的指导思想和观念也有待刷新。此前,我总认为日记必须写立意深刻的事情或者人物,不

允许学生写真实的但是立意不深的日记,过于强调写作的技巧而忽视了学生的真实感受,这样持久下去会打击学生写日记的积极性,扼杀了学生个性品质的发展。

第二类,要求过高,评价不当。作为老师,总会以高标准要求学生,甚至以作文的标准来考量日记。我想,日记只要达到文从字顺,能够表达出自己的真实情感就可以了,不能刻意要求要有文采,否则会降低他们写日记的积极性和信心。在我的身边,有一定数量的教师在学生日记上只写个日期或"阅",只有很少的教师以给学生写批语的形式进行评价,这种方式工作量比较大,但很有针对性,所以效果较好。简单量化的评价方式学生很快就会感到厌烦,久而久之,孩子写作的积极性自然会降低。

总之,评价是本课程实施的重中之重,只有激励学生将日记坚持写下去,才能让学生真正体会到"我手写我心"的趣味。正如栾承岗所说,"恒"就是写日记要持之以恒。"一个人做点好事并不难,难的是一辈子做好事。"同样,写日记贵在坚持,贵在有恒心。另外,没有教师的指导,学生很难从日记写作中获得能力的提高和身心的愉悦。这是一个不易把握的尺度,教师有必要在日记中渗透写作的方法和技巧,但如果给学生过多的限制,则会将他们的想象限制在框架之中。教师在实际教学中应该从学生实际能力出发,做到"有收有放"。

参考文献

[1] 季中桂.浅谈如何激活小学生对日记的兴趣[J].教育实践与研究,2002(9):32-34.
[2] 徐志华.流动日记让智慧和真情流动[J].中小学教师培训,2007(2):40-41.
[3] 李吉林.小学语文情境教学[M].南京:江苏教育出版社,1999.
[4] 中华人民共和国教育部.义务教育语文课程标准[M].北京:北京师范大学出版社,2012.

(南京市中央路小学　袁卓然)

"童心·节气"读写微课程:重拾传统文化之美
——第三学段节气文化读写微课程的开发与实践

一、缘起:"童心·节气"读写微课程的文化背景

1. 新闻链接

2016年,中国申报的"二十四节气"正式列入联合国教科文组织《人类非物质文化遗产代表作名录》。申遗成功后,我国掀起了一股二十四节气热。这当然是极好的事情,但如果对二十四节气的深层内涵理解只流于表面形式,那么再好的文化也会被扭曲,再度沉寂下去。

——《中国青年报》

2. 课改要求

《课程标准》强调要努力建设开放而有活力的语文课程。语文课程要加强综合性,加强与其他学科的联系,实现与生活的联结。二十四节气恰好将语文与自然科学、社会科学紧密联系,可以在传承民俗文化的过程中让学生学习语文、拓宽语文、应用语文。

3. 现实呼唤

春夏秋冬,雨露霜雪,华夏祖先在长期的农事生产经验的积累中,观天时,察万物,总结出的二十四节气时令规律,曾在漫长的农耕时代被人们奉为圭臬。文人雅士随着它吟花颂月,构建起一派诗情画意;寻常百姓也依着它春种秋收,营造出人间暖意融融。我们的父辈都熟知二十四节气,不仅可以准确无误地背诵出来,而且深知每一个节气的含义,能够依着节气的规律来指导日常生活。而今天的孩子对二十四节气的认识却不甚了了。我曾在五、六年级随机做了个小调查,请看表2-2。

以笔者所教五年级某班为例,虽人人都能知道二十四节气,但能完整背诵出来者竟无一人,能说出一半者也是寥寥。令人哭笑不得的是,还有不少学生把端午、中秋、重阳也误当成了节气。他们最熟悉的节气莫过于清明,因为杜牧的"清

明时节雨纷纷",因为要踏青扫墓,也因为那天是国家法定节假日。至于清明更深层的含义,也就"知其然,而不知其所以然"了。

表 2-2　第三学段学生对节气文化认知调查表

项目	五年级某班48人	六年级某班49人
能完整说出二十四节气者	0人	2人
能说出一半者	2人	5人
认为端午、中秋、重阳是节气者	15人	9人
最熟悉的节气是哪一个	清明	清明
对清明节气最熟悉的原因	法定放假	法定放假、古诗词
主要通过什么途径了解节气文化	阅读、电视	阅读、电视

正是基于以上背景,我以为,二十四节气不仅是今日学生所必须传承的优秀传统文化,更是对学生进行多重审美教育的宝贵资源。作为语文教师,应充分搭建"读写课程"的平台,围绕二十四节气精心设计活动,让学生在语文实践活动中,不仅得到语文感知、理解和表达能力的提升,更能够切实体会到二十四节气所蕴含的文化底蕴。

二、追求:"童心·节气"读写微课程的定义及价值

"童心·节气"读写微课程是我在这一年多的教学实践中,以读写微课程的形式,沿着二十四节气时间轴自主开发的微课程。它不仅立足于为处在第三学段的五、六年级学生普及节气的常识,而且注重引导孩子"体验实践,读写融合",创设各种体验式活动。如品味节气中的美食、品读节气中的诗词、体验节气中的游戏、感悟节气中的智慧。在丰富多彩的实践活动中,让学生感受到节气文化并不因遥远而陌生,而是好吃、好看、好听、好玩的,充满了生活的美感。在课程化的快乐读写实践中,让童心遇见节气,让孩子领悟到自然生活的美感,让节气传统文化融入孩子们的心中。

"童心·节气"读写微课程是以传统二十四节气为主题,为提升第三学段学生的知识积累、感受体验、言语表达等多方面能力素养而开发的微课程。它通过让学生"品节气之美味""诵节气之美韵""戏节气之美趣""悟节气之智慧"等多种活动来开展学习实践。其课程价值体现在:

1. 知行合一,激发学习愿望

《课程标准》指出语文课程是实践性课程,应着重培养学生的语文实践能力,

而培养这种能力的主要途径也应是语文实践。"童心·节气"读写微课程追求知行合一,学生需要具备主动沟通、团队合作、全程参与、共享成果等优秀能力,在充满趣味的"读写实践"学习中,激发出研究节气文化的内驱力。

2. 主动体验,感知传统文化

我们要重视语文课程对学生思想情感所起的熏陶感染作用,要注意课程内容的价值取向,要引领学生继承和发扬中华优秀文化传统。"童心·节气"读写微课程旨在在各种丰富多彩的节气文化活动体验中,让学生感受到传统节气文化的美感。在课程化的读写实践学习中,让历史悠久的节气文化融入今天儿童的内心中。

3. 读写融合,提升语文素养

语文学习应着重培养学生的语文读写实践能力,而培养这种能力的主要途径也应是语文读写实践。"童心·节气"读写微课程正是在序列化的读写实践中,培养学生对自然气象、世间万物的细腻感知、深入理解和精细表达等能力。这种能力的培养正是语文素养提升最直观的体现。

三、定位:"童心·节气"读写微课程的内容与分类

基于对第三学段学情的分析,笔者开始规划五、六年级"童心·节气"读写微课程的学习内容。教学内容从第三学段儿童的学习需求出发,尊重学生的认知和情感需求,即懂得写作是为了自我表达和与人交流,养成留心观察周围事物的习惯,有意识地丰富自己的见闻,珍视个人的独特感受,积累习作素材。以此为前提,我沿着二十四节气时间轴,共设计了 24 个课程单元,五、六年级"读写训练"的内容互有关联,循序渐进。具体课程单元的内容请看表 2-3。

表 2-3 课程单元内容

单元	五年级学习内容	六年级学习内容
1. 立春	寻找早梅,背诵与梅花相关的古诗文,描写早梅	制订新春计划表,练笔:"新春心愿"
2. 雨水	感受春雨,积累与春雨相关的古诗文,描写春雨	思考练笔:把教育比作春雨"润物细无声"的贴切
3. 惊蛰	感受"春雷响",积累与惊蛰相关的古诗文,描写春雷	想象练笔:"惊蛰后的大自然"
4. 春分	感受"春分,风摆树枝摇",积累与春分相关的古诗文,描写"百花次第开放"	认识"野菜",玩"坚鸡蛋"游戏,练笔:"野菜滋味"和"坚鸡蛋比赛"
5. 清明	了解"清明"风俗,积累与清明相关的古诗文,描写清明风景	植一棵树,插一根柳,踏一回青,祭拜祖先,练笔:"聊聊我的家风"

续表

单元	五年级学习内容	六年级学习内容
6. 谷雨	了解"谷雨"习俗,积累与谷雨相关的古诗文,想象练笔:"谷雨下的农作物"	参观田野,认识"五谷","细写心情",练笔:"希望的田野上"
7. 立夏	了解"立夏"习俗,积累与立夏相关的古诗文,描写"立夏的树叶"	玩"砸蛋"游戏,练笔:"砸蛋的快乐"
8. 小满	了解"小满"习俗,积累与小满相关的古诗文,练笔:"重读《悯农》"	访问农人,练笔:"小满的智慧"
9. 芒种	了解"芒种"习俗,积累与芒种相关的古诗文,参观田野,练笔:"风吹麦浪"	学农,练习挥镰、割麦、打场、晾晒。练笔:"新麦的味道"
10. 夏至	了解"夏至"习俗,积累与夏至相关的古诗文,练笔:"黄梅雨的烦恼"	看涨水的小河、湿润的绿叶、满街的花伞、氤氲的空气,练笔:儿童诗《黄梅雨的浪漫》
11. 小暑	了解"小暑"习俗,积累与小暑相关的古诗文,感受气温,练笔:"暑天,真热"	参加雏鹰假日小队活动,练笔:"假日活动,欲与气温试比高"
12. 大暑	了解"大暑"习俗,积累与大暑相关的古诗文,观察晚霞,练笔:"美丽的晚霞"	观察夜空,听妈妈讲过去的故事,练笔:"夏夜十点钟"
13. 立秋	了解"立秋"习俗,积累与立秋相关的古诗文,练笔:"立秋后的早晚"	和家人"啃秋",练笔:"啃秋,真过瘾"
14. 处暑	了解"处暑"习俗,积累与处暑相关的古诗文,练笔:"秋高气爽的感觉"	欣赏云,展开想象,练笔:"七月七,看巧云"
15. 白露	了解"白露"习俗,积累与白露相关的古诗文,观察菊花,练笔:"菊花的姿态"	露凝而白,桂花开,感受桂花香,练笔:"香来了"
16. 秋分	了解"秋分"习俗,积累与秋分相关的古诗文,练笔:"月光如水"	中秋,欣赏月亮,品尝月饼,练笔:"我家的中秋"
17. 寒露	了解"寒露"习俗,积累与寒露相关的古诗文,观察落叶,练笔:"落叶知秋"	谁说木叶尽枯?来到山林间,看五彩尽染,练笔:"绚丽斑斓的秋天"
18. 霜降	了解"霜降"习俗,积累与霜降相关的古诗文,观察晨霜,练笔:"清晨的白霜"	凉气渐浓,父母亲人总会叮嘱孩子,添衣加被,练笔:"深秋的叮嘱"
19. 立冬	了解"立冬"习俗,积累与立冬相关的古诗文,玩"抽陀螺"游戏,练笔:"小鞭子,啪啪响"	冬日,昼短夜长,练笔:"冬日的黄昏"
20. 小雪	了解"小雪"习俗,积累与小雪相关的古诗文,练笔:"盼雪的心情"	向家人学习腌制咸菜和咸肉,练笔:"舌尖上的咸菜"

续表

单元	五年级学习内容	六年级学习内容
21. 大雪	了解"大雪"习俗,积累与大雪相关的古诗文,练笔:"雪的快乐"	摘几枝蜡梅骨朵,回屋,插进瓶中,满室皆雅,练笔:"蜡梅的美"
22. 冬至	了解"冬至"习俗,积累与冬至相关的古诗文,记叙家中"冬至"的活动,练笔:"冬至大如年"	"天时人事日相催,冬至阳生春又来。"小研究:为什么咱们中国人管岁月叫"几度春秋"?撰写研究报告
23. 小寒	了解"小寒"习俗,积累与小寒相关的古诗文,练笔:"寒风刺骨的感觉"	学习制作"腊八粥",练笔:"腊八滋味长"
24. 大寒	了解"春节"习俗,积累与春节相关的古诗文,对比春节习俗的变化,练笔:"年俗的变迁"	"春节年年过,话语不曾休。"感悟年味儿,练笔:"我家的年味儿"

以上是五、六年级"童心·节气"读写微课程的具体内容。如果从第三学段学生的学习方式来分,本课程的学习又可以依照以下四个方面来分类。

1. 品节气之美味

从时令到农事,从气候到美食,在二十四节气知识系统中,我们可以发现一整套中华文化的密码,更可贵的是这不只是"长满白胡子"的古老知识,更是可以活学活用的饮食养生之学。结合二十四节气中的美食时令,我会和学生共同探讨,适时制定出相应的美食研究方案。方案是以实践活动为主要形式,强调儿童的亲身参与和个性化体验。比如春分之时,草地上泛出了碧绿,正是野菜最鲜嫩的时节。菊花脑、荠菜、马兰头等是本地著名的"春八鲜"。请看春分美食研究的内容:

① 认识"春八鲜",每位学生需要采摘至少三种野菜,可以运用手抄报、照片、调查报告等多种形式呈现对这些野菜的研究成果。② 学习制作一种野菜美食,并写出个性化菜单和"吃货感受"。

且看一位"小吃货"的感受:"我把采来的枸杞头放在清水里浸泡。洗净之后,捞出,放进开水锅里稍微焯一下,再捞出,沥尽水,剁成小段,淋上适量的油、盐、酱、醋,搅拌均匀就成了。哇,香醋酸得柔和,像温婉的淑女,这份柔美和枸杞头本身的野性美,正好相得益彰。只一口,我便品尝到了春天的味道。"

到了立秋,"秋老虎"还在,心中却有了宁静的盼头。毕竟,早晚凉爽多了。秋风一起,胃口大开,想吃点好的,增加一点营养,补偿补偿夏天的损失,要"贴秋膘",要"啃秋"。这个节气的美食活动内容如下:

① 资料研究:"啃秋"习俗的由来,各地特别是本地家乡"啃秋"风俗的特点;

②家人采访:从祖辈、父辈到现在,在这几十年中,"啃秋"所吃美食的变化;③现场体验:主题为"我家的'啃秋'",形式为不拘一格的活动报道。

请看一位学生的"啃秋"感慨:"爷爷说,他小时候会抱着白生生的山芋啃,抱着金灿灿的玉米棒子啃。爸爸说,他小时候喜欢抱着红瓤西瓜啃,抱着绿瓤香瓜啃。今天,我们家大人孩子齐上阵,多么豪放,一个个抱着香喷喷的烤羊排啃……'啃秋',抒发的是人们对丰收的喜悦,对美好生活的向往。"

小寒,孩子盼着腊八粥。腊八粥米香温润,果脯甘甜,醇厚浓郁,滋味悠长。这个节气的美食活动内容如下:

①"小小美食家"——研究腊八粥的历史;②"小小营养家"——从养生角度,研究腊八粥在冬天喝会有哪些好处;③"今天我下厨"——在家人的支持下,制作腊八粥,感受食材的丰富,熬煮的细致,味道的浓厚。

请看一位学生的"食后记":"来吧,同学们。熬腊八粥,所费不多,一学就会;喝腊八粥,滋润果腹,暖心热身。腊月里,捧一碗热乎的腊八粥,聊聊腊八的传说,就这么有声有色,有滋有味。呃——吃饱了,该过年了!"

一套深入华夏文明的二十四节气历法,让我们可以生活得如此甜蜜、如此丰美!不同的节气,大自然总是能及时捧给我们最合适的美食。

2. 诵节气之美韵

怀着一份对古人智慧的崇敬之情,重新走近二十四节气,我们会发现,古人尊重自然时令,是以二十四节气为生活的参照,春生秋收,夏长冬藏。二十四节气观照出古人安静美好的生活。诗词歌韵里的二十四节气,更是精致地融入了传统文化的清丽婉约。基于此,我便有意识地和学生一起学习,开启一段节气光阴里的美韵之旅。

既是班主任又是语文教师的我,首先在课堂教学中,注重让学生搜集整理诗词中涉及二十四节气的物候、风俗等文化现象,并联系生活实际加以对比感受。如我教学杜牧的《清明》时,就先从字词、画面、情感、艺术手法等多方面引导学生赏析。在充分理解全诗之后,引导学生深入了解古时清明节踏青、扫墓、插柳、赏春等习俗,进而引导学生了解"寒食节"的含义。最后让学生以诗词文化观照今天的生活,重温中国人独有的对祖先的崇拜。

且看一位学生在学完《清明》这首诗后,写下的一点感悟:"'清明时节雨纷纷',搀亲携幼,祭祀祖先。我们怎能忘记他们?忆忆昨日的故事,聊聊传承的家风,更珍惜今天的生活。植一棵树,插一根柳,踏一回青。归来的小路上,欢笑声语,好好生活,是对祖辈最好的怀念。"

课堂主阵地,课外天地宽。我们还以时间为线,以各节气主题为珠,串联起

"节气古诗词"的主题微课程。从立春开始,跨越春夏秋冬四季,到大寒为一轮回。在二十四节气的诗词之旅中让学生吟诵、品读、爱上古诗词,恋上传统文化。如此,促成学生从心生长出对自然和生命的敬畏与感恩!

除了古诗词含义隽永,民谣农谚也是韵味悠长。熟读二十四节气歌,可以让学生最快速地了解并记住二十四节气。其最后四句是:"每月两节不变更,最多相差一两天。上半年逢六廿一,下半年逢八廿三。"这几句比较难以理解,正好构成了难得的小研究课题。于是,我们便开展了深入的专题研究。此外,还有大量的节气农谚,如:"芒种忙,麦上场。""大暑连天阴,遍地出黄金。"它们不仅告诉人们在每个节气应该如何播种和收获,还告诫了人们如果误了时节会有什么损失。其内容涉及面广,涵盖了日常生活的衣食住行、风俗信仰等诸多方面,读来合辙押韵,朗朗上口,无论在思想上还是在韵味上,都令人回味无穷。

深深感激古代诗人的文才情思与劳动人民的经验总结,他们用生花妙笔和民间文学为我们留下了每个节气中的音韵大美——那景,那情,那凝聚在字里行间的记忆,那活泼于口耳相传的俚语,一字一隽永,一句一婉转,印刻在历史的流年中。和学生一起穿越历史,踏着诗句和农谚铺成的芬芳小径,会依稀看见诗人背影的潇洒飘逸,看见农人在田间地头挥汗如雨。

3. 戏节气之美趣

玩是孩子的天性。二十四节气,从来也不是老爷爷板着面孔教育孙儿的训令。它扎根于泥土,蕴藏着浑厚的生机;它伸展向天空,洋溢着蓬勃的活力;它流传了千载,积蓄了强健的生命;它深植于民间,抖擞着热烈的元气。每一个节气所传承的民俗活动和传统游戏,都是让学生寓教于乐、体验学习的好时机。我让学生开展调查研究,向爷爷奶奶、爸爸妈妈学习过去的"时令老游戏",并把这些老游戏带到学校里作为集体活动来开展。此外,我把更多的时间空间留给学生,让他们亲近自然,把身心放飞于节气时令的天空下。

比如春季学期伊始,恰逢春分。我们便乘着春分节气的东风,开展"触摸春天"的活动,让学生在活动中感知节气习俗,在活动中体验节气带给我们的快乐。"春分日,竖鸡蛋,上头光,下头圆,顶天立地保平安。"春分这一天,南北半球昼夜平分,地球地轴与绕太阳公转的轨道平面处于一种力的相对平衡状态,地球的磁场也相对平衡。此时,蛋壳上突起的部分可以构成一个三角形,使鸡蛋的重心通过三角形,就可以实现"竖蛋了"。游戏前,学生先搜集了解这些常识,然后开始练习"竖鸡蛋"。来场比赛吧,连最性急的男生也学会了耐住性子。第一次尝试,只有个别学生成功了,显得很骄傲。大多数学生失败了,蔫头耷脑。这时,我相机点拨,大家共同探讨成功的奥秘。师生共同研究,总结出"竖鸡蛋"的要点:挑鸡蛋,寻找支持面,手要稳。有了经验的指导,学生继续尝试起来,各个兴奋异常。学生之间相互帮助,密切合作,绝大多数学生都能取得成功,脸上都洋溢出自豪的笑容。游戏中,不仅普及了科学知识,更加强了学生彼此之间团结互助的精神,多么充实快乐。

再比如到了处暑,秋高气爽。"七月七,看巧云。"不用买票,举目可得。这是造化的恩赐,众生平等。天是瓦蓝蓝的,云被衬得雪白雪白。蓝天如水洗过一样的清澈,白云就静静地停在那里,超然,恬静。白云朵朵,云淡如棉。儿童是天生的艺术家,童眼看云,乐趣无穷。看着像什么,云就是什么。云是一本无字的书。读云可以明目,可以养心,可以解乏,可以医俗,可以添乐,可以生雅,其趣味不逊于登山观海。高兴的话,可以画幅小画,可以吟首小诗,可以哼首小调,可以想干什么就干什么。"闲观云雾会天机",云和童心,本就是契合的。埋头苦读的学生啊,在这时,多抬头看看天、看看云吧。

这些有趣有益的游戏实践活动,不仅可以丰富学生的知识,更有益于培养学生的探究能力,激发学生对科学、对自然、对生活的审美能力。

4. 悟节气之智慧

在中国传统社会里,二十四节气是一年中重要的时间节点,围绕这些节点形成了一系列充满美学仪式感的活动,人们通过这些仪式汲取天地间的智慧,表达对万物的敬畏,从而实现人和自然的和谐统一。传承好二十四节气,对今天的学生而言,不仅具有提示生活节奏、调节生活方式的指导意义,更是一种关乎智慧的生活情趣。

比如,到了冬至,"天时人事日相催,冬至阳生春又来。"有学生问我:"赵老师,为什么咱们中国人管岁月叫'几度春秋'?孔夫子修订的一部史书也叫《春秋》?为何不叫冬夏?"这是多么好的问题啊。经过资料查阅,共同探讨,我们触摸到了祖先智慧的用意:"冬与夏,很长,很稳定。春与秋,是冬与夏的过渡和转化。中国人世世代代都相信,大冷大热,生活再苦,总会变化。冷到了极致,春天就快要来了。这是中国人的智慧——中庸。你看,过了冬至这一天,日子就一天比一天长一线。"

四、践行:"童心·节气"读写微课程的实施策略

以笔者拙见,今日儿童写作最突出的问题,并不是缺少把某件事记叙完整的能力,而正是缺乏捕捉生活中的"微信息"并加以精细描摹的能力。这与习作教学中教师较少在细末精微之处,对学生的言语表达给予具体适切的指导有很大关系。有鉴于此,我在践行"童心·节气"读写微课程时,着力引导儿童捕捉"微信息",训练其"精细描摹"的能力,我以为这是有效提升儿童写作素养的重要途径。笔者将以一节六年级的"童心·节气"读写课《香来了》为例,谈谈我在"儿童视角"下,对本课程的具体实施策略。

(一)策略一:巧用故事,发现"微信息"

故事是人生必需的精神营养品。儿童内心渴望故事,童年本身充满故事。故事,不仅为儿童读写提供了内容、方法,还为教师的教学提供了策略、路径,在写什么、怎么写和怎么教上,均提供了丰厚的资源。

案例写真:

师:宋朝有一位与苏东坡齐名的诗人,名叫黄山谷。在仲秋时节,黄山谷与几位好朋友相约来到山林古寺里观赏秋景,坐禅修行。——知道什么是"坐禅修行"吗?

生:"坐禅修行"就是坐下来思考佛学,修炼自己的身心。

生:这里的"坐"是指打坐,古代的文人雅士相约打坐修炼,交流自己的思考和文章诗词。

师:这天晚上,大家正在月下围坐、吟诗论道时,黄山谷忽然凝神不语。片刻之后,他神情专注,好像自言自语一般:"香来了,香来了……"——哎,"香"是谁啊?是一个叫香儿的美丽姑娘吗?你们来猜猜看,要说出理由。

生:我觉得是桂花的香气。因为故事开头就交代了这是"仲秋时节",这个时节正是桂花飘香的时候。

师:你很会联系故事中的关键词语,做合情的推理。(出示桂花图片)果然是桂花香来了。一听说"香来了",每个人都闭紧了嘴巴,皱起了眉头,凑起了鼻子,使足了劲儿来嗅。黄山谷见了却直摇头,他说:"不对,不对。"——哎,为何说不对啊?

生:因为古人讲究"格物致知",对待万事万物都要用心去研究、品味,才能了解事物的本质。对于桂花的香气,不能这样大口大口地猛吸,而应该用心去体会。

师:孩子,你真是晚生了一千年,若是早生一千年,你真应该到故事里去和黄山谷一同"坐禅论道"啊!(生笑)黄山谷接着说了:"像你们这样闻,香气就不是香气了!"——不是香气,那是什么呢?(生笑说"臭气")

师:来看看黄山谷是怎么解释的吧——"香气是你坐在这儿,忽然一股香气飘到你的鼻子里了。香气是主动的,你是被动的,这样感觉出来的香气才是香气!"(生恍然大悟)

师：从这个故事里，你得到了什么启迪和感悟吗？

生：日常生活中要用心才能有所发现。桂花香是很细腻的味道，一定要静下心来才能体会到。

师：是啊！黄山谷是位大文学家，他具备一个文学家的必备本领（出示屏幕）——用心，才能捕捉到生活中的微信息！

教师以《黄山谷闻香》这个小故事为引子，充分优化，设置思维梯度，和学生一起在充满童趣的氛围下展开探究，层层剥笋，步步递进，且读且聊中，用故事本身的魅力巧妙地召唤起儿童心中潜藏的意识，从而水到渠成地激活本次教学的主题——品赏桂花香！正如这个故事中，"仲秋桂花香"即是一种应时又应景的微信息，平时似乎人人都会闻香，但这闻香的秘妙却绝非人人可得之。于是，自然而然地，伴着"香来了"，"捕捉微信息"的意识也飘进了学生的心灵深处。

（二）策略二：身在现场，捕捉"微信息"

"童心·节气"读写微课程的学习不是儿童身在"象牙塔"内的"高级文字游戏"，而应该成为儿童审美现实生活的必需品。如此，他们才会产生无限的表达热情。好的教学，就是需要教师想方设法创设情境，激发兴趣，让儿童的表达"身在现场"，而非"远在天边"。

案例写真：

师：你们想体会一下黄山谷闻香的感觉吗？（生格外激动）

（师提高声调，放缓语速，抱臂坐正，全身放松，调匀呼吸，凝神静气。生大笑）

师：很好，在这种全身心放松的状态下，你捕捉到了哪些平常不在意的微信息？

生：上一节是体育课，我本来身上感到很热的，此刻我觉得很清凉。

师：这叫"心静自然凉"！

生：我听到了老师走路的脚步声，还感到了自己的心跳声。平时在课堂上可从没有听见过。

师：你捕捉到了两个重要的"微信息"，在课堂里就是要关注老师，关注自己的内心。来，请闭上眼睛，让心灵的窗户打开。（生闭上眼睛，教师在空气中喷洒桂花香水。片刻之后——）

师：感觉到"香来了"吗？（学生大笑，先小组交流，再全班交流"香来了"时的感觉）

生：我感到了有一丝香气飘入鼻中，香气中还带着一点点淡淡的甜味，慢慢甜入我的胸中，甜入我的心里。

生：我也是闻到了淡淡的香甜味道，而且感到这香气是从上部飘下来的一般，仿佛是从天上飘下来的。

生：一开始感觉这香味淡淡的，我想用力去嗅，果然又闻不到香甜了。只有缓缓呼吸，才能感受到。

这个环节中，教师颇具匠心地在教室里喷洒桂花香水，于有限的教学时空中，最优化地为儿童创设出"香来了"的体验情境，并用艺术化的语言引领学生"凝神静气"，用心体察"香来了"的感觉。正所谓"虽是微末技艺，却是顶上功夫"。此时此刻，童心，伴着好奇，如心灵捕手一般，去捕捉白露节气里，"桂花香来"时那细若游丝的"微信息"。

（三）策略三：教师下水，揣摩"微信息"

教师的"下水文"意义重大。教师自己不会写作，就难以准确把握写作的秘密，不能真切体会写作的甘苦，更难以理解儿童的写作困难。只有教师自己尝试写了，才会对儿童写作有一种发自内心的理解。教师也只有自己亲笔写了，才会有写作时的种种灵感，创造出"属于自己的句子"；在对学生的作文做即兴点评时，教师才有足够的底气对学生的作品给出中肯恰切的修改意见。

案例写真：

师：同学们，昨天晚上，我也在家沐浴更衣之后，沏一杯茶，捧一本书，洒了点桂花香，让自己疲惫的心灵得到放松。这种感觉太好了，我即兴就把我的感受写了下来。（师读下水文，生倾听并思考）

师：都说"桂花香，独占三秋压群芳"。这样一个仲秋的夜晚，忙碌了一天的我，什么事也不想干，就想静静地来一会儿"葛优躺"。此时此刻，一丝馥郁的香气幽幽飘来，让我原本迷迷糊糊的脑子一激灵，一股沁人心脾的甜味钻进我的心里头。我仿佛置身桂树下，闭上双眼，想把这桂花香吸个饱，好好享受这份宁静的美妙。而那桂花香却像顽皮的孩子，任我怎样努力地吸气，他就是不往我鼻子里钻。我有些生气，又拿他没办法，只好深深地叹上一口气。哎？这香又出其不意地飘进我的鼻中，溢满整个胸腔，占据了我的心。原来，性急是闻不了桂花香啊！哦，愿心也如这飘香的桂花，温暖将要到来的深秋。（生鼓掌）

师：谢谢，你们喜欢我的这段对桂花香的细节描写吗？评评看，我写得怎么样？

生：我觉得老师写得很好，把桂花香带给我们的美好感觉都很细腻地写出来了。

师：你的点评我不太满意。咱们都是文化人，所以要做些专业的点评。不能光说我写得很好,写得细腻,你要说说看我是怎么样把这香气的细微感觉写出来的。

生:我发现你运用了对比方法,把"香来了"之前的迷迷糊糊的感觉,与"香来了"之后清新甜蜜的感觉做了对比,让我更加感受到"香气"的沁人心脾。

生:你还把"香来了"时的身体和心理上的感受尽可能细腻地表达出来,而没有用一两个简单的形容词概括。

师:是的,这一点特别重要。要调动自己的全部身心去感受这"香气"的美妙。这也最考验你"捕捉微信息"的本领。(师相机板书,总结写作技巧)

在本环节,教师将自己"闻香"的习作片段展示给学生,绝不是炫耀,而是一种有效的示范和激励!让学生在对教师范文的点评中,悉心揣摩"微信息",悟得写作的知识和技巧,自然也会激励起儿童超越老师的动力。作为语文教师,以自身的写作魅力对学生的写作进行具体指导,这既是一种情感激励,亦能赢得学生由衷的尊敬,这实在是一种教学的智慧。若给这种智慧起个名字,应该就叫"桃李不言,下自成蹊"吧!

(四)策略四:深度交流,互评"微信息"

读写的目的是交流。在全班练笔、互评、赏析中,学生能够在对教师范文做适度模仿的基础上,表现出了令人欣喜的独特体验感和语言创造力。教师积极的评价语充分鼓励和赞赏了学生所"捕捉到的微信息",并通过儿童间的互相点评,互相启发,激发写作的共鸣,方能让"捕捉微信息"这一新鲜概念在他们心中明晰,从而有效提升他们"精细描摹"的意识和能力。

案例写真:

师:咱们来交流。(请学生上台朗读作品片段)

生:秋日,午后,桂树下。一阵香袭来,似一个顽皮的小精灵钻入我的鼻中,悠悠地旋转。一丝丝,一线线,一点点,一缕清凉的感觉在身体里蔓延,触动着我每一个细胞。一阵风吹过,那香气霎时间在空中绽放,那么醇,那么浓,沁香中又略带一丝甜蜜。这香气包围了我,慢慢地渗入我的心中,滋润了我。正陶醉间,这桂香又从我的体内钻了出来,沾染我的衣角,芬芳我的发梢,仿佛一摇动身体,那甜甜的桂花香就会纷纷洒落下来。香气在我身边缠绵,久久不愿散去,我闭上眼睛,哇,我仿佛看见了秋日暖阳的颜色,是美味柑橘的颜色,连我的眼眸也被桂香染成了金黄色呢!我真想一直坐在这桂树下,静听桂树沙沙地响,静看这桂香雕琢时光……(全班热烈掌声)

师：写得太棒了！来，请大家进行点评。她写的妙在何处？

生1：在她的笔下，桂香是个小精灵，特别顽皮，先往心里钻，又在身体里缠绕。这样写，香就如人一般灵动了。

生2：香气勾起了她的想象，让她仿佛看见了秋日暖阳，美味柑橘。这种想象特别细腻。

生3：我还发现她准确运用了许多的动词，把闻香这种安静的活动，写出了美妙的动态感觉……

师：真是太棒了！孩子们，你们能充分借鉴老师的写作方法，却并不囿于此，充分调动自己的情思，捕捉心中对"香来了"的感觉，真是"青出于蓝而胜于蓝"！

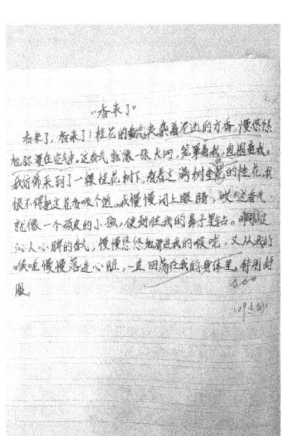
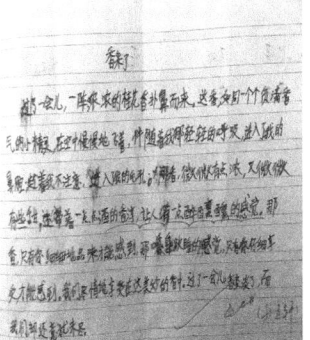

图 2-5 "香来了"学生课堂练笔作品

师：同学们，这一节课，我们一起用心捕捉了"香来了"这一微信息。生活中，你觉得还有哪些值得咱们用心去捕捉的微信息呢？

生：大家闻过树叶和小草的味道吗？我就闻过。虽然不香，却特别清新。

生：雨后的树林里，走进去便能嗅到那种丰润水汽，特别提神醒脑。

生：今天的青苔很不起眼，却是古人怜爱的对象。如果我们细细欣赏青苔，一定也能感悟出宁静的美。

师总结：相信只要我们拥有一颗善于捕捉微信息的心，就能够在写作学习上不断地超越自己。

一节课暂告一段落，然而，恰到此时，真正的儿童自主学习才刚刚开始，生活中还有太多无处不在的微信息需要儿童带上一双明亮的慧眼、一颗审美的文心，去寻找，去发现，去捕捉，去描摹。作为教师，目光绝不能仅仅停留于单篇作文的产出，我们的习作教学唯有立足于儿童的发展，建立习作教学与节气文化的"超级链接"，方能真正帮助儿童形成思如泉涌的习作状态，真正让儿童乐在其中，享受习作。如此，"让孩子易于动笔，乐于表达"的要求才能真正落入儿童心中，长成生命之树。

五、结语："童心·节气"读写微课程的诗意思考

深深钦佩我们的祖先，他们用睿智和诗意，将一年平淡的日子裁剪成了二十四个精美的时段，并用点睛之笔为每个时段起上好听的名字。二十四节气，是祖辈的叮咛，是光阴的禅意，与我们一年一度一相逢，似在时时提醒我们：时光美好，稍纵即逝，唯有不虚度，方对得起大好的光阴和自然的馈赠。

花知时而开，人应时而立，与天地唱和，与万物调谐——二十四节气中所蕴含的和谐思想，是潜藏在每一个中国人骨子里的文化基因。身为一线语文教师，"童心·节气"读写微课程是我的一点努力、一点尝试，这小小的课程虽然微不足道，却能让我和学生一起重拾二十四节气之美，把这份文化之美传续给孩子，让这份脉脉温情融入儿童的心中，静水深流，绵延天际。

参考文献

[1] 曹文轩.带上童心去写作[J].小学时代,2017(Z5):32-33.

[2] 朱萍.我的儿童习作教学观[J].新课程研究(上旬刊),2013(2):13-15.

[3] 薛法根.作文就是对话[J].小学语文教学,2010(9):17.

（南京市长江路小学　赵凯宁）

以读促写：绘本写话课程的探究与实施

《课程标准》对低年级写话提出了这样的要求："对写话有兴趣,写自己想说的话,写想象中的事物。""在写话中乐于运用阅读和生活中学到的词语。"但由于低年级学生阅读量少,积累的词汇也相对较少,对外界事物缺乏敏锐的观察、分析能力,所以写话时他们往往无话可说、无事可写、无情可表。笔者尝试将绘本阅读应用于写话教学中,在实践中探究绘本写话课程。

【课程内涵】

"绘本"又称"图画书",它通过图画和文字来讲述故事。绘本起源于西方,诞生于19世纪后半叶的欧美。绘本是基于儿童的兴趣、接受和阅读需要产生的。日本儿童图片研究协会撰写的《儿童和绘本的学校》在概括绘本定义时认定其"内容、表现、造书都以儿童为主要对象",明确了绘本"为儿童"的性质。低年级学生对绘本情有"读"钟,究其原因主要有三点:钟于图画,获得视觉享受;钟于情节,获得思维享受;钟于内涵,获得情感享受。基于低年级学生对绘本情有"读"钟,将绘本阅读应用于写话教学中,以读促写,能够有效地激发学生的写话兴趣、提高学生的写话能力。

【课程特征】

绘本写话课程具有以下三个方面的鲜明特点,即情境化、个性化、生活化。

一、绘本写话的情境化

心理学研究表明,人类获取的信息83%来自视觉,而图像相对于文字或者其他抽象符号具有无可比拟的优势。绘本以"图"为主,所以在引起儿童注意方面有着得天独厚的优势。一本好的绘本,绘画、构图、色彩都能让儿童在视觉上感到愉悦。图与图之间能呈现独特的叙事关系,能将语言、情感和思想,毫无保留地传递给儿童,儿童在无形中能体验到阅读的快乐,从而自然而然地乐于看绘本。绘本从儿童的视角出发,其情节的展开或者有趣,或者温馨,或者惊心,或者复杂,都暗藏着起、承、转、合的节奏设计,有简单清楚的描述,有能塑造人物个性的环节,有引人悬念的发展过程,还有令人意想不到的结尾。

总之,不论是绘本中的图画还是情节都为学生的写话营造了适切的情境,当学生置身于阅读的情境之中,写话就不再是任务,而是发自内心需要的表达。例如,美国琼·穆特创作的绘本《石头汤》,书中写三个和尚来到了一个村庄,这个村庄中的村民们自顾自地生活,虽然他们辛苦劳作,但是生活得并不快乐。三个和尚通过煮石头汤的过程让村民们感受到只有大家乐于帮助、愿意分享才能生活得幸福。作者通过生动的画面、简短的对话和巧妙的情节,将"幸福"这个抽象的概念诠释得简单易懂。学生读完绘本,针对"幸福是什么"这一主题,联系绘本和生活各抒己见,有的说幸福就像书中的村民乐于分享,服务他人;有的说幸福就是在公交车上给老年人让座;有的说幸福就是凡事不能只想到自己,要为他人着想。由此,展开"我的幸福瞬间"主题写话就水到渠成。

二、绘本写话的个性化

彭懿在《图画书——阅读与经典》中提出"留白是绘画技巧,空白是设计手段。留白和空白,都是图画书常见的表现方式,它们为读者提供想象的空间,具有无中生有和无中胜有的效果","大部分绘本在语言的叙述或情节发展的设置上,都会留有一定的余地,产生一种无声胜有声、无形当有形的效果,这是绘本最常见的表现手法。这些容易被忽略的空白点往往会成为绘本中的精髓"。可见,留白不仅是绘本的表现手法,也是绘本的精髓,是学生绘本写话的生长点。学生基于已有的生活体验、阅读体验填补绘本图文的空白,以个性化写话呈现对绘本的个性化阅读。

例如在绘本《花婆婆》中,作者芭芭拉·库尼画出了热带岛屿、沙漠地区和海边小镇的风情,并注意各地方不同光线和色调的搭配。除此之外,图中的场景、建筑物、不同地域人物的衣着和发型,作者都处理得非常细致。图画如此丰富,但文字留有大片的空白,作者在书中只以寥寥数笔描写主人公的成长和旅程。学生细心观察图画就会有新发现,诸如从细节中发现主人公成长的变化、四季的变化等。教师引导学生将观察到的场景和细节写出来,呈现个性化的文本解读。学生还可以就文字的留白处发挥想象。诸如文中写道:"她(花婆婆)的头发也白了,可是,她还是不停地种花,每年都开出更多更多的鲁冰花。"教师可引导学生想象花婆婆会在哪些地方不停地种花,鲁冰花盛开时是什么样子。再将自己想象到的场景用笔写下来,就成了绘本的扩写。除了扩写,还可以改写或续写,例如在绘本《花婆婆》的最后花婆婆对小艾莉丝说:"做件让世界变得更美丽的事。"教师在此可引导学生续写:艾莉丝会做什么事让世界变得更美丽?这样的续写是学生由读到写,由积累到释放,循序渐进的个性化行为。

三、绘本写话的生活化

无论绘本作者选择的是写实或是幻想的故事题材,主要指向的都是儿童的生活,字里行间都充满乐趣。例如奥地利作家米拉·洛贝的绘本《晚安秋千》中的瓦乐丽晚上不肯上床,要闲聊,要歌唱,还要在秋千板上来回悠荡。瓦乐丽一边荡秋千一边发挥想象,一会儿荡到"缠头巾国"的大街上,一会儿荡到遥远的、蔚蓝的大海上,一会儿又荡到了牛羊成群的村庄里,一会儿又荡到了载着小动物的火车上,甚至还荡到了可以堆雪人的滑雪场上。瓦乐丽在想象中体验乐趣,学生在绘本营造的不同情景中感受乐趣。即便绘本作者用拟人的手法讲述动物的故事,也会指向儿童的生活。例如日本作家五味太郎的绘本《鳄鱼怕怕,牙医怕怕》中不爱刷牙的鳄鱼长了蛀牙要去看医生,但医生害怕鳄鱼。当鳄鱼与医生不得不相见时,他们戏剧性的心理变化让学生捧腹大笑。

正因为绘本指向儿童的生活,所以绘本写话也与儿童的生活紧密关联。在阅读《晚安秋千》后,教师可引导学生回想自己晚上不肯上床睡觉时的情境,自然而然地过渡到了学生的生活,展开写话。在阅读《鳄鱼怕怕,牙医怕怕》后,学生自发地就聊到了平时生活中,自己不肯刷牙的经历,由此展开写话就水到渠成了。

【课程实施】

基于低年级学生对绘本情有"读"钟,我们可以将绘本阅读应用于写话教学中,探寻绘本写话课程的实施策略:源于图画,绘本看图写话;源于情节,绘本生活写话;源于内涵,绘本主题写话。

一、源于图画,绘本看图写话

在绘本中,图画不再是文字的点缀,而是图书的命脉,图与图之间能呈现独特的叙事关系。绘本中的图画趣味横生,如绘本《小猪变形记》,书中的小猪形象活泼可爱,紧紧抓住了学生的注意力,小猪变换的各种造型让学生捧腹大笑。绘本的图画留有空白,如绘本《雪地里的脚印》,图中雪地上留下了一串串脚印,却没有画出脚印的主人。学生在观察图画的同时,不由得展开想象:脚印的主人是谁呢?它从哪里来?到哪里去了呢?借助绘本图画的丰富与留白,教师适时点拨和巧妙引导很容易引起学生的共鸣,激起学生强烈的表达冲动,使学生在兴致益然中不知不觉融入写话的语言训练中,对图画展开细心的观察和丰富的想象。将绘本阅读与看图写话相结合,以绘本的图画促进学生写话。

在阅读绘本《森林里的聚会》时,笔者出示了动物们表演节目的图画,引导学生观察有哪些动物参加表演,它们是怎样表演节目的。

生1:有金钱豹、猴子和很多小鸟一起表演节目。

师:你能按照从下到上的顺序观察,非常好。

生2:有一只金钱豹、四只猴子和九只小鸟表演节目。

图2-6 绘本《森林里的聚会》

师:你观察得真仔细。

生3:豹子站在地上,猴子倒立在豹子背上,小鸟停在猴子的尾巴上。

师:"倒立"这个词用得很准确。

生4:金钱豹的头上还站了一只小鸟,它张着嘴在欢快地唱歌。

师:你的想象可真丰富。下面请同学们自己动笔写一写吧!

学生写话:

第一个节目:《四猴倒立》。四只猴子头朝下依次排成队,模仿人的模样,前面两只脚撑在金钱豹的背上,后面两只脚朝上,纹丝不动,由金钱豹在台上来回走两圈。主持人激动地站在金钱豹的头上为金钱豹加油!(高诗琪《四猴倒立》)

小鹦鹉主持人出来宣布森林聚会开始了。第一个出场的是豹子和他的伙伴们——小猴和小鸟们,他们表演的节目是倒立平衡。四只小猴子倒立在豹子的背上,有几只美丽的小鸟停在猴子的尾巴上。小鹦鹉主持人担心猴子掉下来,激动地飞到豹子的头上,嘴巴里直喊着"小心、小心"。(洪治文《倒立平衡》)

二、源于情节,绘本生活写话

"绘本将儿童特别是幼童设定为主要读者对象,绘本的内容、形式、表达与呈现相应地反映出鲜明的儿童性。"绘本所呈现的故事内容与儿童生活紧密联系,如绘本《一颗超级顽固的牙》讲述了塔比莎的一颗牙齿松了,她千方百计地想让牙掉下来。这正是儿童年幼时独有的生活体验。绘本《小猪闹闹》虽然写的是一只调皮的小猪,但他经历的一系列滑稽搞笑的事情正是儿童所经历的。因而绘本为学生提供了丰富的、多元的、可以借鉴的写话材料,为学生创造了多样的纸上生活,很好地解决了学生写话时"无米之炊"的烦恼。而绘本情节设计所展现的独特视角、无限创意、奇特想象、精妙细节等,为学生提供了写话的范本,经过教师的适当引导,学生便可将其运用到自己的写话中,提高自己的写话能力。

阅读完绘本《苏菲生气了》,笔者引导学生再看一遍绘本,特别留心作者是如何向我们描述事件的,先说了什么,后说了什么。

师:仔细观察,说说你的发现。

生:先告诉我们事情发生的原因:苏菲和姐姐争抢玩具,因为没有抢到而生气。

师:对,这就是事情的起因。(板书:起因)

生:接着告诉我们苏菲生气时的各种表现。

师:是啊,你们瞧她生气的时候,表情、动作和语言都发生了变化。(板书:表情、动作、语言)

生:然后苏菲冲出家门,心情慢慢平静了。

师:这是对苏菲心理的描写。(板书:经过、心理)

生:最后,苏菲回家了,家人都欢天喜地迎接她。

师:这就是故事的结果。(板书:结果)

师:(手指板书)作者写苏菲生气这件事情,有起因、经过、结果,在叙述的时候还写了苏菲的表情、动作、语言和心理变化。请小朋友按照这样的叙事方法,写一件令你开心的事情吧!

学生写话:

今天是星期六,妈妈要带我去红山动物园玩,我很开心。终于到了动物园,我迫不及待地要见一见动物园里的长颈鹿。妈妈说:"让我们看看地图,找找长颈鹿在哪。"我们按照地图的指示,很快就找到长颈鹿了,我开心得蹦蹦跳跳。长颈鹿正在悠闲地散步,细长的脖子真像滑滑梯。我想引起它的注意,就朝它做鬼脸,没想到它一点反应都没有。最后,我和长颈鹿合影,它竟然朝着镜头笑了。

[孙悦然《动物园游记(节选)》]

三、源于内涵,绘本主题写话

绘本的文字简洁明快,图画直观形象,但主题并不是我们想象得那么简单。"绘本并不是随便逗儿童开心的画册,优秀的绘本可以用简单的画面、简单的文字表达深刻的内涵,可以把很多人生哲理通过有趣的绘画、简练的文字传达给读者。"绘本摆脱了教条的死板的说教,通过讲述有趣的故事、塑造鲜明的人物形象,将蕴含的内涵处理得简单易懂。例如绘本《我爸爸》《我妈妈》,通过图画温馨又夸张地展现了爸爸、妈妈在作者心目中的形象。书中文字描述"爸爸像河马一样能吃",对应的画面中爸爸就是河马的样子,滑稽生动、形象直白地描绘了一位大胃口的爸爸,大胆创新的表现形式恰恰符合儿童的认知特点,便于儿童理解。这两本绘本所要表达的"父母爱我、我爱父母"的内涵就在这样温馨又夸张的图画中,在这样浅显易懂的文字中自然流淌,引起学生的共鸣。一本本优秀的绘本蕴含的丰富内涵不但为学生的写话提供了素材,而且使学生写话的中心更加明确。围绕绘本内涵,开展绘本主题写话,学生的写话不再是流水账。

阅读完绘本《第一次去旅行》,笔者引导学生先说一说:你第一次做了什么事情呢?你是怎样做的呢?有什么感受?针对学生的发言,适当点拨,引导学生围绕"第一次"这个主题,把事情写具体,将感受写清楚。

生1:我第一次炒菜,把菜炒糊了。

师:怎么炒糊了,你还记得吗?把炒菜的经过写下来。

生2:我第一次坐飞机,既高兴又害怕。

师:高兴什么呢?害怕什么呢?具体写一写高兴害怕的原因吧。

学生写话:

暑假,我和爸爸一起坐飞机去海南旅游。这是我第一次坐飞机,我很开心。终于登机了,我很快找到了自己的座位。我靠着窗户坐下,等待飞机起飞。不一会就听到广播里说:"请大家系好安全带,飞机马上就要起飞了。"只听"轰隆"一声,飞机动起来了。透过窗户,我看到飞机在跑道上奔跑。渐渐地飞机升高了,我觉得自己也飞起来了。飞机越飞越高,我兴奋极了。当看到马路上的汽车都变成小甲虫时,我开始害怕了。如果飞机掉下去怎么办?可是飞机越飞越高,我竟然在白云的上面飞行了,顿时害怕被我抛到了九霄云外。(高远《第一次坐飞机》)

综上所述,绘本为学生写话提供了优质资源,教师可以借助绘本的图画训练学生看图写话,培养学生观察和想象的能力;借助绘本的情节训练学生生活写话,使其积累写话的素材,掌握写话的方法;借助绘本的内涵训练学生主题写话,使其能围绕主题来写,中心明确。绘本阅读可以激发学生的写话兴趣、提升学生的写话能力,更多切实有效的绘本写话指导策略还有待大家做进一步研究。

参考文献

[1] 日本儿童读物研究会. 儿童和绘本的学校[M]. 日本:长田出版社,1988.

[2] 彭懿. 图画书阅读与经典[M]. 南昌:二十一世纪出版社,2008.

[3] 中华人民共和国教育部. 义务教育语文课程标准[M]. 北京:北京师范大学出版社,2012.

(南京理工大学实验小学　汪家燕)

统编教材单元整合背景下微写作课程的研究与实施

统编小学语文教材从三年级开始，在单元内容的组织上，以双线组织单元内容，强化语文学习的综合性和实践性。"双线组元"的结构设计，表现为每个单元都有"宽泛的人文主题"和"语文要素"两条线，且这两条线均衡递进。语文要素作为一个核心概念贯穿整个单元，成为单元整合训练的一条主线。

一般来说，每个单元分别从阅读与表达两个方面各安排一个语文要素，直接体现在单元导读页上。课后练习题、语文园地、口语交际等内容都紧密围绕单元语文要素形成一个整体。统编教材的特点为微写作课程的开发提供了有利条件。

【课程内涵】

"微写作"即微型写作，篇幅短小，形式灵活，运用简练的语言叙述描写、解释说明、劝解说服。微写作贴近学生的现实学习状况，用时较少、操作方便、针对性强，有利于学生随时"自由表达和有创意的表达"。在单元整合背景下开发微写作课程，不仅能充分体现统编教材阅读铺路、从读到写的编写思路，还能大大减少学生对单元习作的畏惧，有效提升习作的质量。

【课程特征】

一、增加写作的积累

"不积细流，无以成江海。"利用平时的微写作，可以帮助学生建立属于自己的"习作素材库"。如主题式微日记，发现美好生活；项目式微日记，记录精彩过程；心情式微日记，捕捉心路历程。教师引领学生阅读名家名篇，在经典文本中徜徉，不仅可以积累大量好词佳句，还可以借助微写作，在实践中积累写作范式。如结构式模仿，即模仿刚学的文章构成方式进行练写；句段式模仿，即模仿刚学的句式、段式写片段；词语式模仿，即根据一定语境，把刚学的词语，组织成片段。此外，微写作还能收集学生成长的乐趣。当学生将自己的喜怒哀乐、兴趣爱好等一点点记录在微作文中时，老师不仅看到了他们写作成长的轨迹，还看到了他们成长的乐趣。这是属于他们自己的成长素材，让他们的文字散发独具个性的光彩。

二、提高写作的技巧

微写作利用碎片化的时间让学生进行言语实践，可以提高学生的写作技巧。微写作目标相对单一，篇幅短小精悍，学生容易把握语言表达技巧，长期坚持，必然会在不断地"写"中锻炼自己的文笔。指导学生写微作文要突出一个"效"字。长期以来，人们大多认为"多读多写必然会提高写作能力"，其实这是一个误区。缺乏有效指导的多读多写不一定能提高学生的表达能力。这就需要老师去引导学生，让学生用亮亮的眼睛注意观察，用灵灵的耳朵学会聆听，用聪明的大脑学会想象，从小处着眼，提高细节描写的技巧。根据小学阶段言语表达的基本要求，通过微写作进行的专项练习，让学生的习作"言之有法"。

三、解决写作的"梗阻"

写作序列一定不是教师心中的构想，也不是写作知识的人为排列组合。适合学生实际的写作序列一定只能存在于学生碰到的写作问题和困难中，存在于学生的写作行为中。教师只有在认真分析学生的写作样本和学生的写作行为后，才能确定某一特定阶段迫切要突破的目标，然后根据这些目标确定合宜的写作知识，如此才能设计出适合学生需求的"生成性的课程"。这样的"生成性的课程"就是指微写作。微写作不是为学生重构一套写作技能序列，而是为提高学生写作能力做一个补充，以"完善"学生的写作能力。可以把微写作练习作为完成大作文的基础来实施，先进行微写作，发现学生在表达上的问题，进而在大作文练习时，有针对性地给予指导。也可以倒过来，在大作文练习后，发现学生某一方面的缺陷或弱点，然后进行微写作强化训练，弥补不足。

【课程实施】

一、借助教材资源，落实微写作

教师要充分利用教材阅读与表达的横向联系，把微写作与单元习作联系起来。如六年级上册第8单元的习作"有你，真好"，对应的单元语文要素是：通过事情写一个人，表达出自己的情感。该单元课文《少年闰土》的课后安排了一个小练笔："照片凝固了我们生活中的一个个瞬间。从你的照片中选一张，依照第1自然段写一写。"笔者组织班上学生这样进行小练笔训练：选择一张照片，仿照课文第1自然段，先介绍背景，再写人物外貌。学生呈现作品如下："各种造型的精致酒壶错落有致地摆放在一排展柜上，这是古人使用的青铜器皿，如今都已经成了珍贵的文物。一位十一二岁的小姑娘落落大方地站在展柜前，她披肩长发，上身穿白色短袖T恤，下身着蓝色牛仔短裤，头上戴着粉色的小熊头箍，鼻梁上架着一副银色眼镜，显得特别秀美文静。这是我参观南京博物馆留下的照片。"

这样的小练笔虽符合要求，却没有发挥应有的效能。笔者在此基础上让学生找自己最喜欢的家人照片，再次练笔，学生作品如下："照片中一棵棵大树像军人一样笔直地站立在地面上，一只小鸟在大树下觅食。仔细一看，更多的小鸟停在照片正中的'稻草人'头上。这个'稻草人'抬头挺胸，双腿像大树一样笔直地站着，手臂僵硬地下垂，动也不敢动，生怕一动就把鸟儿惊跑了。这个'稻草人'是我搞笑的老爸。"第二次小练笔写自己喜欢的一位家人，这位家人可能就是单元习作"有你，真好"的主人翁。在写单元习作的时候，该生把小练笔的最后一句改成"爸爸，每当我看到这张照片，就觉得您真是太搞笑了"。小练笔的内容成了单元习作的开头，后面重点写了自己爸爸平常是怎么幽默搞笑的。

有些课文后面虽然没有小练笔，但课后思考练习题往往就是隐形小练笔，教师要有善于发现的慧眼。如五年级下册第7单元习作"中国的世界文化遗产"，对应的单元语文要素是：收集资料，介绍一个地方。该单元课文《威尼斯的小艇》的课后有一道思考题：如果你生活在威尼斯，结合课文内容，想象你一天生活的情景，和同学交流。笔者将之稍改："如果你生活在威尼斯，请结合相关资料，用自己的话按一定顺序向远方朋友介绍你一天的生活情景。"看起来差不多，其实完全不一样。"结合相关资料"是因为学生不仅仅要结合课文内容，还可以结合课后的"阅读链接"，以及自己预习时查找的课外资料，这个范围的扩大正好对应着单元语文要素"收集资料"。"用自己的话"是要求学生不能直接使用课文原句和查找到的资料，而要对资料进行归纳整理，结合自己的理解，内化为自己的语言来表达。"按一定顺序"是强调有序介绍，同样也是为单元习作奠定基础。该单元还有一个指向阅读的语文要素：体会景物的静态美与动态美。课文内容与课后两个"阅读链接"在表达上都分别描写了威尼斯的静态美与动态美。教师可以引导学生按照时间或者地点顺序，让远方的朋友感受到威尼斯不同时间、不同地点的美。

进行微写作教学应有这样的意识：语文要素不可能一次就落实到位，需要渗透在该单元每一个环节之中，只有经过多次训练，相应的语文要素才会内化为学生的能力。故教师需要充分利用教材中的练笔资源，发挥其最大的效益。

二、挖掘课文资源，设计微写作

为了降低学生对单元习作的畏惧心理，教师要善于开发挖掘教材资源。在阅读教学中可以用微写作促进学生深入理解课文，同时促进其相应表达能力的提升。以六年级上册《少年闰土》为例，让学生换位思考：闰土要回去了，"我"急得大哭，如果你就是文中的"我"，让你写一封信给闰土，你会对他说些什么呢？请结合课文内容，以"有你，真好"为题写一段话。

教师可引导学生结合文中第12自然段与第15自然段的内容进行思考，这两个自然段是以第二人称叙述的，学生很容易结合自己的话来说。如："有你，真好！是你，让我知道天下有这许多新鲜事，西瓜居然有这样危险的经历，我先前单知道他在水果店里出卖罢了。你那刺猹的情景给我留下了特别深的印象……"还可以引导学生结合文中的内容适当地抒发自己的情感。如："啊！你的心里有无穷无尽的稀奇的事，都是我往常的朋友所不知道的。他们全不知道这些事，当你在海边时，他们都和我一样看见院子里高墙上的四角的天空……"

单元习作8"有你，真好"的重难点是学生用第二人称写出感触比较深的那一幕幕场景，并融入自己的情感，适当抒情。上述微写作，学生写刺猹或赶海、捉鸟等都可以，但一定要写出一幕场景，学习定格画面的描写，再结合文中的抒情片段，转为第二人称抒发自己的情感。这次微写作训练，不仅为突破习作8的重难点铺设了台阶，还让学生深刻理解了鲁迅与闰土之间深厚的童年友谊，更能体会到闰土在"我"心中的美好形象。同样在学习本单元课文《我的伯父鲁迅先生》时，让学生站在作者周晔的视角，选择文中五件小事中的一件，以"有您，真好"为主题写一段话。在学习本单元课文《有的人》后，让学生仿写两段，学习用诗歌这种文学样式来抒情。有学生写道："有的老师，一心只为学生，忘我的无私奉献；只为学生的老师，终将获得学生和家长的爱戴。"在单元习作"有你，真好"中，该生在行文最后，就引用这样的诗句，起到很好的抒情效果。

微写作的设计原则上应该兼顾各单元语文要素，最好能把指向阅读的语文要素与指向表达的语文要素有机地整合在一起。如上文提到的五年级下册第7单元两个语文要素：一是体会景物的静态美与动态美。二是收集资料，介绍一个地方。在教学本单元课文《牧场之国》时，教师应有意识地把这两个语文要素结合起来，教学过程中引导学生边读边体会荷兰牧场风光的动、静之美，学完课文之后，让学生用自己的话介绍这美丽的荷兰。学生凭借课文的资料，能介绍两个场景。第一个场景是草原上静立不动的花牛与成群飞驰的骏马,第二个场景是傍晚时分开往城市的汽车、火车以及车船过后的一片宁静。这两个场景都能让人感受到荷兰的动、静之美,此时进行微写作即恰到好处。

三、整合教材资源,巧用微写作

阅读教学可以使微写作与单元习作紧密对接,每个单元的"语文园地"也是很好的资源,不容忽视。首先,"语文园地"中的"交流平台"板块是对该单元语文要素学习方法的总结,本身就具有整体性与综合性。其次,"语文园地"中的"词句段运用"板块是对该单元语文要素的言语实践环节。可以让学生在微写作过程中掌握新的表达方式与表现手法。六年级上册第8单元"语文园地"有这样一道练习:读下面的词语,你想到了什么?选择一个词语,把你想到的用一段话写下来。教师要结合语文要素进行两方面的引导。一是指导学生用定格画面方法写出自己想到的场景。如"饱经风霜的老屋""饱经风霜的大树"这些词让你仿佛看到怎样的画面。二是指导学生进一步练习抒情的表达方式。如"秋天的深处""心灵的深处",可以直抒胸臆,还可以借物抒情、融情于景等。

统编教材中口语交际是每两个单元安排一次,这是很好的言语表达实践。如五年级下册第7单元口语交际"我是小小讲解员",要求选择一个情境,对客人进行讲解。在选择地点方面,教师可以根据单元阅读教材创设情境,如"威尼斯的风光""真正的荷兰""埃及的金字塔"等,还可以根据单元习作创设情境,让学生选择自己去过的一处风景名胜,如"辉煌的北京故宫""美丽的敦煌莫高窟""壮观的秦兵马俑"等。在讲解内容方面,应引导学生有顺序、有条理地介绍,如"移步换景""时间变化"等。在讲解技巧方面,则可引导学生介绍时注意"动静结合""激发想象"等。选择地点、讲解内容、讲解技巧这三方面都是单元习作"中国的世界文化遗产"需要解决的重点。其中"动静结合""激发想象"不仅是重点,还是难点。教师可以整合本单元"语文园地"中的"词句段运用"板块,用微写作来突破这个难点。

本单元"词句段运用"分为两个部分:一是选择一个情景,照样子写出景物的动、静之美。二是体会下面语句表达上的特点。第一部分提供三个情景,分别是"放学后的校园""群鸟飞过的湖面""火车进站"。这三个情景的共同特点是先动后静,指导学生写"动"时要抓住谁在动,怎么动,发出了什么声音;指导学生写"静"时要抓住背景环境,抓住哪些声音渐渐消失了。不管是写"动"还是写"静",都是先进行整体描写,再进行个体描写。第二部分教材列出两段描写景物的句子,这两段话表达上的共同特点是展开了丰富的想象与联想,让我们更好地感受景物独特的魅力。教师要让学生明白,为了充分表现景物的动、静之美,除了把握写作顺序,还要展开想象与联想。

建议本单元学习《威尼斯的小艇》《牧场之国》之后,结合语文园地的"交流平台""词句段运用",进行相应的微写作。然后再学习第20课略读课文《金字塔》,进一步练习结合相关资料,用自己的话介绍一处名胜古迹。接着进行口语交际"我是小小讲解员"的学习与交流,运用移步换景的顺序和动静结合的手法,穿插相应的传说故事以及历史变化,把一处风景名胜介绍得引人入胜。结合单元教材,不管是阅读教学,还是"语文园地",多次安排的微写作都与自然风光有关。教师可以把教材习作"中国的世界文化遗产"调整为"中国的世界遗产",即文化遗产与自然遗产都可以。我国有不少名胜是双遗产,既是世界文化遗产,又是世界自然遗产,教师不妨重点推荐,拓展学生的眼界,激发学生对祖国大好河山的热爱之情。

微写作是积极发展学生语言文字运用能力的新举措,是用一种整合的思维重新审视语文教科书。微写作教学有助于学生树立写作的信心,激发表达的欲望;增加写作的积累,建立属于自己的"素材库";解决写作的"梗阻",有效提高写作的技巧。一线教师只要把握了学校课程的整体结构,积累单元设计的新鲜经验,就能在新时代的学力与学习的创造方面,闯出一片新天地。故一线教师要尽可能去寻找开发适合的微写作,在微写作实践过程中,打破现有课程体系各板块各自为政的现象,把语言运用与思维、审美、文化紧密联系在一起,让语文核心素养落地生根。

参考文献

[1] 陆春燕.微日记:帮助五年级学生构建"习作素材库"的实践研究[J].新课程(小学),2018(3):74-75.

[2] 徐艳亚.例谈小学语文"微写作"[J].江苏教育研究,2018(11):47-49.

[3] 陈涛.微作文:积累素材的捷径[J].湖北教育(教育教学),2018(3):42-43.

[4] 陈宝铝.微作文的特点分析及指导策略探究[J].小学教学(语文版),2018(6):7-10.

[5] 刘雅萍.低年级"微作文"课程的探索和实践[J].语文教学通讯,2015(36):35-38.

[6] 吴森峰.微习作的价值取向与教学意识[J].小学语文教师,2018(4):4-7.

[7] 邓彤,王荣生.微型化:写作课程范式的转型[J].课程·教材·教法,2013(9):38-45.

[8] 钟启泉.基于核心素养的课程发展:挑战与课题[J].全球教育展望,2016(1):3-25.

[9] 王宁.引领语文课程改革走进新时代[N].中国教育报,2018-03-07(9).

(南京市孝陵卫中学小学部　王成)

写话地图：助力儿童写话自然生长

——一年级写话课程设计

我们知道，儿童来到这个世界，就是一个人生命成长的开始。生长，是儿童的自然本性，是儿童发展的内在力量。无论是在生活中还是在学科中，儿童都在不断生长，成人应该尊重他们应有的权利。杜威指出，"这种生长必须遵循自然的规律"，"当我是一个孩子的时候，说话像一个孩子；我了解或看事物像一个孩子；我思想或议论事物像一个孩子"。写话，必然是要教的，而且从孩子入学起，我们教师就要有相应的训练意识。但是，在儿童学习书面表达的起始阶段，儿童写话能力的养成是需要我们精心呵护、引导和帮助的，是需要自然生长的。

【课程内涵】

何谓写话能力"自然生长"？它是一种自由的、顺乎天性的成长，是一种遵循生长规律的成长，更是一种充分尊重个性的成长。它不是放任不管，这好比农人种树，当小树苗出现长偏或长歪的情况时，农人就会及时将它纠正，从而使它长得更高更直；它也不是揠苗助长，为了功利的目标来强迫生长，而是遵循规律自然长大；它更没有生长的统一标准，而是让儿童语言自主成长为自己本来的模样。只有遵循语言发展规律，尊重儿童的天性和个性，才能促进儿童写话能力的自然生长。

一、写话是儿童的

《课程标准》中对儿童写话提出了三点要求：对写话有兴趣，留心周围事物，写自己想说的话，写想象中的事物。在写话中乐于运用阅读和生活中学到的词语。根据表达的需要，学习使用逗号、句号、问号、感叹号。它首先指出写话要让儿童"有兴趣"，接着道出写话题材的源泉是让儿童"留心周围事物"，最后则点出了写话的内容，是让儿童"写自己想说的话""写想象中的事物"。简单来说，儿童写话能力的自然生长，是从儿童的生活出发，因为生活是语言和思维的源泉，只有把儿童带到源头去，才能让他们有话可写。同时，写话是让儿童用自己的眼光来看世界,是儿童自主、自由的表达,是"我手写我心"的真实表达。

二、写话是有趣的

虽然写话是一种训练书面语言的简单形式,但其核心则是通过写话训练,进一步发展儿童思维能力,又通过发展思维能力更好地训练语言。因此在写话训练中,必须抓住核心,把训练语言和发展思维结合起来进行。而要想通过写话来发展儿童的思维与语言,必须充分调动儿童的主动性。只有儿童感兴趣,才能萌生表达的欲望,才能高高兴兴地去想、去说、去写。所以我们必须为儿童提供他们感兴趣的写话题材和形式,力求新异有趣,使得儿童能感受到写话之乐。

三、写话是个性的

曾经,孩子只要写到《春天来了》,差不多都是这样的:春天来了,花儿开了,小草绿了,小河里的冰融化了,燕子从南方飞回来了。这段放之四海而皆准的内容似乎贯穿了几代人童年的写话记忆。然而,每一个生命的个体都是不同的,每一个时代的审美也是不同的,每一个儿童的成长都有其自身的规律与天性,这样的写话教学抹杀的是儿童个性,伤害的则是儿童写话能力自然生长的力量。儿童写话的自然生长应充分尊重每一位儿童的真实水平和个性,让每一个人在自身的基础上自由生长。

【课程特征】

为了更好地开展写话教学,笔者先对一年级教材中有关说和写的内容进行了梳理和归类,同时依据《课程标准》对写话的要求,进行了一年级写话主题的重新架构与设计(见下表)。

表2-4 一年级写话教学主题

主题		具体内容
我的多彩生活	一上	我的名字、我的学校、我的老师
	一下	我的三餐、我的家人、我的心情
我的自然观察	一上	动物穿花衣、动物会唱歌、动物会走路
	一下	四季会变脸、大自然的小精灵(风、云、雨……)
我的奇妙故事	一上	看绘本编故事、假如我有了翅膀、我的问号
	一下	"0"的世界、我会飞了、我成了(谁)
我的观点表达	一上	我最喜欢的……、我最讨厌……
	一下	谁:怎么样(如:妹妹很调皮)

此主题设计从儿童现实生活出发,以儿童已有经验为基础,同时整合一年级语文教材中的写话训练点,将写话与儿童生活紧密结合起来。架构好写话主题,写话地图的设计也就应运而生。

一、直观形象,顺应儿童思维发展

皮亚杰的认知发展理论认为,刚入学的儿童正处于形象思维向抽象思维过渡阶段,他们的思维虽然具有了明显的符号性和逻辑性,但这一阶段他们的思维活动仍以形象思维活动为主,更多地局限于具体的事物及日常经验中,缺乏抽象性。所以,写话地图保留了地图的原始特征,以图、符号和简单文字的形式呈现写话主题,色彩丰富,形状各异,图文结合,说画写融为一体,让写话以一种游戏的方式打开,充分调动起学生写话的兴趣。

二、说写融合,遵循儿童语言发展规律

几乎所有的孩子都爱说爱画,而说、画又是写的基础,说、画好,写几乎成功一半。低年级儿童说比写好,他们也往往更喜欢说。画则是架起孩子说和写的桥梁,说不出来的时候,儿童会更喜欢画出来。写话地图就充分考虑到了这些特点,给孩子们留下了说、画的空间,将说、画、写三者有机地进行了整合。它指导孩子经历整个写话过程,为他们打开思路、发散思维,为他们提供方法,帮助他们建立习作的整体思路。

【课程实施】

写作,是包含着各个环节的一整个过程,写话也是如此。笔者认为大致可以包含这几个环节(见右图)。先找灵感,然后说出或画出计划要写的内容,之后就可以打草稿,通常是先画一画再添加文字,接着是修改,是在草稿的基础上进行润色和订正。"发表"并不一定要正式地发表在报刊上,而是指孩子作品的分享和展示,并且对所有的写话材料进行整理,装订成"书"。每个孩子都会准备好属于自己的写话文件夹,从而让

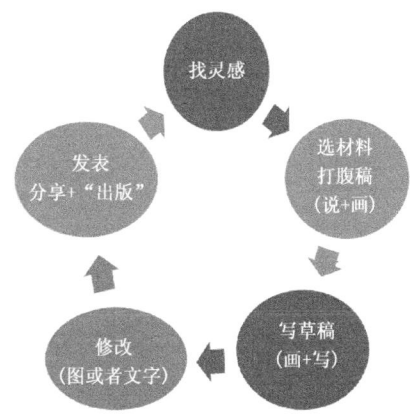

图2-7　写话各环节

他们体验到完整的创作过程,这极大地激发了孩子的写话兴趣。每一次写话主题活动的开展,时长都在一个星期左右,充分保证每一个孩子都能参与其中。可

以说,孩子们的写话之旅是在游戏中开启的。

一、写话之旅第一站——让经验活起来

我们生活的世界,对于儿童来说,一切都是新奇且富有魅力的。大千世界里各种鲜明的形象、一景一物、不同的人和事,儿童都会感兴趣。可以说"留心周围的事物"是他们认识这个世界的一种需求。每一个刚入学的儿童,他们并不是一张白纸,他们自身有丰富的生活经验。当我们要写他们的生活,一定是他们最感兴趣的。那如何让这些生活经验成为他们笔下的写作材料呢?此时,就需要通过写话地图来激发他们的灵感,并且把这些灵感收集起来。笔者根据写话主题的分类进行了如下设计:

1. 观察篇——我的五官会说话

在一年级的写话主题安排中,和观察有关的话题包括"我的三餐"(图2-8)、"印象四季"(图2-9),"自然精灵"等,这些是儿童生活中最最常见的事物。但恰恰是熟悉的地方没有风景。很多孩子刚开始交流时,都无话可说。比如说夏天,孩子们只能说到"热",其他内容则无法想起。为了唤醒他们的生活体验,笔者设计出了"五官"思维地图,引导他们用五官去体验,去真正地经历"留心"的过程,帮助孩子打开思路,激发灵感。

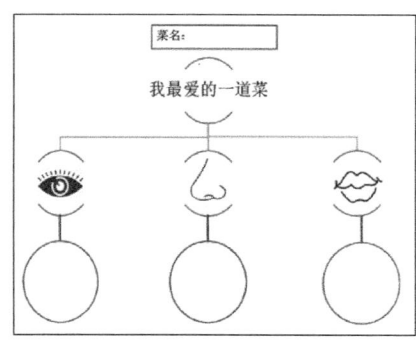 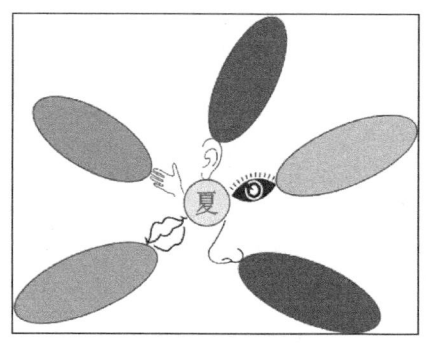

图 2-8　我的三餐　　　　　图 2-9　印象四季

在指导"印象四季"这一主题时,天气正由夏往秋过渡,于是笔者最先指导孩子们感受秋。在写话课开始之前,笔者就将图2-9发给他们。孩子们可以画,可以自己填写,不会写的字可以借助拼音。而在开展其他几个季节的写话主题时,能力强的孩子竟然自己模仿着画出这样的地图,实在是令笔者感到意外。

在进行"云"这一主题写话地图的设计时,从五官入手笔者本来觉得有点不妥,毕竟孩子们只能看到它。结果却是,孩子们从五官的感受本能展开了联想。以图2-10为例,这个孩子看到的云是白的,他觉得云像山,像小猫,像大河,这还

是比较直接的观察。其他方面,他则展开了自己的联想,猜测云可能是软的,闻起来是棉花糖的味道,尝起来当然是甜的。因为写话地图的引领,这个孩子的感受似乎顺理成章地生动起来,儿童眼中的世界被稚嫩的笔触呈现了出来。

2. 叙事篇——我的故事"放电影"

小孩子的生活趣事多,他们身边每天都有层出不穷的故事。但是,一年级的孩子对太多的事情感兴趣,他们并不会有意识地去

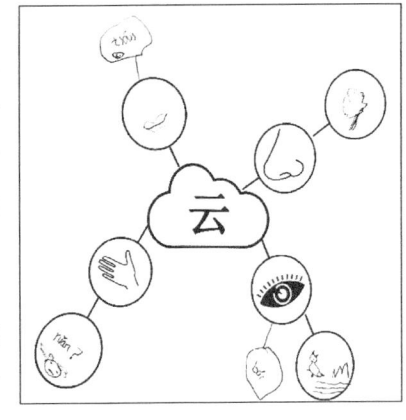

图 2-10 云

积累。而所谓的故事"放电影",其实是通过写话地图的设计,让曾经发生过的事情生动地再现。这样做的目的在于引导孩子回忆起当时当地的情景,帮助他们进行回顾。比如"我的名字"(图 2-11)、"我的心情"(图 2-12)、"我的老师""我的学校"(图 2-13)等主题,笔者进行了这样的设计(见下图):

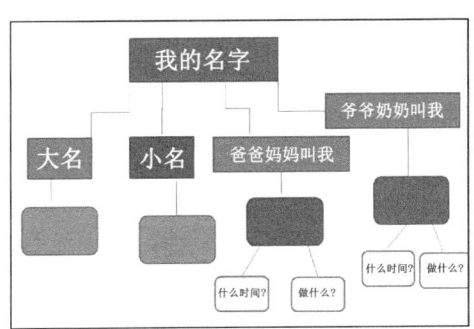

图 2-11 我的名字

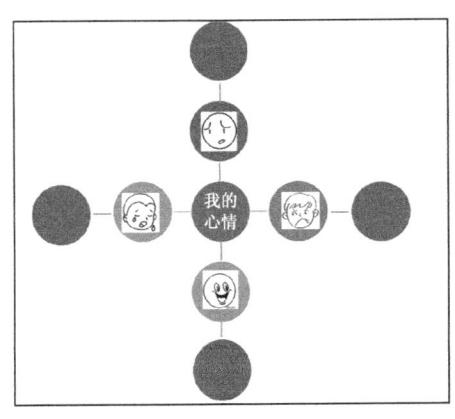

图 2-12 我的心情

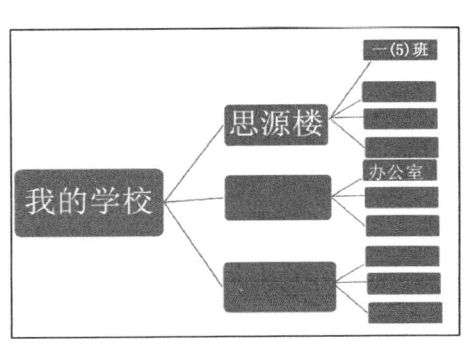

图 2-13 我的学校

这几张写话地图的设计目的在于帮助孩子打开思路。比如"我的名字"中的大名小名以及"我的心情"(图2-12)中的不同的表情所代表的故事,都是借助地图的设计,充分调动起儿童的生活经验。以"我的学校"为例,一般新生都要参观校园,参观过后,不少孩子还是会搞不清楚诸如洗手间、医务室等的位置。通过写话地图,既能帮他们回忆起参观线路,又能让他们对校园有更多的了解,从而更好地适应小学生活,这就将写话和孩子生活紧密结合了起来。

3. 想象篇——我的脑洞有点大

写"想象中的事物",并非离开实际生活与经验,而是要从生活出发,亲近生活,从自身经历的、从眼中看到的事物中获得表象,在启发下将其组合成新的形象。儿童的想象是天马行空的,是我们成人根本无法可比的。老师的启发和引导,能为孩子们创造想象的可能。所以,这种类型的写话地图特别注重写话内容的把握,期待能有效激发儿童的想象。

"0的故事"(图2-14)采用了联想的思维地图。由"0"你想到了什么?这是一个有意思的发散思维过程,想象空间极大。太阳、气球、水滴图片的提示则给予能力较弱的学生一个支架,让他们同样能参与其中。

图2-14 0的故事

相较于一年级下学期"0的故事","可爱鼠小弟"是看图编故事的选材。它给予孩子编故事的情节和画面,难度稍低,但也限制了孩子编故事的空间。所以这张写话地图的目的在于通过画面提示,想象人物的语言、心理、动作等细节。因为有图片引导,避免了教师过多的说教,给予了学生自主编故事的空间。

4. 观点篇——我的想法有理由

相较于前面三种写话地图而言,这类写话地图更多的是启发孩子为自己的观点寻找论据,事实越多,越能证明自己的观点。所以这类地图的设计目的,在于帮助孩子理清因果关系,用足够的理由支撑自己的观点。而主题的选择也贴近一年级儿童的生活,让他们在有体验的基础上发表看法。"我最喜欢……"(图2-15)的话题涉及面很广,可以是玩具、书等,也可以是某个地方、某个人,还可以是孩子的某种爱好。选择面很广的情况下,儿童能充分发挥自主性。而"谁怎么样"则指向儿童身边的人,让孩子能有意识地关注身边熟悉的人(图2-16)。

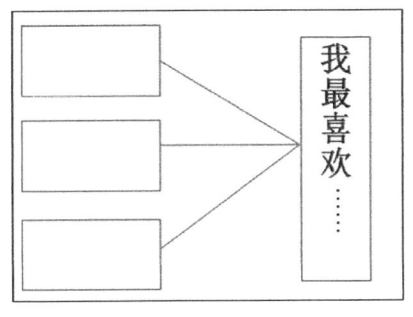
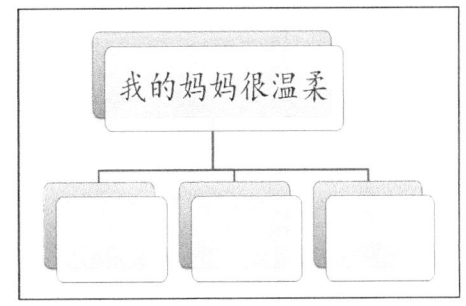

图 2-15 我最喜欢……　　　　　图 2-16 我的妈妈很温柔

二、写话之旅第二站——让思路看得见

通过前期灵感的激发和收集，孩子们都对写话产生了极大的兴趣，在他们眼里，写话成了一个以很多活动为载体的写画游戏。要知道，当儿童兴致勃勃时，他们的好奇心就被点燃了，这是儿童成长的原始动力。此时，他们的思维积极活跃，贮存在大脑中的映像也逐渐变得清晰起来，想象画面涌现眼前。他们所掌握的词语也随之迅速排列组合，语言训练在此刻便成为儿童的主动需求。教师在此刻出现，就变得顺理成章，所有的指导也变得及时。写话地图，让教师的指导更加"潜移默化"，而不是写话技巧的灌输。所以每周一节的写话指导课就变得尤为重要。指导课一般分为两部分：说＋写。因为前期的材料收集，上课时孩子们都是"有备而说"。那么，如何做到说得清楚，并对具体写话内容进行有针对性的指导呢？笔者从以下三个方面进行了尝试：

1. 思路图像化——头脑风暴

思路图像化，就是全班孩子围绕一个主题，自由讨论交流，教师会将具有代表性的思路罗列，并以图文结合的方式简单记录在黑板上，从而形成一张凝聚了集体智慧的"写话地图"。这样将素材直观地图像化，不仅能开发学生的创造性思维，打开他们的写话思路，更能进一步促进儿童之间互相借鉴和交流，写话内容会更加丰富。

以"我的三餐"（图 2-17）这一主题为例，前期是通过"我最爱的一道菜"（图 2-18）的写话地图进行材料搜集，在指导课上，每个孩子都是"有备而说"，所以个个都是跃跃欲试。为了使交流效率更高，笔者先将孩子们的素材以一日三餐即早餐、中餐、晚餐进行分类，引导孩子们进行练说。接着出示图 2-18，此图片则为他们最终的写话提供了选择。孩子在交流后可以选择一道或两道菜来呈现；同时结合事前教师悄悄渗透给孩子的五官观察法，从"看、闻、吃"三方面入手，完全避免了无话可说、无处下手的问题。

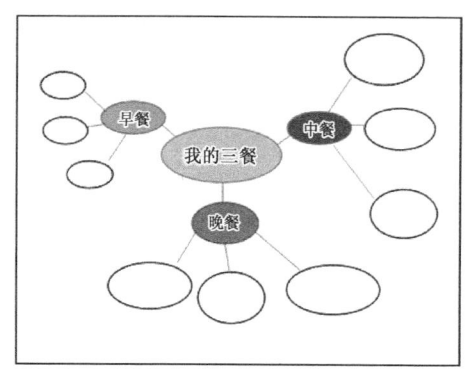

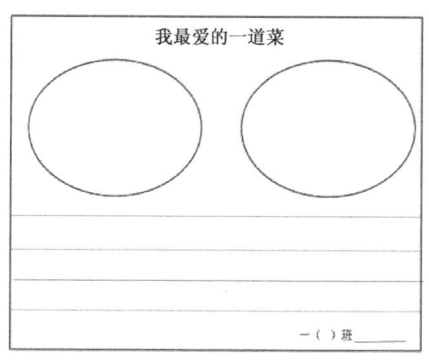

图 2-17 我的三餐　　　　　图 2-18 我最爱的一道菜

2. 思路条理化——方法渗透

虽然材料丰富，但一年级的孩子在交流时，却不太容易说得清楚，尤其是叙事或者表达观点。比如"我的心情""我最喜欢……"这样的主题，孩子们在表达时会出现啰嗦、反复的现象。为帮助他们，笔者设计了下面比较简洁的写话地图。以"我的心情"（图2-19）为例：

师：同学们，老师在教室里给小朋友上课的时候，特别开心。你在什么时候？什么地方？做什么？心情怎样？现在请按照写话地图给我们的暗号，四人小组内交流。

师：谁来说说看？

生：昨天，我和爸爸在家里下棋的时候很开心。

生：今天下课，我和好朋友聊天的时候很开心。

生：昨天晚上，我在老师家弹钢琴没弹好，很难过。

……

图 2-19 我的心情写话地图

有了这样的图示，孩子们的表达更清楚也更有条理。尤其是在四人小组内交流时,一些能力较弱的孩子也能够得到展示的机会。这种方法对于观点表达更是非常有效,几乎所有孩子都能有理有据地说出自己的观点。

3. 思路结构化——稿纸暗示

虽然低年级写话只要求写一到两句话,但是孩子们必须了解并体验到整个写作过程,同时要明白表达形式的多样。同一个主题,可以有不同的表达形式,可以是图文结合,可以是儿童诗,也可以是单纯的文字或图片。在他们真正动笔写之前,笔者会特别设计各种不同形式的写话稿纸,由儿童自己来决定用怎样的方式表达。这既保证了表达形式的丰富性,同时又充分尊重每个孩子的天性,让他们选择自己最喜欢的表达方式,个性得以张扬。在提供的稿纸上,有的方框大,横线少;有的方框小,横线多;有的只有一个方框,几行格子;有的是单页的;有的可以有多页。尽可能让每个孩子都可以自由选择内容呈现的形式(图2-20～图2-22)。

图2-20 写话形式一　　图2-21 写话测试二

图2-22 写话测试三

稿纸的不同颜色、不同形状,以及简朴而又仪式感十足的"书"的出版,都是为了让孩子们明白写作并不只是写一句话。虽然目前一年级的孩子只能写一两句话,但是要在他们心中种下篇章结构的种子,让他们拥有可以写书、出书的愿望,让写话和写作变成一件容易又有趣的游戏,让写作成为一个可以实现并不困难的梦想,这样他们离爱上写作、爱上写话一定会越来越近。

参考文献

［1］杜威.民主主义与教育［M］.王承绪,译.北京:人民教育出版社,2001.

［2］中华人民共和国教育部.义务教育语文课程标准［M］.北京:北京师范大学出版社,2012.

［3］珍妮佛·赛拉瓦洛.美国学生写作技能训练［M］.冯羽,蔡芸菲,译.北京:北京科学技术出版社,2019.

(南京市北京东路小学　左海霞)

学程真发生，课堂有真味

语文课堂教学，尤其是作文课堂教学，大多是以教师为中心，用教师的感受和体验替代学生学习的一种模式。传统灌输式授课模式既无法激发学生的学习兴趣，也不利于课程的推进。新时代的教学模式，笔者认为应当是"以教师为中心的教学模式转向以学习者为中心的教学模式"。如何将"教的课程"转变为"学的课程"则是教学中不可忽视的重要环节。新课程改革的核心理念是教育以人为本，即"一切为了每一位学生的发展"，强调自主、合作、探究的学习方式，倡导学生主动参与、乐于探究。课堂上学习的主体应当是学生，要让学生关注和参与学习的全过程。

【学程内涵】

"学程"是与"教程"相对的概念，它是以学生的现实需求以及心理因素为基础，以小学语文课程及学习生活为内涵，以教师创新、学生发现为外延而规划的一种习作课程。我们不能把学程简单地等同于语文学科的发展过程，而应当依据学生已有的学情认知规律进行加工与优化，它是学生在切身经历中展开质疑、思考与探究而形成的深刻的学习体验过程。学生在学的过程中充分思考、充分实践，从而经历一个完整健全的学程之旅。

这一学期，有关美食的习作练习让我这个语文老师大跌眼镜。但凡写吃，无外乎从色、香、味、形四处着手，食有千种，清寡浓稠，依人口味，各不相同。课堂上教授了相关的写作技法和注意点，本以为学生们可以大显身手。但习作上交后，一篇篇乏善可陈的美食习作，仿佛让人体会到了"同一个世界，同一个味道"，所有的孩子都用着如出一辙的语言描写汤包、鸭血粉丝汤等食物，平日的美味变成了工厂里的流水线产品。不仅美食寡淡无味，令人没有丁点食欲，作文教学的失败感更是油然而生。因此借此机会，笔者在班级中开展了一次以美食为主题的写作学程系列活动的尝试。

美食学程周

以美食为主题,以品尝、品鉴、制作各种美食的过程为核心,开展与美食有关的活动(图2-23)。学习资源开发:身边的美食、传统小吃、自制美食等等。学习方式:品尝、制作、成文。学习时长:为期一周。

三级分层目标:

* 学做一道菜,形成颇具个性的美食文字;

** 开通美食小博客,介绍自己制作的美食;

*** 从对美食的兴趣出发,完成关于美食的研究报告。

课外链接:

梁实秋《雅舍谈吃》、汪曾祺《食事》、周作人《知堂谈吃》、袁枚《随园食单》、蔡澜《蔡澜旅行食记》等。

"吃货"们的终极目标:这世上,唯美食,不可辜负——好吧,就让我们会品美食,会生活,更会写作!

【学程特征】

图2-23 美食学程周

一、学习者自我安排学习的进程

真正的学程,源于课堂,高于课堂,真正达成以学定教、按需施教。学生在学的过程中充分思考、充分实践,从而经历一个完整健全的学程之旅。学程不仅仅以立足课堂为基础,更应当是提升课堂效率的恒定选择。儒家曾提出五步学程思想"博学之,审问之,慎思之,明辨之,笃行之"。今天结合教学实际再来看这几句话,就不难发现课程的教学不应仅由教师单方面完成,而应在教师对课程进行"二次开发"后,在提出课程实施的主导性设计框架基础之上,充分发挥学生的主体性,让学生积极参与课程开发并选择和调整课程实施活动的设计与规划,从而使课程实施符合学生自身发展的实际水平和学习需求,更有效地体现差异,促进个体发展。

笔者将此次的美食学程周定为三个梯度(图2-24),第一梯度(初阶):介绍一道菜,形成独具个性的美食文字;第二梯度(中阶):开通美食小博客,发美食朋友圈,介绍自己制作的美食;第三梯度(高阶):从对美食兴趣浓厚的角度出发,选择其中一个方面,完成一篇美食研究报告。目标的细分有利于学生迅速找准自己的位置,便于学生做出自评,也有利于学生在不同的起点上一步步达标,降低学习的难度和坡度。

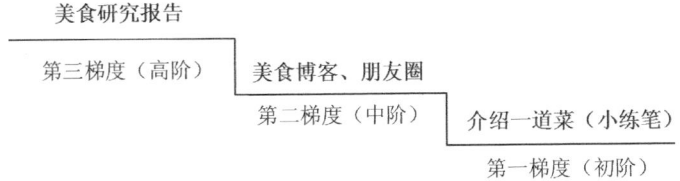

图 2-24 美食学程周进程

二、学习者经历的思维发展与进阶

在一系列训练过程中,若学习者仅停留在表层,观美食的色形,品美食的味道,是远远不够的。我们需要注重培养的是学习者高阶思维能力,促进其思维发展与进阶。如对依托"美食学程周的设计"进行学习训练的学生的最终评价结果,不应局限于一篇作文的写作,而应包括学会制作一道菜,并能够把菜的制作过程、食材、味道一一介绍给别人;并通过美食学程周的亲自参与,开发了自己的一项技能——做美食,小小年纪就能烧一手好菜,并对菜式进行自己的创新,推荐给身边的美食爱好者,从而成为一名美食博主;甚至有的同学对研究美食产生了兴趣,研究名家笔下的美食,研究中国菜系,研究中国传统美食……随着研究难度不断加大,学生的思维发展呈螺旋式上升,不断进阶。只有当内化于心的知识成为思考的工具,才能成为智慧的源泉,从而提升思维的品质。从学科核心素养培养的角度来看,高阶思维能力不在于学习知识,而在于创造性地运用知识解决问题。因此在教学中,只有突破认知性教学的局限,注重情感体验、意义建构,着力于对现实问题的探究,学习才能真正外化于行,内化于心。

三、学习者在评价中获得认同感

学习过程是一个动态渐进的过程,是师生在具体实践情境下共同创造和开发的过程。学生成果展示是了解学习效果的一种途径。美食学程周的成果展示可以是以下几种形式:①介绍美食的一些优秀文章,我们将其作为班级中的模范习作,与大家共同学习分享,提升美食习作的介绍能力、鉴赏能力;②对美食有爱好的同学,我们鼓励其开通美食博客,成为一名美食小博主或是在自己的微信朋友圈发布图文并茂的美食介绍,大家互相点赞学习;③还有的同学将美食带入班级,同大家一起制作美食,并在班级中评比出"美食小达人"。以此来对学生们进行激励性评价,鼓励其继续开发和研究新的学程周,提升学生的成就感与认同感。

一天下午，我们班开展了一次做美食活动（图2-25），迎来了两位小小甜品师——小黄和小丁。小黄同学俨然不是新手，日常她是个烘焙爱好者。这次她制作了一个风靡美食圈的小四卷蛋糕。蛋糕质地细腻柔软，口感爽滑弹牙，风味别具一格！小丁同学更是把厨房搬到了教室。每人一袋原料，大家一起动手学做美味可口又易做的水果木糠杯。一层酸奶，一层奥利奥饼干屑，一层水果，就这样一层一层叠加，一个

图2-25 学程周系列活动之蛋糕DIY

缤纷的"水果城市"出现了。饼干碎屑和淡奶油的完美组合，一口下去有点类似冰激凌，温度升高后融化些又似慕斯，让人回味无穷。健康营养的水果，搭配酥脆的饼干和奶油，制作出色彩丰富、层次分明又香甜可口的甜品，好看又好吃，大家心里都洋溢着幸福感！

【学程实施】

一、重新认识美食，让美食更有新鲜感

社会的稳定，家庭的富足，家长的宠溺使得很多孩子已经对现在的生活缺失了一种好奇心和新鲜感。想穿，很快就能穿到；想买，立刻也能网购到；甚至想吃，外卖很快就能送到，内在对食物的需求不断在淡化。记得办公室有位曹姓老师，他小时候特别喜欢吃上海的桃酥，但是限于当时家里的条件不可能常去上海买桃酥，即使喜欢吃也要等到逢年过节，家里来了上海的亲戚带点来才能再次品尝美味，因而桃酥自然就成了曹老师儿时最深刻的记忆。

那么我们今天的学生们，该如何去重新认识食物呢？首先要热爱你写的这道美食，亲近它。什么食物是你从出生直到现在的最爱？在没有其他选择的情况下，只能选择一道菜成为你一周的食物，你愿意选什么？如果让你饿上几天，选择的第一顿美食或许就是你的最爱。再问问自己，什么美食令你百吃不厌，回味无穷？哪怕天天吃你也十分乐意的，方能称之为"喜爱"。再抑或这道美食给你带来深刻的记忆，令你仿佛爱上了它。这便是你笔下的好素材。要好好去"爱"它，"赏"它，"品"它，才能发自内心地写出佳作。

二、学会运用感官写美食，让美食更有画面感

运用多感官去写美食，那便要充分调动你的味觉、视觉、听觉、触觉、嗅觉恰当地去写这道美食。如只听"嘎吱"一声，被炸得酥脆的豆腐裂开了口，一种纯而不平淡的香气散发了出来，在我唇齿间缭绕。汤汁从豆腐的缝隙中满满地溢了出来，鲜美的气息与满满的热气占满了我的口腔，辣油的香在我口中"横冲直撞"。——刘天沁《臭豆腐》这位同学就是直接从味觉、嗅觉以及使用象声词多角度多感官地描写出美食的味道，让人读了忍不住吞咽口水。

很多孩子简单地认为写吃，就要赤裸裸地写出这道美食多么好吃。好吃一定要通过嘴巴来表达吗？很多名家写美食从不堆砌辞藻，而是曲径通幽，采用正面描写与侧面描写相结合、拟声词、想象等几大法宝，不直接描写，而是让读者自己想象。如梁实秋写喝豆汁儿：我小时候在夏天喝豆汁儿，是先脱光脊梁，然后才喝，等到汗落再穿上衣服。大师就是大师。他写味道了吗？只字未提。可还未开吃你就已经能感受到了食物的美味。这就是侧面描写，是想象画面。

三、创设美食情境，让美食更有故事感

还有很多时候可以通过一些故事、历史、由来来使得有关食物的描写变得更加让人回味无穷。仅仅写吃，只能让人当下流涎；若有了故事，便成了读者心中奇妙的桥段。

老门东巷里又飘香了。招牌上又大又红的"臭豆腐"三个字儿格外引人关注。"老板，来一碗臭豆腐！"——刘天沁《臭豆腐》【生活气息】

其中最难的是汤汁的添加。小笼包并不是在一开始包时就加一勺汤的，而是事先用猪皮混合秘制调料加水在锅里熬制成黏稠状，然后冷却，使其成猪皮冻。包的时候，加一勺猪皮冻，蒸的时候就成汤汁了。——孙逸轩《小笼包》【美食故事】

后来上学了，在放学的路上，总会看到一两个叫卖豆腐脑的，他们都是简单地在豆花里加点酱油而已。每当这时，我便想起婆婆的手艺，脑海里却闪过她那疲惫而忙碌的身影，原来婆婆的豆腐脑里，有爱的调味料啊！——马宁馨《外婆的豆腐脑》【爱的味道】

小笼包的制作过程大多采用一人和面、一人擀皮、一人包馅儿、两人蒸制的流水线。虽说每个环节看起来简单，可是又环环紧扣，缺一不可。其中，我心中最佩服的，就是那包馅儿的老师傅。别看他只是捏着、包着，但是谁又能知道，一个小笼包有多少馅儿、多少褶、多大个儿，蒸出来的包子才会好看、好吃？只有那

位师傅心中有数。别以为上网搜搜就什么都知道了,干这行,没有经验哪行?所以,递到我们面前的小笼包,都凝聚了师傅们满满的匠心。——鲍润东《金陵小笼包》【工人的匠心与传承】

热闹的铺子卖着臭豆腐,那是生活的气息;外婆的豆腐脑充满了爱的味道;包汤包的工人师傅独特的手艺,更是师傅的匠心。这才是美食独特的故事,美食应有的模样!

学程周的一系列活动,从外激发了学生对美食的兴趣,由内则促进了学生对美食的研究,他们从切身经历中展开对写好美食作文的思考和探究。美食习作学程犹如一片沃土,把学生放归到真实生活中去,让学生走进生活,将生活与习作自然结合。在真实的情境和体验中,学生们把语文课堂中学到的知识、技能与习作融合,转化为习作的能力和素养。学程唯有真发生,课堂才会有真味。

参考文献

[1] 徐强.学材再建构,从教程走向学程:以"完全平方公式(第一课时)"学程设计为例[J].数学教学通讯,2017(5):28-29.

[2] 卞惠石.立足"学程":提升课堂效率的恒定选择[J].江苏教育(小学教学),2012(4):40-42.

[3] 汤雪峰.学程设计:课程开发的一种独特方式[J].江苏教育,2008(Z2):19.

[4] 李昱蓉.从知识到意义:立足真学习的学程设计策略[J].中学政治教学参考,2017(4):35-36.

(南京市北京东路小学　陈佳)

与自然对话:在深度实践中探寻田园习作之旅

当下源源不断的电子产品充斥着儿童的学习生活,无形中拉开了儿童与自然的距离。儿童与自然脱节,对知识的获取囿于书本、网络,漠视四季万物的悄然变化,更不能感受自然的神奇美妙,甚至对餐桌上的蔬菜都知之甚少。不得不说,儿童成长中的自然缺失已是常态。如何重建儿童与自然的联系?那就是让儿童亲近自然、探索自然、热爱自然。笔者尝试借助学校8 000平方米的自然实践园构建田园习作课程,让儿童在深度实践中与自然对话。

【课程内涵】

日本著名教育学者佐藤学在《静悄悄的革命》一书中明确提出"课程"就是"学习的经验""学习的轨迹",不是"教的课程"而是"学的课程"。传统的习作课堂教学以教师的教为主导,教师讲明习作要求、出示习作范文、讲授习作方法。田园习作则以学生的学为中心,让学生在自然实践园中深度实践,拥有真实的自然经历、真实的情感体验,从而呈现自然的表达。这也正是《课程标准》所要求的"说真话、实话、心里话,不说假话、空话、套话"。

【课程特征】

田园习作具有以下三个方面的鲜明特点,即情境性、具身性、生成性。

一、田园习作的情境性

田园习作将自然实践园作为主阵地,实践园真实展现了自然现象和自然要素的多样,为田园习作创设了丰富且真实的习作情境。在时间轴上,学生在实践园内根据时序物候的特点种植瓜果蔬菜,观察大自然的四季变化。在空间轴上,学生在实践园内的各个区域展开实践,感受自然的气息,探究自然的奥秘。如学生通过对日晷的观测,了解日影计时与二十四节气的关联。不同于网络的虚拟,学生是在真实的情境之中,向自然学习,与自然交往,在自然中自然地表达。

二、田园习作的具身性

田园习作以深度实践为主导,习作表达水到渠成。具身认知理论提出:"身体是认知的身体,认知是身体的认知。知觉、思维、判断等认识过程与身体紧密交织在一起,在与环境互动的过程中,组成了心智、大脑、身体和环境的有机整体。"田园习作的具身性,表现为学生在自然实践中调动视觉、听觉、味觉、嗅觉和触觉多个感官亲近自然、探索自然。这一过程不仅有感性认识,还有理性认识的聚合。因而田园习作是学生全身心地投入习作实践的过程。

三、田园习作的生成性

田园习作以学校的实践园为依托,以深度实践为抓手,学生在实践中与自然交往,生成所见、所闻、所思。这样的生成是自然而然的,是自主、自乐、自在的,呈现表达方式的多样性、表达情感的真实性、表达内容的丰富性。在自然环境中,学生舒展自然天性,呈现"主体自然"的生命成长样态。因而田园习作的生成性,不只表现为学生习作能力的提升,还体现在学生对自然的热爱、对生命的感悟以及学习方式的转变等多个方面。可以说,田园习作让学生在深度实践与自然表达的过程中成为更加完整的人。

【课程实施】

《课程标准》强调:"语文课程是实践性课程,应着重培养学生的语文实践能力,而培养这种能力的主要途径也应是语文实践。"学校 8 000 平方米的自然实践园分为园艺观赏区、动物饲养区、果蔬种植区,小小的实践园呈现本真的自然生命样态,为学生创设了真实情境的语文实践场域。学生在实践园内开展自然实践活动,饲养小动物、养护花草、培育果蔬、探究自然实验等。如何将自然实践活动引向深度,让学生在自然中自然地表达?笔者尝试从"主题驱动""具身体验""思维图解""学科融合"四个方面探索指向田园习作的深度实践。

一、主题驱动,定制个性习作

佐藤学在《静悄悄的革命》一书中指出:"如果以'学的课程'为中心来设计课程的话,那么其创造课程的中心课题就应该是以学生的认知兴趣和需要为基础的单元主题、作为主题探究的资源素材或资料,以及促进学生的探求和交流活动的学习环境等。"因而,指向田园习作的深度实践是主题式实践。在田园习作中,笔者根据学生的兴趣爱好、认知特点及习作困境,设计了丰富的习作主题。

田园习作主题的排列不是杂乱无序的。一方面，习作主题呈现序列化排列。每一学期都有纪实作文、想象作文和应用文，例如五年级上学期田园习作主题，如表2-5所示。主题序列化的编排促进学生在实践探索中留心观察，放飞想象，联系生活实际，展开灵动的表达。另一方面，习作主题呈现关联性排列。各个学段的习作主题相互联系，习作要求螺旋上升。例如，各个学段围绕"观察"这一主题，设计了观察小主题，低段是有趣的观察，意在培养学生观察的兴趣，用一两句话记录自己的观察即可。中段是多感官的观察，意在引导学生调动视觉、听觉、嗅觉、味觉、触觉全方位地亲近自然，用一两段话表达自己多感官的体验。高段是深度的观察，意在引导学生在观察中判断、推理、想象，将感性认识与理性认识相结合，用结构完整的篇章展现自己的深度观察。习作主题的序列化和关联性，使深度实践具有了明确的实践目标。

表2-5 五年级上学期田园习作

五年级上学期田园习作主题	
纪实作文	秋天的色彩
想象作文	天空的遐想
应用文	蔬菜广告语

《课程标准》在实施建议中提出，"为学生的自主写作提供有利条件和广阔空间，减少对学生的束缚，鼓励自由表达和有创意的表达"。田园习作以主题为驱动，给予学生自由开放的习作空间，学生围绕主题自主选择探究活动，定制个性化的习作对象。例如，围绕"田间的秘密"这一习作主题，学生来到实践园的果蔬种植区，根据自己的兴趣爱好自行选择观察的对象，可以是生活在泥土里的各类昆虫，也可以是种在田间的各类瓜果蔬菜。观察对象可以是一个也可以是多个，可以是一类也可以是多个品种。除了写观察到的田间秘密，还可以写亲身参与田间劳作所发现的秘密。在这样自主、自由的氛围下学生的自我意识被唤醒，从而展开个性化的表达。

二、具身体验，习得直接经验

我国古代著名教育专著《学记》中提到"学无当于五官，五官不得不治"，也就是说，如果不能充分调动我们的五官，那就学得没有效果。这正是强调了身体多感官参与学习的重要性和必要性。自20世纪80年代以来，西方兴起的具身认知理论也强调身体在认知中发挥着关键作用："认知的发生不仅涉及身体构造、神经结构、感官和运动系统等的参与，还涉及身体的感受、体验、经历等经验层面的嵌入。"由此可见，认知不是局限在头脑、心智之中，它依赖于身体多感官的参与。

但信息化时代电子屏幕限制了身体的多感官参与，相反自然环境是多感官刺激的主要来源。自然主义教育倡导者卢梭认为："大自然是儿童学习知识的最好场域,从大自然中开发课程,有利于知识还原,也能训练儿童的知觉。"学校的自然实践园则为身体多感官的参与提供了自由的具身空间。实践园里一年四季缤纷的色彩、飞鸟夏虫的鸣叫、花草散发的独特气味、植物的不同肌理、瓜果蔬菜的不同口感……让学生在多感官的体验中探索自然,获得有广度、有深度的认知。

相比较从书本、电子媒体获得单一的、间接的经验,在自然实践园中的具身实践使学生习得了直接的经验,丰富了学生的习作素材、情感体验与生命感悟。以统编语文教材三下"春天的树叶"主题习作教学为例:

师:你在实践园里见过什么树的叶子? 它是什么样的?

生1:我见过小脚丫池塘边的柳树叶,细细长长的、绿的。

生2:我见过樟树的叶子,叶子两头尖尖的,也是绿色的。

生3:我见过桃林里桃树的叶子,不像梧桐叶那样宽宽的,也是细细长长的、绿绿的。

师:同学们看到的树叶都是绿色的,那么它们都是一样的绿吗? 同一棵树上的叶子都是一样的颜色吗? 接下来就让我们带上观察记录本,到实践园里去仔细地看一看这些叶子。不但可以看,还可以用手去摸、用鼻子去闻、用嘴巴去尝一尝,相信你会有新的发现。

随后同学们来到了实践园(图2-26),自由地选择参观的对象,用多感官去感知春天的树叶。不一会,笔者见到几个同学蹲在地上,叽叽喳喳地在说些什么。

生4:春天树木不都是长出新叶子吗? 为什么地上还有这么多落叶。

生5:我认识,这些都是樟树的叶子,就是从这棵树上掉下来的。

生6:好奇怪,樟树为什么到春天落了这么多叶子。它生病了吗?

图2-26 实践园

生4:不会吧,你看树上还有很多叶子呢。

师:同学们,你们讨论得真有趣,你们仔细地比较一下地上的叶子和树上的叶子有什么不同。

生5:地上的叶子是红色,摸上去不平滑,还有斑斑点点。树上的叶子有红色的、绿色的,绿色的看上去油亮亮的。

师:你们再仔细地看一看,树上叶子的绿色也不一样,刚长出来的叶子是黄绿色的,过了一段时间就成了嫩绿色。树上的红色树叶和地上的红色树叶都是老叶子。

生6:我明白了,樟树的老叶子在春天掉落,而新叶子已经长出来了。怪不得香樟树又叫"常青树"呢!

师:是的,你很会动脑筋哦!不仅是樟树,很多常青树都是春天落叶。把你们的观察与讨论记录下来,就是一篇很有趣的作文。

在上述案例中,学生在具身体验中深度实践,习得了直接经验,从多感官的感性认识到理性分析,突破了原有的经验,对樟树有了更深刻的认识,从而发现大自然更替变化的规律。

三、思维图解,搭建习作支架

田园习作以学校的自然实践园为依托,学生在其中开展自然实践,在真实的自然经历中习得了丰富直接的经验。那么如何将庞杂的经验有序具体地表达出来呢?笔者从视觉思维理论中得到启发,借助图解将习作思维"可视化"。"图解是表达和记录思维成果的工具,是对人们潜意识层面信息的反映。图解是对人脑思维过程的模拟,把复杂的东西简单化、抽象的东西具体化、无形的东西有形化。"由此可见,思维图解可以帮助学生在自然实践中深度思考,梳理实践中的所见、所闻、所思,将经验认识具体化、形象化、结构化,从而降低习作的难度。

思维图解常见有圆圈图、树状图、气泡图、流程图、括号图、桥状图等。根据田园习作的表达需要,学生常常借助气泡图、流程图和括号图提炼习作的思路和内容。以具体的习作教学为例:

1. 气泡图——动植物的名片

气泡图(图2-26)由中心向外发散出多条分支,便于学生理清从哪几个方面具体而有条理地描述事物的特征。以统编语文教材三上"实践园的水果"主题习作为例,学生在实践园内调动感官加深了对果园内水果的认识,回到教室绘制气泡图,如图2-27所示。这张图清楚地呈现了学生在实践园内多感官的体验,并梳理出了蟠桃的特点,为接下来的写作理清了思路。

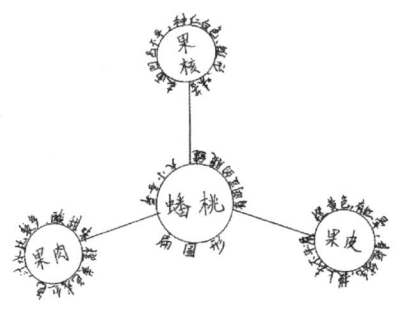

图2-27 气泡图

2. 流程图——我的实践档案

流程图用于表达事情的发展脉络,便于学生厘清关键的时间节点,记录实践的流程。以统编语文教材四上"蔬菜种植"主题习作为例,学生在实践园的果蔬种植区进行了为期一个多月的蔬菜种植活动,并用流程图记录下实践的经过,如图 2-28 所示。这张图不但展示了学生劳作的经过,还记录了黄瓜各个时间节点的生长特点。

图 2-28 蔬菜种植流程图

3. 括号图——实践场景定格

括号图用来表达事物或事情的构成要素。在田园习作中括号图便于学生具体生动地再现实践场景及活动经过。以统编语文教材四上"大丰收"主题习作为例,学生在实践园内参与收获黑豆的劳作经过,然后绘制了括号图,如图 2-29 所示。这张图条理清晰地再现了收获的经过,为接下来的写作呈现了可视化的思维结构图。

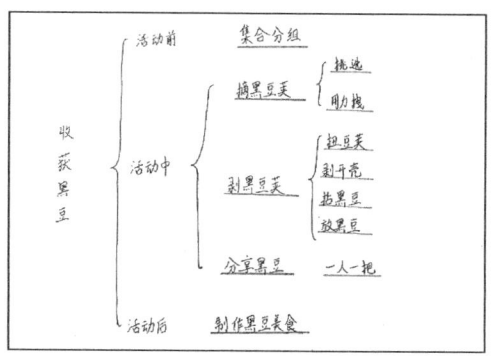

图 2-29 大丰收括号图

上述案例呈现了田园习作教学中常用的图解,图形结构简单,便于学生灵活运用。这些图解不但为学生的习作理清了思路,还有助于学生逻辑思维能力的全面提升。

四、学科融合,展开创意表达

《课程标准》在习作教学实施建议中明确指出"写作是运用语言文字进行表达和交流的重要方式,是认识世界、认识自我、创造性表述的过程",并反复强调"有创意的表达""创造性表述"。自然实践园为田园习作呈现了多元、开放的创意空间,在自然中没有学科的界限,因此指向田园习作的深度实践也势必要打破学科的壁垒，在学科融合中展开创意表达。学科融合不是简单的跨学科学习，有意义的学科融合强调"在学科融合的过程中，主导学科（要学习的学科）是认知的对象和目标，其他学科是方法和手段，这些作为方法和手段的学科是学习上的资源供给和智力支持，目的是为了更好地学好主导学科，丰富和拓展学生的学习资源和认知视野"。指向田园习作的学科融合，创意表达是目标，其他学科是方法和手段。教师应鼓励学生运用不同学科知识和不同学科思维进行创意表达，下面以具体的学生创意表达为例：

1. 与美术融合，图文模式的创意表达

田园习作与美术融合，学生可以用图画、照片来辅助表达实践过程中的所见、所闻、所感，图文合奏内容丰富、形式多样。如图2-30所示为一年级学生由实践园内的爬山虎展开想象，用图文的方式进行有创意的表达，开启了一场想象的奇妙之旅。如图2-31所示为五年级学生在培育水仙花的过程中，用照片配文字的方式记录了水仙花生长变化的过程，照片形象生动，极大地丰富了文字所表达的内容。

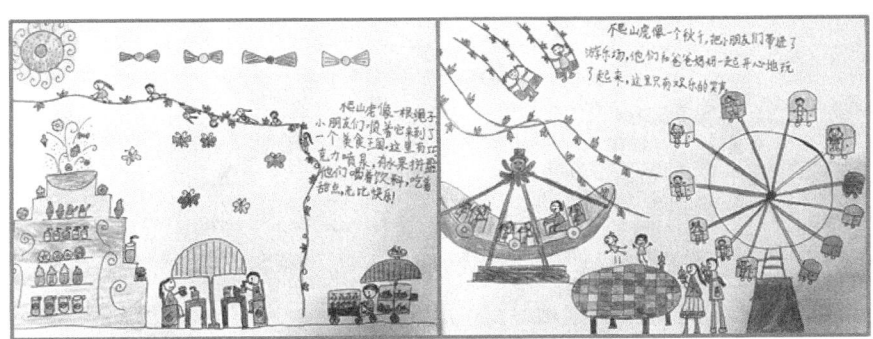

图 2-30　爬山虎

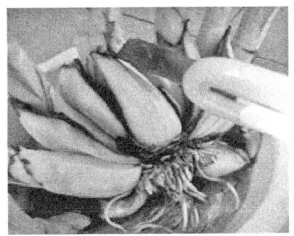

1月9日，水仙花叶间长出类似豆荚的花剑，花苞顶破花剑的皮伸了出来。

为了让水仙叶子不要疯长，我用刀子在每一个球茎上划了一刀，划穿2-3层。

1月15日，水仙花的花苞绽开了，叶子没有疯长。

图 2-31　水仙花生长过程

2. 与数学融合，实际应用的创意表达

田园习作与数学融合，不是简单地在表达中用上数学符号，而是紧密联系生活，在实际应用中展开有创意的表达。如图2-32所示为六年级学生填写的销售方案。当实践园的水果蔬菜到了收获的时候，老师组织六年级学生为水果蔬菜起草销售方案。在这份销售方案中有"销售地点""销售方式""销售策略""销售单价"以及"销售口号"。像这样的销售方案，不但激发了学生表达的兴趣，而且拉近了学生与生活的距离。指向实际应用的表达，也正是《课程标准》所倡导的。

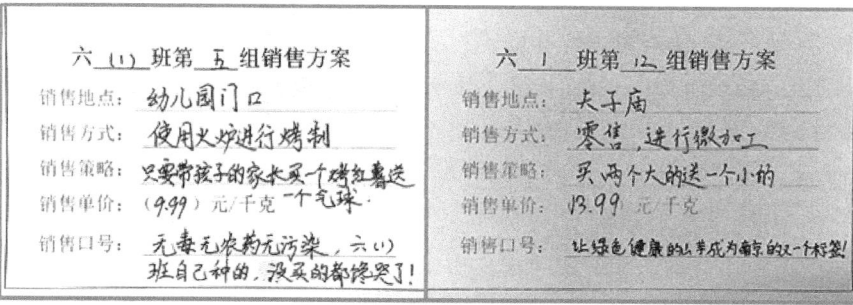

图2-32　六年级学生填写的销售方案

3. 与科学融合，项目探究的创意表达

田园习作与科学融合，引导学生以科学探究的思维从多视角、多途径展开深度实践，进行创意表达。学生在实践园内除了细致观察、田间劳作之外，还开展了科学小项目的探究。如对实践园内的灌溉系统优化进行探究，先实地调查发现问题，再思考解决策略，然后设计出解决方案，最后通过成果发布会展示设计的方案。如图2-33所示为五年级学生针对实践园灌溉系统的问题提出的建议及解决方案。设计的方案不但富有创意，而且合理运用科学的知识和方法解决灌溉问题，极大地改善了实践园内植物的生长环境。

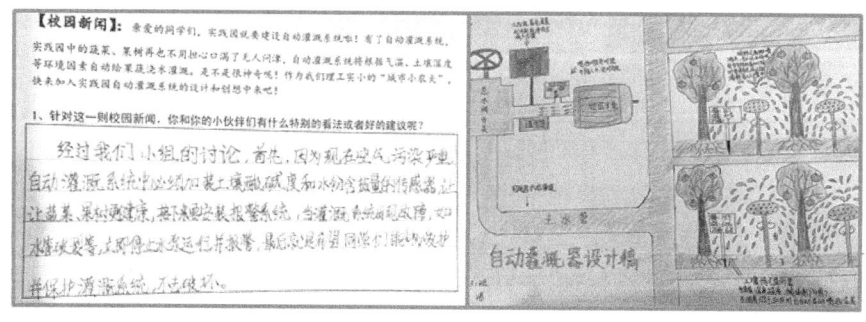

图2-33　实践园灌溉系统建议及解决方案

从上述案例不难发现,学科融合实现了田园习作新的生长和跨越,真正拓宽了学生深度实践的路径,引导学生以全新的视角、创新的思维进行表达。学科融合不但丰富了表达的形式和表达的内容,而且促进学生以自主、合作、探究的方式深入探索自然、改造自然。

田园习作已成为学生与自然交往的纽带,学生通过主题驱动、具身体验、思维图解、学科融合等路径展开深度实践。在与自然的对话中,学生不仅收获一篇篇文质兼美、灵动创意的佳作,还尽情舒展自然的天性,感受自然的生命气息,享受田间劳作的乐趣,探寻自然的真善美,呈现主体自然的生命成长状态。在接下来的课程建构中,笔者将不断完善课程的评价体系,例如借助实践园的物态空间、网络自媒体平台、校内外活动,创建立体开放的田园习作展示平台,形成激励性评价机制。"自然始终教导我们,滋养我们的精神,承载我们的生命。"自然的力量感召着我们,指引着我们深挖与自然对话的教育意蕴,领悟自然的深层哲思,探讨自然教育的价值内核。

参考文献

[1] 叶浩生.具身认知的原理与应用[M].北京:商务印书馆,2017.

[2] 佐藤学.静悄悄的革命:课堂改变,学校就会改变[M].李季湄,译.北京:教育科学出版社,2014.

[3] 中华人民共和国教育部.义务教育语文课程标准[M].北京:北京师范大学出版社,2012.

[4] 张良.具身认知理论视域中课程知识观的重建[J].课程·教材·教法,2016(8):65-70.

[5] 李明婧,李兴韵.卢梭与老舍"儿童本位"教育思想比较研究[J].教育评论,2018(1):160-164.

[6] 叶丹.用眼睛思考:视觉思维训练[M].北京:中国建筑工业出版社,2011.

[7] 赵军,陆启威.学科融合不是简单的跨学科教育:学科融合教育的实践和思考[J].江苏教育研究,2016(31):32-34.

[8] 理查德·洛夫.林间最后的小孩:拯救自然缺失症儿童[M].郝冰,等译.长沙:湖南科学技术出版社,2013.

(南京理工大学实验小学 汪家燕)

第三章　儿童写作课堂

　　培养儿童写作素养和关键能力,离不开对儿童写作课堂的关注。以儿童为本,为儿童开发设计写作课堂是我们一贯的追求。

　　这个板块分为两个部分,一是统编教材教学实录,二是原创内容教学实录。第一部分主要针对的是统编教材中的同步作文,每一节课的教学过程都是老师们精心设计的,在课堂实践中呈现出非常好的效果。第二部分主要针对的是儿童写作兴趣点与能力生长点,我们开发设计了相应的儿童写作课。不管是哪个部分,都是以儿童的生活经验为写作内容,以写作表达需求为教学目标,以儿童积极探究展开教学过程,以发展儿童语言运用能力为教学目的。

紧扣"三力",凸显人物个性

——统编版三年级下册习作六《身边那些有特点的人》教学实录

板块一　猜谜语,何为人物特点

师:同学们,今天上课,我们首先来玩一个猜谜游戏。我说词语,你们根据词语想象思考,猜猜他是谁。我们看看谁反应快,猜得准。

师:请大家做好准备,神机妙算、温文尔雅、草船借箭。

生1:(脱口而出)诸葛亮,从"神机妙算"我就基本确定了,当听到"草船借箭"我就肯定此人是诸葛亮了。

师:不错,根据人物本领、所做的事情猜测,猜得有理有据。

师:继续,火眼金睛、尖嘴猴腮、大闹天宫。

生2:孙悟空。

师:武艺高强、豹头环眼、逼上梁山。

生3:林冲,林冲外貌是豹头环眼,他还有个绰号叫"豹子头"。

师:从人物外貌特点猜测,很好。请听词:冰雪聪明、弱不禁风、香菱学诗。

生4:林黛玉,林黛玉聪明、瘦弱,曾教香菱作诗。

师:中国四大名著中的四个典型人物,同学们猜得很准。大家之所以能根据词语猜出人物,是因为这些词语道出了人物的特点,如外貌特点"温文尔雅""尖嘴猴腮""弱不经风",才能本领的特点"神机妙算""火眼金睛""武艺高强""冰雪聪明",表现人物特点的典型事例"草船借箭""大闹天宫""逼上梁山""香菱学诗"。

师:"特点"这个词我们经常使用,那究竟什么是"特点"呢?

生5:所谓"特点",就是人或物所具有的特别或特殊之处,与众不同之处。

师:什么是人物特点?

生6:人物特点就是人物所具有的特别之处,与众不同的地方。

【设计意图】

通过猜谜,激发学生的学习兴趣,使其在快乐中感知什么是特点。教师精心选择了中国四大名著中最具个性特征的、学生耳熟能详的人物,让学生猜。这一个环节不是要考倒学生,而是要让学生感悟自己是如何猜的,自己的依据是什么。最终回到教者的教学目的——何为人物特点上。教学过程由形象而抽象,拾级而上。

板块二 扣特点,说说他是谁

1. 聚焦词语,对号入座

师:俗话说的"千人千脾气",意思就是大千世界,芸芸众生,每个人都有每个人的性格特点,每个人都是不一样的。我们班里的同学也是这样。下面我说特点,你说他是谁。

(师生互动)

小书虫——

热心肠——

智多星——

幽默王子——

故事大王——

运动健将——

……

2. 聚焦特点,言说事例

师:孩子们,你对某人的评价,要有根有据,否则难以让人信服。你说他是"小书虫",你得有具体事例说明;你说人家是"幽默王子",你得说说他怎么幽默,如语言幽默、动作滑稽、表情搞笑;你说谁是"运动健将",你得描述一下你曾经看到的一幕,如扣人心弦的动作、技高一筹的比赛;等等。

生1:我们班陈信诺同学是"幽默王子",他长得有点像小沈阳,说话很幽默,而且表情很丰富。有一次我遇到了不开心的事情,他三言两语,挤眉弄眼,一会儿就把我逗笑了,烦恼也随之消失了。

师:语言幽默,神态幽默,有点小品演员的味道。

生2:我们班储昭琦是"智多星",她很聪明,每次班级组织活动,她都能给出金点子,对开展活动很有用,这些主意我们一般都想不到。看到她,我就想到了梁山好汉"智多星"——吴用。

师:金点子大王,"智多星",名副其实。

生3:我们班的胡云然是个"热心肠",她虽然成绩一般,但是心地特别善良,别人遇到困难,她总是热情地伸出援手。有一次我印象特别深,一位同学跟她闹过矛盾,可当这位同学有困难她仍然帮助他,不计前嫌。她就是我心中的雷锋。

师:"热心肠",这位同学列举了一个典型事例,曾经闹过别扭的同学,胡云然同学依然帮助他,这体现出她胸怀宽广,是个真正的"热心肠"。为我们同学之间的相处交往提供了典范。

……

【设计意图】

教师由绰号,勾起学生对过往的记忆,让学生由绰号说出班级人物。孩子们回环往复的交流就是一次口头作文的训练。也许他们说得不是那么有序,不是那么细致,不是那么生动,但他们大胆的言说都会为后面的习作起到良好的铺垫作用。

板块三 细回忆,遇见心中人儿

师:同学们,我们的身边不仅仅有朝夕相处的同学、好朋友、好伙伴,有亲爱的爸爸妈妈、爷爷奶奶、外公外婆或亲戚,甚至还有偶遇的但是给你留下深刻印象的陌生人等等。他们也是一个个特别的个体。他们有什么特点或有什么事情让你印象极其深呢?请同学们仔细回忆。

师:请大家拿出笔,完成表格,过会儿四人小组内交流。

(出示表格)

人物	
特点	
事例1	
事例2	

(生完成表格)

师:根据表格,四人小组内交流:说说他是谁,有什么特点,你从哪一两件事看出他的特点的。

(生四人小组内交流)

师:大千世界,千人万面,每一个人都有不同的特点、不同的性格、不同的兴趣爱好，我们通过认真观察、细细体会，就能感受到人物不同的性格特点。

【设计意图】

引导学生打开思路，只有打开思路，才能避免作文同质化的现象。此次习作要求描写身边的人，不仅可以写身边的同学，还可以写身边的朋友、伙伴、亲人，甚至是陌生人。打开了思路，学生才能真正找到适合自己写作的那一个，找到自己想要描写的那一个。需要，是来自内心的动力，有了需要，习作已经成功了一大半。有了表达需要，学生才有不吐不快的写作欲望。

板块四　赏佳段，学习描写"三力"

1. 语言力，一言一语总关情

师：积累素材，是写作的第一步。如何用好素材，把素材写好很关键。描写人物，塑造人物形象，离不开人物的语言描写。下面我们来看一段经典的语言描写，学习如何进行语言描写。

（出示）

一天傍晚，暮色笼罩了田野，爸爸妈妈忙完农活正要回家，法布尔不见了。他们不由得焦急起来，在田野上边跑边呼喊儿子。

"妈妈，我在这儿呢！瞧，我抓到了那只会唱歌的虫子！"妈妈一看，儿子的手里拿着一只全身翠绿、触角细长的纺织娘。

——《装满昆虫的衣袋》

师：从法布尔的语言中，你感受到了什么？

生1：我从"妈妈，我在这儿呢！瞧，我抓到了那只会唱歌的虫子！"这句话中感受到了法布尔捉到虫子时的高兴，一个"！"写出了他的兴奋。

生2：我从一个"瞧"字感受到了他的得意。

师：简单的一句人物语言，让我们真切地感受到了法布尔对昆虫的喜爱、热爱。

2. 动作力，此时无声胜有声

师：描写人物离不开对人物动作的描摹，下面我们来看一段动作描写。

（出示）

有一次，法布尔正在细心地观察周围的一切，忽然，一只闪烁着金属光泽的小甲虫从他眼前掠过。"嗬！真漂亮！"他边叫边用小手扑过去，敏捷地捉住了它。这只甲虫比樱桃还要小，颜色比蓝天还要蓝。法布尔高兴极了。他把这个小宝贝放进蜗牛壳里，包上树叶，装进自己的衣袋，打算回家后再好好欣赏。

——《装满昆虫的衣袋》

师：作者描摹法布尔捉虫、装虫用了哪些动词？从这些动作中你体会到了什么？

生1：作者用了"扑""捉"两个动词描摹法布尔捉虫，用了"放""包""装"三个动词描摹法布尔装虫，从这些动词可以感受到法布尔对小甲虫的喜爱、珍惜。

师：你觉得哪个动词用得最传神，最能表现法布尔对昆虫的痴迷？

生2：我觉得"包"字最能表现法布尔对昆虫的痴迷，甲虫已经被放进蜗牛壳中了，他为了防止小甲虫逃跑，或是防止小甲虫受到伤害，还用树叶包起来，保护好，可见他对昆虫的痴迷。

师：是的，有时候一两个传神的动作就能把人物内心的情感表达得淋漓尽致。

3. 表情力，一颦一笑显真情

师：下面我们一起欣赏一段人物的神态描写。

（出示）

"你这可恶的小傻瓜！"法布尔一回到家，父亲就怒气冲冲地责骂他，"我叫你去放鸭子，你倒好，只顾自己玩，捡这些没用的玩意儿！快给我扔了！"

……

法布尔难过极了，眼泪刷刷地往下掉，很不情愿地把心爱的小宝贝放进了垃圾堆。

——《装满昆虫的衣袋》

师：谁来说说这段话中描写法布尔神态的语句，想象一下当时的画面。

生1："法布尔难过极了，眼泪刷刷地往下掉。"我看到了法布尔很伤心，泪如雨下的样子。

师：父亲只是骂了他，法布尔怎么这么脆弱，竟然"眼泪刷刷地往下掉"？

生2：父亲让他扔掉的是他"心爱的小宝贝"，他最爱的东西，他难过极了。他是"放"进垃圾堆，多么小心，多么细致。

师：一句"眼泪刷刷地往下掉"让人物的情态如在我们眼前。

【设计意图】

"巧妇难为无米之炊"，现在有米了，如何才能做得一锅好饭呢？这是学生习作的关键。描写人物，表现特点，离不开"三力"——语言力、动作力、表情力。语言、动作、表情的描写对表现人物特点有着特别的力量。如何让学生感受到力量呢？只有通过鲜活的事例，让他们直观地去感受。我选择了《装满昆虫的衣袋》中的几个片段，引导孩子们去欣赏、去品味、去言说，学习如何表现人物特点。为下面的写作做好充分的准备。

板块五　写个性，运用描写"三力"

师：同学们，此次习作，我们要避免写成"千人一面"，要把"这个人"写"活"，突出人物个性，表现出人物的与众不同之处，让读者如见其人、如闻其声。刚刚，我们欣赏了几个片段，学习了描写"三力"，感受到了，要想表现人物特点，抓住人物的神态、语言、动作等方面进行描写非常重要。

（出示友情提示）

（1）抓住特征写外貌

描写人物外貌，要抓住人物给人印象最深刻、最突出的特征，抓住最能表现人物特点的神态，把人物写真、写活，使读者如见其人。

（2）锤炼词语绘动作

人的行为受人的内心情感支配，动作描写要能直接表现人物的情感。一个出色的动作描写，就可以使人物有个性。动作描写要放慢"镜头"，要选准"动作点"，动词选择要准确。

（3）仔细聆听抓语言

语言描写不可面面俱到，"眉毛胡子一把抓"。语言描写，要选择人物最具有代表性的语言，选择最能表现人物特点的语言，选择最能体现人物个性的语言。对表达人物无关紧要的"闲言碎语"应大胆"剪除"。语言描写要得体，要符合人物身份，符合人物性格。

师：今天的作业就是完成本次习作。

下课。

【设计意图】

习作，习作，没有"练习"就没有"习作"。让学生写起来，才是习作的关键。但"练习"不是随意的，需要老师进行引导，需要老师不断提醒。这次习作的重点是练习通过人物的语言、动作、神态表现人物的特点。

（南京市北京东路小学　朱志林）

写好游戏过程，细节成就精彩

——统编版四年级上册习作六《记一次游戏》教学实录

板块一　教学准备：明确游戏规则

师：同学们，你们平时下课时喜欢玩什么游戏？

生1：下棋、玩魔方，有时候还玩拼词成句游戏。

生2：我们还玩过扔沙包。

师：看来大家的课间活动很丰富呀！今天，我们课堂上也要来玩一个有趣的游戏，名字就叫作"一二三，木头人"。有同学玩过吗？（有不少学生都点头）那谁来简单说一说怎么玩？

生3：就是有人说"一二三，木头人"时，其余玩游戏的人不管在做什么，都要停下来，保持刚才的动作，不能动。

师：没有玩过这个游戏的同学，听明白他说的规则了吗？用自己的话再说一说。

生4：我明白了，就是当有人说了口令，其余人就像被定住了一样，都要停下来，不能动。

师：你真会倾听，听到了什么时候谁应该做什么。不过我们在作文课上玩这个游戏，还要有一些附加条件。

（PPT出示游戏规则）

A. 老师说"活动开始"，同学们自由活动，平时下课怎么玩就怎么玩，但是不能出门，注意安全。

B. 当老师说"一二三，木头人"时，同学们立即停下，保持姿势不动。

C. 观察一下周围同学，看看哪些"木头人"的造型特别有趣，让你觉得很好玩。

D. 老师说"活动结束"，所有人安静回座位。

师：自己轻声读一读规则，注意加点的地方。

（生自己读规则）

【设计意图】

从学生的课间游戏聊起,激发学生的兴趣;面对不少学生课前已经听说过或者玩过这个游戏的情况,让学生做小老师,自主介绍游戏规则,既锻炼了学生的表达能力,又让学生先明确了游戏规则中最重要的部分;然后再加上课堂玩游戏的附加条件,层层递进。

板块二　以说促写:说一说游戏过程

(一) 玩游戏

师:对游戏规则中添加的部分,有不明白的地方吗?(生表示没有)
(生玩游戏)(游戏结束)

(二) 简要说一说玩游戏的感受

师(对一名学生说):游戏结束了,我想采访一下你,玩得开心吗?
生1(笑着说):开心。
师(对另一名学生):那你呢?
生2:我也很开心。
师:从你们的笑容里,我发现大家都玩得很开心。如果今天你回家后,要和爸爸妈妈分享这份开心,可以怎么说呢? 一起来回忆一下。这个游戏其实分成两大部分,我们先做什么,然后做什么。
生3:我们先是像下课一样自由活动,然后听口令,像木头人一样不动。
师:如果我们介绍游戏的过程,重点是说自由活动,还是说"木头人"环节?
生4:我觉得重点是"木头人"环节,因为这个游戏最好玩的就是看大家不动的时候是什么样子。
师:确实! 这样我们介绍起来就有详有略了。

【设计意图】

在当堂玩游戏以后,学生正沉浸在开心、激动等情绪中,趁热打铁进行"采访",帮助学生捕捉自己当下的心情。再借助一个生活化的情境:把今天游戏过程中最开心的地方讲给父母听,促使学生有写好这篇习作的动力。另外,游戏的过程比较长,让学生自己思考该详写什么、略写什么,渗透详略得当、抓住重点的写法。

（三）指导说"自由活动"环节

师：自由活动的时候，你在做什么？

（依次指名说）

生1：我在读课外书。

生2：我们四个人在玩"编花篮"。

生3：我和同桌在下棋。

生4：我和小杨假装在进行跆拳道对战，想设计一个酷酷的造型。

师：如果把同学们刚才说的连成一段话，可以用什么方法？

生5：我觉得可以用"有的……有的……还有的……"。

（PPT出示开头：自由活动时间开始了）

师：加上开头，你试着说一说。

生5：自由活动时间开始了。同学们一下子进入了下课状态，有的在看课外书，有的在下棋，有的在玩编花篮，还有的假装在进行跆拳道对战，摆出了奇怪的造型。

师：说得很清楚。我注意到有不少同学就像小徐和小杨一样，为了这个游戏摆出了不少造型，和平时下课并不一样。你可以加上什么词表现这种特别？

生6：可以加上"竟然"，比如说，有的竟然在假装进行跆拳道对战。

生7：我有补充，我觉得还可以换成"甚至"，比如说，有的甚至还摆出了跆拳道对战的姿势。

师：你们俩的补充特别棒！除了"有的"，我们还可以换成"有……的"句式，比如"有看课外书的，有下棋的"等等。试着和同桌互相说一说自由活动时的场景。

【设计意图】

对于四年级上学期的学生来说，用"有的……有的……"句式来描写场面并不是难点，因此在指名说、点评的基础上，还稍微进行了补充，提醒学生可以用上"竟然"等词语表达自己的感受，也可以用上"有……的"等不一样的句式。这个过程力图让所有学生都能借助句式进行"自由活动"部分的场面描写，学有余力的学生也可以在此基础上不断进行调整、修改。

（四）指导说"木头人"环节

1. 第一次指导

师：现在我们重点来说一说"木头人"环节。回忆一下，谁是你心目中最有趣的"木头人"？是自己还是别人？有趣在哪里？谁愿意上来说一说？

生1：我觉得最搞笑的就是小徐了。他的样子很像经典的雕塑《思想者》的人物造型。最搞笑的是他的那撮头发，翘在那里，好像在说"看我看我"，有点电视中"韩国"小哥哥的感觉。不过很可惜，当老师说口令的时候，他已经发现头发异常，把那撮头发给按住了。

师：谁来点评？

生2：我觉得小陈重点介绍了小徐的那撮头发，它先是翘着然后刚好在老师喊口令的时候被按了下来，特别搞笑。她还说出了自己的想法，觉得小徐的头发好像在说"看我看我"，也很有意思。就是我刚才在玩编花篮，没有注意小徐是什么样子，不知道他是不是像"思想者"。

师：特别棒哦！你既看到了小陈重点突出的优点，也看到了可以改进的地方。小徐当时到底是什么样子的？我们请小徐再来摆一摆当时的造型。

（请该生上台摆出造型）

师：谁来试着说一说小徐此刻是什么样子？注意他的手、腿等等部位的动作。

生3：小徐右腿单膝跪地，身体往前倾，头微微低着，左手按在了头顶——刚好按住那撮头发；右手放在腰间，哎，不对，他居然把右手放进了口袋，有这么怕冷吗？

（生鼓掌）

师：太棒了！把小陈和小杨说的合成一段，就是对小徐整体造型的总说；抓住动作，把小徐的造型具体地说出来了；还重点说了那撮头发，有突出的特点。已经很细致了！还有什么地方可以补充？

生1：我觉得还可以说一说当时小徐的表情，因为当时他脸都红了。我想接着我刚才说的继续补充：大概是看到我一直盯着他吧，小徐居然有点不好意思，脸都红了，咧着嘴笑。哎，他可真是一个"耍帅"的"思想者"呀！不愧是我们班的"戏精"！我又想到他平时就喜欢这样，假装捋头发，对着我们眨眼睛和挑眉毛……哎呀，我都差点笑起来了。

（生再次鼓掌）

师：为咱班的小作家点赞哦！不仅写出了小徐的表情，还写出了自己的想法。太精彩了！

师：从刚才我们的讨论中，你有没有发现把游戏过程说具体的方法？同桌讨论讨论，看看你能发现几个。

（同桌讨论）

生4:先写总体造型,然后抓住手脚的动作、表情,还要表达自己的想法。

【设计意图】

这个环节主要是在学生自己说、倾听同学说、点评的过程中,引导学生自主归纳把游戏过程写具体的方法。在本节课上,邀请的是本班写作水平处于中上的学生,她的当堂表达、不断修改都是在给其他学生做示范。

2. 第二次指导

师:刚才,大家讨论得非常好,总结出了相应的方法。下面,我们要开展一个小挑战。我要请一个同学来说一说自己心里最有趣的"木头人",不说名字,其他同学来猜一猜说的是谁。先自己练习说,注意用上刚才的办法。

(生自己练习说;指名说)

生1:老师一声令下"一二三,木头人",就像时间停止了一样,所有人都变成了"木头人"。我觉得最好玩的是小A和小B。只见小A好像一只大老虎,他身体前倾,双手张开成爪状,腿成弓步,一前一后,仿佛马上就要张牙舞爪地扑向小B。只可惜现在是"木头人"状态,他不能一跃而起,只能尴尬地保持着蓄势待发的姿势。真是一只虚张声势的大老虎呀!小B和他面对面站着,也保持了弓步状态,一手往前推,一手靠着脸庞,像拿着长枪瞄准,又像拿着长棍要捅老虎。真是太好玩了!

(生鼓掌)

师:从你们的掌声中我就明白了,小朱同学说得真精彩!小A、小B分别是谁?

(生一起说名字)

师(和小A、小B确认以后):为什么大家这么肯定就是他俩?

生2:因为小朱同学特别仔细地说出了他们俩的动作,刚才他们俩就是这样的姿势。

生3:还有,我刚才在旁边,看小A想笑又不能笑,那表情确实挺尴尬的,就更加确定是他们俩了。

师:果然,抓住动作、表情,再加上联想,就能把游戏的过程写具体了。

【设计意图】

这个环节主要是让学生用上归纳出的方法,把自己印象最深刻的"木头人"形象地说出来。这个要求对于不少学生而言还是有一些难度的,因此采用了"挑战"的形式,让学生先不说名字,其他同学猜,以此调动学生的积极性,从而更加积极地面对这个环节的写作要求。

板块三　展示交流：多元主体的表达与点评

师：因为时间关系，我们先写片段。请你就用刚才的方法，写一写"木头人"环节。

（PPT出示写作要求）

你心目中最有趣的"木头人"是谁？请你把他（她）的有趣写出来，注意写清楚有趣的动作★、表情★，还可以表达你的感受★哦！

开头："一二三，木头人！"老师话音刚落，我们全班瞬间化身成为"木头人"。……（仅供参考）

（生写片段，10分钟）

师：谁愿意来展示自己的作品？

生1：我印象最深的当然是自己和好搭档小王啦！之前自由活动的时候，我们就商量好假装进行跆拳道对招了，因为一招一式随便怎么停下来，应该都挺好玩的。当老师一声令下，大家停止不动时，我正好抬起右腿架在小王的肩膀上，双手顺势握拳放在胸前，做好防护工作，也随时准备出击。动作够帅气，眼神也要够凌厉！虽然不能动，但眼睛可以四处看呀！我特意紧盯着小王，露出一个饱含杀气的眼神，哈哈，气势碾压！对面的小王仓促之中两手抬住了我的右腿，同时也踢出了他的右腿，就这个瞬间被定格住了。但我感觉他的腿在一点一点往下掉。哈哈，木头人要变机器人啦！再坚持一会儿，胜利就在眼前啦！

师：谁来点评？点评时要关注动作描写、神态描写，还要说出自己的想法。

生2：我觉得小杨把自己和小王的动作写得很清楚、很具体，而且他写出了自己的表情和想法，读起来很有趣。我觉得可以得3星。

师：确实，描写了动作、神态、表情，语言也很流畅，可以得3星。

师：同学们，这节课，我们玩了一个小游戏，并且还能抓住动作、神态、想法，把游戏过程中最好玩的地方讲出来。回去以后，可以将你写的片段读给爸爸妈妈听，他们一定也会分享你的快乐！

【设计意图】

由前一环节的"说"到这一环节的"写"，是一个由扶到放的过程，让学生选择最重点的一部分写，也是向学生渗透写作需有详有略的意识。学生写好以后再进行展示、点评，在这个过程中本课所学的写作方法得到了巩固。

（南京师范大学附属小学　肖娴）

触摸生命律动,探寻自然之趣

——统编版四年级上册习作三《写观察日记》教学实录

统编四上第三单元的单元导语页清晰地点明了本单元的语文要素与习作要求,分别是:一、体会文章准确生动的表达,感受作者连续细致的观察。二、进行连续观察,学写观察日记。

观察日记,多有趣！学了本单元的课文后,学生自然会产生观察、记录身边动植物生长变化的兴趣,可以说没有比"观察日记"更适合本单元的习作了。然而,观察日记看起来篇幅不长,写出来很容易,想要写清楚却并不简单。四年级的学生写作能力差异大,在面对同样的事物时,并不是所有的孩子都能够全面地把握事物的全貌。本单元的习作侧重"连续观察",学生通过一个时间段的连续观察,聚焦看似不变的事物中细微的变化,并用自己的表达清楚地呈现出来,并不容易！

板块一 观察有趣,也有挑战

一、任务驱动,激励观察兴趣

以"观察"为主题的是第三单元,在第二单元教学即将结束时,我利用一节班会课布置了这样的任务:

师:同学们,翻翻书,看看第三个单元我们要学的是什么？

生1:《爬山虎的脚》和《蟋蟀的住宅》,是观察单元！

师:你们喜欢这样的课文吗？

生2:特别喜欢,我最喜欢读《昆虫记》了！

师:是啊,这样的文章不仅能给我们带来科学知识,还能够引发我们对大自然的关注和思考。我要告诉同学们的是,下个单元我们不仅要学这样的观察文章,还要通过自己的研究,写出这样的文章,你们有信心吗？

生(齐):(很激动)没问题！

师:好的,接下来我们就要选择自己的观察对象了。同学们可以先想一想,也可以提前翻到习作3,也许习作3可以给我们提供一些思路。

【设计意图】

本篇习作应该让学生有充分的素材储备。观察日记不同于普通的记叙文,学生坐在书桌前就可以完成。假如学到习作板块时再让学生选择观察对象、积累素材肯定是来不及的。因此,我在第二单元教学结束时就将这一任务布置下去。正逢国庆小长假,学生有较为充分的时间去积累图文。不过,对观察对象的选取,教师也应该有所指导。在交流自己的选择时,孩子们"脑洞大开"。只要是自己喜欢的动植物,就可以作为观察对象吗?其实不然。

二、交流讨论,选定观察对象

师:想一想,你们准备观察什么呢?同学们可以聊一聊。

(生翻阅、交流)

生1:老师,我想选择自己家楼下的樟树,可以吗?

师:嗯,喜欢植物,同学们觉得怎么样呢?

生2:老师,我觉得樟树不太适合,因为树的生长速度不快,就算我们连续看上一个月,也看不出什么变化。

生3:我也这么觉得。不过桂花树倒可以,因为这个时候正是桂花飘香的时候,我们可以看桂花的花瓣是怎么长大的。

生4:我想看看我养的金鱼,不知道可以不可以?

师:当然可以。不过金鱼不像小花小草,能让我们看到它生长的过程,你可以选择金鱼生活的一方面来写。

生4:我想看看金鱼是怎么排便的(生哄笑)……可以吗?我每次只知道喂鱼食,不知道它们什么时候拉的……

师:可以,你还可以计算金鱼每次排便的规律,这也是一种有价值的观察。

生5:我想观察老家养的珍珠鸡!

生6:哇!一定很好玩。

师:嗯,这样不常见的事物也一定很吸引人,但是你能天天看到它吗?

生5:那我还是换一个吧,中秋节回家才能看到呢。

师:是的,我们最好选择这样的观察对象(PPT出示):

第一,观察的对象应该是自己可以经常看到的,最好是每天都能方便地进行记录的,如家中的盆栽、绿植等。如果是偶尔路过的一棵树,很难形成连续的记录。

第二，观察的对象应该是在短时间内有较为明显的活动或变化的，如刚刚播下的种子、豆芽等。

（生若有所悟）

师：老师再送你们一句话："好菜不怕等。"耐心地记录下去，可以在爸爸妈妈的手机上设好闹钟提醒自己，每隔两天做一次观察。其实，这样反而更能考验你们的细致观察力和耐性。

【设计意图】

做这样一次讨论，不仅仅是为了顺利地完成这篇习作，也是为了让他们更好地从自己的任务角度出发，懂得如何高效地选定角度，选取素材。再看本单元的两篇课文，爬山虎攀缘的过程绝不是叶圣陶先生短短几日观察发现的，而蟋蟀的生活习性则是法布尔数年耐心观察得出的结论。四年级的学生首次接触观察日记，重点是要学会这种明确角度记录观察对象的思维方式，在初步的实践中体验观察积累的乐趣，而不是以追求高质量作品为目的。

板块二　用好课文这个例子

一、写前交流，发现重点

师：通过一个阶段坚持不懈的观察，叶圣陶发现了爬山虎一点点向上生长的秘密；法布尔每天蹲在土堆前，才了解到蟋蟀是怎样辛苦筑巢的。当我们再回顾这两篇经典的作品时，你会发现作者的观察是有重点的。

（出示《爬山虎的脚》与《蟋蟀的住宅》片段）

师：看看老师圈画的部分，你发现了什么？

生1："蜗牛的触角""蛟龙的爪子"，这些描述特别形象。我发现叶圣陶主要把目光放在了爬山虎的脚上，而不是叶子。

师：为什么不写一写爬山虎的叶子？我们看到爬山虎时，不都是先看到它的叶子吗？

生1：因为作者想了解爬山虎爬墙的奥秘，所以他就把重点放在了细丝和小圆片上了。

师：是的，有重点的观察才是有价值的观察。把这点理解了，我们这篇习作就一定能够写成功！在这半个月中，同学们都对自己感兴趣的事物进行了观察，有不少同学还做了观察记录，谁来分享一下？

(学生结合观察记录自由交流)

师:我发现大家都记录得很认真,几乎所有同学都是一天不落地进行了观察,还配上了照片。但是,仅仅有这些记录还不够,我们在写观察日记时要有重点。现在大家想一想,你在观察时,有哪些让你特别难忘的画面,或是特别有趣的事?

(生再度交流)

生2:我发现柠檬的叶子是先长两边,再变长的,我有照片可以证明。

师:很好,你发现了叶子生长的规律。

生3:老师,我在种豆芽时留意到一个有趣的地方:摆在最里面的豆子芽长得很短。

师:细心!为什么会这样呢?你可以继续观察。

生4:我种了风信子,我听网上说在水里加一点糖可以让风信子长快一些,可是并没有用。

师:看来有些"经验"并不一定管用,你有科研人员的精神!这个现象值得记录下来。

【设计意图】

统编教材的单元编写具有很强的整体性,因此,在习作教学中,教师应该充分发挥课文"例子"的作用。我们回顾编入本单元的课文发现,除了古诗,其余两篇课文都是专注观察和用心记录所结合的精品。通过课文的学习,学生应该体会到:"细致观察"并不是通过放大镜一般的视角,把事物所有的细节纤毫毕现地描写出来,而是在思考的基础上发现事物的关键之处。例如:《爬山虎的脚》中,细丝和小圆片才是作者聚焦的点,至于茎、叶则做了相对粗略的处理。因此,在选定观察事物后,学生应当先想清楚自己要关注的是什么。如观察豆子的生长,就应该把芽的萌出和伸展作为观察的首要目标。

二、根据内容,确定形式

师:看看书上的例子,有文字记录,也有图文结合,还有图表,你准备用哪一种形式呢?

(生交流)

生1:我准备用图文结合的形式,因为我拍了很多照片,不用可惜了。

生2:可是,如果你拍的图都差不多,20几天里那么多照片都放上去吗?

师:你说得很好,我们看看书上的例子,究竟什么样的观察才适合用图文结合的方式呢?

生3：不用图片读者不明白的，而且只放几张图就够了，不然读者没兴趣。

生1：那我明白了，我还是适合用文字形式。

生4：我准备用图表形式。我观察的是学校里的梧桐树叶，正好可以用图表的形式进行对比。

师：是的，你的图片里能看到梧桐树叶的变化，很适合图表，但别忘了配上简洁的文字说明。

【设计意图】

观察日记和学生惯常写的记叙文不同，呈现出来的不是一整篇文字，而更可能是一连串观察性的记录和图片。在本单元《爬山虎的脚》文后的"资料袋"中，教材就提供了两种写观察日记的方法，一是"图文结合"，二是"做表格"。这两种形式都为学生的记录带去了启发。在布置观察任务时，我提前将这一块内容的教学完成，图文结合的形式清晰直观，表格呈现的方法简单易行，无论选择哪一种形式，学生都要发现其中的关键点——观察角度。在图文结合的例子中，小作者着重观察的是什么呢？是银杏树叶颜色的变化。在做表格的例子中，小作者着重观察的是什么呢？是蚕逐渐长大的过程。只有理解了这一点，学生在自己的观察过程中才能有意识地聚焦到某一方面，而不是泛泛地记录。

板块三　观察要有"变化"，更要见"自己"

一、紧扣"变化"，适当"增减"

选定了对象后，学生们就开始了自己的"任务"。国庆节结束，他们的第一份观察日记呈上讲台。这真是一篇特别讨孩子喜欢的习作，他们热情洋溢地安放好了自己选择的观察对象，满怀期待地写下自己的第一眼印象，恨不得为它们写就一部部长篇史诗。

师：（通过平台分享大家的作品）你们有什么想法？

生1：我看到他在第一天写了种子的大小、数量、颜色，还有摸起来的感觉，是不是太多了？

师：嗯，他的观察特别细致，这点值得我们学习，但是呈现出来的作品内容可以稍微减去一些，你觉得什么可以减去？

生2：种子摸上去的质感可以不要，因为没有两天就发芽了。

生3：发芽的高度可以隔两天时间出现一次，每天记录有点累。

师：是的，如果差别不大，可以隔一段时间再记，这样就能体现种子生长的变

化过程。(板书:变化过程)

生2:我觉得她(另一个学生)记录得又太简单了,这朵花第三天就开了,要是我就会写得详细一点。

师:谁能给她出出主意,要把这朵花的变化写得详细,我们可以加一点什么呢?

【设计意图】

呈现的日记和交流过程都让我看见了学生们的热情。听他们读出这些文字的时候,我想:法布尔、比安基不也是从这一颗颗豆子、一片片树叶开始的吗?当孩子们选定好观察对象,记录下第一天的情形时,总期待着出现快速的变化,一两日过去不发芽,四五天过去还是原样,他们怎么能不急呢?可是,再看书上关于银杏叶的观察日记,也并不是一天天记录下去,而是每隔15天左右观察、记录一次。所谓"连续",怎能局限在一两天之内呢?

二、再度交流,发现"匠心"

师:我们来看这篇同学的观察日记,看看老师标线的地方,你们喜欢这样的作品吗?

(出示作品)

10月3日　星期四　晴

小黄花逐渐地要谢掉了,它就像是生病了一样,身体渐渐变黑又变白了,像随时可以掉落下来一样。我的心里想:肯定是哪家"熊孩子"捣的乱。

10月5日　星期六　阴

小果子慢慢地长大了,它变成了一个和我手掌心差不多大的果子,像一个中等的茄子那样大。我觉得它是不是一个茄子呀!

生1:我觉他写得很幽默!

师:我用横线标出来的句子,有没有同学觉得可以删掉?难道"我"还不知道自己种的是什么吗?

生2:删去不好,这是他自己的想法,这种想法是很可贵的。

师:是啊,没有什么比自己真实的想法更重要了。你这句话说得太好了!

生3:他在每一天的观察后都会写下自己的想法。

师:是的,老师发现了,还真有一些同学愿意在日记里写下自己的想法。这样,你就能写出更有滋味的作品,特别好!我们再看这位同学的观察日记。

10月14日—10月20日

这是大蒜瓣疯狂生长的一周。早上和晚上看到的完全不一样了。早上还是

5厘米,晚上就已经8厘米长了。最终,它已经有一把短尺那么长了。妈妈说,已经可以吃了。我摸了摸,葱非常光滑。我轻轻地拔,竟然没拔动。<u>我选了较长的一根,用指甲一掐,葱脆脆的,带着一点水分和刺鼻的味道。我放进嘴里嚼一嚼,辣辣的。我下周观察一下,掐过的还能不能再长出来。</u>

生3:他太厉害了,掐一掐还尝一尝,特别能让我感受到大蒜是什么样子的。

师:是的,我们很多同学在观察时都用上了手机,但是我们更要想到,应该调动我们的各种感官去发现。有时候,不但要看,还要摸一摸、嗅一嗅,在确保安全无毒的前提下,你还可以尝一尝!

生4:这样写特别能给我身临其境的感觉,连我都想种大蒜了。

师:有这样想法的肯定不止你一个人,对吗?(生纷纷点头)

生5:如果光是写他看到的,我觉得没什么稀奇,但是他还写了自己亲自尝试的感觉,特别真实。

师:是啊,这位同学不但用眼观察,还特别会把自己放到观察对象之前。很多伟大的作家都有这样的好习惯,在描写观察对象时,喜欢把自己的感受放入文中,这样就特别能够打动读者。你们看《蟋蟀的住宅》中这一段,法布尔特别写到了自己观察时的不耐烦,这句话其实很有意思。

(出示片段)

工作做得很快。蟋蟀钻到土底下干活,如果感到疲劳,它就在未完工的家门口休息一会儿,头朝着外面,触须轻微地摆动。不大一会儿,它又进去继续工作。我一连看了两个钟头,看得有些不耐烦了。

(生纷纷点头)

师:所以,建议大家在写的时候想一想:当时我看到这样的画面,是什么感觉?我除了看,还做了什么?把这些内容写下来,你的观察日记会更打动人。

【设计意图】

在本单元的习作要求中还有这么一句话:"……观察者当时的想法和心情。"这是学生容易忽略的一点。为什么呢?当面对一个观察对象时,学生更倾向于用科学家的视角去审视它,往往会忽视自己第一眼的感受。可再看看《昆虫记》,为什么法布尔的作品比起麦加文的《昆虫》就更加显得灵动真实?正是因为法布尔在谨慎的观察基础上,用侧重于叙事的口吻记录下了昆虫真实的生活场景。在他的笔下,昆虫的一幕幕生活场景和人类社会的喜怒哀乐不无相似。

(南京市中央路小学　袁卓然)

想象有了温度

——统编版四年级上册习作二《小小"动物园"》教学实录

板块一　趣诗导入，兴趣点燃，让人和符号拉近距离

师：今天，赵老师读到一首好玩的诗，推荐给大家。谁愿意来读给全班听？

生1：妈妈是逗号，整天唠唠叨叨没完没了。爸爸是冒号，发号施令威风得不得了。我是省略号，说话有点结巴总是惹人笑。那爷爷呢？

师：猜猜看，爷爷是什么号呢？

生2：我猜爷爷是问号，他看不清报纸上的字，总是询问我，所以是问号。

生3：我觉得爷爷是书名号，因为我爷爷特别喜欢看书。

生4：我爷爷是顿号，因为他说话特别快，又很唠叨，就像顿号停顿得特别短。

师：你们家里的爷爷都各有特点，这首诗里的爷爷会怎样呢？一起看。

（出示："唉！还躺在医院里，那他只好当病号。"一部分学生看完大笑，一部分学生面露疑色）

师：笑什么？

生5：因为他爷爷是个病号，写得太好玩了，跟前面不是一个套路。

师：也有同学没有笑，我们也问问原因。

生6：我不知道病号是什么号，没有学过这个标点符号。

（有一部分学生大笑）

师：谁可以给他解释解释"病号"是什么。

生7：这个"病号"不是标点符号，指的是生病的人。这种说法里也有个"号"字，放在一起就很搞笑。

师：是的，这首诗像是一个小笑话，逗咱们一乐。不过，笑完之后，回过头再看看这些标点符号对应的人物，你觉得合适吗？

生8：我觉得非常合适，很多妈妈都是唠叨的，都很像逗号。然后，爸爸一般在家都是做重要决定的,像是个冒号。就是我不一定结巴。

生9:我觉得都算抓住了人物的特点,跟标点符号的特点也相像。

师:每个人都有自己的特点,每个标点符号也都有自己的特点,作者巧妙地将他们结合起来,就成了一首有意思的诗,我们再来读一读。

【设计意图】

这是统编版四年级上册第二篇习作,题目为"小小'动物园'"。这样一个有趣的话题其实是要求学生写人,写的是自己的家人。通过奇妙的想象,我们把"家庭"想象成"动物园",而家里的每一个成员就像是某个具有特点的"动物",这些"动物"每天生活在一起,又会发生些什么事情呢?就是这样的一篇习作,充满想象空间,趣味无穷。所以,在本节课的开始,我用一首有趣的小诗导入,旨在激发学生的兴趣,打开他们的思维。学生们一下子就活泼泼地被卷入学习内容中,去思考标点符号与人之间的关联,从而建立了关于人与物比较、联系的思维方式,为下一板块的深入学习打下基础。

板块二　借力名著,联系绰号,让人和动物产生联系

师:人不仅可以像标点符号,还可以跟不同的动物建立起关系来。《水浒传》大家都熟悉,你能把这些英雄好汉和他们的绰号联系起来吗?

(出示《水浒传》人物)

矮脚虎	朱富
青面兽	李俊
笑面虎	王英
混江龙	杨志

(学生将绰号与人物连线)

师:知道为什么他们会有这样的外号吗?

生1:我没有读过《水浒传》,但我猜王英个子矮,但是很勇猛,所以被称作"矮脚虎"。

师:对呀,抓住了身高的特点,就能找准他的绰号。

生2:我觉得杨志是因为脸上有青色的胎记,所以叫"青面兽"。

师:没错,原文中说"面皮上老大一搭青记",你判断得真准。

……

【设计意图】

经典的文学作品往往具有很强的典范性,比如《水浒传》对人物形象的塑造就很有特点。尤其是好汉们的绰号,从整体来看,丰富而别样;具体琢磨,又实在贴合人物。

在这一部分的教学过程中,我借助古典名著《水浒传》中那些丰富的人物形象,进一步唤醒和激发学生对课堂的兴趣。那一个个性鲜明的好汉,加上那些经典的、与人物形象匹配的绰号,呈现出了文学形象的无限魅力。这样的语文知识是生动的、形象的、立体的、有趣的,是学生喜闻乐见的学习内容,也是学生充满兴趣继续探索的学习项目。他们可以通过这个环节的深度参与,加深对"人"和"动物"之间关联的认知,从而,为下一步将家人与动物合理联系起来奠定基础。

板块三　发散思路,合理想象,让人和动物巧妙勾连

师:家庭成员可以像标点符号,当然也可以像其他事物。如果将家人和动物对应,你会把他们想象成哪种动物呢?原因又是什么呢?自己先填填表格。

(出示表格)

家庭成员	像什么动物	原因
爸爸		
妈妈		

生1:我的妈妈像老虎,因为她的脾气像老虎,骂我的时候声音特别大,像老虎的吼叫声。

师:从脾气和音量的角度来看,有些相似之处。是不是一直像老虎呢?

生1:也不是,有的时候也像绵羊。

师:什么情况下像绵羊呢?

生1:不发脾气的时候还是挺温柔的,说话也轻声细语,像绵羊。

师:一位时而像老虎,时而像绵羊的妈妈。

生2:我爸爸像考拉,因为我听说考拉每天能睡好长时间,我爸爸周末能睡到中午。

师:爸爸平时工作辛苦,周末也是需要补补觉的。那不睡觉的时候,爸爸又

像什么呢?

生2:我觉得平时他像牛,因为他非常强壮,就像一头牛一样结实。

师:我猜他不仅像牛一样结实,也像牛一样勤恳,为家庭做出自己的贡献,是吗?

生2:是的,我同意。爸爸每天工作都很辛苦,从这个方面来看,他也是很勤恳的。

【设计意图】

《课程标准》对"培养想象力和创造潜能"提出了明确要求。这个环节的设计,正是引导学生从身边的人展开联想,并且不是随意地、胡乱地想,而是要有依据地联想,去思考人与动物之间的联系。这样的想象训练扩展了学生的经验和思想,使他们能够从生活的认知线索中创造出新的意义,带来新的见解。在教师的追问与引导下,学生对家人的理解也逐步丰富和全面,从原本单一角度的认识转向综合的评价,对人物的认知更加深入。这一过程让人与动物之间的关联度得以提高,也为后期相关写作的选材提供重要信息。

板块四　提取经验,捕捉情感,让"动物园"里发生故事

师:再看看我们要写的是——"动物园",这意味着什么?

生1:不止是一种动物,每一个家庭成员应该是不一样的动物。

师:是的,生活在这样的"动物园"里,你感觉怎么样?

生2:我们家有一只"狮子",一只"老虎",性格都比较强势,看起来很恐怖。但是,他们其实对我很好,照顾我的生活。我觉得自己是一只幸福的小狮子。

师:有句话叫"虎毒不食子",再凶猛的动物,对待自己的孩子还是温柔的,充满爱的。

生3:我们家还很好玩,很有趣。因为我爸爸是个话特别多的"鹦鹉",而且还说得很幽默,常常逗得我们全家哈哈大笑,所以,我觉得跟他生活在一起十分开心。

师:真期待你们家那位擅长制造快乐的"鹦鹉"来给我们说说有趣的事情。

【设计意图】

从外形的相似到性格的相似,慢慢推进学生对人与动物相似之处的理解。这个环节旨在进一步让学生理解"家庭"这个"动物园"带给学生个体的整体感受。

这里不再是单一地去思考某一个人像什么动物,而是要将这个人与"我"产生关联,共同放到一个情境中去想象。想象力中有一种情感想象力,涉及表现出情感倾向并将其延伸到情感场景中。在这里,就是让学生通过回顾生活、提取情感经验的方式,把思维延伸到与家人共同生活的场景记忆里,回忆出精彩的故事、温暖的感情,也借此探索他们的思维深度,寻找到源于生活、适合自己个人经历与体验的写作素材。

板块五 现场动笔,及时表达,让"动物园"故事精彩出炉

师:同学们,换一种眼光看我们周围的亲人、朋友、老师,他们就会以不同的面貌出现在你的习作里。现在,就让我们拿起笔,写一写。注意要求:

1. 写一个片段,讲述多位家庭成员之间发生的故事。
2. 写清楚每个人分别像什么动物,以及人与动物的相似之处在哪里。

(学生动笔完成当堂习作)

师:接下来,我们来欣赏几位同学的习作片段。

【学生作品1】

一个周六的晚上,我刚打完羽毛球回到家,一身臭汗地坐在餐桌前,准备开动。这时,"狮子王"妈妈从厨房出来,见到我后皱了下眉头,又凑近我的头闻了闻,嫌弃地说:"哎呀!你头上怎么这么多臭汗?"紧接着就双手叉腰,眼睛瞪得大大的,大声对我使出"狮吼功":"赶快去洗澡!"我只好像一个乖乖的"兔子",一蹦一蹦地洗澡去了。

师:谁愿意根据习作要求来点评点评这个片段?

生1:她介绍了自己和妈妈的故事。自己像兔子,很听妈妈的话,也很胆小,让我觉得她有点害怕妈妈。而妈妈像狮子,里面说妈妈用"狮吼功",说明妈妈的声音像狮子,很响。

师:采访一下作者,你同意他的点评观点吗?

生2:非常同意,我妈妈就是这么"恐怖"。

师:"狮吼功"的确吓人,但也是为你的个人卫生考虑,下次可以建议妈妈做一只"温柔的狮子"。

【学生作品2】

我的妈妈简直就是一只勤劳的"蜜蜂",当然,她的工作不是采蜜。那是做什么呢?你瞧!她每天都要照顾我和爸爸的生活,家务活仿佛永远也做不完,客厅、卧室、厨房、卫生间……到处都有她劳动的身影。拖地、扫地、擦桌子、叠衣服……客厅的地板上都像镜子一样能照出人影了,可她竟然还觉得不够干净。

因为经常做家务,妈妈的手上长了茧子。但就是这双长满茧子的手,每天都把我打扮得漂漂亮亮的,照顾着我健康茁壮地成长。

师:在这家"动物园"里,妈妈不是"狮子"了,变成"蜜蜂"了,谁来说说看你读完的感受?

生3:这一篇也是写妈妈,但我觉得跟刚才的不一样,刚才是有点反感妈妈,这个是赞美妈妈,赞美了妈妈的勤劳。

师:赞美的感情都被你体会出来了,怎么赞美的?

生3:说妈妈像蜜蜂。

师:人们总喜欢赞美蜜蜂,那文中哪里让你感觉到这位妈妈像蜜蜂?

生3:蜜蜂辛勤地采蜜,妈妈辛勤地劳动。

师:对呀,还是一只有些许强迫症的蜜蜂,更是一只爱女儿的蜜蜂。其实,正是小作者的细致观察,才令来源于生活的、看似普通的素材变得极为生动,读起来令人身临其境。

【设计意图】

这是一次有意思的习作。学生对于把家人当作动物来写是很感兴趣的。很多学生选择了写妈妈,或许这是因为她是孩子们最亲近、最熟悉的家庭成员。比较学生的习作之后,能发现许多不同,有的写脾气急躁的"狮子妈妈",有的写温柔细腻的"山羊妈妈",有的写勤劳的"蜜蜂妈妈",也有的写爱美的"孔雀妈妈"……但不同之中也有相同,学生们的习作都体现出了妈妈对自己的爱,也表达了自己对妈妈的爱。这篇习作除了让学生发现人与动物的相似处之外,其实还有一个很有价值的教学点,那便是让学生通过回忆与父母之间的故事,来体会家庭成员之间的真挚感情,并通过自己的文字表达感情。有感情的故事才有温度,才能给人留下深刻的印象。这样讲述故事,是学生喜欢的表达和分享方式,也是这次习作教学的一抹亮色。

(南京市长江路小学　赵昌竹)

打开生活万花筒,撷取缤纷花一朵

——统编版四年级上册习作五《生活万花筒》教学实录

板块一 师生交谈,走进生活万花筒

1. 情中开思路

师(板书:万花筒):同学们,玩过万花筒吗?万花筒有啥特点?

生1:变幻无穷,多姿多彩!

师(拿出事先准备好的万花筒):眼见为实,下面我请几个同学看看万花筒,告诉大家里面的奇妙世界。

生2:万花筒每摇晃一下,里面的图案都发生变化,可以说万花筒一摇一变,变幻无穷。

生3:万花筒里的彩纸经过多次反射后,给人的视觉感受是五彩缤纷,多姿多彩,很美,很迷人。

生4:万花筒里的图案棱角分明,有模有样。

师:同学们很会观察,表达也很准确。其实我们生活中发生的每一件事都是生活万花筒中的一朵多姿多彩的花儿。下面,我们一起聊聊我们生活中的花儿。为了表达老师的诚意,我先给大家聊一聊我小时候的一件好玩的事儿。

(我抑扬顿挫、绘声绘色,辅以体态语言讲述故事)

小时候我生活在农村,房子周围竹林环绕,西侧有一条小河,这样的环境,夏天蚊子很多。睡觉时蚊帐里总有一两只蚊子。当你睡得迷迷糊糊的时候,它就在你的脸上盘旋,像轰炸机一样"嗡嗡"轰鸣,瞅准机会,叮上你一口,让你又疼又痒,无法入睡。当你拉开电灯,想消灭它们,它们又不知道躲到哪儿去了。

正被折磨得焦头烂额的时候,脑中闪过了一个念头。我熄灯佯装睡觉。一会儿,蚊子又"嗡嗡"飞来,我纹丝不动,想,你不就是要喝血吗?我让你喝。一会儿,蚊子轻轻地降落在我的脸上,痒痒的,我忍了。一会儿,脸上传来一阵刺痛,我又忍了。我没有立即出手,"舍不得鲜血,灭不了蚊子"。过了几秒,我感觉蚊

子沉浸在我鲜血的美味中了。黑暗中,我屏住呼吸,五指并拢,轻柔地举起右掌,慢慢地朝脸部移动,近了,更近了,"啪"的一声,我毫不留情地朝我的腮帮上就是一巴掌,脸上一阵火辣!我心中窃喜,因为我感觉手掌和腮帮之间有一个软软的小东西。为了检验战果,我拉开灯,只见手掌上躺着一具蚊子的尸体,鲜血四溅,像一朵小花。我瞥了一下镜子中的脸,小红花旁边,四根红红的手指印凸显在我的脸上。

师:孩子们,你们听了这个故事感觉有趣吗?

生5:很有趣。

(板书:趣)

师:生活中可不仅仅只有趣事,生活中的事情也有可能是——

生:烦心的、快乐的、悲伤的、感动的、奇怪的、艰难的、令人意想不到的、令人愤怒的……

(相机板书:趣、烦、乐、悲、怪、难、怒、糗……)

【设计意图】

由真实的万花筒到生活万花筒,由万花筒的五彩缤纷到生活万花筒的多姿多彩,形象的比喻把学生带进丰富多彩的生活。教师首先跟孩子们聊儿时的趣事,学生在轻松愉悦中更能打开自己的话匣子,说出自己曾经的喜怒哀乐、酸甜苦辣。同时教师生动形象地讲述故事,也是对孩子后面讲述自己故事的一种示范。

2. 故地须重游

师:你们今年多大了?

生:11岁。

师:你们几岁开始记事?

生:三四岁。

师:七八年,两千多个日子,我们身边每天都在发生各种各样的事情,可能是在自己家里。(板书:家)

师:还可能是在哪里?

生:同学家、学校、上学的路上、放学回家的汽车上、书店、展览馆、旅行的途中、青山碧水之中……

(相机板书地点:家、校、路……)

3. 见人始相亲

师:同学们,生活中肯定有一些事情深深地留在你的记忆中,这些事可能发生在我们自己身上(板书:自己),也有可能发生在——爸爸妈妈、爷爷奶奶、外公外婆、同学、朋友、伙伴……身上。

(板书:自己、亲人、朋友、同学……)

师:当我们聊到这个话题,你的头脑中闪现出谁的身影?

生:……

【设计意图】

由情感到人物、到事情、到时间、到地点,学生记忆的窗户被一扇扇打开,打开的窗户越多,学生的视野越开阔,所聊的题材越广泛,情感越丰富,后面的习作越多姿多彩。打开思路,学生方能百感交集,文思如泉。在作前指导这一环节需要下足功夫,"磨刀不误砍柴工"。

板块二 小组交流,互"看"彼此万花筒

师:每个人都有自己的生活、自己的经历,耳闻目睹的事情也各不相同,有时一起聊一聊,是一件很有趣的事情。小组交流一件你印象深刻的事情,把你印象深刻的部分重点讲一讲,讲清楚。这部分可能是人物的动作(板书:动作),也有可能是人物的语言,也有可能是人物的神态、心理(板书:语言、神态、心理)。过会儿,我请同学交流,如果能给事情起个名字更好。

【设计意图】

讲故事和写作一样,忌平铺直叙,需要有详有略,重点突出。是主要通过人物动作表现人物特点,还是主要通过语言、神态等表现人物特点?每一个故事讲述者事先都要对这个问题有所考虑。这里教师的及时提醒就显得尤为重要。

板块三 大组交流,赠送说清"三法宝"

1. 第一大法宝:扣动作——运用"慢镜头"

师:谁来讲讲你的故事,注意要讲清楚。(一女生迫不及待高举小手,我点其名)你想讲什么故事?

生1:偷酒喝。

师:(再次打量)请明确告知大家你的性别。

生1:性别,女。(大家一听女生偷酒喝,顿时很感兴趣)

生1(讲故事):小时候,每次吃晚饭,爷爷总要兴致勃勃地倒上一大杯白酒,一会儿举杯喝上一口,嘴里咂咂有声,感觉甚是香甜。我很好奇,也想品尝一下。

可是爷爷说小孩子不能喝酒,女孩子更不能喝酒。我有点不服气,凭什么你能喝,我就不能尝一点儿呢!爷爷喝完,我留意到他把酒放到了碗柜里。吃完饭,妈妈在厨房洗锅刷碗,爷爷回房间休息。我瞅准机会,拿起酒瓶跑到房间,喝了一口,辣得我直咳嗽。我赶紧把酒瓶塞到被子里。妈妈闻声赶来,以为我感冒了。她嗅了嗅,一下掀开了被子。原来我一时慌张,瓶盖没盖,酒洒了一床。

师:她讲的故事,有一个地方特别好玩,哪个地方?

生2:偷酒回房间喝的部分我感觉特别好玩。

师:是的,这个地方特别好玩,但是说得有些简单,朱老师听了不过瘾,你们过瘾吗?

生(齐):不过瘾。

师:如果想听得过瘾,你们想提醒她在讲故事的时候注意些什么?

生3:如何把酒顺利偷到房间,要讲具体,过程要曲折点;到了房间怎么迫不及待地喝酒,动作要讲清楚、讲细致。这样我们听起来就过瘾了。

【设计意图】

听故事要过瘾,如何才能过瘾?那就要讲故事的人在重点处、引人入胜处做文章,重点锤打,打出味道,打出花样。偷酒喝,重点就是如何偷、如何喝。教师敏锐地发现了学生讲故事的不足,进行了有的放矢的互动交流,让学生自己体会自己的问题所在,进而为后面的故事二讲做好准备。

师:你真会提建议,说得非常有道理。朱老师送给这位女生一个法宝,她就一定能让我们听得过瘾。如何把动作说清楚呢?——学会运用"慢镜头"。看到过电视节目中的慢动作吗?把过程放慢,每一个动作、每一个细节都能看得非常清楚。屠格涅夫名作《麻雀》中就有描写猎狗的慢镜头。

出示:

猎狗慢慢地走近小麻雀,嗅了嗅,张开大嘴,露出锋利的牙齿。

——屠格涅夫《麻雀》

(板书:慢镜头)

师:屠格涅夫使用的动作描写慢慢地、清晰地展现在我们眼前。

生4:这句话,作者运用了几个动作描写,一个个清楚地展现在我们眼前,"走近、嗅、张开、露出",让我们感受到了猎狗的凶恶、小麻雀的无助。

师(对讲故事的女生):你用慢镜头说一说大家都想听过瘾的部分。

生1(讲故事):小时候,每次吃晚饭,爷爷总是兴致勃勃地倒上一大杯白酒。一会儿举杯喝上一口,嘴里咂咂有声,感觉甚是香甜。我很好奇,也想品尝一下。

可是爷爷说小孩子不能喝酒,女孩子更不能喝酒。我有点不服气,凭什么你能喝,我就不能尝一点儿呢!爷爷喝完,我留意到他把酒放到了碗柜里。

吃完饭,妈妈在厨房洗锅刷碗,爷爷回房间休息。我瞅准机会,弯下腿,猫着腰,借着桌椅的掩护,顺着墙角蹑手蹑脚地挪到碗柜边,慢慢地站直身子,轻轻地打开柜门,把酒瓶迅速揣进怀里,轻快地溜进房间。我开心地掏出酒瓶,伸出鼻子在酒瓶上深深地嗅了一口,香!我拧开瓶盖,举起酒瓶,仰起脖子,"咕咚"就是一大口,还没等我咂巴嘴品味这玉露琼浆,我已经被辣得直咳嗽,张开大嘴直吸凉气,眼泪哗哗直流。我吓得惊出一身冷汗,赶紧把酒瓶塞到被子里。

妈妈闻声赶来,以为我感冒了。她嗅了嗅,环顾左右,一下掀开被子。原来我一时慌张,瓶盖没盖,酒洒了一床。

师:这次听了,过瘾吗?

生5:非常过瘾!她讲得很具体形象,我们就好像看到了她如何偷酒、如何急不可待地喝酒的样子。

师:看来,慢镜头对描写人物动作很有帮助。

【设计意图】

发现问题只是第一步,如何解决问题才是问题的关键。要想讲好偷酒、喝酒的部分,关键是要讲好动作。如何让动作生动、形象、细腻?老师给出解决问题的方法——慢动作。这是一个形象的比喻,学生易于理解,就是要把连续的动作分解,把每一个关键动作讲生动。教师用屠格涅夫《麻雀》中猎狗的动作,让学生感受文学化的慢动作,进而让学生讲述自己故事中的慢动作,这样就显得水到渠成了。

2. 第二大法宝:绘神态——使用"放大镜"

师:下面谁来给我们讲讲故事?这次有一个要求,你的故事中要有人物神态的描述。

(指名一生)

师:你准备给大家讲什么故事?

生6:难忘的情人节。

(众生皆惊愕)

师:是你的情人节故事吗?

(众生大笑)

生6(有点害羞):不是我的故事,是我爸妈的故事,但是我参与了。

师:故事很新颖,大家很期待,请讲。

生6(讲故事):我爸爸是个朴实的人,我妈妈喜欢浪漫。可是不知道老天爷怎么就把他们俩凑合到一起了。我从小就是在他们的吵闹声中长大的。看到他们吵架,我除了哭还是哭,除了无奈还是无奈。他们吵架时,我听得最多的一个词就是"离婚"。从小我就在忐忑不安、心惊胆战中生活。

一天,放学回家,我路过北京东路边上一家花店,无意中发现门口摆放着许多美丽的玫瑰花。听人说后天是情人节,我一下子想到了爸爸、妈妈,何不借此节日,改变一下他们紧张的关系,让老爸也试着浪漫浪漫。

晚上,我和爸爸好好谈了一下,害得我作业忙到了十一点,好在他终于答应了我的要求——买一束玫瑰送给妈妈。

情人节那天,爸爸早早买好了玫瑰,藏在只有他知道的地方。晚上吃完晚饭,妈妈正要收拾碗碟、洗碗刷锅。我连忙说:"母亲大人,今天是特殊的日子,这活儿哪能让你干啊!今晚的家务让爸爸包了。"妈妈看了一下,发现爸爸不在,有点生气地说:"还指望他呢,吃完饭就不见人影儿了。""别急,别急嘛!"话音刚落,爸爸从房间出来了,手捧一束鲜红的玫瑰:"孩子他妈,特殊的日子,送给你一束玫瑰,为了这个家,你辛苦了!"看着这束玫瑰,妈妈惊呆了。

从此,我们家家庭氛围和谐多了。

(众生鼓掌)

师:选材新颖,故事讲得很精彩。为了让这个故事更精彩,大家帮他出出主意。

生7:爸爸献花的部分,人物的特点没有凸显。爸爸是个朴实的人,第一次献花,肯定有些害羞,要抓住人物的神情、语言进行描述。

生8:献花是文章的主要部分,妈妈第一次收到爸爸的玫瑰,一定惊喜交加,这部分要细致刻画。

师:两位同学的建议非常中肯。同学们,如何把神态说清楚呢?老师送你们一个法宝——"放大镜"。把神态放大,每一个毛孔在干吗我们都能看得清清楚楚。

(板书:放大镜)

师:《麻雀》中屠格涅夫就用放大镜好好打量了那只可怜、无助的小麻雀。

(出示)

一只小麻雀呆呆地站在地上,无可奈何地拍打着小翅膀。它嘴角嫩黄,头上长着绒毛,分明是刚出生不久。

——屠格涅夫《麻雀》

师:用"放大镜"一看,这是一只怎样的鸟儿?

生9:从"嘴角嫩黄,头上长着绒毛",我知道这是一只雏鸟,很弱小;从它"呆呆地站在地上""拍打着小翅膀",我知道它很惊恐、很无助。

师:遇到人物外貌、神态的描写,我们不妨用"放大镜"看看,去发现人物传神的细节,这些细节往往最能触及人的心灵深处。

【设计意图】

不同的故事教师指导的侧重点也不同,这一环节是指导学生讲好人物的神态。如何讲好人物的神态?教师送给学生法宝"放大镜",就是要学生注意观察,发现人物最具特点,对表达主题、表现人物性格特征最重要的那一个瞬间。这一个瞬间稍纵即逝,需要作者手举"放大镜"仔细观察。屠格涅夫《麻雀》中为了表现麻雀的弱小与无助,他的"放大镜"发现了麻雀嫩黄的嘴角、纤细的绒毛、呆呆的神情、瘦小的翅膀。

3. 第三大法宝:抓语言——善用"过滤器"

师:刻画人物,还有一个重要方面需要关注,那就是人物的语言描写。人物的语言描写是习作的难点。那么什么样的语言描写才是合适的呢?请看一段人物对话。

(出示)

在鲫鱼背前,爸爸给我和老爷爷照了一张相,留作纪念。老爷爷拉着我的小辫子,笑呵呵地说:"谢谢你啦,小朋友。要不是你的勇气鼓舞我,我还下不了决心哩!现在居然爬上来了!"

"不,老爷爷,我是看您也要爬天都峰,才有勇气向上爬的!我应该谢谢您!"

爸爸听了,笑着说:"你们这一老一小真有意思,都会从别人身上汲取力量!"

——黄亦波《爬天都峰》

师:这段话作者想表现什么?

生10:作者想表现老爷爷的幽默风趣、毅力顽强。

师:我觉得作者写得不具体,老爷爷的语言描写太简单了。我给老爷爷增加点话,你看看如何?"小朋友,你看你气喘吁吁的,累了吧!喝点水,吃点东西。好好休息会儿……"

生:不行,这些语言描写对表现老爷爷的特点毫无用处,是多余的废话,写了显得啰唆,且俗气。

师:如何讲清楚人物对话?有些同学可能会想,这还不简单,慢慢说,把他说的话一字不漏地说清楚,越多越好。这样行吗?有时东西多了让人看不清楚,色彩多了让人眼花缭乱,话多了让人感到嘈杂,听不清楚重点。要想写清楚人物对话,老师送你们一个法宝——"过滤器",把没用的废话过滤掉,语言就干净、清爽了。

(板书:过滤器)

师:写人物的语言需要过滤,那么神态描写、动作描写、环境描写等等需不需要过滤呢?

生11:任何描写、叙述都需要过滤,与表达中心无关的、与凸显人物特点等无关的都要过滤掉,一切语言都是为表达的需要服务的。

【设计意图】

如果说人物动作、语言的指导采用"扶"的方式,那么人物语言描述的指导更多地采用"放"的方式。通过黄亦波《爬天都峰》人物对话描写的示例,学生知道什么样的人物对话描写是合适的,什么样的人物对话是不得体的。对话描写需要选择,需要为中心服务。让学生养成过滤人物对话的意识,在此基础上放手让学生进行自主练习,让他们在练习中真正明白人物语言描写的真谛。

板块四　出示题目,或许与自己美丽相遇

师:有了三大法宝,此次习作我们心中就有谱了。为了开阔大家的视野,课本中提供了一些参考题目,大家看一看,有没有哪个题目和你心中的某件事相似?

(出示)

捉蚊趣事	一件烦心事	她收到了礼物
爷爷戒烟了	照片里的温暖	家庭风波
教室里的掌声	信不信由你	

师:你觉得这些题目的关键词是什么?每一行我请一个同学说说。

生1:"捉蚊趣事、一件烦心事、她收到了礼物"这三个题目的关键词分别是趣、烦心、礼物。

生2:第二行三个题目的关键词分别是戒烟、温暖、风波。

生3:"教室里的掌声、信不信由你"这两个题目的关键词分别是掌声、信不信。

师:要想学会游泳,最好的办法是什么?——在游泳池中不断地练习。那么,要想学会写作呢?

生4:只有在写作中才会学会写作。

师:同样是游泳,为什么有些人姿态优美,速度飞快,有些人只会狗刨?那就

要看谁能动脑、会动脑,在思考中不断修正自己,写作也是这样。今天的作业是写一件给你留下深刻印象的事,写清顺序,写清细节。

(下课)

【设计意图】

有些道理需要告诉学生,告诉有时也是一种捷径。习作就像游泳,不到水里扑腾,永远学不会。有些人游泳姿态优美,有些人只会狗刨;有些人的习作妙笔生花,有些人的习作粗制滥造。道理相通,就看你习作时是否走心,是否动脑,是否不断反思、修正自我。

(南京市北京东路小学　朱志林)

○ 儿童写作课

用"故事"为想象插上翅膀

——统编版四年级上册习作四《我和_____过一天》
教学实录

板块一　游戏激趣，走近人物

师：同学们，这节课开始之前，我们先来玩一个游戏：猜猜他是谁。

（出示：1. 少年英雄　闹海）

生1：哪吒。

师：怎么猜到的？

生1：其实看到"少年英雄"，我就觉得可能是哪吒，等到"闹海"一出现，我就敢肯定了，因为这个故事我们都很熟悉。

师：第二题。

（出示：2. 苹果　王子）

生（喊成一片）：白雪公主。

师：下一题。

（出示：3. 团结一心　打败蛇精）

生（齐欢呼）：葫芦娃。

师：看来大家对这些人物和他们的故事都非常熟悉。其实，除了这三位，今天还有许多神话和童话中的人物，也来到了我们的课堂上。

（出示图3-1：孙悟空、汤姆鼠和杰瑞猫、小红帽、白雪公主和七个小矮人、《疯狂动物城》中的闪电、名侦探柯南、熊大熊二和光头强、喜羊羊、大白、

图3-1　卡通人物

176

哆啦A梦、《冰雪奇缘》中的艾莎公主、卖火柴的小女孩……)

师:这里的每一个人物,都有自己精彩的故事。(板书:故事)比如说,提到孙悟空,我们就会想到他的故事——

生2:大闹天宫、三打白骨精。

生3:三借芭蕉扇。

师:提到熊大熊二,我们就会想到——

生4:他们和光头强斗智斗勇,保护森林。

师:瞧,不同的人物,故事也完全不同。假如你有机会和他们中的某一位过上一天,你会选择谁?你们之间会发生什么故事呢?今天我们要为自己和一位熟悉的卡通人物编一个新故事。

(板书:新)

【设计意图】

习作课要写作文,但如何让学生畅所欲言、乐于表达呢?此时,一个合适的导入就显得特别重要。此环节从游戏入手,调动起孩子的学习兴趣,课堂气氛一下活跃起来。游戏唤醒了孩子们记忆中熟悉的人物和故事,为他们后面异想天开地创编故事创设了一个自由、宽松的氛围。

板块二　故事引路,打开思维

师:要想编一个新故事,你有什么好办法吗?

生1:我可以让孙悟空来和我一起生活。

生2:我可以和柯南一起破案。

师:人物穿越很有创意,还有别的方法吗?

(生面面相觑,没有人举手)

师:老师带了几个故事,或许会给我们编故事带来一些启发。(出示蚂蚁图)看到蚂蚁,你会编什么样的故事?

生3:小蚂蚁们一起搬粮食。

生4:小蚂蚁很勤劳,早早做好过冬的准备。

师:我这只小蚂蚁可不一般,它被夹进一本书里。"喂,你好,你也是一个字吗?"书本里传来了很整齐的细碎的声音。"是谁?书本也会说话?"小蚂蚁吃了一惊。"我们是字!"小蚂蚁这才看清,书本里满是密密麻麻的小字。它们小小的,小得像自己——一只小小的蚂蚁。这下,小蚂蚁笑了:"我,我是蚂蚁,现在被夹扁了,倒是和你们差不多,像一个字了。"可小蚂蚁毕竟是小蚂蚁,它哪里待得住?每天在书里爬来爬去。第一天,小蚂蚁住在第100页,第二天就跑到了第50页,第三天又跑到第200页,有时和这个字聊聊天,有时和那个字捉迷藏,有时和这个字唱唱歌,有时和那个字跳跳舞,每天活得忙碌又精彩。

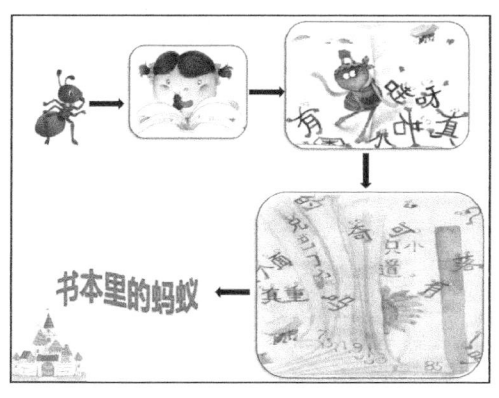

图3-2 书本里的蚂蚁

这下书本里所有的字都感到很新奇,因为它们从来没想到可以动动手脚,走一走,跳一跳,它们觉得自己傻透了。于是,它们也都学着小蚂蚁,每天串串门,跳跳舞,真是快乐。结果,你猜怎么着?这本书里的故事每天都变得不一样,这些会走路的字每天都和小蚂蚁一起编出新的故事。当然,这本书的主人再也不用买书啦。

师:大家听了一直在笑。你觉得这个故事哪里不一样?

生5:你说一只蚂蚁被夹进书里,我们肯定觉得它要么被夹扁了,要么可能就没命了,谁会想到它会带出一堆会走路的字?这点我觉得很新。

生6:我们平时觉得蚂蚁可能在地上,在树洞里,没想到它会到书里去。

师:熟悉的蚂蚁,到了一个新环境(板书:新环境),就会发生新的故事。假如要让我们熟悉的孙悟空去到一个新环境,你会选哪里?

生7:22世纪的未来。

师:未来的哪个地方?

生7:博物馆里,他去博物馆里看展览,然后就看到我了。

生8:我想让他来我们班,和我们一起生活。

师:对!就这样选择一个具体的地方。有了一个新环境,故事就不同了。

师:第二个故事,两位主人公是好朋友,他们是——(出示:长颈鹿、鳄鱼)他俩有什么不同?

生9:一个高,一个矮。

师:长颈鹿整整比鳄鱼高了2.43米。还有什么不同?

生10:他们一个食草,一个吃肉。一个大多生活在水里,一个生活在陆地上。

师:生活习惯、自身习性太不同了。可他俩是好朋友,非要住在一起。如此不同的两个人在一起会发生什么呢?看看图,说说你的发现。

生11:住在鳄鱼家里的长颈鹿抬不起头来,脖子都要打结了,伸个懒腰身体就跑到屋子外面去了。

生12：长颈鹿家的门把手太高，鳄鱼踮着脚尖都够不着；楼梯太高，鳄鱼爬不上去；马桶太高太大，鳄鱼坐上去感觉都要掉下去了；就连纸巾都放得太高，鳄鱼根本够不到。

生13：在长颈鹿城里，鳄鱼被大家当成奇怪的动物，其他人对他指指点点；而鳄鱼城里的长颈鹿也显得很奇怪，大家一直在对他们议论纷纷。

师：他们俩身上的不同，让各自都成了异类。同学们很善于观察，关注到了图上的许多细节。那这故事什么地方让你觉得特别有新意？

生14：长颈鹿和鳄鱼两个完全不同的动物住在一起，这个很好玩。

生15：他们生活在一起发生很多矛盾，一个高，一个矮，互相不适合，感觉闹了很多笑话，故事很有趣。

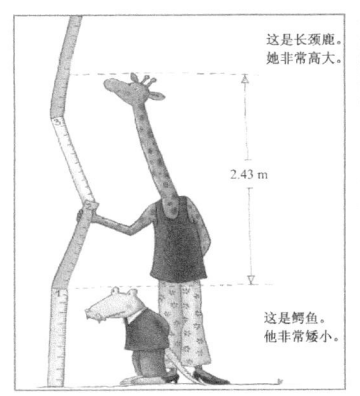
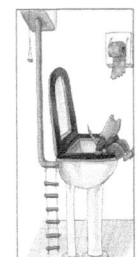

图3-3 《鳄鱼爱上长颈鹿》

师：让不同的人物来一个新的相遇（板书：新相遇），故事就多了趣味，有了新意，反差越大，矛盾就越多呢！如果让你从熟悉的卡通人物中选一位和你特别不一样的，你会选谁？

生16：我会选闪电，因为他特别慢。

生17：我会选柯南，因为他好聪明啊。

师：哈哈，人物反差大，故事有看头。第三个故事是——（出示《三只小猪》）熟悉吧，谁来给我们简单讲一讲？

（生看着图流利讲述了完整的故事）

师：可是有人说，这个故事并不是这样的。听听看，是谁在说？

（依次出示图，指名学生读，老师可相机提问或补充）

生18（朗读）：我就是你们口中的那只"坏蛋大野狼"，但三只小猪的故事都是错的。真实的故事只是一个喷嚏和一杯糖引起的——

师："我"是谁？

生（齐声）：大野狼。

生19：那天我为生病的奶奶做生日蛋糕，但我得了重感冒，不断打喷嚏，而且，我的糖用完了。（师："我"多有孝心啊！）

生20：于是我出门去向邻居借糖。这个邻居就是不聪明的猪老大，他竟然用稻草盖房子。走到门口，我忍不住打了个大喷嚏，结果房子倒了。小猪死了。我不忍浪费食物，只好把它吃掉了。（师：很明显，"我"不是故意的。）

生21：没借到糖，我只好又去第二个邻居家，就是那个用树枝盖房子的猪老二。我礼貌敲门，他却凶巴巴大叫："走开啦，你这只狼！"我当时又忍不住打了个好大的喷嚏，结果，房子又倒了，猪老二也死了。没办法，我只好又吃了一只小猪。（师："我"也是被逼无奈啊！）

生22：我还是没借到糖，只好又去第三个邻居家。我刚一敲门，他就大吼："你那个又老又丑的奶奶不是只吃肉吗？吃什么蛋糕？你不要骗我，我绝对不开门。"他竟然侮辱我生病的奶奶，这让我无法冷静，气得发狂，气得不停地打喷嚏。结果我被他们抓住了，故事就变成你们知道的那样了。其实，我只是想借一杯糖！

师：谢谢几位同学的朗读。听完了，你觉得这个故事又有什么特别之处？

生23：换成大野狼来说故事，感觉完全不一样了。

生24：这个故事叫《三只小猪的真实故事》，好像讲得挺有道理。

生25：好像很多内容和原来的恰恰相反，我都分不清谁真谁假了。

师：要想知道孰真孰假，你可以找来《三只小猪的真实故事》这本书仔细读读。不过，你瞧，故事换一个人来讲，就有了完全不同的新版本。所以熟悉的故事，不妨换一个主角（板书：新主角），这样就有了一个完全不同的新故事哦！

【设计意图】

面对想象作文，我们的课堂该怎样提高学生编写故事的能力？怎样让他们的写作能力在原有的基础上有所提升？编写故事就好比织毛衣，我们必须帮助孩子找到那个线头，要让他们学会起头。此环节，教师借助故事给了孩子三个起点：让人物来到一个"新环境"、让个性不同的人物发生"新相遇"和将经典故事换一个"新主角"，同时借助故事让学生对编写故事本身有一个整体的感知。由故事带着学生进入话题情境，引导学生要按人物特点来编故事，最终在模仿中学会创造，帮助学生在阅读和写作之间架起了桥梁。

板块三　放飞想象，创编故事

师：三个故事，三种思维，相信一定会给你带来很多启发。现在咱们也来写一写，你可以从三个角度中选择一个，可以让你喜爱的卡通人物和你一起来到一个新环境，也可以与一个和你性格反差特别大的卡通人物相遇，又或者将原来的故事主角换一下。

（生10分钟完成习作片段）

师：下面就来分享一下大家的故事。

生1：我写的是《我和白骨精过一天》。我呀，竟然误打误撞遇到了白骨精。她对我是大吐苦水："我一直在深山中孤独地生活着，每天以虫子为食。那天，唐僧他们一行路过，我看他们急着找食物，就好心送虫子给他们吃。但是，我怕虫子的样子吓到他们，便施法把虫子变成了馒头。我刚想递过去，没想到齐天大圣回来，他举起金箍棒就打，我实在气愤，便和他打了起来……"

师：这个故事还没讲完，大家觉得如何？

生2：他从白骨精的角度来讲故事，而且白骨精还好心送虫子，挺有意思的。

师：经典的故事，有了新主角，就能有新故事，但妖精毕竟是妖精，恶行难改，后续故事就看我们小作者怎么来创作，很期待。还有谁来分享？

生3：我写的《我和孙悟空过一天》。有一天，孙悟空到人间闲逛，恰巧碰到我。我大喜，说道："你就是齐天大圣吧？听说您无所不能啊！"孙悟空听了哈哈大笑，说："是啊，这天下没有我齐天大圣干不了的事情！"我赶忙问："那您会说英语吗？How are you？"孙悟空一听，傻了，这还真听不懂，他急得抓耳挠腮，最后只好灰溜溜飞走了。可齐天大圣哪会那么容易认输？过了一会儿，他又来找我，想跟着我学英语。正好我在听英文歌 Twinkle, Twinkle, Little Star，他就大声跟着唱了两遍，然后就哈哈大笑，说："这个英语真简单，反反复复两句而已。"所以，没等学完这首歌，他就开始表演："Twinkle, Twinkle, Little Star……"一唱完，他就得意地说："你说我会不会英语？"我拿起手边的一本英文绘本，把故事读给他听，听着听着，孙悟空羞得面红耳赤，他说："要不，我和你一起学？"

师：采访一下这位男同学，你笑什么啊？

生4：我觉得她把孙悟空那种一开始很自大，后来很羞愧的样子写出来了，写得很有意思。

师：把人物放到了一个新环境，又能根据他自身的特点来编故事，实在是高，了不起！今天我们只是写了故事中的一个片段，但是有趣的故事还离不开它的起因和结果。请大家回去以后再充实一些内容，期待看到大家的故事。

【设计意图】

对学生片段的点评，老师始终围绕"新在哪里"展开，很好地突出了本次习作的重点，目标非常明确。从学生所写的片段来看，不难发现孩子们下笔更容易了，因为课上他们真的学会了如何去整理自己的故事，从新环境、新相遇和新主角三个方面去打开思维，集中又有效。几乎所有的孩子都不再为无法下笔发愁，不论长短，都有话可说，他们在感悟中感受到了创造的乐趣。

（南京市北京东路小学　左海霞）

锻炼表达，提升口语交际能力

——统编版五年级下册《口语交际八》教学实录

板块一　看一看，激趣导入

师：同学们，俗话说"笑一笑，十年少"。你们喜欢听笑话吗？

生（齐声）：喜欢。

师：今天，陈老师给大家带来了两则小笑话，我们一起看一看。

（出示笑话）

- 今天考试成绩出来了，上二年级的儿子回到家，爸爸问道："儿子，这次期末考试考得怎么样啊？"儿子不好意思地说："语文六十分，数学四十分，共计一百分。"爸爸一听："共计这门课考得不错啊，语文、数学以后可要加把劲啊！"
- 儿子入学有一阵子了，据说用比喻句能增强沟通效果，所以爸爸这样问他："镇山的虎、高飞的鹰、善战的狼、敏捷的豹、忠诚的狗，你觉得你在班级里属于哪一种？"儿子想了想，说："害群之马。"

师：同学们，刚才我发现很多同学看了这两则笑话都笑了。你喜欢哪则笑话？给我们读一读。

（指名读喜欢的笑话）

师：说说你为什么喜欢这则笑话。

生1：这则笑话前面做了一些铺垫，结尾令人意想不到的回答，让我忍俊不禁。

生2：我想到一句话："没文化，真可怕！"

师：的确，笑话能给我们带来欢乐，那你们想不想成为一个能给别人带去欢乐的人呢？我们今天就一起来学习讲笑话。（板书：我们都来讲笑话）

师：什么是笑话？笑话有什么特点？讲笑话有什么意义？

生3：引人发笑的故事就是笑话。

生4：笑话一般比较短小，通常包含着不同于常理的思维方式和行为模式，所以才会引人发笑。

生5:我昨天上网查了资料,笑话具有篇幅短小,故事情节简单而巧妙,结局往往出人意料,给人突然之间笑神来了的奇妙感觉的特点,大多揭示生活中乖谬的现象,具有讽刺性和娱乐性。

师:同学们说得非常好!优秀的笑话,含有极强的语言表达技巧和人类的高超智慧,不仅可以帮助我们排遣愁绪,还可以帮助我们学习怎样更好地做人。

【设计意图】

用俗语"笑一笑,十年少"导入新课,简洁明了,再利用两个有趣的笑话,让学生知晓本堂课的学习内容,从而激发学生学习的兴趣。学生通过观察这两则短小的笑话,总结出笑话的特点以及笑话的意义,为下面讲笑话做好铺垫。

板块二 议一议,领会方法

师:大家课前已经收集了一些很棒的笑话。你的笑话是从哪儿来的?你为什么选择这些笑话?

生1:我收集的笑话是从报刊上看到的,它们让我捧腹大笑的同时感受到了一个个深刻的道理。

生2:我收集的笑话是听爷爷奶奶讲述的,它们很好笑,也让我明白了怎样为人处世。

……

师:我们的笑话可以从书籍、报刊、网络上来,也可以是从别人那里听来或是从自己的生活中来。选择笑话,就要选择故事新奇、内容积极向上的笑话,这样才能收到不同凡响的效果。

师:大家课前初步练习了给家人讲笑话。现在谁来给大家讲讲你收集的笑话?

(提示其他学生:注意认真倾听,要找出讲笑话者做得好的方面,并能针对不足提出建议。学生讲笑话时要根据情况,提醒学生注意打招呼和介绍笑话的出处)(板书:认真倾听)

生3:爷爷出生在旧社会,用"饱经沧桑"来形容他这一生都不为过。他给我讲他小时候的故事时,常感慨道:"你们是赶上好时候了!"那天下午,我看到爷爷一个人伫立在门外,残阳如血,他的影子被拉得好长。只见他时而低头沉思,时而凝视远方,眼神忧郁而深邃。我默默地想:"爷爷一定是想起了什么刻骨铭心的往事,抑或是他在夕阳下奔跑的青春时光……"良久,爷爷终于一拍脑袋:"原来是要去买包烟,唉,一出门就忘记了!"

生(齐):哈哈哈哈……

师:你觉得他的笑话讲得怎么样?谁来评价一下?

生4:我觉得他说的笑话很搞笑。爷爷一开始低头沉思,我以为他是在回忆过去艰苦的生活,感慨现如今生活的美好,没想到,话锋一转,是爷爷年纪大了,忘事了。实在太搞笑了。

生5:我觉得不仅他讲的内容搞笑,他说话时候的表情也非常搞笑。

师:老师发现你们很会倾听、观察和总结。讲笑话前我们先要选择有趣的、健康向上的笑话,然后要熟记它;讲的时候要注意不要笑场,要流利无口头禅,要表现出笑话中人物的动作、神情、语气,一定要注意突出笑点。

(板书:熟记、不笑场、无坏习惯、有表现力、突出笑点)

师:这些方法总结起来容易,但是操作起来还是很难的。那我们再来观看一段视频,看看别人是怎样讲的。

(学生观看视频,教师引导学生注意视频中的人)

师:讲故事时通常需要一人扮演多个角色,如果处理不好,就很容易让听众混淆几个人物说的话。那么视频里的这位老师是怎么一人扮演多个角色进行对话的呢?我们再来有针对性地看视频。

(学生再次观看视频)

生6:我发现这位老师用不同的语气、不同的声音表现不同的人物,很有辨识度,让听众一下子就知道几个人分别在说什么。

师:说得太棒了!不同的人有不同的语气、语速、语调及发音特色,我们可以从这些方面来区分不同人物说的话。讲故事的人还常通过变换身体的朝向,来提示听众说话人转换了,这也是我们要注意的。

【设计意图】

通过交流,学生知道笑话可以从书籍、报刊、网络上来,也可以从别人那里听来或是从自己的生活中来。选择笑话,就要选择故事新奇、内容积极向上的笑话。通过学习视频,学生了解到如何讲笑话可以让别人开怀大笑。教师除了要关注学生的说,还要重视学生的听。善于倾听,学会合作,提出宝贵的建议,学生才能取长补短,共同提升。

板块三 比一比,展示才能

师:学了这么多讲笑话的方法,那么现在请同学们应用这些方法,在小组内练讲吧!

(出示小组练讲要求)

(1)用上我们总结的方法,参加"组内笑话 PK 赛"。

(2)推选出最会讲笑话的人。

(3)小组协作,打造你们组"最会讲笑话的人",为参加"班级笑话擂台赛"做准备。

(组内练讲,教师巡视。创设情境,感悟价值)

师:小明同学因为这次考试没考好,心里非常难过。谁来给他讲个笑话,逗他开心?

生:这两天压力很大,一直都感觉有一种无形的力量扼住了喉咙,让人呼吸困难,而且脖子后面老有风。下午去了趟医院,医生认真检查之后,在病历本上写道:秋衣前后穿反了!

……

师:亲爱的同学们,"千年等一回"的班级笑话大赛即将拉开帷幕。选手在哪里?评委在哪里?你们都是评委。待会儿请在座的各位评委认真倾听,并按照屏幕上的评星细则,给选手们打星。如果你喜欢哪一组的表演,也请用你们的笑声尽情地为他们喝彩吧!

(出示评星细则)

评星细则	星级
☆ 熟记内容 ☆ 有表现力 ☆ 不要笑场 ☆ 无坏习惯 ☆ 引人发笑	(提示:最高得五颗星,每个要点一颗星)

(小组代表展示。每个笑话讲完后,其他同学点评。教师总结,评选冠军,发奖品)(提示:当学生评价没对着讲故事的人时,老师要提醒:评价谁就对着谁。如果学生评价时,先说缺点。老师要提醒:点评别人时,应把优点先放在前面,然后再提建议,这样别人更容易接受。如有必要,请学生再讲,突出对"突出笑点"的重点指导)

【设计意图】

在教学过程中师生互动,生生互动,体现了口语交际的互动性。课堂习得的方法与技能,只有实现迁移运用,才能变成自己真正的能力。"组内练讲"和"班级笑话擂台赛"这两个环节,是整节课最受学生欢迎的环节,为学生提供了迁移运用的机会和舞台。在学生说的过程中,教师不断引导学生进行恰当评价,让后面的学生不断受益,及时调整自己的笑话内容和讲笑话的方式。整个课堂沉浸在其乐融融的欢乐氛围之中。

板块四 结一结,提升思想

师:同学们,"独乐乐不如众乐乐",所以我们应该留心从生活中,从书籍、报刊、网络上,收集有趣的、健康文明的笑话,然后熟记它,并运用今天学到的方法,讲给身边的人听。这样我们在收获快乐的同时,也会给别人带去一份快乐!

师:孩子们,在日常生活中,我们也会遇到很多有趣的人,发生很多有趣的事,更有很多不经意冒出来的有趣的话语。我们要做个有心人,将这些素材搜集起来,那样你也可以编一本笑话大全啦。想不想尝试一下,把你发现的笑话或者自己的经历写出来呢?可以和你的朋友交换笑话,促进彼此沟通,增进同学之间的友谊。

【设计意图】

课末的总结,让学生再一次梳理讲笑话的方法,感悟生活中笑话的意义,再通过互换笑话,让学生体验"独乐乐不如众乐乐"的快乐。鼓励学生自我创编笑话,将发生在自己身上、家庭中、学校里的笑话作为自己笑话的素材,同时增强自己与他人的互动与交流,从而推动口语交际在生活中的迁移与运用。

(南京市北京东路小学 陈佳)

因为爱，所以"棒"

——一年级绘本作文《我爸爸》教学实录

板块一　情境导入，初识"爸爸"

师：同学们，今天有位来自英国的小朋友，他的名字叫安东尼·布朗。（板书：安东尼·布朗）他今天想向我们介绍他的爸爸，还为此专门创作了一本图画书。你们想认识他的爸爸吗？

生（大声地）：想！

师：因为安东尼介绍的是自己的爸爸，所以书名就叫——《我爸爸》。会写的同学可以和老师一起写。

（板书：我爸爸）

【设计意图】

亲切的导入、富有童趣的语言，不仅能创设轻松的阅读氛围，还可以拉近孩子们与书本的距离，激发起他们的阅读兴趣。

板块二　看图读文，了解"爸爸"

（出示第一页图）

师：瞧，这是安东尼的爸爸，你们觉得他怎么样？

生：他长得有点胖，看起来有点呆。

生：我也觉得他有点胖，长得丑。

生：我觉得他看起来像个大怪物，不好看。

师：你们看来有点胖、有点丑，还有点呆的爸爸，在安东尼眼里呢？（师读故事：在我眼里，他真的很棒！）

（"棒"字放大变红，板书：棒？）

师：看看图，你觉得他棒吗？

（生都摇头）

师：可为什么安东尼说"在我眼里，他真的很棒"呢？我们来读书。（师读故事，生看图欣赏）我爸爸什么都不怕，连坏蛋大野狼都不怕。他可以从月亮上跳过去。他还会走高空钢丝，不会掉下来。他敢和大力士摔跤。在运动会比赛中，他轻轻松松就跑了第一名。

师：现在你觉得他爸爸棒吗？

生（一齐响亮地）：棒！

师：从哪儿感受到的？

生：他跑步能跑第一名。

生：他能把坏蛋大野狼赶走。

（出示大野狼图）

师：你怕大野狼吗？

生（笑着说）：怕！

师：爸爸手叉着腰，指着大灰狼，你猜他在说什么？

生：你不许进来，快出去！

生：你这个坏蛋，有多远滚多远，不要再回来了！

师：这么凶恶的大野狼"我"爸爸都不怕，你觉得他怎么样？

生：他真勇敢。

（板书：勇敢）

师：还可以从哪儿看出爸爸很棒呢？

生：他敢和大力士摔跤。

生：他可以从月亮上跳过去。

师：从月亮上——跳过去。月亮在哪里？（天上）"我"爸爸跳得比月亮还要高！真厉害！（板书：跳）还可以从哪儿看出"我"爸爸很棒？

生："我"爸爸敢走高空钢丝。

师：你敢吗？

生：不敢！

师："我"爸爸稳稳地走过去了，真了不起！

生：他轻轻松松就能跑第一名。

师：看看图，后面的人什么表情？

（生学做表情）

师：一个个愁眉苦脸，"我"爸爸却很轻松。他跳得高，还跑得快！

（板书：跑）

师：“我”爸爸棒不棒？

生（齐）：棒！

师：光说不行，谁能读出"我"爸爸很棒？

生：“我”爸爸什么都不怕，连坏蛋大野狼都不怕！

师：听出了爸爸真勇敢！

生（平淡地）：他可以从月亮上跳过去。

师：还不够高，谁再来读？

生：他可以从月亮上跳过去！

师：跳得真高！

生：他还会走高空钢丝，不会掉下来。

生：他敢和大力士摔跤！

生：在运动会比赛中，他轻轻松松就跑了第一名。

师：怪不得安东尼说，我爸爸真的很棒！

（生齐读）

【设计意图】

在阅读绘本的过程中时，孩子自身的已有经验或看图画所产生的猜测与图画书中的文字描述内容形成强烈冲突的时候，他们会对阅读内容产生强烈的好奇心。上课伊始，孩子们由图画猜测的爸爸的形象和后面作者写的"在我眼里，他真的很棒"形成了强烈的矛盾冲突，这使得他们满怀好奇，并在阅读中慢慢去理解，从而对自己先前的认识进行重新思考和判断，这样的阅读有意思也有价值。

师：再给你们看几幅图。这是谁？

生：马。

师：那爸爸呢？

生：可能这马是爸爸装的。

师：再看看，这是谁啊？

生：这就是"我"爸爸。他的手都是人的手。

生：我猜他肯定很能吃，因为他手里还拿着刀和叉。

师：其实这图上画的就是——"我"爸爸。安东尼将爸爸画成了一匹马。（生大笑）看看图，开动脑筋，他究竟想告诉我们什么？请你来给这幅图配一句话。

生：“我”爸爸跟马吃得一样多。

师：怎么猜出来？

生:因为他扮成马吃饭。

师:有道理!你来猜?

生:"我"爸爸吃得比马还要多。

师:我们来看看安东尼怎么说的。(出示句子:我爸爸吃得像马一样多。)小朋友真会猜!看图就能猜出作者想说的。咱们继续猜!

师:爸爸又变成什么了?(鱼)

生:"我"爸爸跟鱼吃得一样多。(全班大叫)

师:想想看,鱼有什么特点?

生:"我"爸爸游得像鱼一样深。

师:只是一部分鱼游得很深!再想想看,鱼最大的本领是什么?

生:游得快!

师:把话说完整!我爸爸游得像——

生:我爸爸游得像鱼一样快。

师:我们来看看猜得对不对。(出示句子:我爸爸游得像鱼一样快!)再来猜两幅图。

生:"我"爸爸像大力士一样厉害。

师:哪一个是大力士?

生:第一幅图。

师:图上画的是谁?

生:大猩猩。

师:联系前两幅图,想想还可以怎样说?

生:"我"爸爸的力气像大猩猩一样多。

师:将"多"换一个字,一样——大!

生:"我"爸爸的力气和大猩猩一样。

师:一样——大!说话要完整。

生:"我"爸爸的力气像大猩猩一样大。

生:"我"爸爸的力气比大猩猩还要大。

师:第二幅图谁来猜?(生议论纷纷)图上画了河马在跳舞。河马怎么跳起舞来了?安东尼想告诉我们什么?

生:爸爸喜欢跳舞。

师:那为什么画河马呢?

生:爸爸像河马一样快乐!

师:真会猜!人开心的时候就会跳舞。"我"爸爸是个快乐的人!读读这两句。

生(齐读):我爸爸像大猩猩一样强壮。我爸爸像河马一样快乐。

师:"我"爸爸勇敢,跳得高,跑得快,他还强壮、快乐。(板书:强壮、快乐)安东尼可真会夸自己的爸爸!

(出示四句话)

我爸爸吃得像马一样多,游得像鱼一样快。

我爸爸像大猩猩一样强壮,又像河马一样快乐。

师:谁能读出"我"爸爸很棒?

(生齐读上面四句)

师:你们读得也很棒!瞧,这些句中都藏着"像……一样……"。爸爸还有哪些很棒的地方呢?你能学着安东尼这样来夸夸自己的爸爸吗?我们来听听谁最会夸,夸得和别人不一样!

生:我爸爸像马一样跑得快!

师:马儿跑得快!说得好!

生:我爸爸飞得像鸟一样高!

师:听出来了,爸爸身手敏捷,健步如飞啊!

生:我爸爸像小丑一样滑稽。

师:这是位幽默的爸爸!注意哦,这位同学可没有说动物,他的夸法和安东尼不一样。你又准备怎么夸爸爸?

生:我爸爸跟猩猩一样可爱。

师:能用像什么一样说说看吗?

生:我爸爸像猩猩一样可爱。

生:我爸爸知道的东西像海一样深。

师:知识渊博的爸爸。

生:我爸爸像长颈鹿一样能够得着很高的东西。

生:我爸爸像花儿一样香。

师:呵呵,你爸爸的味道很特别!你很会夸哦,用花来说自己的爸爸。

生:我爸爸害怕起来跑得比兔子还快。

师:原来爸爸的缺点在你眼里也变得可爱了,我希望他以后更加勇敢。

生:我爸爸像富翁一样富裕。(全班大笑)

师:他爸爸很会赚钱。

生:我爸爸比猪还要胖。

师:太胖的爸爸好不好?

生:不好!

师:劝劝爸爸快减肥!再想想爸爸有什么很棒的地方。

生:我爸爸吃得跟狼一样多。

师:吃得多,身体棒!

生:我爸爸像鱼儿一样聪明。

生:我爸爸像蜜蜂一样忙碌。

师:爸爸工作多辛苦,为了照顾这个家,很有责任心!

生:我爸爸的肚皮顶几个气球。

师:能用"像……一样……"说说吗?

生:我爸爸的肚皮像一个大西瓜一样圆。

师:劝劝爸爸多运动,这样他就更棒了!

生:我爸爸像个科学家一样聪明。

师:除了聪明、幽默、运动棒、招人喜欢,爸爸还有什么很棒的地方?

生:我爸爸像画家一样会画画。

生:我爸爸的眼睛像葡萄一样圆。

生:我爸爸像大力士一样强壮。

生:我爷爷的毛笔字写得像书法家一样好。

师:爸爸很厉害,爸爸的爸爸也很厉害!小朋友,你看看爸爸勇敢、跳得高、跑得快、强壮、快乐,还有刚才你们说的很多很多优点。(板书:省略号)爸爸棒不棒?

生(大声说):棒!

【设计意图】

绘本的语言特点在于精练和反复,"像……一样……"的句式是文中最有特点的。由看图猜一猜到让孩子联系生活实际夸夸自己的爸爸,将语言训练融入到故事阅读中,对前面所学句式进行了迁移表达,这也是一个创作的过程。在这个过程中,学生既习得了表达方法,补充爸爸"棒"的内涵,又丰富了对文本的感悟。由阅读到模仿再到练习表达,水到渠成。

板块三 品味感受,体会父爱

师:虽然我们刚才夸了这么多,可"我"爸爸还有很多优点呢。(师读文字)

师:"我"爸爸像房子一样高大,有时又像泰迪熊一样柔软。"我"爸爸像猫头鹰一样聪明,有时也会做一些傻事。"我"爸爸是个伟大的舞蹈家,还是个了不起的歌唱家。他踢足球的技术一流(谁也比不过他!),(有生大喊:第一名!)也常常逗得我哈哈大笑!

师:他是怎么逗"我"的?学学看。(生学做鬼脸)爸爸是"常常"逗得"我"哈哈大笑,还会怎么逗"我"?

(生做鬼脸,全班笑成一片)

师:"我"爸爸就是这样常常逗得我哈哈大笑,做他的孩子好开心啊!现在,老师让你送爸爸一句话,你想对他说什么?

生(响亮地):爸爸,你真棒!

生:爸爸,你真厉害!

生(激动地):爸爸,你超级棒!

生(很动感情地):爸爸,你好爱我啊!

生:爸爸,你好聪明啊!

生:爸爸,你真幽默!

师:有这样的爸爸多好!我们都想和安东尼一起说:我爸爸真的很棒!(出示,生齐读)

师:我们再回到开始的这幅图。开始时你们说他丑,说他呆,现在呢?

生:我觉得他很棒!

师:棒在哪里?

生:他跳得比月亮还高!

生:他能跟大力士摔跤比赛!

生:他比房子还要高。

生:他游得像鱼一样快!

生:他轻轻松松就能跑第一名。

生:他吃得比马还多。

生:他还是一位歌唱家!

师:他还会跳舞呢!能歌善舞。

生:他比猫头鹰还要聪明!

生:他能把坏蛋大野狼赶走!

生:他无人能比!我还有个问题,他比房子还要高,那他怎么进去啊?

师:"我"爸爸真的像楼房那么高大吗?

生:不是!

师:为什么在安东尼眼里他像房子一样高大?

生:因为安东尼很小,爸爸很大!

生：他爸爸不是那么高大，只是他太矮了，看起来爸爸就像两层楼那样高！

生：因为爸爸站得远，所以看起来比楼房还要高！

生：其实，他的意思就是说爸爸对他的爱就像楼房一样高大！

师：原来，在安东尼眼里，爸爸关心他，爱护他，形象是多么高大。你们听，他在说——（播放录音：我爱他！）

师（深情地）："我"爱他，"我"爱爸爸，所以爸爸在"我"眼里无所不能，真的很棒！而且，你知道吗？（播放音乐，画外音：他也爱我，永远爱我！）

师（充满感情地）："他也爱我，永远爱我！"爸爸爱"我"，他把他全部的爱都倾注在"我"的身上，来陪伴"我"成长，所以在"我"眼里他强壮、勇敢、快乐、幽默、聪明。他有许许多多数不清的优点，他真的很棒！原来，"我"爱爸爸，爸爸在"我"眼里就像房子一样高大！原来，爸爸爱"我"，这份爱组成了一颗爱心，永恒不变。（板书）

师：让我们带着这份互相给予的爱再来回味一下这本书。请一位同学来读，其他同学静静听，认真看。（一生配乐读文字，全班静静欣赏）

师："我爱爸爸，爸爸爱我"，这份爱是我们互相给予的！我们每一个人都对自己的爸爸有着深深的爱，爸爸对你也有深深的爱。再轻轻读一读。

生（轻轻地齐读）：爸爸爱我，我爱爸爸！

师：课后，我们也可以学着安东尼的方法来为大家介绍自己的爸爸，期待同学们的作品。

【设计意图】

爸爸怎么可能比房子高呢？怎么可能从月亮上跳过去呢？抓住这些关键问题，让孩子们逐步体会到"我"眼中的爸爸之所以无所不能，是因为"我"爱他。而整体感知这本书，一方面是对文本的回顾，另一方面也是对文中"我"和爸爸之间的爱的再次感悟。"我"爱爸爸，所以"我"眼里的爸爸真棒；爸爸爱"我"，他愿意为"我"倾注所有的爱，这份爱直到永远。课堂到此戛然而止，但留在孩子心中的却是父亲美好的形象。

（南京市北京东路小学　左海霞）

让学生插上想象的翅膀

——二年级绘本作文《云朵面包》教学实录

板块一　谈话导入，走进绘本

师：小朋友，你们好！你们喜欢读故事吗？平时都读什么课外书呢？

生：我喜欢读《丁丁历险记》。

生：我喜欢读《淘气包马小跳》。

师：今天，老师给小朋友们带来一本绘本图书，这本书可有意思了，我们一起来阅读吧。

【设计意图】

在阅读方面，《课程标准》对低学段的学生，明确提出"喜欢阅读，感受阅读的乐趣"的要求。这个学段学生的阅读类型包括浅近的童话、寓言、故事。在这样的理念引领下，经典绘本阅读无疑是课堂上受欢迎的"新宠"。这次带来的绘本是韩国作家白嬉娜创作的。开头教师与学生进行亲切的交流，拉近与学生的距离，不介绍书名，保持悬念，激发学生的学习兴趣。

板块二　做云朵面包，期待味道

师：咱们的故事就发生在这样的阴天。"清晨，我从梦中醒来，睁眼一看，窗外正下着雨。"让我们猜猜看，这个"我"是谁？

生：一只小猫。

师："我"从梦中醒来了，这个"我"真的是小猫。"我"醒来的时候，弟弟和爸爸都还在睡觉呢！（引导学生看猫弟弟的鼻涕、猫爸爸的嘴巴）而"我"身边的被子已经掀开了一角。大家猜猜看，是谁已经起床了？

师：……妈妈已经早早地起床了。墙上的钟好像还睡意蒙眬的眼睛刚走到7点22分，可妈妈已经在厨房里忙碌着为我们准备早餐了。橘黄的灯光柔柔地从厨房蔓延开来,把墙上的全家福,把整个客厅,把我们家都照得暖洋洋的。这个情景小朋友们有没有见过呢?

师:"'快起床,外面下雨了!'我叫醒弟弟,穿上黄色的雨衣,一起走到屋外。"天还是这么黑沉沉的,乌云厚厚的像个盖子,大雨哗哗地下着,雨点落在我们的小雨衣上,啪嗒啪嗒嗒跳了一阵踢踏舞,然后又朝地面跑去,地面是他们更大更美的舞台。"我们仰头望着天空,看了好久好久……今天,会发生一些奇妙的事情吧!"小朋友们,下雨的时候你们仰头望着天空,会期盼有哪些奇妙的事情发生呢?

师:"我"和弟弟正在仰望天空的时候,突然发现……"'咦,这是什么呀?'原来树枝上挂着一朵小小的……"(生:云朵)"我用力举着弟弟,我们想把小云朵抱下来!哈哈,我们成功了!"

师:现在,老师把小云朵小心翼翼地放到你的手上,什么感觉?

生:很轻很轻。

生:我觉得很舒服。

师:你来读一读。

生:"小云朵好轻好轻啊,我们小心翼翼地抱着它,拿回家给了妈妈。"

师:猜一猜,妈妈会用这片白云做什么呢?

生:做棉花糖。

生:做小房子。

生:做奶油面包。

师:我们都来和妈妈一起做做云朵面包吧。

(出示绘本原文)

(1)妈妈将云朵放进大碗。

(2)倒入热牛奶和水。

(3)放入酵母、盐和糖。

(4)先轻轻地揉成大面团。

(5)再揉成小小的、圆圆的,放进烤箱。

(6)再等45分钟就烤好了,这是今天的早餐哟!

师:云朵面包现在在烤箱里烤着,你们猜,它会是什么味道呢?

(句式练习:云朵面包是_____味道。)

生:云朵面包是甜甜的味道。

生:云朵面包是牛奶的味道。

生:云朵面包还是妈妈的爱的味道。

【设计意图】

教师借助绘本色彩斑斓的画面、简洁明了的文字,激发学生的想象力,培养学生的思维能力,提升学生的艺术审美能力,这是在低学段由课内阅读拓展到课外阅读最好的途径。

板块三 吃云朵面包,品尝味道

师:啊,这甜甜的、牛奶般的云朵面包就要烤好了!一家人围在餐桌前品尝美味的云朵面包,那该多幸福啊!可是你看,猫爸爸怎么了?(自由说。渗透读书方法,重视图画细节:赶着去上班,慌慌张张的样子)(指名读)生:"糟糕!起晚了!下雨天会堵车的!爸爸来不及等面包烤好就急匆匆地拿起公文包和雨伞,慌慌张张地奔向公司去了。"

师:望着爸爸急匆匆的背影,妈妈会怎么说?(观察猫妈妈的样子,体会妈妈的担忧和对爸爸的爱)望着爸爸急匆匆的背影,"妈妈说:'不吃饭会饿的……'妈妈好担心爸爸"。孩子们,这里用了一个省略号,妈妈的话还没有说完呢,她还想对爸爸说些什么呢?让我们一起把妈妈的担忧、妈妈的爱都读出来吧。

师:云朵面包还在继续烤着,30分钟过去了,40分钟过去了,"45分钟过去了。厨房里飘来阵阵清香。妈妈轻轻打开烤箱。啊!烤好了的,香气腾腾的云朵面包"。这时,意想不到的事情发生了,那云朵面包竟然忽忽悠悠地飘了出来!

师:飘过妈妈的头顶,妈妈抓起一个,深深地闻了闻,说:"哇!好香!口水都要流出来了!"妈妈的话让你想到了什么?那你也来读一读。

(指名读)

师:孩子们,仔细看看图画,想想,这香气腾腾的云朵面包还会飘过哪里?谁也会和妈妈有同样的感受?

(句式练习:香气腾腾的云朵面包飘过_____,_____说:"哇!好香!口水都要流出来了!"果然是香气腾腾啊,等不及啦!"开吃喽!")

师:吃了云朵面包后,更奇妙的事情发生了,看,发生什么了?("吃了云朵面包,我们也忽忽悠悠地飘了起来。")大家看看,妈妈、弟弟和"我"是怎样的动作和表情?

生:吃了云朵面包,大家都飞了起来。妈妈手里端着咖啡,忽忽悠悠地飘了起来;弟弟惊讶无比;"我"的嘴里满满地塞着一口面包,像只鸟一样飞了起来。

师:是啊,吃了云朵面包,我们也忽忽悠悠地飘了起来。你看,妈妈、"我"和弟弟的眼睛都瞪得大大的,他们在说什么呀?(学生看图想象说话)

师:孩子们,你觉得,现在,这云朵面包除了刚才那甜甜的,像牛奶一样的味道,又多了些什么味道呢?

(句式练习:云朵面包里有_____味道。)

生:云朵面包里有快乐的味道。

生:云朵面包里有飞翔的味道。

生:云朵面包里有飘飘悠悠的味道。

生:云朵面包里有神奇的味道。

生:云朵面包里有惊喜的味道。

生:云朵面包里有兴奋的味道。

【设计意图】

让学生猜测并印证自己的发现。水到渠成的表达训练、课堂上的师生对话交流,让体验来得自然、亲切,不留痕迹。情感也得到升级,不仅仅停留在云朵本身的味道上,还包含在制作云朵面包的整个过程中,充满了惊喜、神奇和兴奋。

板块四 送云朵面包,懂得分享

师:我们说有快乐要与人分享,要是你有这么棒的云朵面包,你最想和谁分享?

师:是的,我们总愿意和我们最爱的人分享快乐。和你们一样,小猫也想到了一大早就饿着肚子飞奔出门的亲爱的爸爸。

师:"'爸爸一定很饿了!'弟弟说,'我们给他送面包去吧!'"于是,"我把面包装进袋子,打开窗户,和弟弟一起飞了出去"。

生:"'爸爸在哪儿呢?他已经到了公司了吗?''不会的,看,车都塞在路上了!'"

师:在密密麻麻的车里面找到爸爸可太不容易了,我们找了好久啊。"'瞧!爸爸在那儿!'弟弟叫起来。我们在密密麻麻塞满了车的马路上找到了爸爸。他坐的公交车里挤满了人,就像装满豆芽的盒子。"

师(情景创设):孩子们,现在让我们都挤进这辆像盒子一样的公交车里。眼看着公交车像蜗牛一样慢吞吞地一寸一寸地挪着,你什么心情?

生:难受。

生:饿。

生:烦躁。

生:巴不得立刻飞起来……

师:就在猫爸爸又饿又累又烦的时候,突然他看到两只小猫从天而降,叫着"爸爸",并递给他一个面包。兔子阿姨,你把眼睛瞪得那么大,你想说什么呀?

师:山羊叔叔你呢?

生:山羊叔叔羡慕爸爸。

生:他会很惊讶小猫怎么能飞起来。

师:爸爸,你又想说什么呢?

生:爸爸会很感动。

生:爸爸会很惊讶。

师:爸爸就是在大家的无比惊讶、无比羡慕的眼神中接过了孩子们冒着风雨送来的云朵面包,轻轻地咬了一口。现在对于爸爸来说,这云朵面包是什么味道呢?

(句式练习:云朵面包是_____味道。)

生:云朵面包是神奇的味道。

生:云朵面包是感动的味道。

生:云朵面包是甜甜的味道。

生:云朵面包是孩子们和妻子的爱的味道。

师:是的,对于爸爸来说,这云朵面包就是孩子们对爸爸爱的味道,就是家的味道!(板书:爱)

师:爸爸还没来得及细细回味这幸福,哇!不可思议的事情发生了!"吃了云朵面包的爸爸竟然也……飘飘悠悠地飞了出来。像大鸟一样呼呼地飞着,飞得好高好高哦!"

师:"总算飞进了办公室。'啊,真是万幸!'"时钟刚好指向9点,秘书给爸爸送来了热腾腾的咖啡。看着爸爸轻松地开始了一天的工作,我们好开心呀!

师:回家喽!我们又一次飞到了高楼的上面……"我"和弟弟胆战心惊地避开电线……小鸟看见我们从他们的面前飞过,看,小鸟的表情……

生:吓得嘴巴都合不拢啦。他们想,咦,现在怎么连小猫也会飞啦,简直太神奇了!

师:带着满心的欢喜,我们轻轻地落在屋顶上。(齐读)"雨刚停,天上的白云就一片一片地飘了起来。弟弟说:'好饿哦!'"这是因为在空中飞累了。我们再吃一个云朵面包,好不好?'弟弟和我又吃了一个面包。谢谢小云朵,云朵面包真好吃!"

师:我们轻轻地落在房顶上,回想起妈妈做云朵面包时脸上的微笑,回想起爸爸捧着云朵面包时的惊喜,望着这蓝蓝的天,我们是怎样的心情呢?云朵面包里又增添了什么新的味道呢?

(句式练习:云朵面包里有_____的味道。)

生:云朵面包里有快乐的味道。

生:云朵面包里有自豪的味道。

生:云朵面包里有期盼的味道。

生:云朵面包里有感谢的味道。

师:孩子们,经过我们细细地品尝,原来,云朵面包的味道是这样丰富呀!(配乐)

出示:

> 云朵面包
>
> 是甜甜的、牛奶般的味道。
>
> 云朵面包
>
> 是像小鸟一样自由飞翔的味道,是快乐神奇的味道。
>
> 云朵面包
>
> 是爱的味道,是家的味道。
>
> 云朵面包
>
> 让一个阴雨绵绵的天气,有了灿烂阳光的味道……

【设计意图】

孩子们在老师的点拨下进行了故事创编,他们的言语充满了灵性,与童真一起通过文字与画面进入不同的世界,让言语的创造力得以扩大。老师善于运用智慧和真情感染孩子,用尊重和赞美保护每一个孩子的言语个性,留给他们一片自由挥洒言语的蓝色天空,让他们在言语实践的平台上抒发真情。

板块五 静心读书,交流讨论

师:你们喜欢这本书吗?喜欢这本书的什么?(情节、人物、画面……)

师:你能给这本书取个名字吗?

(出示绘本封面)

师:是的,这本书的题目就叫《云朵面包》。(生读封面)书的封面就像书的眼睛,告诉我们这是一个关于小猫和云朵面包的故事,是关于家的故事。书的封面还告诉了我们这本书的作者是韩国的白嬉娜,摄影是韩国的金向寿。

师:(介绍作者)这是作家用布艺、剪纸等创作的美丽的想象故事哦。(介绍摄影)金向寿把雨天的照片拍得异常生动,让大家想起在雨中玩耍的感觉。有关他们的详细资料就藏在书的扉页里。读书的时候,读封面、扉页是一种好习惯。

【设计意图】

兴趣是最好的老师,是快乐的起跑线。每一个孩子都是读图画的天才,只要故事在图画上表现出来,孩子的眼睛就会发现它们并能读出成人意想不到的意思。在绘本阅读的过程中,教师尊重每个孩子的不同感受,积极鼓励孩子边发现边猜想,并让孩子与作家相比,树立学生习作的信心。

(南京市北京东路小学　陈佳)

微写作：小聚焦，大突破

——三年级生活作文《按顺序写清楚一连串动作》教学实录

板块一　趣味导入，激发兴趣

师：小朋友们，咱们南京有很多美味的食物，吸引着外地游客。你们瞧，他们都在吃什么呢？（出示：人们吃臭豆腐、冰糖葫芦、鸭血粉丝汤、鸭脖子等的图片）

生：臭豆腐。

生：冰糖葫芦。

生：鸭血粉丝汤。

生：鸭脖子。

师：是呀，这些可都是咱们南京街头巷尾随处可见的小吃呀。俗话说得好，"民以食为天"，咱们南京的小朋友不仅要会吃，还要把怎么吃介绍给大家。今天这节课，咱们就来聊聊吃、写写吃。

（师板书，画上舌头和嘴巴，右边写上"吃"字）

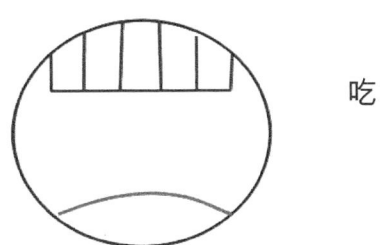

【设计意图】

导入，是教师有意识有目的地引导学生进入新的学习情境的一种方式，是课堂教学的重要环节，目的在于营造氛围、激发兴趣、启发思考等。此环节中教师以学生喜爱的"吃"导入，用饱满的热情、生动的话语，配以食物图片，撩拨学生的好奇心，吸引学生的目光，使学生的情绪兴奋起来，很快进入积极的思维状态。

板书一张大嘴巴,富有童趣。

板块二　聚焦难点,用准动词

师:我们说到吃的时候,有时候用"吃"这个字,有时候不用。老师来考考你们。如果吃的是液体的东西,我们可以用哪个字?(配图)

生:喝。

生:吸。

师:如果一点一点咬下来叫什么?

生:啃。

师:用舌头去吃叫什么?

生:舔。

师:张大嘴巴一口吃下去叫什么?

生:吞。

师:你们还知道哪些表示吃的字?

生:嚼。

生:吮。

生:唆(南京方言里惯用这个词表示吮吸)。

师:什么时候用唆?

生:啃完鸭脖子要唆手指。

生:品,品酒。

师:(将同学们提到的动词板书在黑板上)同学们说得真好。你们瞧,这些字不仅也表示"吃",还把"吃"的样子告诉了大家,多有趣呀!

【设计意图】

在以往的教学过程中,我们发现,学生对动作的表述不够准确清楚,较多地运用如"吃""打"等泛义动词,导致习作空洞无趣。这一现象在三年级起始阶段较为普遍。此环节就是为了突破这个难点而设计的。借助图画,调动学生生活体验,将"吃"放入具体语境中,引出表示"吃"的一系列的字,让学生感受动词的准确性和丰富性,学会生动表达。

板块三　借助视频,拆分动作

师:小朋友们,夏天马上就要到了,你们知道老师夏天最喜欢吃什么吗?(出示西瓜图片,配上音效)

生：西瓜。

师：虽然都是吃西瓜，但不同的人吃法还真不一样，有人这么吃，有人那样吃……（出图）喜欢吃的小朋友来说说，你们怎么吃西瓜呀？

生：我喜欢切成一片一片吃。

生：我喜欢用勺子挖着吃。

生：我喜欢切成一小块一小块，上面插上牙签，拿起来吃比较方便。

生：榨成汁喝。

师：你们真会享受。老师班上有个小朋友也特别爱吃西瓜，仔细瞧，看清楚他怎么吃西瓜的，做了几个动作。（播放学生吃西瓜视频）

（生观看视频）

师：请小朋友说一说视频里的小朋友是怎么吃西瓜的。

生：他闻了闻，咬了一大口，嚼了嚼，然后不停地咬，最后吃完了。

（师按顺序板书学生提到的动词：闻、咬、嚼、咬）

师：好，还有谁补充？

生：他中间还吸了吸西瓜水。

（师板书：吸）

生：吃到最后他还舔了下嘴唇。

（师板书：舔）

师：同学们观察得真仔细。吃到最后，西瓜肉只有一点点的时候，我们还咬得到西瓜吗？只能怎么样？

生：咬不到了，只能啃。

师：这个动作放在哪呢？

生：放在吸前面，他吸之前就已经在啃瓜了。

（师板书：啃）

师（指板书）：同学们说得很清楚。你瞧，吃西瓜不是一个动作，而是一连串动作，把这一连串动作按顺序说清楚了，才能把完整的吃西瓜过程说清楚。

【设计意图】

"说清楚"是三年级习作教学的重点。这一环节，教师巧妙运用视频，引导学生观察、表达。在导语中，教师提醒学生重点关注"吃西瓜"的动作，观察有了落脚点，学生就能够集中注意力，在连续的画面中捕捉有效信息。再通过同学之间的补充提醒，大致还原"吃西瓜"的完整过程。同时感受到"吃西瓜"这件事是由一连串动作完成的，非一个"吃"字能概括，有效避免了写作中出现的表述模糊等问题。

板块四　定格画面，丰满动作

师：为了让小朋友们看得更清楚，老师截取了吃西瓜过程中的几张图片。(出示图片)小朋友们，仔细看，都看见什么了？

生：他张大嘴巴，露出了两颗小尖牙，好像要把西瓜一口吞掉。

生：我要说第三张图。他吃得满脸都是西瓜水，看上去特别好笑。我自己吃西瓜的时候吃得太快，就经常一脸都是水。

生：我要补充一下，如果西瓜切得太大，吃到最后就只能贴着西瓜皮啃，这样就会弄得满脸都是西瓜汁。

(师板书：张大嘴巴、露出小尖牙、满脸都是西瓜水)

生：他嘟起嘴，贴在西瓜皮上，用力地吸，脸都陷进去了。

(师板书：嘟起嘴、用力)

师：小朋友们观察得真仔细，把这个小朋友吃西瓜的过程说得更具体了。

师：在刚刚看视频过程中，你们听到点什么了吗？

生：哧溜哧溜(模仿吸西瓜汁的声音)。

(师板书：哧溜哧溜)

师：吃得可真痛快！下面，请小朋友把刚刚说的这些样子啊、声音啊放进去，连起来再说说吃西瓜的过程。

(学生自己练说，同桌互相说一说)

师：谁来给大家说一说？

生：这个小朋友捧起一块西瓜，张大嘴巴，迫不及待地咬了一口。他嚼了嚼，说："真好吃呀！"然后，他又咬了大大的一口。两口下去，这块西瓜就缺了一大块。他咬着咬着，不时还吸一吸西瓜水。不一会儿，一大块西瓜就要见底了。他把西瓜竖起来，贴在脸上啃，弄得脸上全是西瓜水。

生：我要补充一下，他把西瓜竖起来，用力地啃，脸贴在西瓜上，都被挤变形了。

【设计意图】

研究表明，由于视网膜的局限性，眼睛必须在一次观看中挑选出某些特殊的部位，使之突出孤立出来，变成视域的中心或主要部位。这意味着，每一次注视只能对准一件事物，而且必须把这一主要的对象同周围其他一切东西区分开来。在上一个环节中，学生观察的重点落在"吃"的动作上。该环节定格画面的作用是让学生进一步观察"吃"的样子，丰富表达。教师在设计该板块时充分考虑到学生观察力的局限性,考虑细致周到。

板块五　抓住特点,当场练写

师:小朋友们,看了这个小男生吃西瓜的样子,你能猜到他是什么样的人吗?怎么看出来的?

生:他吃得满脸都是,肯定是个调皮的男孩子。

生:他一定是个贪吃鬼。

师:是呀!他是个大大咧咧的男生,吃起东西来也这么爽快。如果是文文静静的小姑娘会这么吃吗?没牙的老爷爷老奶奶会怎么吃呢?牙没长齐的小宝宝想吃西瓜怎么办呢?你们的老师会怎么吃西瓜呢?让我们来写一写吧。

(师出示片段写作要求)

(1) 回忆、想象自己或别人吃西瓜的样子。

(2) 按一定顺序用上一连串动词(至少5个),把吃西瓜的过程写清楚。

(3) 如果能写出吃西瓜的样子或声音就更好了。

(4) 题目:＿＿＿＿＿＿＿吃西瓜。

(请一个学生读读写作要求)

师:题目中有条横线,可以填什么呢?

生:谁吃西瓜,填人的名字。

生:还可以填怎么吃西瓜,比如大口吃西瓜。

师:同学们说得非常好,现在开始我们的写作之旅吧。

(学生写话,师巡视)

【设计意图】

该环节帮助学生将视线从课堂转向生活,立足生活体验,挖掘习作素材,使得课堂上的小练笔任务更真实,有利于激发学生的写作兴趣。小练笔的写作对象宽泛,可以是自己也可以是他人,这使每位学生都有写作素材。同时,教师对半命题作文题目的填写进行指导。对习作起始阶段的学生来说,这样的指导非常必要。整个环节的指导细致扎实,充分关注学情。

板块六　直击目标,量化自评

(师收1份学生写话纸,放在投影仪下)

师:同学们,请先停下手中的笔。我们来看这位同学的片段习作。他用到了哪些动词?你们说,老师来圈一圈。

(生说动词,教师圈出来)

师:有提到吃西瓜样子的词语或句子吗?把它画出来。

(生说,师画出词句)

师:提到声音了吗?

(生说,师画出来)

师(出示自评表):使用5个或以上动词可以得3颗星,不足5个就只能得2颗星。加上样子和声音,这位同学一共可以得几颗星呢?

【我会评】(在获得的★上打勾)

按顺序用上一连串动词 (至少5个)(得3颗星)	写出样子 (得1颗星)	写出声音 (得1颗星)	总评

生:五颗星!

师:下面,就请同学们像刚刚一样,给自己写的内容打星。

(生进行自评。师走下讲台,了解情况,提醒学生对照自评表进行修改)

师(总结):小朋友们,今天我们学习了按顺序写清楚"吃"的一连串动作,我们知道,选用最合适的动词,把人物吃东西时候的一连串动作按顺序写下来,再加上对样子、声音的描写就可以了。今天我们写了吃西瓜,下次请你写吃冰激凌、吃糖葫芦,都会写了吗?

今天这节课就上到这,下课!

【设计意图】

上文中这样有针对性的评价,可以让学生清楚把握目标,自评、自我修改方向都很明确,绝大部分学生都可以做到。老师当场统计得星数目,可以大致把握习作训练的成效,习作效果"看得见"。聚焦评价方式,避免了负面评价的迁移和泛化。每次训练都可以是独立的,小目标更容易达成,习作水平暂时落后的学生也能获得成就感。

(南京市北京东路小学阳光分校　吴文霞)

把故事写生动

——三年级绘本作文《獾的礼物》教学实录

板块一 回顾绘本，明确内容

师：课前，小朋友们都认真阅读了经典绘本《獾的礼物》，獾的礼物是什么呢？让我们一起来回顾一下。（PPT出示绘本图片以及简要文字）老师想请一组小朋友"开火车"来读一读。

（生"开火车"读绘本文字）

师：绘本读完了，你觉得獾的礼物是什么？

生：獾帮助大家，给大家留下了美好的回忆。

师：你一下子就概括出了獾的礼物，就是——帮助，真棒！

师：那谁能讲清楚，獾帮助谁做了什么？

生：獾教兔子太太做姜饼，而且教给她很多做饼的小技巧。獾还教会了青蛙滑冰。

生：我来补充，獾还教会了小鼹鼠剪纸，教会了狐狸系领带。

师：两位同学一下子就说清楚了獾帮助谁做什么。也就是说，这本绘本讲述了獾帮助小动物的故事。每一份"帮助"，就是一份"礼物"；每一份礼物背后，都是一个温馨的小故事。绘本就是这样有趣，一个大故事里可能还藏着许多小故事。不过绘本只告诉了我们很简单的文字和图片，要能讲好背后的故事，需要我们开动脑筋思考。

【设计意图】

课前学生已经自行阅读了绘本《獾的礼物》，上课一开始，教师通过绘本中关键的几张图片，唤起学生的已有记忆，并结合绘本的名字，让学生根据"獾帮助谁做了什么"的句式，简要表达出自己对绘本故事的理解。再基于学生的回答，引出本课的主题：根据简单的文字和图片，开动脑筋将故事讲生动、写生动。

板块二　依照顺序，清楚讲述

师：请看看图(PPT 出示獾教会青蛙滑冰的三幅图)，图片上描绘的是什么内容？先看第一幅图，谁来试试？

生：一开始青蛙不会滑冰，就在冰上打转转。

师：也就是青蛙一开始遇到了困难。接着呢？

生：獾拉着青蛙，教他学滑冰。

师：第二幅图就是獾帮助青蛙解决困难。最后呢？

生：小青蛙可以自己滑冰了。

师：第三幅图就是解决了困难。刚才三位同学分别说出了图画的内容，谁能借助提示，把獾和小动物之间的故事连起来讲清楚？

(出示提示)

提示：

一开始，青蛙＿＿＿＿＿＿＿＿＿＿＿＿＿＿＿＿；

然后，＿＿＿＿＿＿＿＿＿＿＿＿＿＿＿＿＿；

最终，＿＿＿＿＿＿＿＿＿＿＿＿＿＿＿＿。

生：一开始，小青蛙在冰上站不稳，直打转转；然后它请獾先生帮助它；最后，青蛙经过练习，终于学会了滑冰。

师：按照顺序，我们一下子就把小青蛙遇到困难，在獾的帮助下解决困难，学会某种本领的过程说清楚了。(贴板贴：按顺序、说清楚)那其他小动物呢？看图，说一说。(PPT 出示小鼹鼠图片)

生：一开始，小鼹鼠剪的纸鼹鼠都是一个一个的，断开的，然后獾先生教小鼹鼠剪出了连起来的纸鼹鼠，最终小鼹鼠学会了剪一连串的纸鼹鼠。

师：说得真清楚！下面没有提示，请你选择小狐狸或者兔子太太，像这样自己按顺序说清楚故事。(PPT 出示狐狸和兔子太太的相关图片，分别指名说)

生：我选的是小狐狸。小狐狸一开始不会打领带，有时候还打死结；然后他请獾先生教它系领带；獾先生耐心地教它，最终狐狸学会了系领带，还发明了许多新造型。

生：一开始兔子太太做的姜饼不好吃，它请獾先生教它做姜饼，最终兔子太太学会了做姜饼，变成了村子里有名的姜饼大师。

师：同学们真棒！一下子就学会了——按顺序把故事讲清楚。

【设计意图】

三年级是学生习作的起步阶段。对三年级学生来说,要把故事讲生动是难点。生动的前提是把故事讲清楚。在这个板块中,教师先是借助了"獾教青蛙滑冰"这个有着三幅图的小故事,让学生分别用一句话讲述每一幅图的内容,明白了故事是按照"遇到困难——獾帮忙——解决困难"的过程讲述的。再给出含有顺序词的提示语,让学生连起来说一说故事内容。接着出示第二组图和提示,让学生直接尝试根据提示说故事。最后同时出示两组图,不给提示,让学生自己练说,再全班交流。这样由扶到放,让学生能学习、运用顺序词把故事主要内容讲清楚。

板块三 把握"插曲",有趣讲述

(一)自己思考:如何把故事讲好玩

师:假如你想回去将这几个小故事讲给你的弟弟妹妹听,你觉得这样讲好玩吗?

生(七嘴八舌):不好玩。

师:要把故事讲好玩了,你有什么办法?

生:可以"添油加醋"一点。

师:"添油加醋"一般用作贬义词,不过这里老师明白,你是想给故事添点儿东西。到底添什么呢?谁来补充?

生:添一些听起来好玩的东西,就是让人发笑的东西,或者一下子没想到的东西。

师:说得真好!一般说来,我们学会一项本领后,总有回忆起来很好玩,但当时可能让你紧张、尴尬、激动的意外……我们把这些统称为"小插曲"。(贴板贴:小插曲、写好玩)

【设计意图】

三年级的学生在一、二年级也有造句、仿写句子、看图写话等练习,在三年级上学期也学习写了几篇习作,对于习作已经有一点经验。这个环节是利用一个生活情境,促使学生调动自己的已有经验,去思考可以如何将故事写生动。基于学生的回答引出本课的重难点:抓住"小插曲",把故事写生动。

(二) 借助例子:试着说说"小插曲"

师:你瞧这一组图片,小青蛙向獾先生学滑冰,他可能遇到什么好玩的小插曲呢?

生:开始小青蛙不会滑冰,一滑就在冰上打转转,转着转着头都转晕了,差点摔了下来。然后獾先生拉着它的手,带着它滑。可是,小青蛙还是站不稳,差点又摔了个狗啃泥。最后,在獾先生的帮助下,它终于学会了滑冰,可以不用人扶着,自己在冰上滑了。我的故事讲完了。

师:你听出故事里有什么小插曲了吗?好玩吗?

(生七嘴八舌,有的说好玩,有的说不好玩)

师:哪些同学觉得故事很好玩?说说你觉得哪里好玩。

生:就是一开始小青蛙不会滑,转晕了头,差点摔倒了,但是没摔跤。可是后来獾先生帮它,牵着它的手,有人帮忙的时候它居然摔倒了,还摔了个狗啃泥,让人很想不到,很好玩。

师:本来我们以为有人帮忙可能会好一点,可是出乎意料,它居然摔了个狗啃泥!这就是一个"小意外"。这位同学自己就用上了"小意外"的办法,让人想不到,多好呀!刚刚我也听到了有同学说不好玩,这些同学一定是要求比较高。那你觉得怎么才能让这个故事更好玩、更符合你的要求?

生:我觉得獾先生帮它的时候,它可能拉着獾先生一起摔倒了!

师:这个意外也很合理哦!

生:我看到图上还有一个小雪人,也许它们摔倒的时候一下子撞上了小雪人,把小雪人都给压烂了!

师:原来图片这里还有小鼹鼠和小雪人呀!她的发言也提醒我们要注意什么?

生:要观察图片。

师:是呀,你很会总结方法!还有,它们不偏不倚刚刚好撞上了小雪人,那也是一种巧合,所以创造巧合也是一种方法。不过雪人撞烂了,堆雪人的小鼹鼠可就伤心了,我们能不能换一种说法,让它们撞得没那么重,听起来又比较好玩?

生:它们和雪人来了一个大大的拥抱!

师:这样就温馨多了!真棒!

师(小结):刚才从大家的发言、补充里,我们知道,要把故事写好玩,可以发挥我们的想象力,创造一些小意外、小巧合,在有图片的时候还要注意观察图片。

【设计意图】

这个环节借助"獾教会青蛙滑冰"的一组图片,让学生自己思考故事中可能出现的好玩的小插曲。在讨论和碰撞中,教师借助学生的回答和其他同学的点评,引导学生关注"说好玩"的方法:设计合理的意外、巧合,仔细观察图片,发挥想象力等。

(三) 仿照例子:自己练说"小插曲"

师:下面请你用上这些方法,仔细观察,发挥想象,说一说小狐狸和獾先生又发生了什么好玩的小插曲呢?可以和同桌轻声地讨论。

(学生看图,讨论,自己练习说)

师:谁愿意来和大家分享?

生:小狐狸想学习系领带,它请獾先生做老师。獾先生一步一步系给它看,小狐狸照样子开始练习。它胡乱地扯来扯去,可是一不小心,用的力气太大了,勒住了自己的脖子,它再一使劲,领带都被扯断了。獾先生很热心地又送了一条领带给小狐狸,它很开心,又继续练习,可是这次它不知怎么,又系成了一个很大的死结。幸亏獾先生很厉害,帮忙把死结解开了。小狐狸继续练习,一次又一次,可是总也系不好,一次都没有成功。最后,小狐狸不耐烦了,它两只手随意地一抽一拉,哎呀,居然打了一个漂亮的结!小狐狸迫不及待地拿起领带给獾先生看,獾先生也为它高兴。小狐狸会系领带了,这事儿也传到了村子里。大家都很为小狐狸高兴。小狐狸很自豪,它也下决心要成为村子里系领带的专家。从此,它就钻研打领带的方法,真的发明出了很多种方法。大家都很为它骄傲。

(生鼓掌)

师:大家听得很专注,他讲得也很棒,为大家点赞!(对一生说)刚才我看到你是第一个听着听着就忍不住笑起来的,你觉得他的故事有哪些好玩的小插曲?

生:我觉得好玩的地方是小狐狸系领带的时候居然把领带扯断了,那它该用了多大的力气啊!还有就是打死结,因为我刚刚学系红领巾的时候也老是打死结,一想起来就觉得特别好笑。

师:他的回答也告诉了我们把故事写好玩的一个方法,你发现了吗?

生:联系生活里的事情。

师:对,联系实际去写小插曲,就容易让读者想到自己身上发生的事儿,有共鸣,就更觉得故事好玩了。还有同学想补充说一说,这个故事还有哪些好玩的小插曲吗?

生：我觉得小狐狸在认真系领带的时候，一会儿断了，一会儿打死结，总也打不好领带，但是随便一系居然就打了个漂亮的结，这个意外也很好玩。

师：就像俗语说的"有心栽花花不开，无心插柳柳成荫"，这样的小插曲也很有趣！咱们班的同学特别棒，不仅发现了许多把故事讲好的方法，学会了运用，还能用心倾听别人的故事，发现里面好玩的地方，为你们点赞。

【设计意图】

如果说前一个环节是借助学生的回答、老师和其他同学的点评去归纳把故事讲好玩的方法，这一个环节就是利用刚才的方法，去练习把故事讲生动。这个环节也分为两步：第一步是自己思考，运用方法练习讲述；第二步是针对学生的发言，其他同学抓住小插曲进行点评，在说、评的过程中更加明确如何抓住小插曲，使故事更生动。

板块四　记录精彩，生动表达

师：绘本故事中，还有一个小鼹鼠、一位兔子太太，也得到了獾的帮助。他们又发生了什么小插曲呢？请你选择一组图，仔细观察，发挥想象，用上刚刚的方法，把小插曲写好玩。（出示獾先生教小鼹鼠剪纸、獾先生教兔子太太做姜饼的图片）

（生观察图片，在稿纸上写片段，十分钟）

师：哪位同学愿意来展示一下自己的片段？

（实物展台展示片段，生读）

生：一想到那时的情景，兔子太太总忍不住笑起来。那一天，兔子太太想学做姜饼，它请獾先生做老师。按照獾先生讲解的步骤，兔子太太开始做姜饼了。它把面粉和姜粉倒进盆里，忽然觉得鼻子有点痒，一个不小心，它"阿嚏"一声，打了一个大大的喷嚏。这下好了，盆里的面粉飞了出来，落到了兔子太太的头上、脸上，兔子太太仿佛一下子变成了"雪兔子"。它只好去把面粉弄掉，再接着做姜饼。

师：谁来点评？你认为故事好玩吗？为什么？

生：我觉得很好玩。故事里的兔子太太打了一个喷嚏，让面粉都飞起来了，把自己变成了雪兔子。我觉得这里很意外。面粉都很巧地落在了兔子太太头上，也很有想象力。

师：这是一开始做姜饼的时候，遇到的小意外。在做的过程中或者做好以后，兔子太太还可能遇到哪些意外呢？

生：我写的是兔子太太把姜饼给烤煳了。（读片段）兔子太太按照獾先生说的，一步一步加水、揉面、压模，终于将所有的姜饼都整整齐齐地放进了烤箱。设定好了时间，接着就是耐心等待啦！兔子太太想着，做好了姜饼要分给邻居们一起尝一尝。"叮"的一声，时间到！兔子太太戴上手套，准备取姜饼。可是，一拉开烤箱门，一股味道飘来，咦，香香的姜饼味里怎么还有一点奇怪的味道？兔子太太仔细一看，姜饼不是黄澄澄的，而是黑乎乎的——因为它们都烤煳了。兔子太太沮丧得长耳朵都耷拉了下来。她准备再次请獾先生来帮忙。

师：谁来点评？

生：前面都写了兔子太太按照獾先生说的做，还写了兔子太太要和邻居分享姜饼，感觉好像是烤成功了。但是结尾居然是烤煳了，让人觉得很意外。

师：多么有趣的故事呀！正是这些意外、巧合，形成了欢乐的小插曲，让小动物们留下了美好的回忆。

师：这节课上，我们借助顺序，把故事说清楚；抓住小插曲，让故事更好玩。课后，同学们可以将片段订在一起，我们全班就有了有趣的"插曲集"；还可以写一写其他小动物的小插曲，我们就有了一本有趣的故事集啦！

【设计意图】

在经历了自己说故事、归纳方法、运用方法说故事以后，这个环节让学生从刚才的热烈讨论、口头表达中静下心来，把自己的所思所想写下来。学生在规定时间内写好以后，教师再通过点评让学生去发现习作中小插曲写得好的地方，对本课所学进行巩固。

（南京师范大学附属小学　肖娴）

习文写话，给孩子一个有趣课堂

——三年级绘本作文《我家是动物园》教学实录

板块一　谈话导入，激发阅读兴趣

师：小朋友们，课前朱老师带来几只小动物朋友，大家一起来看看吧。
（出示图片）
师：喜欢吗？说说你为什么喜欢它们。
生：我喜欢小猫，因为它很温顺、很可爱，有时候又有点儿调皮。
师：你观察得真仔细，我也喜欢小猫咪。
生：我喜欢猎豹，它体型很健美，跑得很快。
师：既然你们这么喜欢小动物，今天老师带来的故事，就是和动物有关。
（出示绘本《我家是动物园》封面）
师：瞧，从封面上你看到了什么？
生：我看见一个倒立的小男孩。
师：对，这个小男孩的名字叫祥太。还看到什么？
生：我看到书的题目。
生：我看到了"文·正道熏"。
师：这里的文指作者，作者名叫正道熏。画插图的叫大岛妙子。那译的意思呢？
生：就是翻译。
师：你说得对，译就是翻译，这本书是日本作家写的，游珮芸女士为了让我们小朋友能看懂这本书就把它翻译成中文，这样我们就能知道故事内容了。
生：我还发现有黄黄的香蕉皮。
师：小朋友们眼睛真亮，细心看绘本的封面就发现这么多信息。我们一起来读读书名。
（生读）

师:大家猜猜看,为什么祥太说"我家是动物园"?

生:这个小朋友家估计养了很多动物。

师:有可能,还有不同的意见吗?

生:可能祥太之后会变成猴子。

师:哇,那这个故事就变成科幻故事了。看来你们都很有想法。让我们赶紧走进故事,寻找答案吧!

(放祥太的自我介绍录音)

【设计意图】

通过孩子们熟悉的动物导入新课,师生互动,激发学生学习的兴趣,为后面的绘本阅读做好铺垫。指导孩子们阅读绘本的封面,了解绘本的基本信息,养成读书先读封面的良好习惯。通过观察封面人物祥太和黄黄的香蕉皮使学生初步了解祥太其人,为感受祥太的人物形象埋下伏笔,同时培养孩子们阅读绘本需要图文并读的意识。

板块二 欣赏绘本,品味妙趣语言

师:啊,祥太明明是个人,为什么说自己是猴子呢?

生:因为他最爱吃香蕉,爬树很拿手,也很会模仿别人,很像猴子。

师:你反应可真快啊!

师(小结):祥太把自己比作了小动物,根据自己喜欢吃的食物、本领来介绍自己。

(板书:饮食、本领)

【设计意图】

引导学生总结出绘本是从饮食、本领两个方面来描写祥太,通过听录音、阅读文本让学生从图画、文字中感知,切实感受祥太为何称自己是猴子,原因是他爱吃香蕉,善于爬树,很会模仿别人。这一环节为后面学生如何感受其余家庭成员的形象打下坚实的基础。

师:我们接着往下看。

师:这是"我"爸爸,龙太先生。其实呢……他只是大狮子。谁能猜猜为什么?

生:他的头发像狮子的毛,很乱。

师:你观察得可真仔细啊。还有吗?老师请举手举得最直的小朋友来回答。

(比动作)

生:爸爸张着嘴,很大、很凶。

师:嗯,爸爸给人的感觉像狮子,很威武。还有吗?

(师放大课件,爸爸手上拿着鸡腿)

生:鸡腿,爸爸爱吃鸡腿。

师:原来爸爸跟狮子一样最爱吃肉啊。他是只大狮子——一起来读一读。

师(小结):刚才,小朋友是从哪些方面来猜爸爸像狮子的?

生:饮食,最爱吃肉,不爱吃蔬菜。

师:还有吗?

生:头发乱蓬蓬,是他的样子。

师:脾气不太好,就是他的——性格。

(板书:性格)

师:原来爸爸有这么多地方像大狮子呀!

师:再看看谁来了。这是"我"妈妈,明美女士。其实呢,她是只大浣熊。同学们可能对浣熊不熟,其实浣熊有个特点,常常把捕到的食物放在水中洗去泥沙,而妈妈也像浣熊一样爱干净呢。

(师读)

师:读着读着,有的同学忍不住笑了,笑什么?

生:她的妈妈连祥太也一起洗了。

师:这里祥太没有讲具体是怎么回事,你能猜猜吗?有一次发生了什么?

生:有一次,祥太去玩,玩得满头大汗,把全身弄得脏兮兮的,妈妈就让他换下脏衣服,到卫生间洗澡,洗干净了才肯让他出来。

师:虽然只写了短短的两句话,可我们却看到了整个故事。

师(小结):所以祥太也根据妈妈爱干净的喜好把妈妈比作了浣熊。

(板书:喜好)

师:接下来是谁呢?女生读。

师:家里有小妹妹的,肯定最有发言权。

生:我猜她是小白兔,因为她喜欢吃胡萝卜。

师:说得真好。男生来读。

师:看看妹妹像不像小白兔,每一句都是兔子的特点,尤其是最后一句——"踢人功"。妹妹真是太天真、可爱了。这是她的——

生:性格。(板书:性格)接着下面是谁呢?

生:哥哥。

师:没有那么多兄弟啦,往下看。这是"我"爷爷,一郎先生,其实他是——

生:长颈鹿。

师:你怎么知道的?

生:他的个子很高,和长颈鹿的样子很像。

师:你可真厉害。

(师配乐读爷爷奶奶部分)

师:你喜欢这样的爷爷奶奶吗?

生1:爷爷会让祥太骑在他的肩膀上,带他到处去看风景,爷爷很爱祥太这个孙子。

生2:我觉得奶奶关心祥太,会给他带吃的。

师:奶奶和爷爷都对祥太很好呢。这个奶奶还挺不一样的,你说说你印象中的奶奶是怎样的形象。

生:不打扮,很慈祥,很朴实,通常待在家里,忙里忙外做家务活,为儿女分担。

师:这个奶奶可有点颠覆我们的想象。

生:她喜欢打扮自己,总是把自己打扮得很漂亮。

师:是啊,这可是她的爱好呢。

(板书爷爷、奶奶特点)

【设计意图】

通过师生阅读、思考、总结、板书,学生清楚每一个家庭成员的特点,并使之和相应的动物照应。通过这一环节的扎实教学,下面师生的儿歌创作才能水到渠成。

师(小结):故事讲到这里,你们看黑板,我们一幅图一幅图地看下来,原来"我"的家每个人有这么多特点。当我们闭上眼睛,头脑中就有这样一幅图一幅图构成的网络,人物不再是一个个独立的个体。在读书时,把人物之间的关系编成网络,不失为读书的好办法。不然就会看一幅扔一幅,头脑中只会留下碎片化的记忆。

师:为了便于大家记住这个故事中的内容,老师想把这本绘本内容编成一首儿歌,下面我们大家共同来创作。我创作了"祥太"的部分。

出示:

祥太我,是猴子,

爱吃香蕉善爬树。

师：一起读，看看这句儿歌的特点。

生：第一句是，前面是谁，像什么。第二句写清楚为什么像这个动物。

师：你真聪明，一下子看出了老师编儿歌的秘密。接下来，你们就开始创作吧。

【设计意图】

教师关于"祥太"的儿歌的创作为学生提供了学习的范本，降低了学生的创作难度。同时引导学生发现老师创作的儿歌的特点，总结语言表达的样式，让学生的儿歌创作有法可依，有样可学，这对于低年级学生的语言训练尤为重要。

（两分钟后交流）

生1：我爸爸，是狮子，脾气不好爱吃肉。

生2：我妈妈，是浣熊，洗呀洗呀忙不停。

生3：我妹妹，是小兔，竖起耳朵听说话。

生4：我爷爷，是长颈鹿，个子高高爱散步。

生5：我奶奶，是狐狸，善于变化认不出。

师：同学们都是儿歌高手，创作得真好。我给儿歌来个结尾。

（出示）

我家是个动物园，

欢迎光临不要钱，

不要钱——

（出示）

祥太我，是猴子，

爱吃香蕉善爬树。

我爸爸，是狮子，

脾气不好爱吃肉。

我妈妈，是浣熊，

洗呀洗呀忙不停。

我妹妹，是小兔，

竖起耳朵听说话。

我爷爷，是长颈鹿，

个子高高爱散步。

我奶奶，是狐狸，

善于变化认不出。

我家是个动物园,
欢迎光临不要钱,
不要钱——

师:孩子们,让我们一起边拍手,边读读这首我们自己创作的儿歌。
(生朗读)

【设计意图】

学生儿歌创作的串联成篇,让学生感受到了自己创作成功的愉悦,让他们感受到了语言创作不是那么高不可攀。儿童对自己作品的童趣朗读,是对绘本内容理解的深化,也是对绘本中人物形象的再感悟。在这个过程中,学生把绘本由厚读薄,由长读短。

师:这样不要门票的动物园,你们想去吗?
生:想去。
师:为什么呢?
生:很有趣。
师:这么有趣、快乐,就是因为祥太平时很认真观察他的家人,所以才会发现家人身上不同的特征。
师:原来,在这个动物园里祥太把对家人的爱藏在了文字和图画里面。
(板书:表达爱)

板块三　扩展想象,创作妙趣语言

师:祥太家是动物园,你觉得你的家像不像个动物园?
(出示蜜蜂图片)
师:你们觉得你们家谁像蜜蜂一样?
生:我觉得我妈妈像蜜蜂,因为她很勤劳,总是忙这忙那,替家里人想得多,替自己考虑得少。
生:我妈妈像,因为她总是一直在我身边转个不停,就像蜜蜂围着花儿飞来飞去。
(出示牛图片)
师:接着看,谁还想来说?
生:我像牛,很爱吃蔬菜。
生:我爸爸像牛,总是在工作个不停,一点儿都不怕苦。
生:我爷爷像老黄牛,总是默默地为家庭付出,很少说话。

师：别着急，待会拿出课前收集的动物图片在小组里分享交流，来介绍自己或家人，任选一个来交流，如果能用上上面儿歌的句式就更好了。

师：谁迫不及待地想先说？

生1：这是我的表弟。我表弟，是猫咪，喜欢吃鱼很淘气。

师：表弟常住你们家，成你们家的家庭成员了。

生2：我觉得我老妈是一只狮子。每天我一踏进家门，她就要开始哇啦哇啦吼了，"河东狮吼"。我妈妈，是狮子，踏进家门就吼叫。

师：妈妈性格有些急躁，她身上一定有很多优点。我们要学会发现美，多欣赏别人的优点。

生3：这是我爸爸。我爸爸，是黄牛，起早贪黑工作忙。

师：你说得可真好，心疼爸爸了吧？

生4：这是我妹妹。我妹妹，是小鱼，见谁就乐泳姿美。

师：这一句很有创意，水里的动物也出现了，新颖。

生5：这是我奶奶。我奶奶，是鹦鹉，好好学习万叮咛。

师：你们太棒了。下面我们赶紧动笔写出属于我们自己家的动物园吧。

（生写）

【设计意图】

由祥太家的动物园到自己家的动物园这一拓展，对低年级学生来说是一次真正的挑战。这是一次独立的创作，它需要学生进行构思、选材、想象、思考、表达、修正等一系列的思维过程。创作妙趣语言，让低年级绘本教学充满了浓浓的语文味，同时也是学生学习语文的本质所在。

师：我们一起来倒数5秒，5、4、3、2、1，时间到。

（师生交流）

师：真不愧是班级里的小诗人。

师：同学们，通过读绘本，我们学会了模仿绘本中的方法进行与众不同的介绍。除了动物园，你还想把家比作什么？

生：我家是个植物园。

师：为什么？你能说一说吗？

生：我爸爸是仙人掌，他的脸上长着大胡子。

师：这里老师也给大家布置了一项任务。

板块四　布置作业，课后延伸

师：同学们可以用这样的句式，写一写自己的家。如我家是动物园、植物园、大厨房、图书馆……

【设计意图】

我家是动物园，也可能是植物园、大厨房、图书馆……这一作业的设计源于本节课的绘本阅读，同时又不拘泥于《我家是动物园》绘本阅读，它把学生的思维、语言训练从课内引向课外，为学生的语文学习提供了广阔的空间。

（南京市北京东路小学　朱志林）

奇妙的想象

——四年级想象作文《想象接龙创编故事》教学实录

板块一 仿照例子,玩游戏

师:亲爱的同学们,这节课我们上一节作文课,写什么呢?不着急,我们先来玩一个游戏——想象接龙。玩过吗?

生:没有玩过。

(师点击PPT,出示游戏例子:冬天——雪花——飞舞——小精灵——联欢会)

师:看看例子,知道怎么玩了吗?

生:有点像我们玩过的词语接龙。

生:由冬天想到雪花,再由雪花联想到雪花飞舞的动作,再由雪花飞舞联想到小精灵,依次接龙想象。

师:是啊,就是这么玩。那么由长方形,你们会怎么想象接龙呢?四人一组按照1、2、3、4的顺序玩一玩吧。

(生四人一组按顺序玩想象接龙的游戏)

师:请两个小组上台展示你们的想象接龙,把你们小组的想象接龙写在黑板上。

(四人小组上台展示,第一小组:长方形——作业本——全对——表扬——妈妈的笑脸。第二小组:长方形——电视机——综艺节目——主持人——话筒)

师:通过想象接龙,我们发现了事物与事物之间、事物与人,甚至事物与事情之间的联系,这些相互的联系使想象合乎逻辑。

【设计意图】

一开始以玩游戏的形式激发学生的学习兴趣,将写作难变成了游戏玩,降低学生的写作"恐惧症"。老师构思巧妙,以想象接龙的方式引导学生发现什么是合乎逻辑的想象,怎样才能让想象合乎逻辑,用具体的例子引出抽象的概念,由浅入深,让无形的想象看得见,为接下来的想象习作教学做铺垫。

板块二　想象接龙，找联系

（师点击PPT，出示图画）

师：请同学们仔细看看图上的小男孩，他有什么特别之处？

（生纷纷举手）

生：小男孩的眼睛是长方形的。

师：是啊，他有长方形的眼睛哦。这位小男孩的眼睛怎么变成方眼了呢？赶紧来读绘本故事《方眼男孩》吧。

（师点击PPT，请一名学生读故事：东东从早到晚什么都不爱做，只爱看电视。不管电视在演些什么，他通通都看。一天早上，妈妈喊东东起床吃早饭，忽然尖叫起来："你的眼睛怎么成方的了？"）

师：谁能告诉东东的妈妈，东东的眼睛怎么变成方的了？

生：因为东东喜欢看电视，所以东东的眼睛变成方的了。

师：喜欢看电视，为什么眼睛不变成三角形或者变成椭圆形呢？

生：因为东东喜欢看电视，而电视是长方形的，所以东东的眼睛变成方的了。

（师根据学生的回答相机点击PPT，出示图3-4）

 → 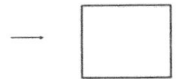 →

图3-4　绘本《方眼男孩》

师：你们觉得这个想象接龙怎么样？

生：我觉得这个想象接龙出乎我们的意料，刚才我们在玩游戏的时候，都没有想到。

师：是啊，大胆新奇的想象。

生：我想补充，虽然这个想象接龙出乎我们的意料，但是这个想象接龙也是符合逻辑的。电视机与方眼之间是有联系的——都是长方形。

师：是的，有了联系就有了逻辑。

（师点击PPT，出示图3-5）

图3-5　绘本《糟糕，身上长了条纹了》《妞妞的鹿角》《卡夫卡变虫记》

师：你们瞧，这三个小朋友的外貌又有什么特别之处？

生：第一个小朋友的身体变得像胶囊一样圆鼓鼓的，就连他的脸上都是胶囊颗粒。

生：第二个小女孩头上长了一对很大的鹿角，真是太奇怪了。

生：第三个小孩变成了甲虫，长着触须，还有六条腿，身上还有条纹。

师：三个小朋友怎么变成了这样呢？请你们继续想象接龙，找到他们之间的联系。

生：第一个小朋友不爱锻炼身体经常生病，吃了很多胶囊药丸，就变成了胶囊。

师：嗯，你找到了这个小朋友与胶囊之间的联系——生病。

生：第二个小朋友很爱美，特别羡慕鹿有一对美丽的长角，于是她就长出了一对鹿角。

师：有可能哦，鹿角美丽，小女孩爱美。符合逻辑。

生：第二个小朋友总喜欢钻牛角尖，凡事都跟别人对着干，所以长出了一对鹿角。

师：爱钻牛角尖，貌似更可能长出一对尖尖的牛角。

（学生们大笑）

生：小男孩很喜欢在地上爬，甲虫也喜欢在地上爬，所以小男孩变成了甲虫。

生：小男孩不爱干净，特别喜欢在地上玩，就变成了脏脏的甲虫。

师：你们都找到了小男孩与甲虫之间的联系，想象合乎逻辑。

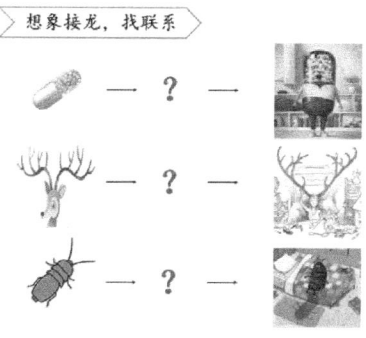

图 3-6　听故事找联系

【设计意图】

老师在课堂上呈现的四个特别的小朋友，分别选自绘本《方眼男孩》《糟糕，身上长条纹了》《鹿角女孩》和《卡夫卡变虫记》。教学中，老师先出示"方眼男孩"的图片请学生找不同，激发了学生的好奇心和想象力。进而让学生听故事找联系，巧妙地借用绘本中的人物形象，打破学生想象的局限性，引导学生在合乎逻辑的前提下展开天马行空的想象。

板块三　创设情境，写体验

师：小男孩的眼睛变成方眼后，会有什么不一样的体验呢？让我们继续想象接龙。

生:他的眼睛变成方眼,就像电视机一样,不停地播放各种电视节目。

师:那他的眼睛就成了显示屏了。

生:因为他的眼睛变成方眼,所以他看到的一切都变成了方形。

师:嗯,这个想象合理而大胆。

生:有可能他的身体也慢慢变成了方形,就像机器人一样了。

师:作者是怎么编故事的呢?让我们继续来看绘本《方眼男孩》。

(师点击PPT,出示绘本中的图片)

生:哇,小男孩看到厨房里的一切都变成方形的了,就像打了马赛克一样。

生:就连小男孩妈妈的发型也变成了长方形,还有水龙头、椅背都是长方形的。

师:接着往下看,小男孩走出家门,来到了公园里。

生:就连树,在小男孩看来也变成了方形的。

生:小男孩看到别人的眼睛也是方形的。

师:你们观察得真仔细。小男孩用他方方的眼睛看到的一切都是有棱有角的。

生:甚至小男孩哭的时候流下的眼泪也变成了方形的。

师:简直太不可思议了,却又合乎想象的逻辑。那么这三个小朋友又会有什么不一样的体验呢?选择其中一个小朋友继续你的想象接龙吧。

(师点击PPT,呈现写作要求:借助思维导图,把你想到的情境写下来)

师:比如鹿角女孩穿衣服的时候,会有什么样的体验呢?

生:衣服挂在了鹿角上,扯不下来。

师:你还想到了哪些情境,小女孩会有怎样的体验呢?

生:当小女孩出门的时候,鹿角太大被门框挡住了。

生:当小女孩来到树林里,有好多鸟就飞到她的鹿角上,鸟儿们把小女孩当作了一棵树。

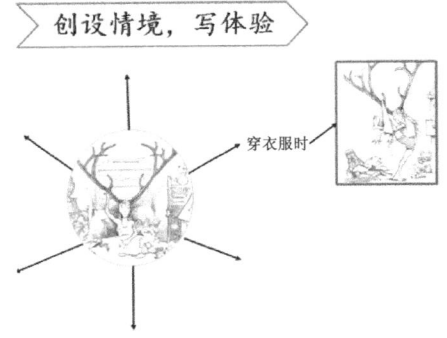

图3-7 绘本《妞妞的鹿角》

生:当小女孩跳绳的时候,绳子被鹿角缠住了。

生:当小女孩吃饭的时候,所有食物的味道都变成了青草味。

师:同学们的想象真丰富,把你们想到的情境都写在思维导图上吧。然后再选择一两个情境展开想象,将体验写生动。

(学生按照要求先画情境思维导图,再选择一两个情境展开想象写体验)

【设计意图】

每一个环节,老师都有选择地出示绘本《方眼男孩》的故事,上一环节是故事的开头,这一环节则是故事的发展。老师先请同学们展开想象,猜测方眼男孩变成方眼后的生活体验,唤起学生的阅读期待,让他们在猜测中参与到故事的创编中去。再出示绘本图画,呈现了三个场景即三个故事情境,学生从图画中直观地感受到"方眼"这一特点带来的不一样的体验。有了例子的铺垫,接下来,老师以思维导图的形式帮助同学们打开想象,一个个情境、一幕幕别样的体验,在同学们的脑海里渐渐丰富起来,创作的思路也跃然纸上。

板块四 分享习作,互点评

师:经过15分钟的练笔,同学们都能按照老师的要求画出了思维导图,写好了一两个情境的体验片段。下面就让我们来分享大家的创作吧,先说一说你画的情境思维导图,再读一读你写的片段。

(师准备好实物投影,展示学生的创作)

生:我写的是药丸女孩,大家请看我画的思维导图,我创设了四个情境:情境一,小女孩下床走路时,因为身体圆鼓鼓的,重心不稳,所以她总是摔跤。情境二,小女孩吃饭时,食物的味道都变成了药丸一样的苦味,难以下咽。情境三,小女孩哭的时候,她流出的眼泪都是一个个药丸颗粒。情境四,小女孩洗手的时候,很害怕水,因为胶囊碰到水会溶化掉。

师:这四个情境都抓住了胶囊的特点来写,想象得合乎情理。读一读你写的片段吧。

生:小女孩琪琪一觉醒来发现自己没有办法转动脖子,她用手摸了摸脖子,咦,我的脖子怎么这么粗?她赶忙起身,发现自己的身体变得圆鼓鼓的,像充足了气的气球。她一路跟跄着好不容易走到镜子前,不禁尖叫起来:"啊,怎么是一个大胶囊!"琪琪吓哭了,只见眼泪也变成了胶囊颗粒,一粒一粒地从她的眼睛里滚落出来,噼里啪啦地掉在了地上。琪琪从地上抓起一把颗粒,只轻轻一捏,一股药味弥漫开来,多么熟悉的味道啊,琪琪若有所悟。

师:谁来评一评她的作文写得怎么样?

生:她把小女孩大惊失色的样子写得很生动。

生:眼泪变成了颗粒,掉在地上还有药味,想象合理又丰富。

生:既有心理活动描写,又有神态、动作描写,把体验写得很生动。

师:是啊,内容上能紧扣胶囊的特点来写琪琪的体验,这样的体验很独特。还有谁写了甲虫男孩?快来和大家分享你的想象接龙。

生:我给甲虫男孩创设了四个情境。情境一,小男孩吃饭的时候,口味变掉了,不再喜欢吃鸡腿,而喜欢吃蔬菜。情境二,小男孩踢球的时候,自告奋勇要当守门员,因为他比别人多了一双手,所以他总能接住球。情境三,小男孩吃饭的时候,不能坐下来只能趴在桌子上吃。情境四,小男孩睡觉的时候,喜欢爬到天花板上睡觉。

师:看来小男孩变成了甲虫后,有了飞檐走壁的特技。

(学生们哄堂大笑)

师:这四个情境和体验都抓住甲虫的特点来写,真的很会想象呢!读读你写的片段吧。

生:大家好,我是小男孩毛毛,我特别喜欢坐在地上玩,有的时候还会在地上爬来爬去。这不,我就变成了六只脚的大甲虫了。变成甲虫后,我发现自己多了不少本领呢!我会爬树了,再高的树都能爬上去,同学们看了可羡慕了。可是我渐渐地发现当甲虫也有烦恼。吃饭的时候,我不能像往常一样坐在椅子上,因为我的壳太硬了,坐下来实在不舒服,所以我只好趴在桌子上吃,这吃相实在难看。我的口味也变掉了,曾经最爱的炸鸡腿再也不能吸引我了,我把一盘子青菜都吃光了,觉得还不过瘾,就偷偷爬到树上啃起了树叶,大口大口地吮吸着汁液,这味道好极了。这时飞来一只小麻雀,我竟然吓得从树上掉了下来,顾不上疼痛,慌慌张张地逃回了家。我怎么会突然这么害怕鸟呢?哦,原来鸟是虫子的天敌啊。

师:用第一人称来写,视角很棒哦。

生:他把小男孩变成甲虫后的体验写得很丰富,有好的体验,也有不好的体验。

生:自问自答,心理活动描写很丰富。

生:我觉得吃树叶的那一句写得很有意思,就像在写甲虫。

师:会爬树、吃树叶、害怕鸟,都是甲虫的习性,习性特点抓住了,体验就写得合乎逻辑了。

【设计意图】

在习作评价环节,老师采用了师生互评、生生互评的方式。同学们先分享了自己的思维导图即创设的四个情境,再读自己的习作片段即某个情境下的具体体验。由"面"到"点",既能体现学生的习作构思,又能锻炼学生的习作表达能力。点评中,老师能着重引导学生抓住特点写体验,这是一种"替代性的体验",

也就是人替代了胶囊体验胶囊的生活,人替代了甲虫体验甲虫的生活,但又不能脱离人的所在情境和情感,这样的体验是多么特别。

板块五 画龙点睛,写完整

师:刚才我们分享了同学们创编的"不一样的体验",同学们的想象合理又新奇。继续想象接龙,你还会写什么,才能让故事变得完整呢?

生:写心理活动。

生:要有比喻、拟人这样的修辞。

师:是要把故事写完整哦,情节上还要继续写什么呢?

生:我知道了,还要写写他们怎么恢复原样。

师:是啊,一个完整的故事,一般先呈现一个矛盾冲突,然后还要解决这个矛盾冲突。想一想:方眼男孩怎么才能恢复原来的眼睛呢?

生:他不再总是盯着电视看,而是走进大自然或者做一些其他的事情。

师:是的,你和作者想的一样,联系事情的起因才能解决问题。那么这三个小朋友又如何恢复原样呢?想必你们心中都有了答案。

生:药丸女孩积极锻炼身体,少吃药丸,就恢复了原样。

生:甲虫男孩不再在地上爬来爬去,变得爱干净了,也恢复了原样。

生:鹿角女孩不再处处与人作对,而变得更爱思考,脾气也变得温和了,就恢复了原样。

师:这一节课,我们由想象接龙展开合理而又新奇的想象,借助思维导图让我们的想象看得见。孩子们,打开你们的想象,一个个精彩的故事等着你们去创作呢。

【设计意图】

整堂课老师以"想象接龙"贯穿其中,引导学生一步一步创编故事,有故事的起因(即找到药丸女孩与胶囊的联系、鹿角女孩与鹿角的联系、甲虫男孩与甲虫的联系)、故事的经过(即各自不一样的体验),最后还有故事的结果(即各自恢复原样),这样才是一个完整的故事。想象的接龙其实就是故事的接龙,而绘本《方眼男孩》的故事则作为一个例子也贯穿其中。老师由扶到放,学生由仿到创,整堂课的教学有较强的设计感和层次感。

(南京理工大学实验小学　汪家燕)

对话，原来这样有讲究

——五年级情境作文《学写剧本中的人物对话》教学实录

板块一 范例导入，区分剧本和故事

师：我们这学期学习了很多故事，大家也搜集了一些故事放在了网络群里共享。比如寓言故事《螳螂捕蝉》、神话故事《嫦娥奔月》，还有《水浒传》中的《武松打虎》等。你读了其中哪些故事？

生：我读了《水浒传》中的《武松打虎》《鲁提辖拳打镇关西》。

师：看得出来，你对《水浒传》里的故事情有独钟。除了故事，前两天我们还学习了一篇剧本《公仪休拒收礼物》，也搜集了一些剧本放在了群组里。比如发生在二战时期的《半截蜡烛》、著名的童话剧本《白雪公主》、校园广播剧剧本《最爱下雨天》《我的社团我做主》等。你读过其中的哪些剧本呢？

生：我读了《最爱下雨天》《我的社团我做主》，这两个剧本都是我们学校的原创作品，贴近我们的生活，我很喜欢。

师：故事和剧本同样是叙述事情，但它们在叙述方式上是不同的，具体有什么区别呢？咱们就以《负荆请罪》为例，小组讨论一下。

（学生在网络平台上打开《负荆请罪》，阅读并展开讨论）

师：哪个小组愿意来汇报？

生：我们小组来给大家分享讨论的结果。我们认为，故事是用第一或第三人称来叙事，而剧本则是通过人物的对话来叙事。

师：你们发现了故事和剧本的最大区别，这也是它们最明显的特征。那么，今天我们就来学习通过写人物对话，把故事改编成剧本。

【设计意图】

本课的教学目标是带领学生学写剧本中的人物对话。教学过程主要分成三个部分，第一部分是通过几个剧本的阅读，让学生知道要想写好人物的对话，就

要通过人物的语言表现出人物的身份、特点。第二部分通过品析几个音频、视频中的对话,让学生明白当说话对象不同的时候,说话的语气会发生变化。第三部分,则是让学生自主去将故事改编成剧本,并在课堂上进行分享。

课前,教师进行了针对性的阅读推荐,学生也在课前进行了相关阅读,并在《公仪休拒收礼物》《白雪公主》《我的社团我做主》等剧本的阅读后完成了人物评价的预习要求。一定量的剧本阅读作为课前的基础,实现了预习的有效性。这让学生在一进入课堂就可以快速进入主题,从而通过剧本学习人物对话的写作。

在这一环节中,学生通过故事和剧本的比较阅读,明白了故事是用第一或第三人称来叙事,而剧本则是通过人物的对话来叙事,一下子就抓住了故事与剧本的区别之处。

板块二 写人物语言,要符合人物特点

师:怎样才能写好人物对话呢?写好人物对话要注意什么呢?(出示剧本《公仪休拒收礼物》)《公仪休拒收礼物》这篇剧本大家之前学过,也对管家和公仪休的特点进行了评价。我们请这几位同学读一读自己的评价内容。

生:我认为公仪休清正廉洁,虽然自己很爱吃鱼,但仍然拒绝了收礼。

生:我还认为公仪休非常聪明,他找到了一个合适的理由拒绝了收礼。

生:我来说说管家吧,我觉得这个管家就是个阿谀奉承的典型。

师:同学们都对人物做出了点评,那么,我们再瞧瞧这两个人的对话,看看对话是如何表现出人物特点的。我们先读一读这一部分。(出示《公仪休拒收礼物》片段)

师:管家怎么说的,能看出他阿谀奉承呢?

生:从表情和称呼可以看出管家的低三下四,他一上来就满脸堆笑地喊"大人"。

师:谁能把他低三下四的语言演绎出来?

(学生朗读人物语言)

师:再看看公仪休,他怎么说的,能表现出智慧呢?

(学生朗读人物语言)

师:你读出了原文中相关的句子,再说说自己读后的感想呢。

生:公仪休没有直接说不愿意收下鲤鱼,而是从自己身上找原因,这样说话既可以拒绝收礼,还不伤害别人的面子。我觉得他情商特别高。

师:你能把公仪休这种高情商的、充满智慧的语言演绎一下吗?

(学生朗读人物语言)

师:所以,要想写好人物的对话,就要像这个剧本一样,通过人物的语言表现出人物的特点。我们再来看《白雪公主》的剧本(教师出示《白雪公主》片段),之前大家也给白雪公主和王后做了评价。请几位同学说说看。

生:白雪公主很善良,我觉得她的心灵就像雪一样纯净。

生:王后则很恶毒、狡猾,一心想要害死白雪公主。

师:那是通过怎样的对话,表现出公主的善良和王后的歹毒呢?我们来听一小段他们的对话。(播放电影原音)

师:你能把王后歹毒、狡猾的语言展示出来吗?

(学生朗读王后语言)

师:相比之下,公主是善良的,能通过她的语言看出她的善良吗?请你通过公主的话把她善良的特点展示出来。

(学生朗读白雪公主语言)

师:所以啊,要想写好人物的对话,就要通过人物语言,表现人物的特点。

【设计意图】

这一部分的主要目标是让学生知道,写人物对话要能体现出人物的特点。换个角度来说,要先明确人物的特点,再有针对性地去写人物的语言。本环节把学生学过的课文以及熟悉的故事《公仪休拒收礼物》和《白雪公主》作为范例,一看一听,让学生从视觉、听觉两个不同的感官角度把握人物的特点,并借助角色朗读的形式,进一步感受人物的性格、体验人物的语言表达,从而体会出对话描写对人物形象的塑造作用。

板块三 说话对象不同,人物语气不同

师:在写人物的对话时,光学会通过语言表现人物特点还不够,还需要注意当说话对象不同的时候,人物的语气也应该发生改变。我们来看一个《西游记》之《三打白骨精》的故事片段。

(播放《三打白骨精》视频片段,阅读《西游记》剧本片段)

师:关于要不要去化斋这件事,孙悟空对唐僧说话的语气怎么样?

生:我从孙悟空的语气中体会出他非常关心唐僧。

师:那就请你把这种关心的语气演绎出来。

(学生朗读人物语言)

师:孙悟空对八戒说话又是什么语气呢?

生:我感觉孙悟空对猪八戒说话就没那么客气了,不像对唐僧说话的语气很

尊重。可能因为猪八戒是他的师弟,孙悟空对猪八戒说话就没有留情面了。

师:请你把这种不留情面的语气演绎好。

(学生朗读人物语言)

师:通过这个例子我们就明白了,在剧本中,人物的语言可以突显人物的特点,当说话对象不同时,说话的语气也要跟着变化。

【设计意图】

这一部分设定的教学目标是当说话对象不同时,人物的语气也要注意不同。与上一环节相比,由不同人物的语言聚焦到了单个人物的语言。教师带领学生关注到写单个人物的语言时,会因为说话对象的不一样而发生语气的变化。为了达成这一目标,教师选取了学生们非常熟悉的《三打白骨精》的故事,选择了孙悟空这个典型形象。他与唐僧说话、与猪八戒说话的语气是有区别的。通过视频的观看、剧本的阅读,学生得到了直观感受,并通过自己的朗读加深了体验,明白当说话对象不同时,说话的语气也要跟着变化。

板块四 巩固所学新知,当堂改写剧本

师:还记得我们刚学过的《爱因斯坦和小姑娘》的故事吗?大家之前也对爱因斯坦和小姑娘这两个人物印象非常深刻。有一天他们来到爱因斯坦的工作室……(出示课堂作业内容)请你读一读课堂作业的要求。

生:两个人围绕着整理工作室展开了对话,小姑娘那么天真,那么喜欢爱因斯坦,她会怎么对爱因斯坦说话?怎么教他收拾桌子呢?爱因斯坦是个和蔼亲切的老人,他又会怎么对小姑娘说话?怎么接受小姑娘的建议呢?围绕整理办公桌这件事为这两个人设计一段对话。写好人物的语言,表现人物的特点,注意说话时的语气,写好后上传到网络平台。

表3-1 《爱因斯坦和小姑娘》改编

故事	剧本
小姑娘跟着爱因斯坦走进了他的工作室。工作室很大,到处摆着书架和书,屋子中间摆着一张办公桌,桌上的东西乱得一塌糊涂。于是,小姑娘手把手地教起了爱因斯坦。	〔幕启,小姑娘跟着爱因斯坦走进工作室。工作室里乱七八糟,东西摆得杂乱无章,地上也散落着书本和纸张。 小姑娘: 爱因斯坦: 小姑娘: 爱因斯坦: ……

师:根据要求,开动脑筋,创作起来吧!

(学生现场练写,并上传到网络平台)

师:今天我们重点学习了如何写好剧本中人物的对话,知道了要通过人物对话突显人物的特点,也知道了要注意写好人物的语气。最近学校在征集校园广播剧的剧本,感兴趣的同学可以自己创作,也可以小组合作,编写一个小剧本。

【设计意图】

作为课堂的尾声,这一环节旨在让学生趁热打铁,进行课堂上的习作体验。教师给出了刚学过的《爱因斯坦和小姑娘》的故事,并设计了一个情境。这个情境中的几处提示正对应了本节课所涉及的几处知识。表格将"故事"与"剧本"对照出示,目的是提醒学生剧本的特殊行文格式。"小姑娘那么天真""爱因斯坦是个和蔼亲切的老人"这两处是提醒学生写对话时,要符合人物的性格特点。"那么喜欢爱因斯坦"则是提醒学生写小姑娘语言的时候,要注意写出针对爱因斯坦这个说话对象时恰当的语气。这个有针对性的课堂练习的设计,可以让学生迅速地进行学习巩固,加深对新学知识的印象,真正有效地学习写剧本中的人物对话。

回顾整节课的教学,教学目标关注剧本中的对话。对话是剧本中人物语言表达的主要形式,也是推动剧情发展、塑造人物形象、表达思想情感的主要载体。当我们跳出剧本这种体裁的限制,把目光投向学生广阔的习作行为中,写人物语言算是一个重要的习作技巧。所以,本课虽然是以剧本中的人物对话为教学内容,但其实也指向了更广范围的习作方法的指导。

这节课主要分成四个部分进行。其一,让学生区别剧本和故事,聚焦到剧本这一特定的文体。其二,让学生借助剧本的阅读、分析,明白写人物语言要符合人物特点。其三,带领学生在阅读中注意,当说话对象不同时,人物的语气也随之发生变化。其四,当堂练写,完成一小段剧本的创作,巩固新知。

通过这四个板块,学生对描写剧本中人物对话的相关方法进行了解、认知、感悟和运用,进而提升了习作素养。

(南京市长江路小学　赵昌竹)

多一种创造美的角度

——五年级读写练作文《学写动物活动特点》教学实录

板块一 在阅读中发现方法

师:同学们好,我们课前读了一篇文章《变色龙》,介绍了变色龙的三个特点,还记得是哪三个特点吗?

生:分别是外形、捕食和变色。

师:记得非常清楚、准确。其中,给你印象最深刻的是哪个部分呢?谁来说一说?

(学生自主说自己感兴趣的部分,有不少同学对"捕食"感兴趣)

师:你们很懂得欣赏哦,关注了描写捕食活动这部分内容,老师也觉得特别精彩。我们再来回顾一下,自己轻声读。

(出示《变色龙》片段,请学生齐读)

这时,一只色彩缤纷的蝴蝶飞过来,离变色龙还有相当的距离。似睡非睡的变色龙,以迅雷不及掩耳之势,"刷"地伸出它那长得惊人的舌头——舌头长度超过它身长的一倍,刹那间,那只彩蝶已被卷入它的口中,成为美餐。我们被它吓了一跳。

师:这一段写的是变色龙的什么活动?

生:捕食。

师:捕食是一种重要的活动,有活动就离不开动作。请大家找一找这段话中描写变色龙动作的词,圈画出来。

(学生边阅读,边勾画)

生:我找到了四个词,"飞、伸、卷、吓"。

生:我不同意他的观点,"飞"是蝴蝶的动作,"吓"是人的反应。写变色龙的只有"伸"和"卷"。

师:是的,虽然都是动词,但描写的对象不一样的。一"伸"一"卷",两个动词就把捕食活动写清楚了。那么,如果要用一个字概括这两个动作的特点,你可以怎么说?

生:我可以说——猛。

生:我觉得不是"猛","猛"是指力量巨大,还有点野蛮的意思,但变色龙在这里的动作其实很轻、很快,我认为是——快。

师:文中出现"快"这个字了吗?

生:没有。

师:那就奇怪了,没有这个字,你们怎么感受出"快"的呀?找一找细节。

生:文中说"以迅雷不及掩耳之势",这句话就表明了速度非常快。我们还来不及看清楚,变色龙就已经吃完了。

师:他提到了"迅雷不及掩耳之势",这是一个成语,懂什么意思吗?

生:因为在打雷的时候雷声来得非常快,我们连捂耳朵都来不及,所以是指动作和事件来得突然。

师:解释得非常清楚,人们就用这种现象说明速度之快。那同学们还知道哪些表示速度快的成语啊?

生:风驰电掣、狼吞虎咽、眼疾手快……

师:再回过头读读文中这个字数很多的成语。

生:迅雷不及掩耳之势。

师:它是用来形容哪一个动作的?

生:伸。

师:再读一遍这个句子,读出伸得快的感觉。

(生齐读句子)

师:你还能从哪里感觉到"快"?

生:我从"刷"这个字感受到了"快"。

师:这是个拟声词,谁能读好这个字?

(学生读"刷")

师:你读得又轻又快,就是这样的一声,变色龙的舌头就伸出去了,真快!

生:我还从"有相当的距离"这里读出了"快"。这里用了一个词"相当",就是非常的意思。距离虽然非常远,变色龙也能一下子捉到蝴蝶,说明速度快。

师:你真会读书,谁也能像他一样,从关键的词语中体会到"快"?

生:我想请大家关注"刹那间",这个词也是表示时间很快。

师:类似这样表示时间快的词你们还知道哪些?

生:转眼间、忽然间、眨眼间……

师:这个"刹那间"是说什么动作快?

生:卷得快。

师:那就让我们再读读这句话,读出卷得快的感觉。

(学生齐声读)

师:我们刚才说的这些,都是直接描写变色龙的,叫作正面描写。有没有什么细节,不是直接写变色龙,但也让你觉得快?再去读一读文章。

生:我找到了"我们被吓了一跳"。

师:这句话是在写谁?

生:写的是作者和其他人。

师:没有在写变色龙,怎么就让你感觉到变色龙动作快了呢?

生:因为"我们"是因为看到了变色龙动作快,才会有这样的反应,很吃惊,吓了一跳。

师:没错,通过写其他人的反应,也可以表现变色龙的特点,这叫作侧面描写。这两种方式都可以写好动物活动的特点。

【设计意图】

本教学片段的主要目标是通过经典文本的阅读,感受正面描写、侧面描写的效果。《变色龙》一文从正面、侧面两种角度描写了变色龙的动作。学生在阅读中品词析句,逐步体会到了正面描写与侧面描写的区别,并感受到两种方法的妙处。

板块二　在评析中理解方法

师:我们再看一个片段,自己先读一读。

(出示片段)

在微风中,在阳光中,燕子斜着身子在天空中掠过,唧唧地叫着,有的由这边的稻田上,一转眼飞到了那边的柳树下边;有的横掠过湖面,尾尖偶尔沾了一下水面,就看到波纹一圈一圈地荡漾开去。

(选自《燕子》)

(生齐读)

师:燕子飞行的特点是什么?

生:轻快。

师:又轻又快。文中有没有出现轻?(没有)有没有出现"快"?(没有)那是怎么写出"轻"的?怎么写出"快"的?

生:我从"唧唧"读出快的感觉。

生:我读到了"沾了一下水面",感觉很轻。

师:他抓住了一个动词,换成"打""拍"行不行?

生:不可以。

师:你还可以在什么情况下用"沾"这个字?

生:画水墨画的时候,毛笔沾在宣纸上。

师:是啊,这得要多轻啊,文中的这个动作描写真是精准。

生:我还发现了"掠过"这个词,指的是轻轻擦过或拂过。

生:我发现了"快"的特点,文中写燕子"由这边……一转眼飞到了那边",说明燕子很快就飞了这么远的距离。

师:这么远的距离就是为了突出燕子飞得快。这篇文章已经通过正面描写把燕子写得非常精彩了,今天我们还学了另外一种描写方法是什么?

生:侧面描写。

师:那你能不能试试看,再给它添上一句侧面描写,通过其他人的反应、语言表现出燕子飞得轻快呢?

(学生现场动笔,写出了一些精美的句子)

生1:稻田里干活的农人刚听见鸟叫,抬头望去,却已经不见了鸟的踪影。

生2:我在一旁看到燕子飞过,刚眨一下眼,它就飞出去好远。

生3:我想给飞行的燕子拍一张照片,手机还没来得及调到相机功能,燕子就消失在了视野里。

……

【设计意图】

在第一环节初步了解正面描写和侧面描写之后,这个环节则给出一个新的语段作为范例,请学生结合着语段内容具体说一说怎么写动物的活动特点。引导学生从正面描写的角度去寻找、分析、讨论,在几番交流中,找出了语段中正面描写的运用实例,并体会到了燕子飞行轻快的特点。

在此基础上,把握时机,以侧面描写为训练点进行随堂评测,请学生用侧面描写的方法再写一写燕子"轻快"的飞行特点。学生面对挑战,充满兴趣,发挥了创作的热情,生成了一个个精彩美妙的句子,成为语文课堂里最美好的风景。

板块三 在实践中运用方法

师:今天学习了描写动物活动特点的方法,可以直接进行正面描写,也可以通过写别人的表现来进行侧面描写。接下来,我们来练一练。先看一段视频。

(播放视频《猪齿鱼捕食之砸贝壳》)

师:看明白了吗?这个片段介绍了什么?

生:有一种猪齿鱼,它砸开贝壳吃里面的肉。

师:能不能用一个词形容它砸贝壳的特点?

生:聪明。它居然能想起来用砸的方式去打开贝壳。

生:执着。砸一次不成功,它继续砸,直到最后能打开贝壳,吃到肉。

师:如果我们想要用一段话写出它的聪明与执着,你可以怎么写呢?(指板书:正面描写、侧面描写)注意这两个方面,我们再看一遍视频,边看边思考。

(学生看完视频,当堂练笔)

(出示学生写作片段)

生1:只见这条猪齿鱼用牙齿紧紧咬住一个圆滚滚的贝壳,瞄准旁边坚硬的珊瑚礁,将头一甩,这贝壳便被用力地丢了出去,"嘭"的一声砸在了珊瑚上。可惜,壳子并没有丝毫变化。不过,猪齿鱼并没有放弃,又叼起了贝壳,再试一次……终于成功地品尝到了食物。一旁拍摄的潜水员也忍不住竖起了大拇指。

生2:猪齿鱼真是聪明,竟能想得出砸贝壳的办法来。你瞧它那嘴多有力量,感觉它能把贝壳直接咬碎!但它没有这么做,而是甩动身子,加大力量,将贝壳从嘴里甩出,砸向珊瑚礁。一下、两下、三下……经过了几十次的努力,终于,贝壳破了壳,美味入了嘴。见猪齿鱼如此聪明与执着,周围的鱼类都纷纷游开去。

【设计意图】

之前一个环节是请学生写句子,这一个环节继续带领学生拾级而上——写片段。当然,学生不是空想去写,教学应当给学生铺设适合的台阶,方便学生迈出脚步。这个环节的"台阶"就是一段猪齿鱼砸贝壳的视频。视频清楚、具体地展现了猪齿鱼砸贝壳的全过程,学生观看完毕后,便可以有效地把握住要点,展开描写,将所看到的画面转化成文字。教师在此过程中所起到的组织作用也很明确,那就是提醒学生从正面、侧面两个角度来介绍猪齿鱼。学生可以较为容易地关注到潜水员这个明显的"次要角色",把他当作侧面描写的绝佳对象。所以,一篇篇精彩的语段描写就如雨后春笋般冒了出来。

板块四　在评价中内化方法

师:接下来,请几位同学按照今天学习的几个方法来点评一下刚才两位同学写的片段。

生1：我想评价第一位同学的习作。他用一个拟声词"嘭"就写出了声音响，说明猪齿鱼砸得有力量，让我们感受到砸贝壳的方法是有可能成功的。估计猪齿鱼试验过很多次，我觉得这种鱼聪明。

生2：我是想评价一下里面写的"一下、两下、三下……经过了几十次的努力"，这些数据就让我们感受到猪齿鱼的坚持不懈和执着。

生3：刚才他们点评的都是正面描写，我想说说侧面描写。请大家看第一位同学写的"一旁拍摄的潜水员也忍不住竖起了大拇指"，这句话写的是潜水员的表现，从侧面体现出了鱼的聪明和执着。第二位同学也有侧面描写的地方，请看"周围的鱼类都纷纷游开去"。这里是写其他鱼的表现，从侧面体现出猪齿鱼的厉害！

师：同学们真是会写，也会评。今天，我们不光明白了写作要抓住特点，而且还明白了写特点的时候，可以从正面描写，也可以从侧面描写。希望今天的学习对你今后的写作有帮助。

【设计意图】

相比较教师批改作文，由其他同学在第一时间进行现场点评是更有价值的。首先，作品被展示的学生收获了满满的自豪感，而评价者们也成了"小老师"，掌握了"课堂话语权"，评点之间，内心深处的责任感也油然而生。这一处课堂点评，将本次习作教学推向高潮，课堂气氛热烈，学生情绪激动，学习效果显著。

回顾整节课，教师带领学生借助典型文本的阅读，感受名家名篇中对动物活动的描写之妙，学习正面描写与侧面描写相结合的写作方法。再在课堂上进行模仿、练写，在实践中尝试对动物活动进行描写。最后，同伴相互给予评价，结合具体实例产生更深的认知与理解，积累习作经验与技巧。

正面描写与侧面描写是两种不同的写作角度，但指向的都是让文章更美。课堂也欢迎不同的角度，学习素材的来源可以多角度，写作的方式可以多角度，评价的主体可以多角度。期待着，我们的课堂里多一种创造美的角度。

（南京市长江路小学　赵昌竹）

第四章　儿童写作故事

在探索儿童写作的过程中,我们不仅开发了儿童写作课程,设计了儿童写作课堂,更是收获了丰富多彩的写作故事。本书最后一个板块精选了其中的典型案例。

这里有借助信息化平台的网络写作故事,有拓展写作素材的电影写作故事,有经典的读写结合的故事,还有真实写作故事、作前聊天故事,等等。这些故事或是发生在课上的一个瞬间,或是课下与学生长期互动的结果……不管什么类型的故事,我们惊喜地发现,每一个孩子都是语言大师,他们能真切地看到周围事物的变化,感受到万事万物的奇妙。

在言语实践中让言语能力提高看得见

【案例背景】

　　写人叙事类的文章是小学习作中最常见的。这类文章需要学生在生活中善于观察，拿起笔来能用文字描写具体。如何通过测查来判断学生观察能力与言语能力是否提高？如何针对学生的不足来采取相应的措施，让学生言语能力的提高看得见？不少老师对此束手无策。

【案例呈现】

　　笔者给三年级学生呈现一幅画《乌鸦反哺》，要求学生发挥想象，正确运用冒号、引号、问号，写一段对话。结合范文，教学时笔者对学生提出了如下具体要求：对话描写分自然段写。数量上要有两三组对话。对话要有提示语，以及提示语前后位置的变化。这样到了四年级，学生的对话描写能力如何呢？笔者与团队成员在区域内三所学校 X 校、H 校、L 校中各选择一个四年级班级进行测查。测查内容是根据情景设置展开想象，写一段对话描写。情景设置：昨天晚上，我在家想玩一会儿手机游戏，便向家人要手机玩，结果被拒绝了。测查要求：一是人物之间要有两组以上对话。二是提示语清楚明白（动作、神态、语气）且位置有前中后的变化。三是正确使用标点。四是 15 分钟内完成。

　　三所学校分别是 X 校、H 校和 L 校。根据三下习作 4 的要求，设计了四个测查指标，即对话描写要分段，要有两组以上对话，要把提示语写清楚，提示语要有前后位置的变化。统计结果见表 4-1。

　　从上述统计数据来看，L 校四年级学生对话描写能力整体优于 H 校，H 校整体优于 X 校，但优势并不明显。个别测查指标名校不如 H 校。如提示语前后位置变化这个指标，L 校只有 6.8% 的学生在作品中呈现，远不如 H 校的 55.6%，甚至不如 X 学校的 40.0%。

表 4-1　X 校、H 校、L 校四年级对话描写能力测查数据统计

测查指标	X校四(1)班 25人	百分比	H校四(2)班 27人	百分比	L校四(5)班 44人	百分比
对话分段描写	1	4.0%	3	11.1%	7	15.9%
两组以上对话	16	64.0%	19	70.4%	39	88.6%
提示语写清楚	12	48.0%	19	70.4%	28	63.6%
提示语前后变化	10	40.0%	15	55.6%	3	6.8%

从整体情况来看，四年级学生对话描写能力平均达标率不高，勉强合格。主要暴露出的问题如下：

一是对话描写的提示语往往用"高兴""生气"等形容词。说明观察不够细致，缺乏人物"高兴""生气"时具体的样子。

二是对话描写的提示语形式单一，缺乏变化。基本上都是怎样地"说"，不会换成"答""问""道"，也不会用动作与表情替代"说"字。提示语的位置大多都是放在前面，部分学生会放在人物说的话后面，只有很少的学生把提示语放在人物说话的中间。遗憾的是，提示语放在人物说话的中间，后面标点应该是逗号，这几个学生都错了。

三是对话分段描写达成度特别低。可能受到题目要求中"写一段对话描写"的误导，学生以为是写一个自然段。也可能是确实忘记了对话描写应该分段的要求。

四是一个意料之外的问题，即提示语中怎样地说，那个"地"字错误率特别高。如"高兴地说"，很多学生都会写成"高兴的说"。

这里暴露出的四个问题，笔者以为前两个是重中之重，是难点，需要教师悉心地指导学生练习。后两个问题解决难度不大，多提醒学生应该就能解决。

【反思改进】

一、提升对话描写能力的策略及推进

对话描写能力测查中暴露出的问题如何解决呢？要解决这个问题，必须先跳出问题本身，先考虑小学生对话描写能力应该有哪些指标，这些指标分别应该在哪个年段达成。

学生平时习作中的对话描写常见问题有：说的话描写不具体，说的话意思不清楚，说的话重点不突出，以及说的话价值不明显等。由此，笔者把对话描写能

力进行了六级的指标分解,由低到高分别是提示语清楚具体、提示语位置变化、运用无"说"之说、对话推动情节发展、对话彰显人物性格、对话描写适性变化。如图4-1所示。

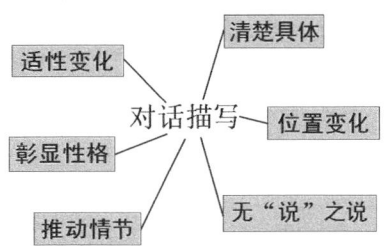

图 4-1 对话描写能力

对于中年段的学生而言,前三个指标是教学重点。笔者与团队教师在上述三类学校中各选择一个自己任教的三年级,采取了以下四点措施。

一是在观察中积累。不管是课堂还是课下,学生每天要说很多话,可是一拿起笔,写一段对话,很多学生都面露难色,更有甚者说记不得自己说了什么,也记不得别人说了什么了。对于这样急需指导的学生,我们鼓励孩子做生活的有心人,注意倾听别人的发言,注意观察人物说话时的语气与神态。利用课前三分钟轮流请同学说说近几天观察到的有意思的对话。学生绘声绘色地模仿吸引了全班同学的注意,特别促进了学习有困难的学生观察力的提升。不知不觉中,学生积累了许多有意思的对话素材。

二是在阅读中点拨。许多课文里有不少对话描写。有的提示语在句首,有的提示语在句尾,还有不少提示语在句中。如《军神》中:"不,你是军人!"沃克医生有些不悦地说,"我当过军医,这么重的伤,只有军人才能如此镇定。"对于这样提示语在中间的对话描写,教师教学时尤其要注意,引导学生读好对话,关注其中的标点,特别是提示语后面的标点。这里强调一下"提示语在前加冒号,提示语在中加逗号,提示语在后加句号"。

三是在讲授中突破。在对话描写专项指导课上,让学生在大量的对话描写中发现语言表达的规律,如对话描写的提示语可以写人物的动作,可以写人物的神态,可以写人物的语气,还可以把三者结合起来,这样的提示语描写不仅清楚,而且具体。认识千姿百态的"说"。有时候,对话描写中并没有"说"这个字,但会有表示"说"的词语。这样表示说的词语还有很多,如道、问、答、叫、喊、喝、吆喝、唤、呼、嚷、吼、骂、训斥、嗫嚅、嘟囔、抱怨……有时候,对话描写中连表示"说"的词语也没有,直接用动作、神态和语气替代"说"字。如《水上飞机》:"飞机?你怎么掉到海里去啦?"小海鸥吃了一惊。水上飞机笑了:"不,我是降落在这里的。我是海上救护机,可以迅速救援海上遇难的船只。"掌握提示语位置变化的规律。有的时候我们根据需要,也会把提示语放在后面,或者中间。什么时候放在后面,什么时候放在中间呢?如未见其人,先闻先声,这种情况下要把对话的内容放在前面,提示语自然就放在后面了。还有为了突出说话的内容,提示语也放在后面。如果话语前后之间有停顿,意思出现了转折,提示语一般放在中间。

四是在练习中巩固。一项技能的习得,一种能力的提升,没有一定量的训练是难以保证的。写作知识与写作技能的真正掌握必须依靠大量的言语实践,在习作中学会习作。一次完整的习作教学从构思到动笔,再到品析分享,需要耗费师生大量的时间,经常习作的可能几乎为零。如何解决这个矛盾呢?随着时代的高速发展,很多方面都出现了"趋微"新常态。在教育教学中,"微课""微视频""微演讲""微阅读"频频出现。由此看来,在课堂教学之余,"微训练"显得特别重要。微训练,即篇幅非常短小的练笔,每天用十分钟左右的时间完成。让学生轻松起步,逐步深入,在有层次地不断推进中掌握大量的写作知识与写作技能,这受到了学生的欢迎。

在对话描写的范围上,从写与同学的对话到写与老师、家长、路人等的对话,每个训练点持续三至五天,直至全班整体符合要求后进入下一个训练点。有的孩子通过一两次的微训练就达标了,有的需要五六次,有的可能需要十多次。我们根据学生达标次数的多少把学生分为 A、B、C 三层,达标后可以不再练习该训练点,不达标的需要反复训练直到达标为止。这样的分层达标训练让我们的老师对每一个学生的言语发展状况都能做到心中有数。

教师批阅学生微训练时,只需关注学生训练点是否达标,这样的批改速度很快。针对学生暴露出的问题或者特别精彩的地方利用当天的早读、午休,或课前两分钟等"微时间"进行及时的反馈。每周还利用一节校本实践课让学生以小组为单位进行分享交流汇报。这样的"微指导"周期短,有针对性,见效很快。一学期结束,写得少的同学能写完两三本语文本,多则四五本语文本。

二、对话描写能力再测查的反馈

经过近一年的试验,我们对任教的三年级学生进行对话描写能力的测查。和上次在四年级进行对话描写能力测查的要求一样,不同的是换了另一个情景设置,且设计了"对话描写"多元评价表,更有利于学生自我评价、修改。具体见表 4-2。

表4-2 "对话描写"多元评价

测查要求	对话分段	对话两组以上	提示语两个以上	说前用"地"	提示语在后,标点正确	提示语在中,标点正确
情景设置:听说老师有请到办公室一趟,小伟急急忙忙就往外走,刚出教室门就撞到了一个人……请展开想象,写一段对话。						
自我点赞	☆	☆	☆	☆	☆	☆
老师点赞	☆	☆	☆	☆	☆	☆

三年级与四年级的测查要求与情景设置几乎是同样的,甚至在某种程度上,对三年级的测查要求高于四年级。如对四年级的提示语要求是写清楚,而对三年级则要求提示语两个以上(含动作、神态、语气)。此外,三年级多了"说前用'地'"的测查指标,同时把"提示语前后变化"细化成"提示语在后"与"提示语在中"两种情况。三年级对话描写能力测查数据统计情况见表4-3。

表4-3 X校、H校、L校三年级对话描写能力测查数据统计

测查指标	X校三(2)班 28人	百分比	H校三(3)班 33人	百分比	L校三(1)班 37人	百分比
对话分段描写	28	100.0%	33	100.0%	37	100.0%
对话两组以上	27	96.4%	28	84.8%	37	100.0%
提示语两个以上	28	100.0%	33	100.0%	37	100.0%
说前用"地"	26	92.9%	27	81.8%	33	89.2%
提示语在后标点正确	24	85.7%	30	90.9%	36	97.3%
提示语在中标点正确	20	71.4%	10	30.3%	21	56.8%

可见尽管对三年级的测查要求略高于四年级,然而三年级学生对话描写能力完全优于四年级学生。这说明前期对提升三年级学生对话描写能力所采取的策略及推进是有效的。团队教师设计的"对话描写"多元评价表像一盏明灯,指引学生努力达标。从具体数据来看,L校三(1)班的数据最好,X校与H校也毫不逊色,甚至一些测查指标百分比X校的数据略优于H校。在采取同样措施的推进下,之所以出现这样的情况,与学生本身的素质水平有一定关系,更与实施教师有很大的关联。因为与H校三(3)班的普通语文青年教师相比,L校三(1)班与X校三(2)班的语文老师都是市区骨干教师。因此,生源并不能决定能力与素质,真正影响学生能力与素质的是教师本身。此外,从表中我们还发现,不管是哪个学校的学生,达标率最低的居然都是同一个指标,即"提示语在中标点

正确"。可见,这个指标是中年段学生言语表达的难点,应该成为我们教学的重点。

除了区域内学校的对比,同一所学校不同班级的对比或许更能证明上述结论。我们对X校三年级三个班级同时进行了对话描写能力测查。数据统计情况见表4-4。

表4-4 X校三年级对话描写能力测查数据统计

测查指标	X校三(1)班 24人	百分比	X校三(2)班 28人	百分比	X校三(3)班 24人	百分比
对话分段描写	22	91.7%	28	100.0%	21	87.5%
对话两组以上	23	95.8%	27	96.4%	22	91.7%
提示语两个以上	9	37.5%	28	100.0%	13	54.2%
说前用"地"	10	41.7%	26	92.9%	14	58.3%
提示语在后标点正确	4	16.7%	24	85.7%	12	50.0%
提示语在中标点正确	3	12.5%	20	71.4%	5	20.8%

从上表可以看出,X校三(2)班的各项统计数据全面占优。虽然三(1)班与三(3)班在测查的时候,老师带着学生认真学习了"对话描写"多元评价表上的内容,可是只有分段描写与对话两组以上这两个指标,学生达成度较高一些。其余指标如果没有平时教师有意识地推进,临时抱佛脚是没有多大起色的。

以上就是笔者及团队成员帮助学生借助文本,通过有策略的微练习,提升学生言语能力的过程。从数据上看,学生在大量的言语实践中不知不觉掌握了对话描写的技巧,言语能力的提高看得见。今后我们还想在学生对话的广度与深度上进一步拓展。能不能自己与自己对话,以培养学生的元认识能力?能不能与动物、植物对话?能不能与器物或者大自然对话?能不能与历史对话、与未来对话、与星空对话?这些都有待我们进一步探索。

(南京市孝陵卫中学小学部 王成)

我和孩子的作文故事

（一）

雨过天晴，空气特别清新，很喜欢这样的时候在校园花园小路上走走。

一只蜗牛映入眼帘，它小得可怜，青灰色的壳泛出一丝白色，仿佛用手一捏能挤出水来。乳白色的身子在石子小路上慢腾腾地蠕动着，它的前方不远处就是一片绿油油的草地。多么可爱的小生灵啊，我不由蹲下来仔细端详起来。

几个孩子好奇地围了上来："徐老师，你在看什么？"

"嘘——"我轻轻做了个手势，"不要惊吓了它。"

"什么呢？"

"你们仔细看。"

"一只蜗牛呀！"

"一只蜗牛有什么好看的？"

"瞎说，没仔细看，就说没什么好看的。"

几个孩子被我一说，像我一样蹲下来仔细看起来。班上又过来好几个孩子，把小蜗牛围得水泄不通，它大概是受了惊吓，一动不动了。

"我们把它放到草地上去吧，要不它会晒死的。"一个孩子说。

"对，要不就算葡萄熟透了，它还爬不到呢。"说着这个孩子上来准备"放生"。就在这时上课铃响了，我想了想说："不，还是让它自己去面对吧，我们下了课再来看。"

时间过得很快，两节课不知不觉结束了，我正在办公室看书，一个孩子气喘吁吁跑过来对我说："徐老师，不好了，那只小蜗牛死了。"

这么快就真被晒死了？我的心一震："过去看看。"

有不少孩子已经在那里了，那只小蜗牛果真死了，身后留下一条浅浅的弯弯曲曲的乳白色的痕迹，而它的前方十几厘米的地方就是草地。它本应属于这片草地，它一心向往的是这片草地，我把这可怜的小生命放到了草地上。

下午放学前,我特意挤出一点时间,走进教室,我在黑板上写下几个大字"一只□□的蜗牛"。

"今天,我们看到一只蜗牛,一只什么样的蜗牛?"

"它小得可怜。"

"它刚出生,身子还是青白色的。"

"它的触角都还没有长出来。"

……

"就是这样一只小得可怜的蜗牛,你们猜它为什么到了石子路上?"孩子们来了兴趣,有的说是被风刮过来的,有的说可能是它不小心从花枝上掉下来了,还有的说可能是它不小心爬到石子路上来了。

"你们想,这只小蜗牛到石子路上想干什么?"

孩子们异口同声:"它想爬到草地上去。"

"对,草地才是它的家。刚才为什么有同学想把蜗牛放到草地上,不让它自己爬过去呢?"

"因为它爬得太慢了,还没爬到草地就会被晒死的。"

"它太小了,石子路对它来说简直就是一望无际。"

"我觉得它小小的,也很可爱。"一个女同学站起来说。

我在黑板上写上两个字"可爱",对孩子们说:"一个可爱的小生灵,触动了你们内心的善良,所以你们想帮它,让它回到草地。"我用目光注视着每个孩子的眼睛,"它想到草地上去,你们看到它付出了怎样的努力了吗?"

"我看到它身后留下的痕迹,长长的一条。"一个学生说。

"那是蜗牛爬过留下的,弯弯曲曲的。"另一个补充。

"对,长长的一条痕迹,草地离它远吗?"我问。

"远,对我们来说只有一步,可是对小小的蜗牛来说可能有千里之遥。"

我动情地说:"是的,虽然千里之遥,可是小蜗牛有没有停止它的脚步呢?"

"没有!"

"这是一只什么样的蜗牛?"

"我觉得它有自己的目标,不达到目标誓不罢休。"

"我觉得它坚持不懈。"

"我觉得这只小蜗牛很可敬。"

我在黑板上又写下两个字"可敬",然后顿了顿,说:"还是这只蜗牛,它最后爬到草地了吗?"

"没有!"

"你们知道这又是为什么吗?"

"它爬得太慢了。"

"石子路对它来说太长了。"

"还有什么原因?"

"我看到它爬的路是弯弯曲曲的。"

"对,它爬的是一条曲线,如果直线爬,也许早就到了草地。"

我说:"是的,要是它能认准方向,笔直前进该多好啊!可是它没有。这时候,你们心里又有什么想法?"

一个学生说:"我现在觉得这只蜗牛真可怜。"

一个学生说:"它真可悲,自己不知道走了一条弯路。"

……

我又在黑板上写下两个字"可悲"。"孩子们,就是这样一只蜗牛,它触动了我们多少想象,可是刚才还有人批评我说一只蜗牛没有什么好看的。"说着我瞟了一眼这样说的那个孩子,他低下头默不作声。我接着说:"如果要你们来写一写这只蜗牛,你们觉得有话说吗?"

"有——"

看着孩子们若有所思又自信的表情,我有理由相信,孩子们能写出属于自己的习作,因为那只小小的蜗牛已经走进了孩子们的心灵。

(二)

一放学,学校门口就人山人海。那么宽的龙蟠中路,被来接孩子的家长堵得只容得下一辆车通过。汽车是排成一条长龙,自行车、电瓶车则包围了校门,家长和孩子的喊叫声、汽车的喇叭声,混杂一起,怎一个乱字了得?

校门只能开成一条小缝,孩子们排着队从缝里鱼贯而出,然后堵在门口四处张望,等着家长过来接过书包,递上零食,然后或钻进小车扬长而去,或爬上自行车、电瓶车左冲右突,挤出包围。只有少数一部分孩子背着自己的书包朝自己家的方向走去。

每见这样的情景,我直摇头,难怪出租车司机每到放学都怕从学校门口过,难怪有人说中小学放学时间,学校门口的交通拥挤是"社会公害"。

多么怀念自己小时候放学路上的时光啊。我们三五成群,或是钻进路边地里摘根黄瓜,或是几个人凑出几毛钱到路边的小贩那买几个麦芽糖,或是围到一起玩石子、打弹子……

我同情现在的孩子,同情现在的家长,他们有太多"不得不"如此的理由。但我又为这些孩子遗憾,他们缺少了多么精彩的一段童年时光啊。

我想为孩子找回一段应该属于他们的幸福时光。

首先要做的是调查孩子们有多少放学后是家长来接的,有多少是自己步行回家的。全班30人,24人由家长接,其中轿车接15人。还好毕竟有6个人是自己回家的,就从这6个人"做文章"。

于是我单独请这6位学生来到办公室,交给他们一项特殊的任务:请6个孩子每人写一篇作文,题目就叫"放学路上"。我暗示他们可以写在路上怎么玩,看到些什么有趣的东西,怎么到小店买自己喜欢的东西……写得好,有大大的奖励。几个孩子兴冲冲领着任务走了。果然没过几天,交上来几篇生动有趣的作文。我找了一个特别的时间,在班上隆重朗读。孩子们听得入了神,露出羡慕的眼神。

我一看时机已到,便说道:"你们想不想也像他们一样自己回家?"

"想——"

"想是想,可是我们家长不会同意啊。"

"只要想,没有办不成的事。我有三大法宝,可以让你们自己回家。"

孩子们一听来了兴趣:"哪三大法宝?"

"一大法宝,摆事实讲道理。"

孩子们一听,泄了气:"我们早就试过,没用。"

我一看和我预计得差不多,就慢条斯理地拿出一沓文章说:"这次摆事实讲道理,不用你们去说,你们只要拿着我的'红头文件'给家长读,让他们双方签字就可以了。"说着,我把早已准备好的文章发给孩子们,文章题目就叫《放学路上的"失物招领"》。这个不行我还有第二个法宝。

"第二个法宝是开会。你们的家长最怕什么?开家长会,对不对?"

一个孩子站起来说:"不是家长怕,我们也怕。"

"那就对了,不过这次家长会我只研究一个问题:家长来接好,还是自己回家好?"

孩子们一听高兴极了,想听我继续说第三个法宝,我故意卖关子:"第三个法宝不能让你们知道。"

孩子放学自己回家行动继续着——

家长们看了我发的"红头文件",全部都回信了。反对孩子自己回家的提出的理由大多相同:不安全,怕孩子在路上出危险,怕在路上耽误时间。也有一些家长表示可以让孩子自己回家,但最好是附近的孩子组成一个小组一起回家,单独让孩子一个人回家还是不放心。

于是我召开家长会，把班上住在一起的孩子家长组织起来，让他们相互留下电话，约定可以先由他们轮流"监视"孩子回家，然后再放手。我又把住在一起的孩子组成几个组，每个组选定一到两个组长。

孩子放学自己回家就这样开始了，我跟孩子们约定：一定要把他们自己回家的故事讲给我听。孩子们同意了。这一天，我把孩子们送出学校门口，然后站在那里注视他们远去。孩子们像出笼的小鸟一样说说笑笑地走远了，有几个住的实在远的孩子恋恋不舍地看着背着书包走远的同学，很不情愿地钻进父母的小车……

一天，两天，好几天过去了，我收到家长发来的信息，有的告诉我，经过"监视"发现孩子自己回家没问题，现在已经没人"监管"了。有的告诉我，现在是爷爷奶奶不放心，非要来接。

我陆陆续续收到孩子交来的随笔。孩子们写出的作文生动有趣：《徐老师的"三大法宝"》《有人监视！》《飞出牢笼》《终于可以自己回家了》《让我喜欢让他忧》《归家记》《原来如此》……

我不时把一些有趣的文章拿出来读给孩子们听，孩子们听了乐得前仰后合。看着孩子们快乐的笑脸，我心里甜丝丝的。其实他们不知道，他们的家长也许和他们一样也在偷着乐呢——我把孩子们写的作文复印下来，用一个信封装好，让孩子们带了回去，信封上写好：学校通知，家长亲启，学生不得偷看。

班上越来越多的孩子自己独立回家了。我趁热打铁，对孩子们说："现在我们班这么多同学自己回家了，但是你们发现没有，路上的伙伴多吗？"孩子们说："不多，就我们几个人。""要是有更多的同学跟你们一起回家，是不是更好？你们可以怎么办呢？"

孩子们讨论开了，得出一致的结论：要向全校家长发出倡议，尤其可以向住在学校附近的家长发出倡议。我同意了他们的想法，孩子们行动起来，以小组为单位，看看哪个小组能号召更多的家长让孩子自己回家。

决不能小看了孩子，他们的小脑袋里有无穷的智慧和创造力。他们有的设计了问卷上门"说教"，有的在小区门口张贴大大的倡议书，有的干脆找上门去，"逼着"家长签字……

不知不觉，孩子们已经以放学回家为内容写了一百多篇作文，其实孩子们写了多少作文并不太重要，写得好不好也不重要，重要的是孩子们在放学路上找到了属于自己的一段幸福时光，重要的是孩子们在写作中找到了快乐的感觉。

（三）

有一次，我担任一个作文大赛的评委，读到几个外省孩子的作文，颇受感动，想不到孩子的心思这样细腻，我心里不禁嘀咕：我们班的孩子有这样的心思，有这样的细腻感知吗？我想试一试。

于是，我把大赛的一个作文主题"幸福的味道"拿到班上让孩子们来写。孩子们交上来的作文内容虽五花八门，但仔细读下来，却让我产生一丝忧虑。为什么在孩子们的笔下，"幸福的味道"都是属于自己的？为什么孩子们"幸福的味道"都是"被幸福"着？现在的孩子个个都是家里的宝贝，都生活在以自我为中心的世界里，哪能不是"被幸福"着呢？

不久后，我又读到一个孩子写的周记，题目是《还好，没迟到》。写的是初冬的一天妈妈骑着电瓶车送他来上学，因为昨天忘记充电，骑到半路，电瓶没电了。他担心上学迟到，不断埋怨妈妈。妈妈为了不让儿子迟到，只好拼命蹬着电瓶车往学校赶。结果，终于在铃声响的那一刻，他们赶到了。

之所以对这篇文章印象深刻，还是因为收到了孩子妈妈给我的短信：徐老师，由于电瓶车昨日忘记充电，骑到半路没电了，孩子担心迟到被批评。责任在我，请徐老师原谅。

看到这条短信，我忍不住又把孩子的作文翻出来再读一遍，读着读着，我泪眼模糊。朦胧中我仿佛看到一位母亲焦急的眼神，仿佛看到一位母亲费力地蹬着电瓶车离去的背影……我给孩子的妈妈发去了一条也许她读不懂的短信：不，孩子没有迟到，迟到的是我。

我把这个孩子叫到了办公室，拿着他的作文一字一句地读了一遍。孩子略带不安地看着我，我对他说："写得真好。不过，今天徐老师喊你来，是想请你再写一篇文章，不是写给我的，而是写给你妈妈的。"

孩子疑惑地看着我："妈妈对你真好，电瓶车没电了，骑起来多费力啊，可是她担心你迟到还是拼命蹬着车把你送到了学校。她担心你迟到，还特地给我发了一条短信，请我原谅你。"说着我把短信给他看。孩子读完了短信，低下头一言不发。

"我知道，妈妈电瓶车忘记充电，你埋怨妈妈这是正常的。只是，你想过当你埋怨妈妈时，妈妈心里的滋味吗？你知道电瓶车没电了还要带着一个人骑是怎样的滋味吗？你想过你奔进校园了，妈妈又是怎么回去的吗？你跑进校园，你回头和妈妈说一声再见了吗？"我一句一句地追问，我眼圈红红的，孩子已泪流满面。

"所以我想让你写一篇作文,给你的妈妈,好吗?"孩子用力地点点头,含泪离开了办公室。

第二天一大早,我就收到孩子妈妈很长的一条短信:"徐老师,谢谢您,今天起床后看到孩子放在我床边的作文,读完我放声大哭,这篇作文我会一直留在身边……"

后来,我终于读到了这篇作文,题目叫《背影》,其中有一段我还记得:……寒风中,也许你还站在那里,看着我背着书包跑进学校的背影;妈妈我多想在泪眼中,看看你默默离去的背影。对不起,妈妈!在我头也不回地奔向校园的时候,我的心里只有焦急和抱怨,当您离开的时候,我竟然没有说一声谢谢……

(南京市小营小学　徐红飞)

秧好一半谷，题好一半文

"作文难教，习作难写"，"写作"几乎是所有老师和学生的痛。曾几何时，学生写不好作文，我们总会理所当然地认为是因为学生学习压力大，课业负担重，他们没有足够的时间和精力参与到五彩缤纷的校园活动、丰富多彩的社会实践活动中，他们没有时间亲近自然，没有时间开展人际交往，他们就是一台学习的机器。由于没有生活，他们对于课内习作中的话题往往难以做到"写真事，抒真情"，于是他们闭门造车，作文难免假、大、空。然而细细想来，学生每天都在生活，他们怎么没有生活？他们每天都和家人一起，都和同学们一起上课、游戏、交流……他们怎么没有交往？他们每天都行走在路上、漫步在小区，寒暑假外出旅行，青山绿水间、茫茫草原上、无限险峰处都留下了他们的足迹，他们怎么就没有时间亲近自然？我们不能忽视这样一个事实：不是学生的生活太单调乏味，而是很多时候作文题目偏离了学生真实生活的方向，数十年不变，毫无新意，根本没有触碰到学生情感的心弦，无法激发学生的写作兴趣，甚至会泯灭学生的表达热情。比如：观察一幅油画，写一篇作文。学生对这幅油画可能根本就提不起兴趣，也可能缺少足够的审美知识和能力，又怎么能展开想象的翅膀充分地表达呢？于是，要么胡编乱造、无病呻吟，要么东拉西扯、凑满字数。这样的作文题目，是不可能走进学生的心里去的，任凭教师如何呕心沥血，用心指导，恐怕也难以写出好文章。再比如，我们常见的作文题目，往往过于笼统和俗套，对学生而言早已是老生常谈，他们便没有了作文的创作激情。譬如"写一件难忘的事""我的妈妈""童年趣事""这节课真有趣"等，这些题目学生往往从四年级一直写到六年级，日复一日，年复一年，学生早已经产生了严重的"审题疲劳"，又怎么可能写出新鲜有趣的作文来呢？俗话说"秧好一半谷，题好一半文"，一道好的作文题，对于激发学生的写作兴趣、发展思维，以及提高学生的写作能力，会产生极大的作用。反之，会挫伤学生的积极性，使他们产生厌恶、畏惧的心理。因此，在作文教学的命题环节，要注意做到"四宜"。首先，命题宜小。这里的"小"是指作文命题范围小，具体，不空泛。"小"的题目可以让学生比较容易找到写作的方向，也有利于学生集中笔墨进行表达。其次,命题宜新。新颖、新鲜的东西,大都能激起学生的兴趣,提升学生的表达欲望。再次,命题宜美。一篇文章的题目,如果能用语形象、充满美感,会对读者产生极大的吸引力。作文命题也是如此,也要讲究语言的艺术,使学生受到美的感召,产生情感的共鸣、写作的热情。最后,命题要实。所谓"实",就是实在、实用。从学生的实际和生活出发命题,才能让他们有话可说,有情可抒,写出有真情实感的文章来。在作文教学中,教师如果能用一些好的作文题目作为学生作文的"引子",是极有利于引导学生选择好素材,更加轻松自由地写出好的文章的。我在自己的教学实践中,就有许多这样的生动案例,现记述一则如下。

有一次语文单元测试,其中的作文题目是"妈妈的爱",要求是通过一两件具体的事例,表达出妈妈对自己的关心和爱护。学生是在紧张的考试中完成的作文,写作时的注意力不可谓不集中,估计也没有哪位同学不想写好此篇作文。在行间巡视时,我也没有从他们紧锁的眉头中看出什么异样。说实话,这是一个普通的作文题,学生审题没有任何障碍,可以表达的素材也不少,与妈妈的情感也不会不真切。总而言之,这个题目很容易,中心明确,学生应该能写好。但批阅的过程,让我痛苦煎熬、五味杂陈。全班几乎没有写得特别好的作文,最大的问题就是事例大量雷同,缺乏真情实感,感觉很多学生就是同一个妈妈。比如有多达十五个同学写的是某天晚上狂风暴雨,雷电交加,自己生病了,妈妈不顾劳累,半夜里背起自己就送到医院挂水,前前后后忙了一整夜,直到第二天自己舒服了,妈妈却熬红了眼睛,鬓角泛起了白霜……还有不少同学写的是下雨天,可是自己偏偏没有带伞,放学时,滂沱大雨,自己急得像热锅上的蚂蚁。在这关键时刻,妈妈冒雨来学校给自己送伞。回家的路上,妈妈撑着的伞总是向自己这边斜过来,回到家里自己没有淋着,妈妈却湿了大半个身子,打了好几个喷嚏。第二天妈妈感冒了,大病了一场。还有部分同学写的是有好吃的妈妈舍不得吃上一口,全部省下来给自己吃,自己长得白白胖胖,妈妈却日渐消瘦……批改完学生的作文,我有些愤怒,进而失落、失望,我寄予厚望的我的学生难道只能写出这样的文章吗?我心潮澎湃,思考究竟是什么原因让学生的作文千篇一律、毫无生气、老气横秋。难道在学生的眼里,妈妈的爱真的只能是体现在这些要么自己生病、要么雨伞忘带等"非常时刻"吗?平时生活中妈妈在点点滴滴中的细微却真挚的爱为什么不能触发学生的写作心弦呢?一番思索之后,我选择了接受、理解学生。因为平心而论,母爱对于我们来说是和空气与水一样重要的,但正因为母爱的无微不至、无处不在、无时不有,我们才会对它"熟视无睹"。正如我们曾经天天都在享受母亲的关爱,又有多少人能发出"慈母手中线,游子身上衣。临行密密缝,意恐迟迟归"的独特感慨呢?我们做不到的事情,凭什么苛责我们的孩子呢?课间,我跟孩子们闲聊,有意无意地提及此次单元测试的作文,听到了他们真实的心声:"'妈妈的爱'这样的作文题目我们已经写过很多遍了,类似的写亲情的作文题几乎每年都要写上一次,实在让人厌烦。我们一看到这个题目,立刻想到生病、下雨。"理解了学生的"苦衷",既然学生不喜欢这样的作文题,我决定从作文题目入手,好好研究一番,"研制"出学生喜欢的作文题。

一天午后,我凝视窗外,忽然想起以前读过的铁凝作品《母亲在公共汽车上的表现》,讲的是母亲挤公交时为了庇护孩子,以近乎"危险的动作"占领了座位的故事。"占座位"堪称这位母亲的"特殊本领"。我灵机一动,何不起一个作文题,就叫"老妈的特殊本领","老妈"略显俏皮,容易让学生感到亲切,勾起对妈妈的回忆。"特殊本领"之"特殊"一定是独特的、与众不同的、个性的。我想这个题目一定可以让学生放飞思维,写出好故事。下午,我临时改变教学内容,再写单元测试中的习作。不过作文题目改为"老妈的特殊本领",其余要求不变。果不其然,当我把题目写在黑板上,并简述了作文主题要求后,全班同学即刻展开了热烈的讨论,从他们眉飞色舞的神态中,我完全感受到了他们写作的激情与冲动。他们真心喜欢这个作文题目,仿佛讨论的和上次写的不是同一个妈妈。此时在每一个孩子的眼里,在他们的口中,妈妈都是有着特殊本领的可爱"女超人"。

有同学说:"我的老妈'火眼金睛',在放学的时候,尽管校门口人流如潮,但是老妈总能从涌出校门的无数小朋友中一眼找到我,并快速挤过人群来到我身边,从来没有一次'失手'。"

有同学说:"只要是我想吃的东西老妈都能做出来,为了让我吃好、吃饱,妈妈能做到一个星期每天的饭菜不重样。在饭店吃到的我喜欢的菜,她回家一定能复制出来,还根据我的口味进行了改进。除了仿制,为了满足我的胃,她还自创出很多新的菜色品种呢。毫不夸张地说,根据妈妈的厨艺,她一定能写一本家用厨房'红宝书'。在狭小熏人的厨房,她能把青菜洗得干干净净,把肉片切得又薄又齐,把一大盘鸡鸭鱼肉倒进油锅再熟练地翻动锅铲,丝毫不怕蹦到脸上手上的油星子。"

有的说:"老妈是一匹骆驼,负重能力特别强。我不知道她是不是因为我才这样,不过每次和她去买东西她都能拿特别多特别重的东西,腋下夹的,手里提的,背包里装的,每次她只让我拿一些轻的小的物件。拿这么多东西,她好像一点儿都不累,她简直是个女超人。"

有的说:"我的老妈不做侦探亏大了。从我书房前路过一眼就能看出我是在认真学习还是在课本底下偷看课外书。而且，就算她不在家，我干任何事情她全都能知道。比如我看没看电视、玩没玩电脑，她都了如指掌。老妈简直是大侦探福尔摩斯。"

"我老妈永远能在我起床前把早饭煮好。我到现在都不知道她是几点起床的。为了我上学赶时间，她甚至能在送我的路上一边走路一边把头发扎起来，而且扎得整整齐齐、一丝不苟。"

"我老妈是个多面手，她的第一专业是会计，第二专业是医学。她竟然把自己变成了我们家的保健医生，完全是自学成才。从小，我的小毛小病都是我妈治好的。不打针不吃药，各种偏方全装在她的肚子里呢，有需要信手拈来，妙手回春。"

……

学生越说越兴奋，我听着他们的真情表达，不禁由开始的激动渐渐地转为感动。天下的妈妈都是一样的，又都是不一样的。学生们所说的这些自己"老妈的特殊本领"，让我不禁也想起了我的妈妈。情之所至，我问学生："你们觉得老妈的这些特殊本领，是怎么修炼出来的呢？"片刻安静之后，学生想到了，都是老妈对我们真挚的"爱"啊！

和孩子们聊到这里，我跟他们说今天这次习作不对他们做任何作前提示与指导，大家自由写作。四十分钟过后，学生交来的作文不仅在原本的水平上有了很大的提高，而且佳作频出，少有雷同之作，更没有老生常谈之作，孩子们的习作情趣盎然中洋溢着浓浓母爱真情……

案例反思：

1. 好的作文题目应该真正触及孩子的心灵，可以让作文教学事半功倍

电影《卡萨布兰卡》里有一句名言：一个人的气质里，藏着他读过的书、走过的路和爱过的人。其实一道好的作文题也一样，它里面应该闪烁思想的火花，燃烧理想的激情，饱含诗意的目光。我们经常会听到有学生说"这个题目我不会写"，其实，"我不会写"不一定是他写作能力弱，而是他不想写，不愿写。好的作文题目，应该是既有明确的指向性，又能给学生一定的发挥空间。更重要的是，好的作文题目应当犹如一把金钥匙，无须教师太花力气，它很快就会激发学生的心智灵感，让他们连接自己的生活经历，打开语言的"话匣子"、情感的"记忆库"，有一种"如鲠在喉，不吐不快"的写作冲动。教师与其绞尽脑汁研究怎么教、怎么写，不如先好好思考写什么，如何通过好的命题激起学生的习作兴趣。

2. 理解学生，尊重学生，把命题的权利真正交给学生，鼓励学生勇敢地说出自己的真心话

要想激发出孩子内心真实的想法，教师非得成为孩子的知心人不可！不理解孩子，不尊重孩子，不蹲下身子平视孩子，就很难知道他们内心的真实情感和想法！就像上面的案例，如果教师不能以一颗童心来换位思考，只是责怪学生不关注生活，情感不细腻，就不会从学生的视角中，重新换一个更有童趣、更贴近学生生活的题目来。比如在教学实践中，我就会经常和同学们一起讨论，写什么样的题目他们会更感兴趣。通过大家的集思广益，我们写过"'吹牛大王'现形记""班里的小达人""这事真不赖我""想想我就偷着乐""那些年我们一起追过的游戏""我们班上的汉字听写大会"……这些一听上去就童趣十足的作文题目，能够自然地引导学生用自己的话，不拘形式地写自己的感知体验；我们教师则要勇敢地鼓励学生用自己思考的个性语言自由表达情感思想。对于学生们想到的这些作文题目，以及写出来的真性情的语言，教师应该呵护、尊重。

3. 教师应开拓学生的视野，引导学生关心社会生活中的新鲜事

一个好的作文题只是语文世界的一个窗口，但老师命题总是希望通过这个窗口来展示更宽广的语文维度，追求更理想的人格高度，并希望这种努力能够不断得到学生的理解和认同。写作的外延等于生活。我们的作文命题也不能只局限于狭隘的课堂之中，这样只会把作文命题与学生的社会生活割裂开来。我们的作文命题也要"改革开放"，改革意识，开放视野，引导学生尽可能多地关注社会生活中有意思、有意义的事，鼓励学生勇敢地表达自己的观点。每一段时期，社会上关注的热点都会不同，新鲜事物层出不穷。最近流行什么文化、同学们最关心什么话题，都可以成为命题内容，转化为学生的作文主题。比如前段时间流行的《爸爸去哪儿了》，就完全可以成为学生的作文题，让他们讲一讲自己和老爸的故事，一定妙趣横生。

好的作文题，应该有这样的一个方向：加强作文与生活的联系，引导学生观察生活，思考身边发生的社会现象；激励学生用作文进行自由的表达、有个性的表达、有创意的表达，尽可能减少对写作的束缚，为学生提供广阔的空间，让学生都有话可说。其实话说回来，作文题目好不好关键问学生。真正让学生有话可说，让学生自由挥洒写出优秀作文的题目，就是好题目。选好作文题等于作文成功了一半，让我们都成为善命作文题的智慧教师吧！

（南京市北京东路小学　朱志林）

巧迁电影元素,呈现精彩习作

【故事回溯】

一、宣布活动,精心准备

春回大地,万物复苏。在这个生机勃勃的季节里,为了让孩子们感受到生命的宝贵、责任与感恩,咱们班开展了一次"护蛋"活动。要求同学们在一天时间内将鸡蛋贴身悉心呵护,不破损,不碎蛋。

晨会期间,同学们拿出昨晚上精心挑选、做好保护措施的鸡蛋。孩子们保护鸡蛋的方式真是花样百出:有的先用一层保鲜袋把蛋包好,接着在两块泡沫上挖一个洞,再把鸡蛋放进去做成"泡沫夹蛋",最后用胶带一层一层密封起来;有的像照顾自己的宝宝一样给它织了件毛衣外套,系上蝴蝶结,俨然一个蛋娃娃;还有的直接揣在胸口,用保护自己生命的神圣态度去守护它……为了让自己的鸡蛋不易破损,能够安全保存一整天,张栋天同学特地选择了一个深色的鸡蛋,他一脸严肃地介绍道:"蛋壳儿颜色深,说明鸡蛋壳儿坚固,不易破碎。"别说,附和他的同学还真不少。

二、活动开始,意外连连

一切准备就绪,"护蛋"行动即将开始!谁想,话音未落,突然听见一声哀号:"陈老师,我的蛋碎了……"只见青蛋壳上隐隐显现出几条蜘蛛网般深色的裂缝,从中间向外扩散开去,透明的液体从里面缓缓流出,一股蛋腥味随之扑鼻而来。循声望去,小季姑娘正面露苦色地看着我,向我求助。虽然小季姑娘已经小心得不能再小心地照顾她的蛋宝宝,里三层外三层地包裹着,但是因为拿的时候一用力,鸡蛋壳儿便被捏碎了。好吧,爱得太重也是错啊!同学们一个个惋惜地看着第一个牺牲的蛋,随即都小心翼翼地把自己的蛋又抚摸了一遍,心里默默祈祷:宝贝儿,你可得争气,千万别碎啊!

很快,小季姑娘便不再孤单,刘艾特同学的鸡蛋宝宝也"光荣牺牲"了:听见上课铃声,刘艾特同学急匆匆走进教室,藏在裤子口袋里的鸡蛋哪能经得住这剧烈摇晃?他一屁股坐下来,又是一阵惨叫:"哎呀,我的鸡蛋碎了!"一伸手便抓出碎得四分五裂的鸡蛋,蛋壳儿、蛋液和蛋黄混杂在一起……午饭后的报告:碎蛋6枚,出现裂缝的5枚。此时此刻,大家的心理又蒙上了一层压力,"护蛋"行动的难度逐渐升级,好想高喊一句口号:"'护蛋'行动,匹夫有责啊!"

三、活动结束,意义深刻

一天的"护蛋"行动结束,全班共计23枚鸡蛋壮烈牺牲,11枚鸡蛋出现了裂缝,只有15名同学"护蛋"成功。问其感受,孩子们无不感慨"护蛋"的艰辛与不宜,由此迁移至家长对孩子的呵护、老师对学生的关爱,爱之不宜。

【习作反思】

"护蛋"行动轰轰烈烈结束,孩子们乐在其中。作业当然是有的:每个同学回去认真梳理思路,完成"护蛋"活动记录。也许是我对这篇作文的期待值太高,本以为当天上午发生的两起鸡蛋"谋杀事件",真真切切,有声有色,画面感极强,孩子们只要抓住人物的动作,一篇出彩的文章便信手拈来。可"荆条编小篮,看着容易做着难",看似人人心中有的"护蛋"行动,为什么一写起来便"个个笔下无内容"呢?我在电脑桌面上胡乱地晃动着鼠标,自己也没了准法儿,怎么办?怎么办?叮!鼠标停留在了一直收藏热门电影的文件夹上,电影?电影!

电影!我灵感突现,儿童对于电影的热爱,是与生俱来的。没有多少孩子喜欢写作,但却很少有孩子不喜欢看电影。而优秀的电影本身不就是文学艺术的影视化表现吗?我何不将电影的表现形式迁移至这次的习作指导中?这样一来,习作课的有效性和趣味性大大提升的同时,也能够更好地指导学生将"护蛋"过程写清楚、写具体了。

一、慢镜头播放,彰显动作的力量

电影里的慢镜头,是由拍摄速度决定的。电影的正常拍摄速度是每秒钟拍摄24张,放映时也是每秒钟24张。可是,慢镜头在拍摄时每秒钟要拍240张,而放映时仍是每秒24张。这样,就会出现极有艺术感觉的慢动作镜头了。它能人为"延缓"动作节奏,"延长"动作时间,使观众看清在正常情况下看不清的一些动作过程,因此普多夫金称慢镜头是"时间的特写",是一种有意识引导观众注意的方法。

习作中我们可以将"慢镜头"迁移出来，对每一个动作进行分解。所谓"动作分解"，就是要把一个很笼统的大动作，分解成若干个连贯的小动作，给大动作一个"分解的过程"。比如一个孩子写的例子：鸡蛋掉在地上碎了。老师可以引导小作者把鸡蛋破碎的过程，分解成"鸡蛋落地——向前翻滚——脚踢鸡蛋——鸡蛋破碎"这样一连贯的具体动作，把"大动作"细化成"小动作"。请看丁羿含同学如何把这一个大动作写成小动作的：不知是我太紧张了，还是不小心，我的手微微一松，鸡蛋就从我的指缝间滑落下去，它像穿上了溜冰鞋似的，落在地面上向前径直滚动，一圈、两圈……离我越来越远。只见薛畅一脚上来正好踢到了我的鸡蛋上。我赶紧捡起鸡蛋，一看，鸡蛋光滑的表面裂开了几条蜘蛛网状的裂纹，随即，晶莹剔透的蛋白顺着裂纹直往下流……

你瞧，这样是不是将鸡蛋破碎的过程写得生动具体了？有的同学经常抱怨自己的作文写不具体，而在写动作的时候，采用把"大动作分解成小动作"的方法，正是一个"对症下药"的好方法。

二、特写镜头，感受内心的细节

电影中的特写拍的是表现人物肩部以上部位或有关物体、景致的细微特征的镜头，诸如惊愕的眼睛、欲滴的泪水、颤抖的睫毛、抽搐的肌肉等等，它能造成强烈而清晰的视觉形象。特写可以突出人物细致的表情或动作，表现人物的内心情感。同样，写作中，我们的目标也是指向人物内心情感的。我们不仅仅要写清人物做了什么动作，还要思考这个动作是在什么情况下做的，这就要让动作与表情、神态结合起来，从而更好地表现人物内心。

所谓"表情特写"就是在原先的动作基础上＋人物的眼部变化＋鼻子变化＋面部其他器官的变化＋面色的变化＋内心活动的猜想。还是以上面的片段为例，请看这段描写的"升级版"：

不知是我太紧张了，还是太不留神，我的手微微一松，鸡蛋就从我的指缝间滑落下去，它像穿了溜冰鞋似的，落在地面上向前径直滚动，一圈、两圈……离我越来越远。我的眼睛直直地看着向前滚的鸡蛋，越瞪越大，豆大的汗珠都从我的脸颊上落了下来，我心里拔凉拔凉的。天公不作美呀！只见路过的薛畅一脚上来正好踢在我的鸡蛋上。我赶紧捡起鸡蛋，一看，鸡蛋光滑的表面裂开了几条似蜘蛛网状的裂纹，不一会儿，晶莹剔透的蛋白顺着裂纹直往下流。顿时我的脑子一阵轰鸣，瞬间空白了几秒钟，过了好久我才清醒过来。我内心的难过迫使我所有的五官都扭成一团，眼泪水在眼圈里打转。我的"护蛋"行动到此结束，我的蛋宝贝儿也加入了"牺牲"的队伍里……

效果真的出来了！在动作描写时融入"表情活动"的描写，人物就更加有血有肉，形象丰满。通过一系列的表情的变化，我们也感受到了人物内心焦急与"护蛋"不成功的难受。

三、声画结合，推动人物性格

视觉和听觉是人类接收外界信息的主要渠道。电影便是视听艺术。没有声音的哑剧，很少能吸引观众的兴趣。用行话说就是："没有声音，再好的戏也出不来。"因此在影视中，声音与画面同等重要，并互为支撑。在写作的时候，如果仅仅是动作描写，会很单调，应给动作配上声音。这里说的"配上声音"可以有两种声音，一是配上人物的语言描写，二是配上适当的象声词。这样你笔下的动作就会有声有色。

仍以上面的片段为例。我们在这一加入了动作、表情描写的段落中融入人物的语言与象声词，看看效果又会怎样：

不知是我太紧张了，还是太不留神，我的手微微一松，鸡蛋就从我的指缝间滑落下去，它像穿了溜冰鞋似的，落在地面上，"咕噜咕噜"向前径直滚动，"一圈、两圈……"我心里默默地数着，它离我越来越远。我的眼睛直直地看着向前滚的鸡蛋，心里祷告着："千万别碎，千万别碎！"豆大的汗珠都从我的脸颊上落了下来，我的心里拔凉拔凉的。天公不作美呀！只见路过的薛畅一脚上来正好踢在我的鸡蛋上。"咔！"这声音直钻进我的心里。"天呀！我的鸡蛋！"我大喊出来，赶紧捡起鸡蛋，一看，鸡蛋光滑的表面裂开了几条似蜘蛛网状的裂纹，不一会儿，晶莹剔透的蛋白顺着裂纹直往下流。顿时我脑子一阵轰鸣，瞬间空白了几秒钟，过了好久我才清醒过来。我内心的难过迫使我所有的五官都扭成一团，眼泪水在眼圈里打转。我的"护蛋"行动到此结束，我的蛋宝贝儿也加入了"牺牲"的队伍里。"我的宝贝蛋儿……"我内心的呐喊，一阵高过一阵……

这一段比之上一段"无声的世界"又精彩许多。在描写动作、表情的同时，使我们感受到了这是一个性格上比较软弱，看着鸡蛋破碎就落泪的人物性格，人物的形象跃然纸上。

好文章亦如好电影。在习作中融入电影元素，巧妙地将二者相融，能让学生在学习中更加直观地理解各种写作技法的作用，并有意识地运用到自己的写作中，实现作文教学的有效性和趣味性！

（南京市北京东路小学　陈佳）

心理描写:倾听内心的声音

——以《谁是幸运星》为例谈"儿童视角"下的写作教学

儿童习作的本质是交流——通过写作实现与他人交流,与自我心灵的交流。由此,我们的习作教学必须在"儿童视角"的关照下全程开展,与儿童心智和言语发展的内在规律保持一致。唯有"儿童视角"下的习作教学,才能真正促进儿童习作能力和语言素养的发展。儿童习作教学首先应以儿童发展为本,站在儿童的立场上,怀着对儿童天性的尊重,深入孩提世界,发现一个个童真童趣的习作话题,采用儿童欢喜的方式,让他们在一次次作文交流中享受快乐、畅所欲言。

同时,语文教师也应具备儿童语言发展的系统知识。在习作教学实践中,尽心呵护儿童喜游戏、爱故事、善幻想的天性,把习作知识润物无声地融入儿童乐于接受的学习方式中,唤醒儿童的习作意识,点亮儿童的习作知识,提升儿童的习作能力,发展儿童的习作素养。下面,笔者将以一节自主开发的五年级写作教学《谁是幸运星》为例,谈谈我在"儿童视角"下的写作教学实践。

一、身在现场:游戏激发内心的涟漪

1. 课堂回放

师:同学们,今天老师带来了一个漂亮的礼盒,里面装着我要送给大家的神秘礼物。大胆猜一猜,会装着什么宝贝呢?(板书:神秘的礼物?)

生1:我猜里面装着日记本。因为您总是跟我们说写日记很重要,希望我们能和您一样每天都坚持,所以我觉得会是日记本。

师:你把我平时苦口婆心的话全记在心里了,真是个爱学习的好孩子。真好。

生2:我猜可能是老师最新写的古体诗词。因为您是一个古诗词发烧友,经常把自己创作的古体诗词拿来和我们分享。所以,我猜这次也会是您的新作品。

师:老师的一点爱好全被你们知道了。谢谢你愿意把我写的一点小东西当成礼物。

生3:我觉得盒子里可能放着作业免写卡。因为这是老师平时激励我们的法宝,只有考试特别好的同学才能获得。这也是我们大家最喜欢的礼物。(全班大笑)

师:哈哈,你说出了大家伙儿的心声。看来我平时发放"作业免写卡"时太吝惜了,以后我要更"大方"一点才好。

师:同学们,猜想不是瞎想,刚才几位同学的猜想都是有依有据的,真不错。今天我准备的礼物很珍贵,正因为"物以稀为贵",所以只有一份,想要得到这份礼物的同学请坐正!(全班坐得笔直)

师:好的,待会儿我会给每位同学发一张密封好的贺卡。悄悄打开你的贺卡,如果里面写着"幸运星"三个字,恭喜你,神秘礼物就属于你了。在发贺卡之前,要明确几点要求——(课件出示:①抱臂坐正,关注自己的内心;②凝神静心,观察同学的反应;③听从命令,不抢拆封不偷看。)明白了吗?(师发贺卡)

师:贺卡已经拿在手里了,仔细端详它,你有什么感觉?

生:我拿着它,好像是一张大大的彩票,打开了就能中五百万。(生大笑)

师:真是个小财迷。真要中了五百万,记得给我们大家都要分一点哦!

生:我看着它,心里想:阿弥陀佛,保佑我!一定要是"幸运星"啊!

师:你都求佛祖保佑了,瞧这中奖的心有多急切啊!

生:我是紧紧捏着它的,生怕吹来一阵风,把它吹跑了。

师:这种感觉就叫"珍惜"。

师:同学们,认为自己会是那个"幸运星"的请举手。(板书:我会是"幸运星"吗?)(一大半的学生举手)

师:你们真是"迷之自信"。请一位同学说说看,为什么这么自信?

生:因为我看过一本心理学的书,说人只要心心念念地想着一件事,这个事情的发生概率就会大很多。所以,我就努力地相信自己是"幸运星"。

师:厉害!能用心理学的知识暗示自己。你是一个乐观主义者!再请一位没举手的说说。

生:您太抠门儿了,我们班这么多人,您就准备一份礼物,我当"幸运星"的可能性太小了,所以我不抱啥希望。不过,如果真的是我,那就是加倍的惊喜!

师:你心态超然,先抱一颗平常心,往往会有意想不到的喜悦。

师:此时此刻,大家最好奇的就是"谁是幸运星"了。接下来,听我口令,大家同时打开贺卡。切记——(屏幕出示:悄悄关注自己的卡,相互之间不交流。心如止水要平静,不让他人猜出来。)明白了吗?开始。(生悄悄打开贺卡)

师:同学们的隐蔽工作做得都非常好!究竟谁会是"幸运星"呢?我先请大

家相互来观察,谁能猜出"幸运星",也能得到一份大奖。(板书:究竟谁是"幸运星"?)开始!(生相互观察神色)

师:好,想必大家都有点目标了。谁来猜猜?注意,猜想可是有依据的,你也要说出点道道来。

生:我觉得会是诗雨,因为当我盯着她的眼睛时,她都不敢看我,可见心里一定有"情况"。

师:很好,你认为眼睛是最能看见心灵秘密的窗户。

生:我认为是方圆,当我问她是不是"幸运星"时,她不像别人那样表情随意,或是略有失望,而是嘴角微微地翘了翘,有点不易察觉的喜悦。

师:你跟福尔摩斯一般,捕捉到了她的微表情。只是准确性有多大呢?让我们拭目以待。

生:我觉得会是孝坤。因为他刚才一直在说"不是我,不是我",我感觉他演得有点过了,似乎就是在掩饰自己是"幸运星"。

师:看来他的演技还没达到浑然天成的状态。如果你猜对了,那你就太厉害了,将来可以当导演,去选演员。

师:究竟谁猜对了,还是都没猜对呢?现在,我们将进入最激动的环节。请用热烈的掌声欢迎"幸运星"走上讲台。("幸运星"上台,欢呼)

师:恭喜你!当你打开贺卡,得知自己就是"幸运星"时,你的心情如何?

生:我差点要叫出声来。感觉自己太幸运了,简直是"人品大爆发"!(生笑)

师:我的要求是"心如止水要平静"。你是怎么做到的呢?

生:尽管我心里欣喜若狂,但我不能表现出来,于是赶紧咬住自己的嘴唇,让微微的疼痛感帮助我克制喜悦。而且我紧皱眉头,做出一种有点失落的表情。

师:你的演技真是精湛!大家都没猜出是你。你是如何隐藏自己的呢?

生:因为我很低调,不多说话,只是做出观察别人的表情,这样大家就不会猜到是我了。

师:哈哈,那我给你起个外号——低调哥!请打开礼物盒,看看你期待已久的礼物吧!(生打开礼物盒,一套精美的手绘四季明信片)

2. 课堂评析

习作教学不是儿童身在"象牙塔"内的"高级文字游戏",而应该成为儿童现实生活的"必需品"。如此,才会产生无限的表达热情。好的作文教学,就是需要教师想方设法创设情境,激发兴趣,让儿童的表达身在现场,而并非"远在天边"。儿童内心渴望游戏,童年本身充满游戏。游戏,不仅为儿童习作提供了内容、方法,还为教师的习作教学提供了策略、路径,在写什么、怎么写和怎么教上,均提供了丰厚的资源。这里,教师颇具匠心地在带着学生玩了一场"谁是幸运星"的游戏,于有限的教学时空中,最优化地为儿童创设出"心灵过山车"般的心理体验。

这里以"谁是幸运星"这个小游戏为线索,充分优化,设置思维梯度,和学生一起在充满童趣的氛围下展开猜测,层层剥笋,步步递进,且玩且聊中,用游戏本身的魅力巧妙地召唤起儿童心中潜藏的语言,从而水到渠成地激活起本次教学的主题——倾听自己内心的声音。

教师先以礼盒里的神秘礼物激起儿童的好奇心,学生自然融入游戏中的角色,是为起。再故弄一点玄虚,让学生拿到贺卡后"不抢拆封不偷看",猜猜自己是否会是"幸运星",以此有意延迟儿童的心理期待,是为承。当学生悄悄打开贺卡后,又让所有人都保持镇定,进而猜想"谁是幸运星",这看似已经知晓答案的游戏,又经历了心理上的"柳暗花明",是为转。最后,揭晓众人瞩目的答案——请"幸运星"上台讲述自己的心路历程,是为合。一番"起承转合",正是记叙文的经典结构。

二、范文引路:交流揣摩内心的感受

1. 课堂回放

师:有位同学也玩了这个活动。他是这样记述的:今天的课上,老师带来了一个漂亮的礼盒。他告诉我们这里面装着一份"神秘礼物",只有一个同学能够获得。大家都想成为"幸运星",我也很渴望。但老师很会卖关子,他先给每位同学发一张密封的贺卡,让大家猜猜自己有没有可能"中奖"。再让大家悄悄地查看自己的贺卡,但要不动声色。当我掀开贺卡的一角,看见里面写着"谢谢参与"时,我很失望,"幸运星"不是我,但我仍然努力保持冷静。随后,老师让我们观察同学,猜测谁是"幸运星"。大家七嘴八舌,但都没有猜对。这个活动真有趣!

师:这位同学的记叙,你们满意吗?

生:不太满意,因为他写得很不生动,没有趣味。

师:你的点评我也有点不太满意。咱们都是文化人,所以要做些专业的点评。不能光说他写得不生动,没趣味,你要说说看如何才能写得生动有趣呢!

生:我觉得这个游戏过程中,我们的心理就像坐了"过山车"一般,起起伏伏。一定要把这种心理活动的变化写出来,才叫生动。

师:很好!要把自己丰富的心理感受和变化写出来(板书:心理感受)。请大家来帮助这位同学,可以在哪些地方丰富心理感受?

生1:首先,老师拿出礼物盒时,我们都在猜会是什么宝贝?这个猜测的心

理活动就值得写。

生2：当老师说只有一份礼物时，我们的心里都很兴奋，盼望着自己能是那位"幸运星"。这个心理活动也很值得写。

生3：拿着贺卡又不能打开时，心里的期待也可以写！

生4：当老师让我们开启贺卡时，是最紧张的时候了，每个人心里都在默默祈祷，而当看到结果后，绝大多数人都很失落，又要表现出平静，心里的想法一定很多，是最应该详细描写的。

生5：我觉得老师让我们猜"谁是幸运星"时，有的人在思考推测，有的人在表演，心理活动一定很丰富。

生6：当幸运星走上讲台时，大家方才恍然大悟，没有人猜对，这里的心情也可以写！

师：同学们，把这些心理感受描写出来，这篇文章就能让人身临其境、感同身受！

师：这位同学吸收了大家的意见，做了修改，让我们先来读一段。

生：终于可以开启贺卡了。我的心里好紧张啊！一定要是我，一定要是我！可当我看见第一个字是"谢"时，心里凉了半截：嗯，怎么回事？难道是"谢谢你成为幸运星"吗？这句子也说不通啊！怎么可能。阿弥陀佛保佑我，让我成为"幸运星"吧！

师：觉得这段话的心理描写有进步吗？

生：他把自己心里说的话直接写了出来，我们就能感受到他的内心期盼。

师：真好！这叫"心里话，写出来"。咱们再来看一段：看清楚了，真的看清楚了——"谢谢参与"。我果然不是"幸运星"。唉。我的手气怎么从来就没好过呢。上次，超市大抽奖，妈妈让我抽，结果人家抽的都是洗衣液、盒装奶，轮到我只抽了一小包纸巾。还有每次和老爸一起打扑克，我从来就没摸过好牌，每次都是"孔夫子搬家——尽是输（书）"。好在我心态好，一开始就做好了心理准备，重在参与，友谊第一嘛！

师：这段描写有什么可取之处？

生：他联系到了以前的生活，比如在超市抽奖啊、和爸爸打牌啊，还引用了鲜活的歇后语。这样心理活动就生动多了！

师：太棒了，这叫"展开联想"。联想一展开，心理描写的世界就天宽地阔了。

生：我还觉得他有点"阿Q的精神胜利法"，很可爱。

师：我们有时候就得需要一点"阿Q精神"，这样心理才更强健，更开朗。若能把这些心理感受真切地描写出来，那就再好不过了。

2. 课堂评析

如何写好"心理活动"？最简单的办法自然是范文引路,通过范文向学生展现具体的写法。然而什么样的范文引路才最有价值？实践证明,好的范文引路应该犹如一粒石子入水,在学生心海上激起道道思维的涟漪。在围绕范文做充分的交流中,让学生真正认识到"该怎么写"以及"这样写究竟好在哪里"。难能可贵的是,教师给予儿童充分的自主和信任,选取了一篇问题明显的"范文"后,请学生来做"小先生"。学生先指出其缺漏,进而做出了精当的总结和精彩的指导。从写清楚到写具体,进而到写细腻,写好心理活动的标准在学生的意识里逐步得到提高。

三、交流习作：揣摩表达内心的方法

1. 课堂回放

师：现在就请你们紧扣"打开贺卡那一刻",把自己的心理感受描写具体。写完了好好读一读,给你的描写方法取个合适的名字。（学生十分钟练笔,然后交流,并把描写方法写在黑板上）

生1：我用的是"直接表达法"——一定要是我,一定要是我！如果我能当选幸运星,那感觉实在是太棒了。礼物倒无所谓,我愿意和大家一起分享。我希望同学们都叫我"幸运星"。

生2：我用的是"心理分析法"——虽然明明知道中奖概率很低,但还是抱着强烈的希望。我要抱一颗平常心,得之坦然,没得到也要泰然。

生3：我用的是"经验推论法"——以往我的运气一直都很好,大家都叫我是"小福星"。希望这次能延续我一贯的好运,再当一次"幸运星"。

师：同学们,你们真是创意无限啊。正如你们所说的,要想写好心理感受,方法有很多,但最重要的是要调动自己全身心的体验,倾听自己内心的声音,这样你的文章就一定能感动自己,温暖别人。回去以后,希望你们能够运用这些写作知识,把今天的活动详略有序地写好。期待你们的佳作！（课毕）

2. 课堂评析

本环节中,教师及时让学生描写心理活动,并开展交流。在交流中适时根据具体的心理描写语言,赋予学生对自己的写作方法以"冠名权"。这实在是最符合儿童立场的写作知识。当前的儿童写作教学呼唤"写作知识"的声音越来越响亮。笔者甚至听过有老师高喊："写作知识,作文教学的王者归来。"不可否认,写作教学,当然离不开"写作知识"的点化。但是,切莫忘记儿童写作教学,首先面对的是儿童,传授给孩子们的写作知识必须是从他们的写作经验出发,是儿童可

以理解、能够运用的知识。在这里,学生从自己的言语实践的基础上总结出写作知识,这些知识才是有源之水、有本之木,让儿童真正乐于接受、了然于心。

"让孩子易于动笔,乐于表达",需要教师关注儿童的真实生活,主动走进儿童的生活,自觉守护真实的童年世界。"儿童视角"下的写作教学,教师的一切教学行为,都应建立在儿童主体的写作之上。站在儿童的立场上,以儿童发展为根本,让儿童习作回归童年真实的生活,努力激发儿童内在情感,发展儿童思维,引领儿童在身心体验中,悟得习作知识和技巧,表达儿童内心的真情实感,促进儿童写作素养形成与发展。让儿童的目光关注自己的日常生活,让儿童学会倾听自己内心的声音,让儿童习作成为心灵的歌唱。

(南京市长江路小学　赵凯宁)

小小"蒲公英"的故事

我为班级申请了一个微信公众号发表孩子们的日记,至今已经发布了 21 次推文。在这个过程中,发生了什么有趣的事儿呢?

一、"我们都是小伞兵"

记得那一年,我刚担任二(1)班的语文老师,恰逢教师节,便布置了一个写句子的练习:老师像……第二天,我收到了各种各样的答案。小朋友们有的说老师像太阳,有的说像花朵,有的说像天使……在那么多答案中,有一句很特别:老师就像蒲公英,陪伴我们长大,目送我们离开。

我立刻在班级里分享了这个打动人心的好句子,小朋友们也觉得写得很棒。因为小朋友们确实会像小伞兵一样,未来会离开学校,在更加高远的天地间飞翔,去追寻属于自己的精彩。在小作者自信又开心的笑容映衬下,在热烈的掌声里,我和孩子们有了灵感:就把咱们班命名为"蒲公英班",我们一起做努力生长的蒲公英!

有了这样的开始,孩子们对待"每日一句话日记"就显得格外认真;我也常常在日记中发现孩子们精彩的语言,和孩子们开心地分享。只是,孩子的创造力是无穷的,而记忆始终是有限的,分享的好句子过几天也许会被其他的句子代替,甚至慢慢就会被淡忘了。怎么办呢?有什么方法可以记录下来让孩子反复回看呢?这时候,"申请一个微信公众号"的念头便冒了出来。

顺着这样的角度继续思考,我发现,如果真的创建微信公众号发表孩子的习作,除了能够通过网络平台保存孩子们优秀的作品以供反复回看以外,还有许多优势:

第一,微信公众平台是开放的资源,这样可以拓宽孩子习作"发表"的渠道,激发孩子们写作的兴趣和热情。

第二,当推文被发布后,来自各位老师、家长、亲朋好友甚至是陌生人的点赞和留言,使孩子们的习作无形中拥有了更多的读者,获得了除语文老师以外的反馈,这不仅能激励孩子,还能促使孩子们逐渐形成读者意识。

第三,因为读者群体发生了改变,孩子们的角色也从"完成写作任务的学生"变得更丰富了:当他(她)向读者们描述旅游经历时,他(她)可能像一位小导游;当他(她)就某社会新闻发表看法时,他(她)更是一位小公民;当他(她)阐述志愿服务小队活动时,他(她)是小小志愿者……在这样的过程中,"完成一篇作文"的作业压力弱化了,写作的目的性明确了,孩子们也更能明白"写作是为了表达"。这样的思考让我很是激动,在孩子们坚持写了一学期日记以后,我申请了班级的微信公众号"蒲公英的微写作"。自此,小伞兵们上演了一幕幕有趣的故事。

二、"灯塔小子"隆重登场

将日记发表在微信公众号,就意味着会有读者,这读者可能是熟悉的同学和家长,也可能是陌生人。为了保护隐私,也为了符合"网文作者"的身份,我建议正式发布日记前,每位同学为自己取一个昵称。一下子,班级里便掀起了取名的热潮:课间,同学们或者热烈讨论,或者在翻喜欢的书,甚至还有翻字典的,想为自己取一个特别的名字。

最近在班里"风头正劲"的当属小徐同学了。因为他的日记连续几次被作为优秀日记在班级分享,并且他率先得到了优三星!以至于后面再分享日记,如果没有读小徐同学的,会有同学举手提醒:"老师,是不是忘了小徐的日记呀?"甚至还会点名:"老师,我们还想听小徐的日记!"在这种热潮下,我拍板决定:小徐同学,第一篇推文,就推你的了!好好想一想你的昵称哦!小徐同学半是害羞半是得意,一副既想笑出来又拼命憋回去的样子,假装忧愁地点了点头:"叫啥名呢?我真的没想好呢!大家给我点建议呗!"

在听完了他的日记以后,大家七嘴八舌,展开了讨论。最后,有一位同学举手:"小徐同学一直在日记里赞美他的爸爸像灯塔,说他照亮了自己的道路,不如就取名叫'灯塔小子'吧!"他的建议获得了小徐同学本人和同学们的一致认可。至此,第一位在微信公众号发布推文的"灯塔小子"——小徐同学隆重登场。

这个有趣的开端,让我看到了"读者的阅读期待"对于写作者的极大鼓励。平心而论,在当时的班级里,就教材中命题的"大作文"写作情况来看,小徐同学并不属于习作特别优秀的孩子,然而,连续几篇有趣的日记带来了"聚光灯"效应,让他一下子获得了班级同学们的关注。同学们的"我们想听小徐同学的日记"这样的话语,再加上能够第一个在公众号发表日记,让小徐同学获得了极大的成就感和写作的动力——微信推文发表后,很长一段时间,放学后没多久,我都能收到他利用爸爸的QQ发给我的日记电子稿;并且,他说是自己用讯飞语音输入的,读一遍,再核对一遍,等于又再次修改了。这种主动写作和修改的意识是难能可贵的。渐渐地,他的写作水平和写作速度都有了比较明显的进步。此外,无形中,"灯塔小子"仿佛一座小小的灯塔,让班级孩子的写作热情高涨,甚至在起名字方面,也有很多同学模仿他。班级出现了"迷糊小子""电击飞毛腿小子""旋风小子""追风少女""火箭少女"等系列昵称。

三、"吃不胖的小仙女"下了"战书"

自从"灯塔小子"在微信公众号首发两篇日记以后,他一发不可收,每天都想尽各种题材来写日记。在写了好几次家里的事情以后,他把目光瞄准了同桌——另一位小徐同学,昵称是"吃不胖的小仙女"。他描写了好几次"小仙女",只是没有在班级分享。

有一次,我又在班里读了他的日记,里面有一句:"这时我偷瞄了一眼我的同桌,我的妈呀,她的嘴张得都快有我的拳头大了……"当时,我只觉得他用了夸张的手法,幽默地调侃了一下"小仙女",所以把日记分享给大家,万万没想到,"小仙女"得知了"灯塔小子"写她的事情,就此结下了"梁子":"嗯? 你写我? 你等着,我也要写你!""灯塔小子"毫不畏惧:"写就写,明天我还写你!"

这两人铆足了劲,还真的说到做到:两人彼此互相盯着对方,被老师表扬啦、批评啦、体育课后脸变得通红啦、课间说的话啦……统统被搬进了日记里。

还记得最搞笑的一次,是"灯塔小子"上课又插嘴了,我假装声色俱厉地点名批评了他,并且拍了拍他的脑袋。"吃不胖的小仙女"似乎一下子忘记了此时还在上课,激动得拍拍手,大声说:"太好了! 今天日记就写这件事!"引得全班同学都笑了起来。

他们俩的"战书"互动成了班级的一道风景线,也影响着班里的"闺蜜""哥们儿"的日记。譬如说,"橙子味的喵"和"草莓味的风"同样写了"丢钢笔"事件,这支钢笔是她们俩互相赠送的生日礼物之一。作为好姐妹,她们俩分别是"送礼人""收礼人",除了共同的焦急以外,她们俩的日记就不太一样了:一位更加侧重表达丢失了好朋友送的礼物,很难过。而另一位就有些复杂,先是表达了小委屈:怎么那么不小心,别人送的礼物也能弄丢;然后转念一想,礼物很重要,但是两个人的感情更重要,担心好朋友因为这件事心里难过,赶紧打电话表示安慰。同时读到这两篇日记,同学们都很赞叹她们俩的"闺蜜情深"。

还有,"电玩小子"和"白小橘"是放学后经常结伴回家的小哥俩,有一天"电玩小子"边走边在想事情,没打招呼直接半路上就拐弯儿回家了。当天的日记他们都写了放学回家,"白小橘"担心同学心神不宁会不会"玩失踪",而"电玩小子"

则沉浸在自己的思绪里……

这几次事件仿佛是小小的里程碑，它们清晰、明确地向孩子们展示出：同一件事，因为立足点不同，可以有不同的看法。由它们串联起的那段时间，孩子们的写作情况在悄然发生变化：更加关注身边的"小事"，同时写作的角度也更加多元。一次午饭时间，有一个过敏的孩子面对着爱吃的鸡腿，却只能听医嘱忍住不吃。这引发了我们对于午餐的讨论，于是日记里出现了和午餐有关的内容：遇到喜欢吃的菜——欣喜，遇到讨厌吃的菜——沮丧等各种心情。

我选择两篇表达心情截然不同的日记发在了公众号上，"对于同一件事表达不同感受"也成了那段时间的热潮。后面遇到"隔壁班王老师赠送我们一些旧杂志""又见到了以前教过我们的老师""校长突然来听课""班里丢了一本书"等等班级的"突发事件"时，日记里总会看到孩子们多角度表达的感受和思考。

我想，这是因为微信公众号平台本身就有着"聚焦与放大"的作用。优秀的日记，我们会在班级分享，其中特别典型的日记会发布到微信公众号——就这样，优点被聚焦，并通过公众号被放大与宣传，从而影响了写作的"风向"；同时，除了老师以外的各位读者在阅读时会很自然地对不同角度的习作进行比较，并在留言或点赞中给予反馈，这既让小作者获得动力和成就感，又促使小作者们逐渐形成读者意识。

四、"沙漠之舟"：对爸爸的期待

有一次，我们正在分享《爸爸的"淡"炒饭》这篇日记。分享之前，我故意卖了个关子："这篇日记的题目很特别，听完以后，你们猜猜特别之处在哪里。"因为有了疑问，所以孩子们听得分外认真。全班正安静地听着日记，冷不防一道声音响起："老师，下次能不能不要再读这样的文章了，我都羡慕死了！他们的爸爸怎么这么好，上次那个爸爸指导作文，这位爸爸还会炒饭，我真的太羡慕了！"

大家循声看去，原来是"沙漠之舟"小王同学，正抱着头一脸苦恼。我知道，小王同学的爸爸是做物流工作的，非常辛苦，常常出差，也常常早出晚归，无法像其他爸爸那样陪他写作文、单独给炒饭——可是，这样就能说自己的爸爸不如其他爸爸好吗？在讨论完《爸爸的"淡"炒饭》这篇日记、安抚好孩子的情绪后，我们趁热打铁，在本班也展开了一场小型的讨论：在你眼中，爸爸妈妈对自己独特的关爱是什么？

我想，借助微信公众平台的分享，孩子们其实可以从中看到不同家庭的生活方式、相处模式，对比之下，对自己的生活进行发现和思考：也许是发现了以前忽视的"小确幸"，也许是看到了提升的空间，也许……总之，这促进了孩子的思考。

五、一些思考

使用微信公众号平台推送孩子日记这一段时间以来,孩子们在写作方面的改变是让人惊喜的:孩子们不再害怕写日记、写作文,"每天写日记"已经成为一件非常普通的事情;写作的热情不断提高,选材的角度逐渐多元,表达的语句更加精彩……仔细思考,由于微信公众平台自身的特性,它除了能拓宽孩子们习作发表的渠道以外,还让孩子们有了不一样的收获,有了更加丰富多彩的童年生活。

一是更多的读者、更多的交流方式给予了孩子更多的反馈和鼓励;而这样的反馈,既让孩子的视角逐渐多元,又能促使孩子去更加关注身边的大事小事,孩子眼中的"真实生活"更加真实而丰富。

二是帮助孩子更加畅快地表达。有的孩子比较内向,在实际生活中表达并不是很积极;但微信公众号是虚拟平台,它的交流方式相对轻松、简单,这就促使这类孩子更加主动、积极地去表达自己的心声,主动进行交流。

三是能够尊重公共话语空间的规范让孩子习得多元的表达方式。基于孩子原本的言语环境、阅读经验、表达习惯,孩子们的表达水平是参差不齐的。微信公众号发布的多篇习作,让孩子们在分享、交流中去寻找自己更喜欢、更合适的表达方式,并尝试模仿,最终慢慢形成自己的表达风格。

(南京师范大学附属小学　肖娴)

《负荆请罪》第三幕

《负荆请罪》是苏教版六年级上册的一篇课文。对学生来说，这篇课文和以往学习的课文有很大的不同，这是一个剧本。

时间　战国时代。
地点　蔺相如的府邸。
人物　蔺相如：赵国的上卿。
　　　廉颇：赵国的大将军。
　　　韩勃：蔺相如的门客。

第一幕

〔幕启。蔺相如正在聚精会神地读书，旁边站着的韩勃气呼呼的，好像受了许多委屈。

韩　勃　（气愤地）大人，别怪我多事，廉将军一再挡我们的道，太欺负人了，我实在咽不下这口气！

蔺相如　（笑笑）韩勃，干吗这么生气？

韩　勃　大人，您是赵国的上卿，职位比廉将军高，为什么那么怕他呢？

蔺相如　（依然笑笑）我并不是怕他。

韩　勃　刚才在路上，大人不是有意避让廉将军的车子吗？要是我呀，才不让他呢！

蔺相如　还是以和为贵嘛。

韩　勃　（不满地）我真不明白，大人您为什么变得这样怕事。想当年，秦王那么厉害，您毫不惧怕，针锋相对地跟他斗，唇枪舌剑，寸步不让，多解气！

蔺相如　既然秦王我都不怕，我会怕廉将军吗？

韩　勃　（不解地）那么大人为什么好几天不敢上朝？分明就是怕见到廉将军嘛！

蔺相如　韩勃，你要知道，秦王不敢侵犯我国，就是因为我们赵国武有廉颇，文有蔺相如。要是我跟廉将军闹翻了，后果将会怎么样？这一点你想过没有？

韩　　勃　（若有所悟地）唔,原来是这样！对,对,大人您做得对！

〔幕落。

第二幕

〔幕启。几天以后。蔺相如在客厅踱步。一会儿,韩勃匆匆走上。

韩　　勃　（紧张地）大人！大人！

蔺相如　什么事？

韩　　勃　廉将军来了！

蔺相如　（奇怪地）什么,廉将军来找我？

韩　　勃　廉将军他没穿上衣,还背着一根荆条呢。

蔺相如　快请廉将军进来！

韩　　勃　是！

〔韩勃下,一会儿工夫领廉颇上。

蔺相如　（迎上去）廉将军！

〔廉颇赶忙跪下来。

蔺相如　（吃惊地）哎呀,廉将军,您这是——

廉　　颇　蔺大人,请您用这根荆条狠狠地抽我一顿吧。

蔺相如　（连忙取下荆条扔在一边,伸手去扶廉颇）廉将军,别这样,快请起,快请起。

廉　　颇　（不肯起来）蔺大人,我实在对不住您。

蔺相如　（双手扶起廉颇）请起来,廉将军,请起来吧。

廉　　颇　蔺大人,请您宽恕我这个老迈昏庸的人吧！我常常在别人面前侮辱您。现在,我知道,那完全是我的过错。

蔺相如　过去的事就别提了。

廉　　颇　蔺大人,最初我还以为您怕我哩,后来经人提醒,才明白您这样做完全是为我们赵国着想。您真是一个深明大义、宽容大度的人啊！

蔺相如　哈哈哈,廉将军,您能明白我的心思,我实在太高兴了！韩勃,快叫人准备筵席,我要跟廉将军痛痛快快地饮几杯！

〔韩勃应声下。蔺相如拿了一件衣服替廉颇披上,两人紧紧地拉着手,坐下来亲密地交谈着。

〔幕落。

一、用明亮的眼睛发现剧本的特点

剧本和我们平常读的一些文章比起来有什么不同？此言一出,学生议论纷纷。因为,这很容易发现。

"剧本开头交代故事发生的时间、地点、人物。"

"剧本还分为几幕。"

"剧本全是人物对话。"

"只有人物对话吗？这样说准确不准确？"

"不准确。"

"为什么？"

"因为除了人物对话,还有人物的动作、表情。"

"人物自己是不能说出来动作、表情的,蔺相如不能在说话的时候加上一句'我笑笑说'或者'我意味深长地说'。那么人物的动作和表情用什么办法把它表现出来呢？"

"括号。"

"剧本里有两种括号,什么样的括号？"

"小括号里交代了人物动作、表情。"

"方括号是说这一幕发生在什么地方,人物在干什么。"

"你们有一颗明亮的眼睛,拿起书,我们来读读这个剧本,老师读括号里的,你们读人物的语言。"

二、用丰富的想象补充剧本的空白

关于课堂提问,我一再提醒自己:没有思维含量的问题我不问;有关理解分析的问题要少问;语言体味和表达的问题要巧问。

廉颇是一个怎样的人？蔺相如是一个怎样的人？这样的问题,学生一读就知道,因此课堂上我不问。那这一课我问什么？思考再三,我决定从课题"负荆请罪"问起:廉颇向蔺相如负荆请罪是因为他觉得自己错了,"有罪",那么廉颇"罪"在哪里？

这一问,问出了学生的高下。

有学生说:廉颇错在一再侮辱蔺相如。（这是只看到表面,是浅层次理解）

有学生说:廉颇错在以为蔺相如真的怕他。（"怕"还不是问题关键,说明学生还没有读到"罪"的含义）

我再次引导:廉颇一再侮辱蔺相如,以为蔺相如怕自己,这只是从个人的角度思考的,再默读课文。

学生恍然大悟,原来廉颇"罪"在赵国:如果他和蔺相如闹翻了,文武不合,秦国就可能来入侵。

至此，我请学生有条有理地说说廉颇负荆请罪的原因。

"廉颇是怎么知道自己错了？"学生说：经人提醒。这就是文本的空白，我决定利用这个空白让学生再感受一下剧本的特点，激发他们的想象，让他们体验创作的乐趣。

"你认为谁会提醒廉颇？又会怎么提醒廉颇？拿起笔模仿课文，你们也来写一幕作为剧本的第三幕。"此言一出，学生立即纠错：应该是第二幕，有了这一幕才有后面的"负荆请罪"。

学生埋头写作，我巡视提醒。学生笔下提醒廉颇的"人"身份各异，有廉颇的门客，有廉颇的下属，有廉颇的儿子，有赵国的其他大臣，有廉颇的朋友。提醒廉颇的地点、方式也各具特色，有的是在廉颇府邸，有的是在退朝之后，有的是在路上故意等候，有的是直言相劝，有的是委婉含蓄。写着写着，有学生竟不知不觉笑出声来。我上前一看，他这样写：

〔一老者，须发皆白，挡住廉颇去路。

廉颇：(大怒)什么人，敢挡住我的去路？

老者：冷笑一身，蔺相如大人的去路我都敢挡，小小的廉颇我有什么不敢挡？

廉颇：(吃了一惊)蔺相如算什么东西，他就靠一张嘴，我廉颇出生入死，为赵国立过多少汗马功劳，他怎能跟我廉颇比。还不快给我让开！

老者：将军以为自己和蔺相如相比谁厉害？

廉颇：(傲慢地一捋长髯)当然是我廉颇。

老者：那将军和秦王相比，谁厉害？

廉颇：(脸一红，羞愧)这个……当然是秦王厉害。

老者：(哼了一声)可蔺相如完璧归赵、渑池之会，连秦王都不怕，他会怕你小小的廉颇吗？

〔老人说罢，扬长而去。

〔廉颇站在那里沉思良久，然后恍然大悟，打马扬鞭飞奔而去。

三、用诚挚的童心演绎自我的精彩

剧本是用来演出的，这一点不用我说学生都知道。因此，课文一学完，几个男同学就跟我说：老师，让我们来演一演怎么样？我说好啊。

其实，我是怕让学生演的。因为我知道，学生演不好。没有舞台，没有道具，没有足够的时间练习，尽管有台词，但是学生不是演员，哪能演出精彩的效果，搞得不好就是笑料百出，把原本有的庄重、深刻演得一塌糊涂，文本留给学生的东西反而没有了。但是学生这么热情，我不好拒绝。

因此，下节课，我只能让他们演。几个男孩子最热心，我一宣布，他们就忙开了，背台词，找"道具"（教鞭当作荆条，脱掉一件外衣就算"负荆"，扫帚当作马，搬两把椅子就是府邸……）

一上场底下就哄堂大笑，我也忍不住笑。

但是，你还别说，一组演完，另一组积极要求再演，还有几个女生要自编自演"第二幕"。

学生在演，我在想：学生为什么自娱自乐，沉醉其中？

也许这就是儿童的心理，儿童的世界。这些，有时就算我们成人"蹲下来"也是看不到的。他们用童心演绎自己的精彩，我们要做的，也许只有尊重、允许和善意的微笑。

如此，儿童才有童年。

(南京市小营小学　徐红飞)

动笔前,让我们聊一聊

四年级上学期刚开学的时候,我开始布置每周一篇的练笔,只因心里怀着一个单纯而美好的愿望:学生能够通过周记的训练,多积累一些写作素材。

可让我没想到的是,周记逐渐成了我和学生共同的压力。

一、尴尬:无话可说的周记

一两个礼拜下来,孩子们交上来的内容多是班级里发生的寻常事,要么是周一考了试,要么是科学课的实验,再不就是课间的游戏……偶尔还有心思缜密一些的学生,居然懂得揣摩老师的心理,将一些"机密情报"借周记报给老师——这下可好,读周记变成了批"密折"。那个周一的下午,我终于耐着性子批完了四十几本记录内容大同小异的周记,然后决定和孩子们聊一聊:

"为什么你们的周记里尽写班级里的事呢?这一周下来,你们和爸爸妈妈之间就没有什么印象深刻的事吗?"

"(超过半数的孩子)没有。"

"周末呢?周末就没有什么事可写吗?"

"周末要上课……"

"周末都是写作业,还不如写学校里的事呢。"

聊到这儿我明白了,"周记"二字看起来简单,老师提出了字数的要求之后,如果不在选材上给予一定的指导,学生是很难写出有质量的作品的。难怪在批改的过程中还会见到学生将自己以前写的作文又搬出来的情况。归根到底,写周记对学生的选材是一种考验。

回想自己的学生时代,老师也喜欢这样布置周记,短短两个字的要求不也曾让我们抓耳挠腮吗?拿起纸笔时,我们往往很难从过往的一周中找到适合写下的内容:班级里的鸡毛蒜皮,似乎老师不感兴趣;家中的柴米油盐,又觉得不宜外扬;社会大事,好像也轮不到一个学生来评头论足;好不容易挨到周末了,又被辅导班占据了大好光阴,想写写春花秋月都没机会……可转念又想,小学生的视野难道真的就理应这般狭窄吗？当然不是！

二、反思：学生的世界真的很小吗

当我们以成人的眼光来看待儿童，就会理所应当地认为儿童世界是相对单一、纯粹而缺乏波澜的，然而，当我们以孩子的眼光来回顾自己的生活，会发现还是有很多值得用文字记录下来的"闪光点"的。

仅从时间维度来看，如果将学生的生活简单地切分为在家、上学，那学生的生活当然显得枯燥乏味。可是，学生眼中一天的生活究竟是怎样的呢？做了家长之后，我常和女儿聊到她对生活的感受，她联系班级同学（二年级）的感受，总结出了这样一句打油诗：

一早上学急匆匆，

见到老师气汹汹。

快到中午肚空空，

体育课呀最轻松。

虽然不太工整，可实在有趣！几乎每个孩子都是这样，为了上学不迟到和家人一起奔波，面对老师总有那么点敬畏，中午吃饭和饭后的玩耍是最快乐的，而总有些学科的课堂是自己最喜欢的。当我们把孩子的生活细分一下，怎么能说他们的生活枯燥呢？

如果从儿童生活的多种角度来写周记，也是一种很好的思维路径。也许四年级的孩子无法感受一叶知秋的凄美，不能太好地体会为人处世的琐碎，但他们心里也有大人体会不到的喜怒哀乐。你看，平时关系要好的同学，突然因为一场误会和自己"绝交"，这可不是一件小事！你再看，平时总是跑最快的男生，今天居然输给了自己，这绝对不是小事！此外，来自老师的温暖，和父母间的沟通，与伙伴的玩耍……这些不都是学生可以落笔成文的好材料吗？

这样细细一想，学生的周记绝不是无米之炊。作为语文老师和班主任的我，每天从早到晚和学生们在一起，既然他们找不到好的内容来写，我就陪他们一起找！

三、初尝：写之前，我们聊一聊

我很坦诚地找来几个写作能力确实不那么强的孩子，问他们："是不是觉得周记不太好写？"确认过老师的眼神里没有责备的成分后，几个孩子迅速点了点头。"觉得不好写，是不是因为不知道写什么好？"他们的头点得更重了，我明白了，"如果老师来帮你们一起想，会不会好一些？"他们笑了。

于是，从那一周起，四（1）班每周五放学前的夕会里增添了一个讨论环节——"这一周有什么可写的？"说说各自准备写什么，互相启发一下灵感。有的孩子刚把点子说出来，一下子就有许多"我怎么没想到"的恍然大悟声；有的学生听到别人准备写的内容里有自己，就忙不迭地预定"先睹为快"；还有的和同桌、好友商量好同一个题目，从不同的角度来写，比一比谁的周记能得到"优星"。

由于时间紧，加上又是一开始，孩子们格外谨慎，发言的往往是那些作文写得比较好的孩子，这样一来，他们的献计献策就显得非常符合"主流价值观"：

"老师，今天午餐时小涵主动帮大家发酸奶，这个可以写吗？"

"今天跑50米的时候我摔倒了，小妍和小凌陪我去医务室，我觉得这个不错。"

"数学老师昨天留同学补作业，一直陪到5点多，这件事很感人，可以写！"

……

我很开心，虽然这些素材并不算新鲜，但是学生们真的有意识地去寻找素材了，于是，我都予以了肯定："不错，可以写！"在我看来，更重要的是在班里形成这样一种讨论选材的氛围。再往后，随着我的政策越来越宽松，孩子们的脑洞也就打开了：

"老师，今天我和子豪因为抢芦柑打了一架，可以写吗？"

"第二节课下课我看到树上挂着一个'吊死鬼'，我想观察它到底会孵出蛾子还是蝴蝶。"

"我最近发现小区里的油条很好吃，我想写老板是怎么炸油条的。"

这些当然都被我应允了，只要是孩子感兴趣的内容，只要是他们觉得有意思的事情，只要是他们愿意写在纸上的生活所见，有什么不可以的呢？

不过，随着一两周下来，我也发现了问题。

在一个周五的讨论中，一个文思敏捷的男孩子说："我吃午饭时观察了一下同学们，发现大家吃宫保鸡丁的时候都会把鸡丁和花生米吃掉，把胡萝卜剩下来。我想劝劝大家，要均衡营养，就要把菜都吃光。"这么细致的观察，我当然表示了肯定。没曾想，周一交上来的周记中，有十来篇都是劝大家吃掉胡萝卜的。我哑然失笑。

是不可以重复吗？当然不是。问题在于，这样一个写作素材，来自真实的观察，要想写好也离不开自己的真实感受。那十几个孩子里，更多的只是从原创者口中获得了灵感，却实实在在地缺乏写作素材——因为他们没见到别人是怎么吃菜的呀！

四、探索：聊出一些共同的话题来

虽然聊一聊可以打开学生选材的视野，但是有个问题是我无法回避的：如果聊到的选材是大家都共同参与的，或是感同身受的，这一选材就有了很高的价值。例如，一节体育课上的毽子比赛、班级读书会中某位同学的精彩分享。如果一个选材来自某个学生亲身经历的事件或观察，这一选材必然是不可复制、难以推广的，例如上文中提到的"劝大家吃胡萝卜"，虽然大家都意识到了这一问题，但真正能写好的只有那一个学生。

想明白这一点后，我开始在聊的时候有意识地引导孩子避开自己没有"耳闻目睹"的内容。孩子们也渐渐领悟到了我的意思，一段时间后，他们的选材越来越有质量了。一方面，他们能结合自己的生活选出角度独特的题目，如：

《和爸爸打的赌》：爸爸说我不可能在15分钟内连续做完3页"百题口算"而且全对。如果我做到了，爸爸就要跳到小区的喷水池里去（当时说到这里全班都笑了）。

《与同桌的分界线之战》：我和同桌是不共戴天的"仇人"，课桌上有一道隐形的分界线，谁越过这道线，就会遭到严厉的惩罚，那天我的作业本被发到了同桌的"境内"……

《怎么都摔不坏的可擦笔》：从崭新的笔到今天，笔帽儿换了两个，油漆都磨光了，这支笔还是"依旧笑春风"，它究竟有什么魔力？

另一方面，他们也能分享出一些大家都有话可说的写作角度，如：

《史上最短的课间操》：五月里最热的一天，课间操还要正常下楼，谁能想到一场大雨让它被迫终止，同学们"喜大普奔"，纷纷感谢雨神。

《人蜂大战》：对马蜂来说，选好飞进教室的时机很重要，偏偏有这么一只勇敢的马蜂选择在午餐后闯进五(1)班。

《英语老师的发箍》：英语老师的发箍究竟有多少个？周一到周五没有重样，怎么到了第二周还有不同的？大家展开了"计算"……

五、深入：聊出一些自己的想法

"聊一聊"的方法在我们班很受欢迎，每个周五下午都成了班级具有仪式感的重要环节。许多孩子在周四就会互相探寻："哎，你准备写什么？想好了吗？"在这样的氛围下，孩子们越来越爱聊，也越来越愿意写。当然，班级中还是有一些写作能力较弱的孩子，他们往往采取"借鉴"的方式来完成周记，或者写得实在不太有可观赏性，我并不批评，只是继续鼓励他们。

那天又是周五,正当我准备请几个"善写"的孩子开个好头时,靠窗的位置上突然举起了一只肉乎乎的手——那是班里话最少的睿。我点点头,睿"腾"地站起来:"袁老师,我有一件事不知道能不能写。""什么事呢?""昨天晚上我爸爸给我搓背,我觉得蛮感人的。"

班里一下子笑倒了一片学生,我也笑了:"可以啊!你想怎么写呢?"

睿显然没有思考这个问题,在同学们的笑声中他犹豫了一会儿,坐了下去。周一,这个内向的孩子还真把搓背写进了自己的周记里:

"今天晚上家里的热水器坏了,爸爸带着我去澡堂子里洗。澡堂里的雾气很大,我看不见别人,只听到他们嗡嗡的说话声。我泡在水里,时不时把头也浸在水里……

"过了一会,爸爸说要给我搓背,他用毛巾在我背后推着,一开始很疼,我让爸爸轻一点,爸爸说这样才能把身上的坑(南京话,指身上的污垢)推干净。慢慢地我就感觉舒服多了。

"爸爸打来一盆水,对着我的背后一泼,我看看地上,真的有很多坑,水一冲就没了。等我长大了,等爸爸老了,我也要给爸爸搓背,和爸爸搓得一样舒服……"

我被这段文字深深地打动了,我没有想到的是,当睿红着脸站起来时,涌动在他心头的竟是这么真挚的一段思绪!哄笑的同学只是觉得搓背难登大雅,他们也许能够把这段文字修改得很规范,很精致,却写不出睿心里独一无二的情感,对父亲的情感。一个不爱说话的孩子能写下这样的文字,我觉得真的很好。

后来,我把这段文字读给孩子们听,他们都很喜欢。

这件事给了我一些新的启发:既然孩子们能够记录自己的生活,为什么不能写下自己的想法呢?人与人的想法不同,孩子也是一样,为什么不能做一些新的尝试呢?于是,我们的班级中又出现了新的"话题式"周记。当有人说到一个足够新鲜的题材时,大家都会揪住这个内容展开讨论。

一天,有个男孩说:"我阿婆这周每天都要我吃香椿头,说春天里最好吃的就是香椿头,但我不喜欢,我想写这个。"没想到,这个话题一下引爆了班级:

"香椿头太难吃了,一股臭味!"周围掩鼻者不在少数。"是的,还不如叫'臭'椿头呢!""香椿头炒鸡蛋就是我的童年阴影啊!"

"是不是很多人都不喜欢吃香椿头?"学生们纷纷点头,也有人毫不畏怯地昂首说"喜欢",我突然想到了什么:"你们看,有的菜,大人喜欢,小孩不喜欢,你喜欢,我不喜欢。要不这个礼拜我们的周记就写写自己不喜欢吃的菜,好不好?"

"好!"学生们又陷入了热烈的"声讨"之中。

于是，那一周的周记，我们第一次以一个字——"菜"作为主题词。周一周记交上来后，芫荽、苋菜，甚至紫菜都遭到了学生的谴责，他们痛斥着这些菜的古怪味道，更对父母们难以理解的热情感到焦虑。有一个男生的作文里这样写道："妈妈那一盘韭菜虽然切得整整齐齐，炒得鲜嫩欲滴，但我一闻到那股冲鼻子的味道就把筷子缩了回去。我看着爸爸嘴里大口咀嚼着，牙缝里还塞了几根顽皮的菜丝，情不自禁地打了个哆嗦。"当我读到这一段时，不少孩子都耸起了肩膀，连连摇头。

从那以后，我们在聊周记选材的时候更热烈了。因为想到班级里养了一年的仙人球不幸"牺牲"，我们引出了"珍贵"这一主题；听到窗外卖酒酿师傅有趣的吆喝，我们商定出"声音"这一主题；想到晚上睡不着时摆弄自己双手的趣事，我们想出了"影子"这一主题……只要是有主题的周记，我都会在周末认真地写下一篇，周一的时候，我把自己的短文打印四份给学生读，学生们把自己的周记交给我读，给信得过的同学读。他们看着我写的周记，看着别人的周记本，看着老师为自己写下的评语，捂着嘴乐，拍着桌子笑，躲在教室的一角出神地读。

再后来，我们的角度也越来越广泛：《水浒传》里最喜欢的好汉，让男生们辩得面红脖粗又意犹未尽；班级该不该养金鱼，引得大家纷纷热烈讨论；爸爸妈妈说要生弟弟妹妹，更是引爆了一众孩子的话题……在话题的选择上，有的来自我的预先思考，更多的则是来自孩子们的讨论。无论如何我都会把握两个原则：第一是绝对中立，即便孩子们在教室里争了起来，我也绝不会流露出自己半点想法，好让他们写出真实的内心世界。第二是思想健康，当孩子出现明显偏颇的观点时，我会找一个课间和他/她在走廊私聊，听听孩子的想法，也说说自己的观点。

从无事可写，到发现身边事，从借鉴别人的题材到抒发自己的想法，两年多的时间里，我们通过"聊一聊"不仅为大部分学生解决了写周记难的问题，更为他们的习作选材提供了更多可能。我相信，这段时光会印在每个孩子心里。

（南京市中央路小学　袁卓然）

一次美丽的"发现"之旅

一天清早,大雾弥漫,我们正和几个中非工人在紧张地采摘四季豆。

"啊呀!"小李的叫声震惊了寂静的田野。大家以为他碰上毒蛇,急忙赶了过去。

"什么事?"

"刚才我采豆荚时,手碰到冷冰冰的东西,一看是一条'怪蛇',吓了一跳。"

"在哪里?"

大家在绿叶丛中找了一阵,没见到"怪蛇",以为是小李在开玩笑。

"在这里!"小李用手一指,豆藤上真的挂着一条绿莹莹的四脚小蛇,皮肤和豆叶一模一样,很难发现。这是条身长30厘米左右、似蛇非蛇的怪物。

"变色龙!变色龙!"中非工人一看就叫了起来。

我细细端详着:这条变色龙全身翠绿。椭圆形的头上长着三角形的嘴,两眼凸起,凶相毕露。身躯呈长筒状,隆起的背部酷似龟背,腹部两侧长着四只短脚,尾巴尖细。尽管我们大声喊叫,对着它指手画脚,它却依然一动也不动。

"变色龙如此迟钝,如何捕捉食物呢?"

"你别看它是可以连续几小时挂在枝叶上一动不动,但它是似睡非睡地窥探着,伺机捕捉昆虫。它的每只眼睛都能单独转来转去,分别观望四面八方的东西。当它的两只眼睛同时注视着前方时,就会产生一种立体感,准确地判断自己与昆虫之间的距离,用舌头捕获食物。"中非工人朋加沙绘声绘色地向我们介绍着。

这时,一只色彩缤纷的蝴蝶飞过来,离变色龙还有相当的距离。似睡非睡的变色龙,以迅雷不及掩耳之势,"刷"地伸出它那长得惊人的舌头——舌头长度超过它身长的一倍,刹那间,那只彩蝶已被卷入它的口中,成为美餐。我们被它吓了一跳。

"变色龙真的会变色吗?"

"真的,不信,马上试试看。"朋加沙抓起变色龙,先把它放在香蕉叶上,它的皮肤变成了香蕉叶色。接着，又把变色龙放在棕色的泥土上，我们眼看它慢慢地从绿色变为棕色。再把它放在水泥板上，又从棕色变为浅灰色。

变色龙，果然名副其实。

朋加沙告诉我们，变色龙数量不多，难得碰到。于是我们将它放回了原始森林。

这是苏教版五年级语文上册第二单元的一篇文章。从文章写作思路看，结构非常清晰，先写发现变色龙，再端详变色龙，最后放走变色龙。其中端详变色龙是全文的重点。作者端详到了变色龙的什么呢？三个方面的特点：就是变色龙外貌、捕食、变色。"似蛇非蛇的怪物"这句话其实是对变色龙的准确概括，看着像，但是却不是。这个词的形式也很有特点，"似……非……"这样的词语也很有意思，如似睡非睡、似怒非怒等等。其实这个"怪"字不仅可以概括变色龙外形的特点，也可以涵盖其捕食、变色的特点——"捕食怪""变色怪"。当然这样概括有一些牵强。

先看变色龙外形。仔细研读文章就会发现，作者的观察与写作有顺序，有重点，顺序是先整体后部分，从头到尾。这个顺序很有代表性，也为本单元的习作写其他小动物做好了观察方法以及写法上的铺垫。具体看这里依次写了变色龙的全身、头、嘴、眼、躯干、背、腹、尾几个部分。与之对应的是这些地方的特点，如翠绿、凸起、凶相毕露等。一看就是个"怪物"。

再看变色龙捕食特点，突出了它捕食的速度快。为了突出其捕食速度的快，作者先写变色龙等的时间超长，它不是一般能等，它可以连续几个小时一动不动。再写它捕食的工具——眼睛、舌头，眼睛可以同时观看不同的方向和目标。不过，以上两点都是铺垫，都是为了写出最后捕食的那一刻，所以最后再用一个"这时，一只色彩缤纷的蝴蝶飞过来"引出变色龙怎么捕食。原本反应迟钝的变色龙，就像突然变成了另外一种生物，以迅雷不及掩耳之势，把猎物一口吞下，真是"静如处子，动若脱兔"。而武器竟然是它那比自己的身体还要长的舌头。这也从另一个角度说明，没有仔细地观察，我们是不可能准确地把握变色龙的这个稍纵即逝的捕食特点的。

变色龙，变色龙，顾名思义，最大的特点应该是变色。因此最后作者当然要写变色。作者直接让事实说话，让大家亲眼看见变色龙变色的过程，一会儿绿，一会儿又变成了棕色，一会儿又变成另一种颜色，知道了变色龙变色的名副其实。至于到底变色龙为什么会变色，怎么变色的，课文没有写，也没有必要写，也给孩子们留下了探索的空间。

从文章体裁上看，这是一篇科普小品文，但作者采用叙事的方式来写，将枯燥无趣的说明变得生动有趣起来,显得很有"文艺"味。那么作者是怎么做到的呢?在教学中需要让孩子们发现其表达的奥秘——将需要介绍的变色龙的几点枯燥的知识用故事的方式来写。你看:先写在一个特殊的环境中发现变色龙,发现之后自然要观察,观察完后放回,这就像事情的起因、经过、结果一样。

还有,文章是如何将变色龙的外形、捕食、变色三个特点联系起来的?这三个特点哪个是重点?——从课文看,好像写捕食写得最多,但是变色龙顾名思义,变色应该是最重要的特点。细读课文,我们发现原来写发现变色龙突出了"很难",就是因为变色龙变色,这也是变色龙的特点。而三个特点之间,作者巧妙地用叙事的方式进行联系:"我细细端详着……""变色龙如此迟钝,如何捕捉食物呢?""变色龙真的会变色吗?"

由此看来,看似一篇简单的文章,其实很有意思,值得让孩子们好好"发现"一番。巧的是这个单元的主题也是"发现与观察"。之前,我已经和孩子们整体浏览了本单元学习的重点,并给孩子们补充了法布尔的《蟋蟀的住宅》,老舍的《猫》《母鸡》等几篇描写小动物,体现作者观察之细致、描写之传神的经典文章。

今天,我和孩子们将一起学习这篇文章。我直奔主题,句句不离"发现和观察"。

一、发现:语言文字蕴藏密码

作者描写的变色龙,不是动物园中的变色龙,而是大自然中生活的变色龙。想要观察变色龙,首先要发现它。作者是怎么发现变色龙的?

静心读书之后,孩子们纷纷举手发言。这是一个比较简单的问题,这样问,是想给那些语文学习能力较弱的孩子锻炼的机会,同时也练习了孩子们概括与表达的能力。几个孩子说清楚了,我说:"发现变色龙是偶然的,作者描写发现变色龙,突出了两个字,你们能从作者的字里行间看出是哪两个字吗?"这个问题需要孩子们对文本有较高的整合能力,对语言文字有较好的敏锐感,但又不失思维的难度,对孩子们来说是一个挑战。果然此问一出,所有孩子的眼睛都亮了起来,产生了对文本再次探究的兴趣。

再次读完课文后,小手林立。

答案也如同举起的小手,但很快指向清晰起来——作者突出的是发现变色龙"很难"两个字。孩子们的理由如下:

清晨,大雾弥漫,别说是变色龙,就是一个人在豆地里估计也很难发现;

大家在绿叶丛中找了一阵,都没有见到;

变色龙此时挂在豆藤上,皮肤与豆叶颜色一模一样,当然难以发现……

"没有了？"

孩子们疑惑地看着我。

"你们找的都对，但是都是表面的，'很难'两个字其实还蕴藏在人物的一言一行中。"这样一提醒，孩子们又去默读文章了。

"我知道了！"

"我也知道了！"

"要不是很难发现，中非工人看到了不会这样惊讶！"

"还有两个感叹号，说明发现变色龙中非工人很惊喜、惊讶，也说明发现变色龙不容易。"

"老师，还有。小李说手碰到了冷冰冰的东西，他说是一条怪蛇，说明小李自己根本没有看清楚是什么。"

……

我说："孩子们，发现变色龙这样不容易，如果你在场，接下来会干什么？"孩子们异口同声——"观察"。我接着说："不对！"孩子们疑惑地看着我，似乎在问我："那干什么？"我大声说了两个字——"端详"！孩子们一下子大笑起来。

二、发现：观察描写遵循规律

作者是怎么观察变色龙的？观察了变色龙哪些方面？围绕这些问题，孩子们开始了接下来的发现之旅。

很快，学生归纳出观察变色龙的样子、捕食、变色几个方面。

变色龙的样子是怎样的？孩子们对这个问题不以为然，因为书上写得清清楚楚，于是他们照本宣科。等孩子们说完，我又一声"错了"，使孩子们再次愕然。我说你们只见树木，不见森林。孩子们不懂，我举例说："你们看一个人远远走来，难道先看到他头长什么样，眼睛怎么样，鼻子怎么样吗？"孩子们恍然大悟——原来作者观察的先是整体，虽然只有短短的一句话："这条变色龙全身翠绿。"但是必不可少，这是从整体到局部的观察规律。

变色龙的三个特点学习完了，我引导孩子们完成课后练习4："孩子们，作者观察了变色龙，先写了它的样子，再写捕食，最后才写变色。你们最感兴趣的是哪个方面？"孩子们七嘴八舌再次回顾文章。等孩子们说得差不多了，无疑处我再生疑问："如果我现在把这三个顺序调整一下，先说变色，再说捕食，最后说样子，行不行？"

全班哗然："这怎么行！"

"为什么不行？我就要这样写！"

于是全班与我为敌,展开了一场辩论。

"我们观察一样东西,当然先看它的样子!"

"先说变色,顺序就打乱了!文章就不通顺了!"

"先说样子,再说捕食,最后说变色,这样最清楚自然!"

"这样说其实是对变色龙逐步了解的过程,对一个东西的了解我们自然是由浅到深的。"

……

接着我再次装作不解,抛出问题:变色龙,顾名思义,变色才是最重要的特点。可你们看书中写三个特点,明明是写捕食写得最多,作者是不是写错了?

经过我的"无疑处生疑",孩子们再次安静下来,因为从文章篇幅看的确是这样的,但是孩子们从"教材是不会错的"这个固有思维出发,从我教学的一贯"诡异"风格出发,明显知道我这是在给他们"下套",于是纷纷思考起来。只是苦于找不到答案。我稍做提示:请看看第一部分,发现变色龙,很难发现啊,为什么?然后静静等待花开的一刻……

不久,有孩子恍然大悟:

"老师,很难发现变色龙是因为变色龙变色了,它变成绿色混在叶子丛里当然很难发现。"

"老师,写发现变色龙写了那么多,其实不是为了写很难发现,而是为了体现它变色。"

"老师,发现变色龙,其实也是在写变色龙变色的特点。这样看,写变色的部分远远超过其他两个部分。"

自然,我在这场一边倒的辩论中败下阵来。当我宣布孩子们获胜时他们高兴地喊了起来。孩子们收获的其实不仅是胜利,更是对观察规律的一种发现。

三、发现:布局谋篇匠心独运

至此,教学似乎可以结束了,但还可以向"青草更深处蔓延"。我们的发现之旅还没有结束。

我出示文中三句话:

我细细端详着……

"变色龙如此迟钝,如何捕捉食物呢?"

"变色龙真的会变色吗?"

——如果将这几句话去掉,你们看结果会怎么样?

学生各抒己见,经过讨论,孩子们认识到作者正是用这几句话巧妙地把变色龙的几个方面有机地串联起来了。正是因为这几句话,本来枯燥的变色龙介绍变成了具有故事情节的内容,使我们读起来感到生动有趣。

接着,我出示事先一个孩子写的一篇写动物的文章让孩子们看,然后问孩子们:如果现在用我们今天学习到的方法来把这篇文章改一改,你会怎么办?

"给这篇文章加上两个人物,一个爷爷,一个作者,让作者问。"

"还可以让爷爷问,我答不上来,爷爷告诉我。"

……

教学结束的时候,我对孩子们说:孩子们,在所有的文章中,读起来最没意思、最不好写的就是说明文,因为说明文干巴巴的,但是今天我们学习了《变色龙》,你是不是有点小收获呢?我们刚刚学习了《金蝉脱壳》一课,老师这里有一段关于蝉的说明文,读起来就有些枯燥。你们能不能想想办法,把它介绍的生动有趣?你们能不能像课文一样把对"蝉"的几个知识介绍连起来呢?

孩子们异口同声:能。

蝉

蝉的幼虫生活在土中,通常会在土中待上几年甚至十几年。

蝉要脱壳的时候,于黄昏或夜间钻出土表,爬到树上,然后抓紧树皮,脱壳羽化。当蝉蛹的背上出现一条黑色的裂缝时,蜕皮的过程就开始了,头先出来,紧接着露出绿色的身体和褶皱的翅膀,停留片刻,使翅膀变硬,颜色变深,便开始起飞。整个过程需要一个小时左右。刚脱壳的蝉呈绿色,逐渐变成深绿色,最后变成棕黑色。

蝉蛹脱壳的时间一般为6月末,蝉脱壳后最长寿命长约60～70天。

雄蝉会鸣叫,它的发音器在腹部。由腹腔里的鼓膜、盖板、鸣肌共同作用而发出声音。蝉的鸣肌每秒能震动1万次左右,盖板和鼓膜之间是空的,能起共鸣的作用,所以蝉的叫声特别响亮。雌蝉的腹部构造不完全,没有鼓膜,所以不能发声。

看着孩子们胸有成竹、兴致勃勃的样子,我再次感悟"教材只是一个例子"的含义,我也相信,这节变色龙的发现之旅一定会给孩子们留下一段美丽、难忘的记忆!

(南京市小营小学 徐红飞)

别出心裁言出彩,不拘一格语纷呈

——以写诗填词为例谈"活化言语"的尝试

《课程标准》强调语文课程致力于培养学生的语言文字运用能力。语文课程是一门学习语言文字运用的综合性、实践性课程,应着重培养学生的语文实践能力,而培养这种能力的主要途径也应是语文实践。由此可见,语文实践是对语言文字运用的实践,是言语实践活动。在平时的语文教学活动中,我们应为学生创设丰富有趣的言语实践活动,调动学生运用语言文字的积极性,让枯燥的被动的学变成主动的"玩"语文。

近期校园开展春"摄"满园摄影大赛,动员孩子们利用课间和周末时间亲近校园,用相机捕捉校园里美丽的春景。很快孩子们就交来一幅幅精美的摄影作品,展现了校园多姿多彩的春景。我不由得联想到古诗词里对春天的赞美,古诗词语言精练又充满美感,何不让学生大胆尝试,"玩一玩"写诗填词?在美景真情中斟字酌句,是"活化言语"的创新尝试。

一、以诗配景,亲近文本语言

1. 镜头回放

师:让我们来欣赏同学们校园春景的摄影作品,当你看到一幅幅春景图时,你会联想到哪些诗词句呢?

(师出示第一幅作品,一张校园实践园的鸟瞰图)

生:很多树木都长出了绿叶,桃花也开了,我想到了"阳光布德泽,万物生光辉"。

师:说得真好,春天就是这样生机勃勃。让我们再走近一点,仔细瞧瞧。

(师相继出示第二、三幅图)

生:第二幅图上池塘边的柳树都长出了嫩绿的叶子,这正是"碧玉妆成一树高,万条垂下绿丝绦"。

生:第三幅图上桃花开得真艳丽啊,让我想到了"桃花一簇开无主,可爱深红爱浅红"。

生：第三幅图上不但有艳丽的桃花，还有嬉闹的同学们，正所谓"人面桃花相映红"。

师：活学活用，以诗配景，你们运用得还挺妥当。校园里还有哪些花呢？

（师相继出示第四、五、六幅图）

生：第四幅图上梨花的花瓣上还有点点滴滴的水珠，让我想到了"梨花一枝春带雨"。

生：第五幅图上满树丫的垂丝海棠，就像"黄四娘家花满蹊，千朵万朵压枝低"。

生：第六幅图上杏花也开得茂盛，正是"红杏枝头春意闹"。

师：怪不得古人说"万紫千红总是春"呢。校园里的一花一草都洋溢着春的气息。再看我们实践园里的小动物们，也是充满活力。

（师相继出示第七、八幅图）

生：小池塘里的鸭子在戏水，真是"春江水暖鸭先知"呀！

生：油菜花上飞舞的蝴蝶，正应了那句"留连戏蝶时时舞，自在娇莺恰恰啼"。

2. 分析

著名特级教师李吉林曾说："语言的发源地是具体的情境，在一定情境中产生语言的动机，提供语言的材料，从而促进语言的发展。"教学中，笔者出示学生所拍摄的校园春景照片，在一幅幅大家所熟悉的画面中引导学生展开联想——以诗配景，用恰当的诗句描述眼前的景象。一方面，这是对古诗词的灵活运用，让学生体会到学习古诗词不仅仅是为了多背一两首以丰富自己的知识储备，还是为了能在具体的情境中学会运用。例如诗句"人面桃花相映红"原意是写姑娘美丽的脸庞和盛开的桃花交相辉映，分外绯红。学生在第三幅图上看到桃树旁嬉闹的同学们而联想到这句"人面桃花相映红"，体现了春天里同学们和桃花都充满生机与活力。将诗句的语言内化为自己的语言，渗透了自己的情感体验，是对诗句的灵活运用，更是语文实践能力的提升。当孩子们再回归到古诗词学习时，就不只是为了背诵，更不会觉得枯燥无用了。另一方面，学生在运用中也加深了对古诗词的理解。教学中，学生看到第六幅图上杏花开得茂盛，联想到词句"红杏枝头春意闹"。词句中的"闹"是什么意思？"春意闹"又是怎样的景象？已无需老师多言，学生从图中获得了最直观形象的感受，可谓是心领神会。

由此可见，以诗配景，拉近了学生与古诗词的距离，唤醒了学生对古诗词这一文本语言的亲切感。古诗词不只存在于记忆里，也在我们多姿多彩的生活中。古诗词也不只是用来理解、背诵，还可以内化为我们的情感体验，在实践活动中得以灵活运用。这也正是《课程标准》在实施建议中所强调的"语文教学要注重语言的积累、感悟和运用"。

二、比较发现，渗透语言规律

1. 镜头回放

师：刚才同学们以诗配景运用自如，不过写诗填词并不是古人的专利，接下来我们也来玩一玩这样的文字游戏。先来了解文字游戏的规则，下面的两首诗你从韵律上有什么发现？

（出示古诗《春晓》和《惠崇春江晚景》）

生：《春晓》一、二、四行都押"ao"的韵。

生：《惠崇春江晚景》也是一、二、四行押韵，押"i"的韵。

师：你们一下子就找到了古诗创作的文字规律——押韵，这样读起来才能朗朗上口。

生：五言诗每行的结构是二、三，七言诗每行的结构是二、二、三。

师：你找到了古诗的停顿规律，这也是创作的规律，这样才有节奏感。再比较下面这两首诗，从诗的内容上你有什么发现？

（出示古诗《咏柳》和《江南春》）

生：《咏柳》这首诗只写了柳树一景，而《江南春》写到了多个景。

生：《咏柳》只是写景，《江南春》不仅写景还抒情，"南朝四百八十寺，多少楼台烟雨中"渗透诗人对历史兴亡的感慨。

生：《咏柳》"二月春风似剪刀"运用了比喻的手法。

师：你们领悟到了作者不同的表达方式。为了写好景，作者还调动了他的多项感官。

生：是的，《江南春》里不仅有视觉、听觉还有触觉。

师：通过以上的对比，我们不难发现古文的这项文字游戏的规则以及完成文字游戏的方法。接下来，就让我们大胆尝试，用古诗创作的形式来赞美我们校园的春景，也来玩一玩这文字游戏。

2. 分析

比较法是一种常见的教学法。在20世纪30年代初，比较文学传入中国，文艺理论家朱光潜等人开始运用"比较法"对比研究中西文学。张志公先生曾说："比较是语言学习的重要方法之一，教师采用比较教学法，可以让学生积累得更多些，更快些，归纳得更准确些，更深入些。"教学中，笔者正是运用了"比较法"引导学生探究古诗创作的语言规律。通过比较古诗《春晓》和《惠崇春江晚景》，学生发现诗的一、二、四行的最后一个字是同一个韵母,也就是古诗讲究押韵。学生还发现了古诗每一行的停顿规律,正是语言编排的规律,也就是古诗富有节奏感。再通过比较古诗《咏柳》和《江南春》,学生发现古诗创作的表现手法,如《江南春》借景抒情,"南朝四百八十寺,多少楼台烟雨中"渗透诗人对历史兴亡的感慨。学生还发现了古诗中的修辞手法,如《咏柳》"二月春风似剪刀"运用了比喻的手法,把春风比作剪刀,是美的创造者。《课程标准》在课程理念中强调:"学生是学习的主体……积极倡导自主、合作、探究的学习方式。"教学中,笔者摒弃对古诗词支离破碎的讲解,激发学生在比较中进行自主探究,透过文本语言的表象,把握古诗创作的内在规律。在比较中的自主探究,开拓了学生的阅读视野,是对语言空间的拓展。在比较中的自主探究,提升了学生品读文本语言的能力,从表象深入到本质,发展了学生的思维能力。

三、文字游戏,活化语言运用

1. 镜头回放

大屏幕相继展现一幅幅校园春景的照片,同学们开始自主创作。十五分钟后同学们陆陆续续写出了自己的诗作,纷纷要交给我。我不急于评价,而是请同学们在四人小组里先交流,进行相互评判修改。班级里顿时炸开了锅,一个个手拿诗稿,或大声吟诵或低声默念,或圈圈改改或争执不下,大家都沉浸在语言文字的世界里。

生1(走到我面前,给我看生2的诗作《校园春景》:新草青青垂柳长,已是四月来寻芳。儿童午后尽欢情,忙趁丝雨踏水央):老师你看,他写的这句诗"新草青青垂柳长",我觉得改成"新草青青柳枝长"更合适。

生2:我不同意,我觉得我写的"垂柳长"挺好的,"垂"字写出了柳枝的形态嘛。

师:你想突出柳树的形态,那么改成"柳枝长"的理由是什么呢?

生1:大家都知道柳枝是垂下来的,而且"垂柳"是固有词汇,在我眼中就是一棵树,说一棵树长显然是不妥的。

生2:你说得也有道理,改成"柳枝长"是突出描写柳树的枝条。

师:你们可真会咬文嚼字,相互切磋让你们的语言功底更有长进。你们觉得这首诗三、四行写得如何?

生1:把校园午后大家嬉闹的场面表现出来了。

生3:是啊,尤其是"忙趁丝雨踏水央"这句,"踏"写出了孩子们雨中嬉戏时调皮可爱的样子。

生4:"忙趁丝雨踏水央"与上句的"尽欢情"相呼应,真是妙笔生花啊!

最后,同学们把自己最满意的诗作交给我,我整理后请同学们相互点赞,说说同学们诗作里的妙言佳句。并鼓励学生除了写古诗赞美春天,还可以用填词的方式,如仿造词牌"如梦令"的句式和韵律来写,不断进行大胆的尝试,在文字游戏中活化语言运用。

2. 分析

以诗配景,唤醒了学生对古诗词文本语言的亲切感。比较发现,学生在比较中发现诗词创作的语言规律。由陌生到熟悉,由表象到本质,为学生写诗填词做好铺垫。写诗填词并不是古人的专利,写诗填词究其本质是对语言文字的运用,诗人贾岛反复斟酌"推"和"敲",正体现了写诗填词的精练妙趣所在。以玩"文字游戏"的方式来激发学生进行写诗填词的创作,而诗词创作的语言规律就是我们文字游戏的规则。遵循这样的规则,我们就可以进行大胆的尝试,玩一玩文字游戏,在游戏中斟字酌句"活化言语",这就是《课程标准》所提出的"有创意的表达"。

教学中学生写出了古诗后,笔者并不急于评价,而是请学生在四人小组中相互切磋。在反馈中,也将发言权留给学生,由学生相互评价。而学生相互切磋和相互评价,都是为了促进学生再一次地斟酌字句。学生在相互切磋中探讨"垂柳长"和"柳枝长"哪一个更妥当,学生在相互评价中体会"踏"字的妙趣,这样的生生互动是实实在在的言语实践。课后,学生又以词牌名"如梦令"写了校园春景,"春风又绿校园,沉醉美景谐苑。看花红柳绿,孩童与景结缘。许愿,许愿,留住春色满园"。语言简练,韵律恰当,寓情于景,表达了对校园美景的喜爱与留恋。因为篇幅有限,笔者未能将学生的诗作一一列举,想必这一次的古诗创作已深深留在学生们的脑海里。原来古诗词也可以用来玩,看似遥不可及的古诗词在我们的文字游戏中变得妙趣横生,充满了现代的气息。

综上所述,笔者在一次写诗填词的语文实践活动中,通过以诗配景、比较发现、文字游戏等方式,拉近学生与古诗词的距离,从学生的视角探寻古诗词的语言特点,在写诗填词的文字游戏中活化言语,进一步提高学生语言文字运用的能力。

参考文献

[1] 李吉林. 李吉林文集[M]. 北京:人民教育出版社,2006.
[2] 张志公. 张志公语文教育论集[M]. 北京:人民教育出版社,1994.

(南京理工大学实验小学　汪家燕)

从规范走向个性与创新

——跟托尔斯泰学心理描写

《穷人》是俄国作家列夫·托尔斯泰所创作的一篇短篇小说,出版于1905年。因其结构严谨,层次分明,描写细腻,入情入理,真切感人,现已编入统编版小学六年级上册的教材。《穷人》集中描写了在一个浪涌风吼的夜晚,渔夫妻子桑娜在等候亲人归来时,出于善良和同情收留了邻居的两个孤儿,渔夫归来,正和她的想法一致。作品精细地剖析了渔夫妻子桑娜的心理矛盾发展过程,表现出渔人夫妇宁可自己吃苦,克服困难,也要帮助邻居的高尚品质。

桑娜这一人物形象的性格特征几乎全是通过心理活动的描写来凸显的,这正是这篇小说的亮点之一。什么是心理描写?心理描写就是对人物内心的思想活动进行描写。描写人物的思想活动,可以细腻、生动、真实地展示人物的心路历程,从而更好地揭示人物的性格特点。对人物心理的描写,能够直接深入人物心灵,表现人物丰富而复杂的思想感情。也可以让文章更生动,更有新意,并且能写出作者自己的看法和感受,让文章更充实。课文中桑娜在慌乱之中把两个孩子抱回了家,她自己都不知道怎样把孩子带回家的,但是她知道自己必须这样做,虽然她很担心丈夫会揍她。桑娜这种下意识的行为和极其矛盾的心理,正说明了她作为母亲对孩子的本能爱护。同时,摆在眼前的窘迫的生活也让她十分为难。在丈夫回来之前,她的不安、犹豫与害怕,引起了读者万分的同情,但丈夫的语言和行为令读者大感意外。托尔斯泰成功的心理描写使故事情节更为曲折,人物形象更为生动,从而为全文增添了更加鲜明的艺术魅力。

将教材中的大家之作、经典文章作为学生习作的重要资源是非常行之有效的。以这篇课文为例,引导学生跟着托尔斯泰学习人物心理描写,我从以下几个方面进行了教学尝试。

片段回放1:

桑娜脸色苍白,神情激动。她忐忑不安地想:"他会说什么呢?这是闹着玩的吗?自己的五个孩子已经够他受的了……是他来啦?……不,还没来!……

为什么把他们抱过来啊?……他会揍我的!那也活该,我自作自受……嗯,揍我一顿也好!"

"忐忑不安"形容心神不安定。桑娜抱回孤儿后,面对自己的五个孩子,想想生死未卜的丈夫,她紧张、担忧,觉得自己这样做给丈夫增加了负担,觉得对不起他;她担心丈夫突然回来,不知道怎么告诉丈夫自己把孤儿抱回家的事。但是她宁可让丈夫揍一顿,也要收养孤儿。课文真实地展现了桑娜此时的心理活动。透过桑娜的心理活动,读者能充分感受到生活给桑娜带来的压力,感受到桑娜热爱丈夫,同情孤儿,宁可自己吃苦也要帮助别人的美好心灵。这激起了读者对桑娜今后命运的关心。

省略号的连续运用,表明桑娜当时的心理活动的时断时续,逼真地写出了桑娜不安的心理。

一、技法提炼:通过内心独白展示人物心理

心理描写运用最广泛的是内心独白,常用"想"等关键字眼作为明显的标志。内心独白,即采用第一人称让人物直接倾诉自己的内心活动(思想、想法、情绪、感受等)。它通过人物的自我陈述,来揭示人物的精神世界,表现人物性格。

精彩仿写:

(1)我脸色苍白,忐忑不安地想:爸爸会说什么呢?这是闹着玩的吗?我把别人的腿弄流血了,自己为什么不承认错误?是爸爸回来了……不,还没回来!我为什么要这样做呢?……爸爸会骂我的!算了,骂就骂吧,我自作自受……嗯,自作自受吧!

(2)我来到学校拿出要交的作业,刚拿出作业的瞬间,我突然想起来有一项作业漏写了。我拿起笔打开本子准备开始补作业,但是紧接着老师的脚步声从远处传进我的耳朵,我连忙合上了作业并把它放进抽屉。老师不断向我靠近,我脸色苍白,忐忑不安地想:我该怎么办?会被叫家长吗?……老师会不会批评我?……同学们会不会笑话我?我该怎么办啊?我以后再也不能忘写作业了!

片段回放2:

渔夫的妻子桑娜坐在火炉旁补一张破帆。屋外寒风呼啸,汹涌澎湃的海浪拍击着海岸,溅起一阵阵浪花。海上正起着风暴,外面又黑又冷,这间渔家的小屋里却温暖而舒适。地扫得干干净净,炉子里的火还没有熄,食具在搁板上闪闪发亮。挂着白色帐子的床上,五个孩子正在海风呼啸声中安静地睡着。丈夫清早驾着小船出海,这时候还没有回来。桑娜听着波涛的轰鸣和狂风的怒吼,感到心惊肉跳。

屋外的环境描写字数不多，却从听觉、视觉两个方面绘声绘色地描摹了大海狂风肆虐的恐怖和危险，颇具画面感和冲击力。这个环境描写反衬了桑娜紧张焦急、心惊肉跳的心理，和小屋的"温暖而舒适"形成鲜明的对比。第二处是屋内的环境描写，这段描写直接写出女主人的手脚勤快，善于持家；暗示了桑娜一家在生活上要求不高，只要温饱、平安和健康就心满意足了；小屋的"静"反衬了桑娜心里的"动"，她多么渴望丈夫能早点回到这"温暖而舒适"的家。

二、技法提炼：通过环境描写烘托人物心理

环境描写具有渲染气氛、烘托人物心理、表现作品主题的作用，因此运用环境描写烘托人物心理也是心理描写的一个方法，运用得好，可以达到妙笔生花的效果。融情于景，景随情迁，不同的环境描写能烘托出人物的不同心理。

精彩仿写：

（1）一早吃过饭，峻韬就背起书包去上学。刚走出家门，突然狂风大作，顷刻间就下起了倾盆大雨。他回到屋里，拿起雨伞，毫不犹豫地冲出了家门。一路上，他撑着伞，顶着风，艰难地向前挪动着……雨打湿了他的衣服，他就挽起裤脚继续前行；雨灌进了他的鞋子，他就索性脱掉鞋拿在手中，赤脚前进……到了，快到了，学校就在眼前，他抬起头看了看前面，脸上露出胜利的喜悦。

（2）竹林里，阳光透过竹叶洒下来，斑斑驳驳地照着奶奶慈祥的面容。奶奶对我笑着，让人如沐春风一般温暖，就像冬日里的太阳一般。突然，一只蝴蝶飞了过来，停在奶奶那银白色的头发上，翅尖微微地颤动着，给奶奶的头发添了一笔绚丽的色彩。

片段回放3：

她的心跳得很厉害，自己也不知道为什么要这样做，但是觉得非这样做不可。

"这样做"是指收养西蒙的两个孤儿，把他们扶养成人。桑娜探望西蒙，意外地发现西蒙已经病故，留下两个年幼的孩子——一个还不会说话，另一个刚会爬。面对西蒙的悲惨遭遇，桑娜本能地把两个孤儿抱回了自己的家。"不知道为什么要这样做"与"但是觉得非这样做不可"看似矛盾，实际上反映了桑娜同情穷人、关心穷人的善良品质。

三、技法提炼：通过心理分析揭示人物心理

心理分析，即通过剖析人物的心理来展现人物的内心世界，让读者对人物的所思所想更加明了。对人物做心理分析时，一般使用第三人称，这样不但有利于

细腻地表现人物的所思所想,还有利于概述人物的心理变化,更好地刻画人物的形象。

精彩仿写:

(1)他忽然死死盯着那台水果搅拌机,好像他自己的心在那儿搅拌、流血,再把那破碎的心植回胸膛,却也只剩一摊死水。

(2)他心里有种说不出的滋味,好像全世界的蛇胆都在自己肚子中翻腾。他受不了,想把这种苦吐掉,但是这东西刚到嘴边,又硬生生地被咽了回去,空留他一口苦涩。

著名教育家叶圣陶说过,课文就是作文最好的范本。教材为我们提供了大量的习作范例和写作素材,可谓是孩子们写作的源泉和材料的仓库。实践证明,教师善于发现教材经典作品中蕴含的写作技巧,巧妙架设桥梁,引导学生学习钻研教材,可以积累丰富的写作素材,扮靓作文的语言。学生可以借鉴名家的写作方法,获得写作的灵感,使写作从规范走向个性与创新,写出有声有色的好文章。

(南京市北京东路小学　陈佳)

踏上"真情写作"的追寻之路

一、习作中表现出来的"灯下黑"

人们常常把不能察觉发生在身边的事物或事件的现象称为"灯下黑",儿童生活里,"灯下黑"的现象也常常出现。

这学期,习作检测中出现了一道和当下热点——抗击新冠疫情有关的题目:

> 在抗击新型冠状肺炎病毒的日子里,我们会接触到形形色色的人:医生护士们、警察、保安叔叔们、社区志愿者们、药房工作人员、公交车司机、环卫工人……选择一个人写下来,运用本单元学过的描写人物的方法,具体地表现人物的特点。题目自拟。

看到作文题要求写"接触"到的人,我不由得为孩子们捏把汗。既然是"接触",那么指向的应该是现实生活中有过交集的人。孩子通过媒体宣传了解到的抗疫人物倒是不少,可是会注意到身边这些参与抗疫的人吗?果不其然,文章交上来,27位同学中仅有3位同学写了现实生活中接触到的人。对于这样一个结果,我并不十分惊讶,宅家的日子里孩子们接触的人比较少嘛。不过,还是有一篇习作引起了我的注意。

这个孩子写的是自己身为护士的妈妈支援武汉的故事。从习作评价标准来看,这篇文章文通字顺、事例具体,情感表达也较为自然,可评为一类文。可是,我知道这篇文章是假的。此前,因"每日健康信息"上报不及时的事,我和孩子的妈妈交流过她的工作。孩子妈妈就职于先声药业,正参与疫苗的研发,这段时间忙得天翻地覆。在我看来,这正是一个伟大的抗疫人员啊!可是她的女儿,却没有写自己的母亲,而是瞎编了一个护士妈妈的故事。这是为什么呢?

课后我和孩子交流,孩子是这么说的:"我不知道我妈在忙什么。"

这是一个典型的"灯下黑"的故事。

二、思考:如何实现"真情表达"

由这次习作存在的问题,结合平时的观察,我发现部分儿童提笔写作时总是缺少素材,他们对周遭事物并不敏感,缺乏感知、探索、思考这样的过程,写出来的文字缺乏自己独特的感受、体验和思考。

《语文课程标准》提道:在写作教学中,应注重培养学生观察、思考、表达和创造的能力。要求学生说真话、实话、心里话,不说假话、空话、套话。在实际教学过程中,我们也常常要求学生"写出真情实感"。在我看来,真情实感可分为两个层面,一是基于真实体验上的萌生的情感,这是对现实生活的直接反映。二是基于现实问题产生的联想、想象中蕴含的情感。例如《鲁滨逊漂流记》,内容有虚构的成分,但是文字中折射出来的冒险进取精神是基于现实生活诞生的,和现实中人们的精神追求一致,这也是"真情"。

如何让儿童"认识自我,感知周遭事物,思考与他人、社会的关系",表达"真情实感"呢?

三、行动:发展儿童人际关系技能,在情感交流中促进"真情"表达

《语文课程标准》指出:写作是为了自我表达和与人交流。如果儿童一味站在自己的角度思考问题,无法与他人交流,表达出的情感就有些"唯我独尊",因此,需要让儿童学会"共情"。"共情"能力包括两个层面:一是分辨他人情绪的能力;二是进入他人的情境,凭借自己的经验,努力去想象、猜测、理解他人的感受。

1. 发展分辨他人情绪的能力

先来看教材中的例子:小嘎子在家里跟人摔跤,一向仗着手疾眼快,从不单凭力气,自然不跟他一叉一搂。这句话选自五年级统编本教材《人物描写一组》,是作者对于小嘎子摔跤行为所投射出的心理活动的描写。作者能够分辨出小嘎子此刻的情绪,恰如其分地加入心理描写,使人物特点跃然纸上,读者阅读感受更顺畅。教师可以引导学生在描写人物行为时尝试感知人物情绪,加入心理描写。类似这样的小训练:(谁)怎么想的?怎么做的?将行为与心理对应着写。

同伴共写、亲子共写、师生共写这些活动有利于发展学生分辨他人情绪的能力。大家围绕一件事,分别从自己的角度来写,再交换阅读,了解别人的想法。通过这样的情感交流,使得"真情"更丰富、细腻。我们班就有一个男孩子,他和妈妈写了同一件事,非常有趣。

亲爱的妈妈：

　　您好！

　　我是前来跟您坦白的儿子。您天天跟我说："写完作业才能看书！"可是我却总是偷着看。

　　比如昨天晚上，我见您走出我房间，心想：这可是个千载难逢的好机会！然后立刻抄起一本《狼王梦》大看特看起来。正当我看得如痴如醉的时候，忽然听到您的脚步声从门外传来，我迅速把书放回书架，假装正在认真写作业。您推门看了我一眼，见我正在埋头写字，便轻轻地把门关上离开了。我心里松了口气，可是总感觉很内疚。于是，我认真写起作业来。

　　不一会儿，我心里的书虫又跑出来了，脑子里总想着刚才书中的情节。有了！我把书塞进衣服里，手托着跑出房门，大喊着："我要上厕所！"然后"砰"地把厕所门关上，躲在厕所里尽情看书。不知道多长时间过去了，突然听到您在门外大喊："你吃坏肚子了吗？还是掉厕所里啦？都快半小时啦！"我一惊，一边按下抽水马桶，把书塞回衣服里，一边回答："好啦好啦，出来啦！"接着飞快跑回房间。

　　妈妈，对不起，偷偷做一件事其实让我心里挺不舒服的，所以我决定告诉您，请您原谅我吧！

爱您的儿子
2019 年 9 月 26 日

亲爱的儿子：

　　你好！

　　我是来对你"从宽"的妈妈。

　　昨天晚上，我刚走出房间，就听到你那有动静。我从窗外看到你拿了一本书在看，正要阻止你，但又怕浇灭你爱看书的热火，所以没有马上让你停下。可是等了一会儿，你根本没有停下来的意思，于是我推门进入，发现你认真写起作业来了，嗯，及时"弃暗投明"还是不错的。

　　又过了一会儿，我看到一个"大肚子"男生叫喊着冲进厕所，"砰"地关上门，那情景真是好笑，悟空，你的小伎俩能逃出我的法眼吗？好吧，让你休息一会，过会儿再提醒你。

　　儿子，没关系，爱看书是一件超棒的事。但是一心不能二用，做完作业妈妈自然会让你在书的海洋中畅游。

爱你的妈妈
2019 年 9 月 26 日

儿子看了妈妈写的文章，非常感动，理解了妈妈平时的管束，深刻感受到妈妈对他的爱。母子情感进入新的篇章。

2. 发展进入他人情境的能力

进入他人情境的能力是分辨他人情绪能力的升级，在分辨他人情绪的基础上，凭借自己的经验，努力去想象、猜测、理解他人的感受。进入他人的情境，可以帮助儿童将目光投向外界，接纳和发现世界的与众不同，进一步思考自己与他人、社会的关系，看待事物更深入，思想更成熟，从而让"真情实感"更丰富、完整。

在习作《我想对你说》这个话题下，不少孩子畅快地抒发自己对父母的不满，唠唠叨叨，布置的作业多，不尊重自己……

师：你想对父母说什么？

生1：我想对我妈妈说，能不能不要在写作业时训斥我，搞得我写作业时的好心情都没有了。

师：能举个例子吗？

生1：有一天，我妈让我好好写作业，在她做完晚饭前要把作业全部写完。那天作业特别难，我写得有点累，中间就歇了一会，翻了翻课外书，这个时候我妈就进来了，看到我在看课外书就开始数落："你作业写完了吗？你什么情况啊？能不能让人省点心？"我气不过就又跟她吵架了。

师：看得出你确实很气愤。看课外书本身不算坏事情，那你知道妈妈当时为什么这么生气吗？

生1：因为前两天我作业磨蹭，拖到十一点才睡，她就不能看我慢。

师：还会想别的吗？请别的同学帮你想想。

生2：怕你睡觉晚个子长不高吧，我妈说多睡觉才能长个子。

生1：有可能。

除了在教学过程中启发儿童换位思考，我还设置了《我和＊＊互换身份》这样的习作题目，启发儿童尝试融入他人情境，以下是学生习作片段摘录：

吃完饭，我看到书包，忽然想起妈妈还没写作业，啊哈，我大喊起来："妈妈，快点去做作业，做不好晚饭不许吃！"妈妈慢吞吞地拖着书包走进书房开始写作业。十分钟过去了，我感觉应该做好了吧，作业又不多，赶紧走进书房看了下：什么？才写几个字？我大发雷霆："你怎么回事！十分钟写五个字，有没有搞错啊！"妈妈低头不说话，迅速把课外书塞进抽屉。我顿时更加火冒三丈，伸手就要去抓书……（《假如我和妈妈互换身份》）

当儿童尝试理解他人的时候，他就已经把注意力从自己身上转移到他人身上，当这种关注开始萌芽，理解开始启航，何愁孩子的习作没有真情实感呢？

除此以外,我们还应该让儿童不断参与社会生活,打破现实与书本之间的鸿沟,让儿童找到写作的意义,把注意力从自身投向家庭、学校、社会,爆发出最大的潜力、想象力和创造力,实现"真情"表达。我们期待,每一个孩子都能"做最好的自己,写最真的话"。

(南京市北京东路小学阳光分校　吴文霞)

读写结合,让《宝葫芦的秘密(节选)》更"有意思"

读写结合怎样能做到"有意思"？首先,要明晰这里"有意思"的概念:意,指的是主旨、情趣;思,指的是思想、思维。两者具备,则为"有意思"。

基于年段特点,小学语文中年段的读写结合通常侧重以段落、句群为训练对象,同时要做到基于文本,根据每一篇课文的具体特点,挑选出恰当的"读写结合"点,进而开展有意思的读写结合指导。

《宝葫芦的秘密(节选)》是统编版小学语文四年级下册第八单元第1篇课文,本单元的主题语中写道:"奇妙的童话,点燃缤纷的焰火,照亮我们五彩的梦。"关注的语文要素是"感受童话的奇妙,体会人物真善美的形象"以及"按自己的想法新编故事"。《宝葫芦的秘密(节选)》一课的课后习题中有这样一题:奶奶给王葆讲了哪些故事？选一个,根据已有内容创编故事,讲给同学听。这题就很适合进行读写结合的教学。

针对文中奶奶所讲故事的内容,进行读写技能的指导,我们可以选择四种不同的方式:模仿、再现、感想、创写。从这几个角度入手,可以有效落实读写结合,并突出语文学习的主旨,体现语文学习的情趣,激发语文学习的思想,提升语文学习的思维。

一、模仿,习得语言范式

1. 镜头回放

师:读一读原文,试着用"人物＋原因＋得到宝葫芦"的方式概括一下奶奶说了哪些故事。

生:张三劈面撞见了一位神仙,得到了一个宝葫芦。

生:李四出去远足旅行,一游游到了龙宫,得到了一个宝葫芦。

生:王五是一个好孩子,肯让奶奶给他换衣服,所以得到了一个宝葫芦。

生:赵六掘地掘出来一个宝葫芦。

2. 教学分析

文本阅读教学就是要引导学生扎扎实实地接触文本。接触的方式可以是读,也可以是写,更可以是读写结合。在读写结合教学的多种策略中,首先我们可以指导学生模仿,在模仿中去习得课文中典型的语言范式,积累遣词造句的技巧与方法。

《宝葫芦的秘密(节选)》一文中,奶奶讲故事的内容在第 15～16 自然段,这部分文字有哪些值得学生学习和模仿的语言范式呢?我们不难发现以下两点:其一,文字简洁,表达概括;其二,将多个故事合并在一起叙述时,使用了不同的词语进行串联。

因为一下子列举四个人物的四件故事,所以每一个故事都没有展开详述,而都用一句话简要概括,这就是此处明显的语言表达特点,也是读写结合指导的关注点。教师可以先引用原著中的某些故事情节,让学生把这些故事情节作为训练的素材,试着用"人物＋原因＋得到宝葫芦"的方式进行概括。随后,再让学生打开思维,想象还可以有哪些人物、在什么情况下得到宝葫芦,也用同样的句式来表达。

此段话还有另一个表达特点,就是当多个故事合并在一起的时候,使用不同的词语进行串联。分别用了"上次讲的是""下次讲的是""王五呢""至于赵六"几个不同的文字内容进行串联,这就增加了语言表达的丰富性。我们也可以让学生进行模仿。

在前一个环节中,学生已经创造出若干个新的故事,这时,教师提出要求,用不同的词把它们串联起来。学生可以参照文章的样本,也可以运用其他的词语进行串联。从中他们就能体会到这种表达技巧的妙处。

二、再现,发展想象能力

1. 镜头回放

师:请大家读一读这句话。

生:后来呢?后来不用说,他们全都过上了好日子。

师:他们过上了怎样的好日子呢?

生:张三想吃水蜜桃,立刻就有一盘水蜜桃。李四希望有一条大花狗,马上就冒出一条。

师:那王五和赵六呢?

生:书上没有具体说。

师:没有具体写出来,正是给了我们想象的空间。

2. 教学分析

爱因斯坦说:"想象力比知识更重要,因为知识是有限的,而想象力概括着世界上的一切,推动着进步,并且是知识进化的源泉。"《课程标准》的课程总体目标里也明确提出"激发想象力和创造潜能,在实践中学习和运用语文"。实现这个目标,既可以通过单纯的习作或阅读指导,也可以通过恰当的读写结合。比如进行再现类的练笔,文本有很多值得再现练笔的地方,如留白、标点、插图等。

《宝葫芦的秘密(节选)》课文中有这样一段话:"后来呢? 后来不用说,他们全都过上了好日子。"文本在这里就出现了留白,他们过上了怎样的好日子呢? 联系上下文看,文中对张三和李四后来发生的事有简要介绍,但是王五和赵六的结果并没有交代,给读者带来无限的遐想,这就给了学生再现情节的想象空间。

我们可以先组织学生根据课文内容完成表格,得到直观印象。

表 4-5 《宝葫芦的秘密(节选)》情节想象

人物	得到宝葫芦	得到之后
张三	劈面撞见一位神仙,得到一个宝葫芦	想吃水蜜桃,立刻就有一盘水蜜桃
李四	远足旅行,一游游到龙宫,得到一个宝葫芦	希望有一条大花狗,马上就冒出一条
王五	是个好孩子,肯让奶奶给他换衣服,得到一个宝葫芦	—
赵六	掘地掘出一个宝葫芦	—

然后,请学生补充王五和赵六的故事。学生可以仿写出一些充满想象力的句子,但这还属于"粗加工",文字表述比较简单。在此基础上可以进行"细加工",去想象每个故事的具体情节,把故事想得更加丰富、精彩。比如遇见宝葫芦是在什么时候、什么地点、什么环境、什么天气;给宝葫芦的人什么身份、什么长相、什么穿着打扮、什么口音语气;这宝葫芦什么质感、什么颜色、什么味道、有多大、有多重……这些都是想象的空间。

莫先武教授指出,目前,语文教学的专业缺失首先体现为教学的语文性缺失,即语文教学内容的非专业化,这在写作当中非常典型。因而,教师还须重点关注"如何写",应为学生提供写作支架,帮助学生完成写作。这里,教师就可以给出这些"表达支架",帮助学生厘清表达思路,丰富表达内容,学生便掌握了"写作密码"。

正像黑格尔所说:"真正的创造就是艺术的想象活动。"作为教师的我们要善于运用各种方法激发学生的写作兴趣,激活他们的思维,鼓励他们大胆想象,既学知识,又增智慧,学生眼中的写作也会变得有意思起来。

三、感想,绽放思想光芒

1. 镜头回放

师:王葆说:"全都过上了好日子。"你们怎么理解好日子呀?
生:好日子就是衣食无忧。
生:我觉得好日子就是想要什么就有什么,想怎么样就怎么样。
……

2. 教学分析

读写结合还有一种方式,就是针对所读内容写感想。可以抒发自己的感受,比如读完《爱如茉莉》谈谈对真爱的理解;也可以表达自己的看法,比如读完《牛和鹅》可以对比牛和鹅谈论一些看法;还可以对人物进行评价,《盘古开天地》《梅兰芳蓄须》都是合适的课文。

回到《宝葫芦的秘密(节选)》一课来,读完文章中奶奶说故事的这一部分内容,学生一定有所感,有所想,那么,教师也可以从这个角度入手,进行读写结合的指导。具体可以分为四个步骤,品读片段、交流想法、书面表达、再度评价。

首先,带领学生精读这几个自然段,在能够清楚理解奶奶所讲的几个故事之后,发现其中的相似之处,就是宝葫芦虽然以不同的方式与不同人物相遇,但都给人物带来了很好的结局,用王葆的话说就是"全都过上了好日子"。那么,我们就可以让学生谈一谈他们对"好日子"的理解,以及他们对"好日子"的看法。

这就到了交流想法的阶段,可以让学生围绕两个话题充分讨论,发表自己的感受。让学生更主动地思考,更深入地理解,从而形成更个性化的表达。

当学生彼此交流了想法,也就获取了多样的认知。在综合自身原先的想法之后,现在学生的思维是活跃而丰富的,此时就可以进行书面的表达,让学生写一写对宝葫芦的看法。会有学生很喜爱这宝葫芦,认为可以帮助我们解决很多难题,也会有学生认为这宝葫芦会让我们不劳而获,影响人的品质……

在学生初步练写,读出个人所写的感想之后,让全班再次进行分享与评价。正如斯宾塞所说:"教育中应该尽量鼓励个人发展的过程。应该引导儿童自己进行探讨,自己去推论。给他们讲的应该尽量少些,而引导他们去发现的应该尽量多些。"思维的碰撞将随之发生，认知的重新调整与修改也将随之产生。这样的读写结合才真正兼具了"情趣"和"思想"。

四、创写，体味言语情趣

1. 镜头回放

师：今天这篇课文是原著的第一章，再接着往后，王葆真的得到了宝葫芦，可以让他心想事成。有一天，王葆想要一架弹射式飞机模型。你认为会发生怎样的故事呢？

生：我猜想王葆一眨眼，就有一架弹射式飞机模型出现在他的眼前……

2. 教学分析

读写结合的指导策略中，除了模仿、再现、感想，还可以创写。我们经常可以采用的具体策略有改写和续写。如将古诗词改写成现代文的表述方式，如将故事改写成剧本的格式，这就算是改写；对于文本结尾处留有悬念和空白的课文，也可采取续写的方式，这都属于创写。

《宝葫芦的秘密（节选）》一课也存在着不少值得创写的空间，尤其是可以采用续写的方式来进行创写。因为这篇课文本身就是选择张天翼所著《宝葫芦的秘密》一书的第一章。作为整本童话的起始和发端，它本来就客观存在着精彩的后续故事与情节。

学生从课本中只能看到这一部分，而未见其余，恰好可以利用这巨大的留白展开想象，发散思维，享受这一场自由的创写。王葆如果获得了宝葫芦，他会发生怎样的事情呢？

教师在课堂上可循序渐进地实施此项教学内容。首先，可以给学生搭建习作的支架，借用原著中的部分情节作为想象的出发点，让学生接着往后写。比如"王葆给花草浇点儿水""王葆想要一架弹射式飞机模型""王葆想在数学考试中考高分"……给学生提供这些故事的前半段，也就是王葆的想法，而把之后发生的情节交给学生去创写。学生可以联系前文，合理展开想象，续写故事。教师还可以拿出原著中的选段，与学生所创写的内容比较，让学生在比较中品读情节、品味语言，进一步提升表达能力。

除了这样续写小故事外，教师还可以让学生续写大故事，就是针对这本书的主干情节来续写。王葆获得了宝葫芦，经历了一番事情之后，最终的结局会如何呢？面对这个话题，学生可以联系生活经验，将自己的经历、感想、体会与课文中的王葆联系，创造出源于生活又高于生活的新故事来。这样创写出的就是有个人情趣的、有意思的故事。

综上所述,《宝葫芦的秘密(节选)》一文,教师可以通过四个方面实现读写的有效结合:模仿,习得语言范式;再现,发展想象能力;感想,绽放思想光芒;创写,体味言语情趣。当读写结合成为语文教学的一种常态,想必可以突出主旨,体现情趣,激发思想,提升思维,让语文学习更加有意思。

(南京市长江路小学　赵昌竹)

我们班与网络作文的那些故事

对不少学生来说,写作文是一种"痛";对语文老师来说,批改作文也是一种"痛"。面对老师布置的作文,学生往往不知从何下手,写完之后的修改、誊抄也需要花很多心思。面对学生交上来的一本本习作,老师需要逐字逐句地阅读,提出修改意见,写上眉批、总批,一本本下来,也不是一项轻松的工作。

走上教师岗位几年后,我对自己学生时代的老师感到由衷的敬佩——那一次次细致的批阅,我的老师都是怎样完成的?同时我也期待着,能否有更高效、更便利的作文教学模式呢?

在我的班级中,就有这样一段难忘的故事。

一、尝鲜:作文教学与网络平台的美丽邂逅

这份美好的期待并没有落空。2014年8月,还在暑假之中的我接到了年级组长的电话,她兴奋地告诉我:"你们班被选为试点班级了!"原来,我们学校和一家知名的传媒企业合作开发了一套网络习作平台,我任教的班级作为试点班率先投入实践。于是,我们与网络习作开始了一段美丽的邂逅。

刚刚投入实验的时候,学生和我还真有点不太适应。

首先,学生写作文的方式与以往不同了,这主要是指学生在课堂之外的写作。我在班级中解释了用网络平台来学习作,用电脑来写作文之后,孩子们感到很新奇,也十分期待。当他们来到计算机房,点开属于自己的注册账号时,被这种全新的方式震惊了。很快,我们就着手写第一篇单元习作。

当学生完成了草稿之后,准备在平台上传作文时却遇到了难处:对孩子来说,用键盘输入字符并不是一件容易的事情。我们这群五年级的孩子还不太擅长打字,他们输入一篇500字左右的习作平均需要30分钟甚至更长的时间。虽然不再需要一笔一画地"爬格子",但对于不太擅长打字的孩子来说这确实是一项挑战。

这可怎么办呢?很快,智慧的家长们发现:许多软件可以实现拍照识字,只

要将学生的草稿拍照,软件就可以八九不离十地将其转化成清晰的文字,只要后期做微调就可以了。现如今,这一网络作文平台已经实现了语音输入转文字的强大功能,即使是一、二年级的小朋友,也能够顺畅地进行作文上传。不过,功能丰富的智慧平台对孩子来说也有"缺点":以前在作文本上写,总有孩子会耍点"小聪明",用多分段、加标点的方式想方设法地把篇幅延长。现在,由于平台自带的字数统计功能,一篇习作的字数和段落在数字环境中非常清晰。孩子们常常笑着告诉我:"一篇作文多少字,只要看一眼就知道,根本瞒不了袁老师!"

另一方面,我改作文的方式也和以前不同了。批改,是传统习作教学模式下教师最为繁重的工作。在网络平台的支持下,老师可以放下手里片刻不离的红笔,用鼠标来圈画学生的文本,用键盘敲下对习作的眉批和总批。一开始,我对着屏幕上的作文,总觉得手里不拿着一支笔不自在。再后来,我逐渐发现了无纸化批阅的好处:参加培训时还要带着一摞作文本埋头批改的现象不再出现,只要有一部手机,随时随地都可以进行批阅。借助系统后台便利的记忆和存储功能,教师只要进入批改页面,就可以很快地找到自己还未批改的习作篇目。诸多不同以往的便捷与高速,使得这一平台很快就得到了实验教师的欢迎。

班里的孩子都感到诧异:"以前袁老师一套作文本要改一个礼拜,现在怎么两天就改好了?"他们不知道,平台设置了"小助手",他们上传的作文在我批改之前会由后台的人工智能进行初批,所有的错别字、语句不通顺等小问题都会在我批改前完成。这样,老师就省去了许多烦琐而低阶的工作,可以专注地对学生的选材、组材和语言表达进行细细的打磨。

其实,网络平台带来的不仅仅是快。由于大数据的支持,丰富的资源也给孩子们的写作带来了便利。在平台的架构中,开发最成熟的就是为教材习作服务的一整套资源。这其中不仅包括详尽的作业布置窗口,还提供了海量的习作范文和指向特定习作题目的微课视频。可以说,学生要写一篇教材中的习作,还是有很多资源可以利用的。这一点,为教师的教带来了很大的便利,也让学生在写的时候不再盲目空想,而是有了更多可借鉴的优质的文章。

在此之前,学生觉得作文难写,是因为拿不准该怎么写。如果习作课指导的时间有限,就要经历几轮修改,甚至重写的过程。现如今,老师可以腾出更多的时间来进行指导,网络平台上也有海量的指导微课可供学习。当然,他们没有抄袭的机会——每篇作文上传后,后台会瞬间生成"网络相似度",只有原创的作文才能通过审核,这一功能让我拍手叫绝。

便利的智能手段、丰富的教学资源、不受时空限制的批改方式……短短一个月间,我和学生们就喜欢上了这个网络习作平台。

二、交互：让每个孩子都发出自己的声音

在使用网络习作平台的过程中我渐渐意识到：如果仅仅是改变了写与批的方式，这样的设计是不是有点简单了？既然是基于网络环境，可否能够通过交互方式进一步激发学生的写作兴趣，让孩子爱上写作呢？

经过反馈和协商，我们的期待很快就变成了现实。

一周之后，我看见学生下课三个一群、五个一伙地聚在一起悄悄聊着什么，还不时笑着看我一眼。我走过去，他们正拿着一张纸在研究。那是什么呢？我拿起纸来一看，居然是一张打印出来的截图，上面是班里一位同学的作文，下面则是一串串评价——咦，这不是我们的网络作文平台吗？什么时候开始可以进行学生点评了？再看看孩子们写的点评："文笔通顺，语句幽默，实属上乘。""喜欢你的排比句，好像诗歌一样……""赞！"长短不一，却都说在点上，这居然都是我们学生写出来的评价！

我眼前一亮，赶紧回办公室打开了界面。原来，平台此前为每位学生注册了账号，经过升级后，学生的终端具备了评价功能。在学生上传的习作完成批改之后，我可以根据习作的水平进行等级评定。除了1到5颗星的评价之外，教师还有权限将这篇习作进一步评定为"班级优""学校优"或"平台优"。而被评为"优"的习作，会在首页中被置顶，同时会显示出醒目的颜色，得到更多用户（同学）的关注。刚刚孩子们围着看的，就是一篇被我评为优的好作文，这篇作文得到了几乎全班同学的点赞，下方的评论更是一连十几条，可以想象：这个姑娘看了评论和点赞该有多幸福！

真没有想到，学生竟然这么喜欢读同学的作文，还如此热衷于评价别人的文章！我眼前一亮：这不就是提升学生写作兴趣的好办法吗？在语文课上，我把自己的发现告诉了大家，没想到孩子们说："老师您 out 了，我们早就开始点评了！"我既汗颜又感动，真不愧是新一代的网络原住民，运用技术比成年人更为得心应手！

从此开始，每一次上传习作之后，不需提醒，我总能在孩子的作文下方看到同学的评价。有的是写下几十字的阅读感受，有的只是短短的一个"真棒"，甚至只有一个大拇指符号的"赞"……无论怎样，我都看到了学生对阅读作文的浓厚兴趣。

再往深处思考，我们的学生为什么会如此热衷于评价呢？我想有两点原因。

首先，新的习作学习模式让孩子有机会读到更多的好作文。在此之前，我的作文课限制在班级圈内部进行。现如今，随着参与实验的学校、班级越来越多，

平台上的好文佳作越来越多,我们的学生不仅可以读到自己班级的佳作,还可以看到年级中、校园外,甚至其他城市的优秀作文,在欣赏、比较、借鉴的过程中,他们得到了更为丰富的学习机会。

其次,人类对于交际的本能需求驱使孩子们投入网络作文平台中。交际是人类生活的重要组成部分,儿童也需要社交,而习作平台的交互功能既符合儿童的生活,也为他们提供了适度的交流功能。网络习作平台不仅成了学习写作文的端口,还成了一个互动交流的社区,这种形式让孩子们一下子找到了归属感。

随着互动功能的丰富,班里的孩子们也悄悄发生着变化。

他们不再满足于设置的原始头像,而是换上了自己喜欢的卡通人物头像。如果不是后台设置了权限的话,恐怕他们连自己的用户名都要改成自己心仪的了。他们的评价语言不再限于一个"赞"字,有些语言表达出色的孩子成了内行的"评价者",渐渐能够围绕文章的一个具体点来展开点评,有时也会提出中肯的建议,甚至比老师的总批还要犀利。以前,班级中的光环总是集中在那些擅长口头表达、性格活泼开朗的孩子身上。随着平台的使用,一些话不多的孩子却因为文笔出色或是善于点评成了班级中的"新星"。只要一有机会,孩子们就会聊起评价作文的事来。

更让我喜欢的是,除了教材习作外,平台还很有心地开发了"日记"功能。孩子们可以将自己信手写下的文字录入平台,甚至可以直接在平台中输入文字,以类似于博客的形式记录自己的生活感悟。而对这一类型习作的教师点评,平台和学校都没有做硬性的要求,因此显得更加随性。有一些自信且乐于动笔的孩子,开始了自己的"写手"生涯。

也许您会问,这样一个平台难道没有缺点吗?当然,在使用的过程中,我和学生也遇到了一些问题。

第一,不是所有学生的家庭都拥有电脑和网络环境。在刚开始实验的时候,有个孩子在课间来到办公室,悄悄地告诉我"家里没有电脑",确认之后我了解到,孩子的父母都在外地,他和老人居住在一起。小家伙很羡慕大家能够用电脑上传,又担心同学们知道自己没有电脑而笑话他。经过商量,我同意他继续采用大作文本给我批改。再后来,我请他利用放学后的时间到我的办公室,用我的办公电脑上传作文。这一问题得到了妥善解决。

第二,家长担心孩子用电脑过于频繁。这也是我们在实验中遇到的真实问题。尤其是在开启了评论功能之后,家长在 QQ 上找到我,对孩子使用电脑表达了忧虑。经过讨论,我们制定了时间限制,即统一规定网络平台的使用时间,并重置了学生的登录密码。这样一来,学生的登录时间就被限定在固定的期限内,而且处于家长的监督管理之下。这一问题也同样得到了解决。

三、期待:大数据赋予语文的美好未来

现如今,七年过去了,那些和我一起初次尝试网络习作平台的孩子们早已走进了大学,可是只要打开网站,登录自己的账号,他们依旧可以看到自己儿时写下的稚嫩文字,以及那些虽青涩却真挚的评价。这一平台犹如一枚时间胶囊,把我和我的班级,以及我们那段时光完好无损地封存。只要打开,总能勾起我们美好的回忆。

现如今,我来到了另一所学校,而随着时间的推移,这一平台也渐渐发展升级,成了覆盖全省多地的习作教学平台。

在今天,上传作文和批改作文不再仅限于电脑,只要拿起平板电脑或手机,就可以进行操作;随着技术的升级,学生经过简单的培训就可以运用语音输入自己的习作,后台则会自动为文章分段,"说"作文的方式让孩子和家长都耳目一新;随着人工智能的升级,全班作文上传之后,后台会自动形成对班级作文的总体评价:篇幅、选材、语言表达都包含其中,为老师节省了很多力气;新增加的标签功能则为班级作文存在的整体问题提供了依据,让我更好地改进教学,为习作指导课提供了大数据;随着平台的发展,更多的优质习作教育资源也让我和学生受益……

如今在五年级任教的我仍然带着一群可爱的学生,他们也能够熟练地使用这一平台。就在 2020 年的下半年,我的班级又成了区网络环境教学的实验班,当班级中装上了新的交互式白板,每个孩子手里拿到全新的平板电脑时,他们脸上那欣喜的表情就和 2014 年那群孩子们一样。

我想,这又是一段新故事的开始。

四、思考:技术带给我们怎样的改变

教育部在《基础教育课程改革纲要(试行)》中提出:"大力推进信息技术在教学过程中的普遍应用,促进信息技术与学科课程的整合。"随着科技的发展,将新技术与校园之中的教学行为相结合进而激发出更高的效率已经不再新鲜。作为教师,我们面临着现代与传统的双重选择,究竟该怎样利用技术改进我们的小学习作教学呢?

习作是学生对生活的体验、感悟与抒发,而本着解放孩子思想这一初衷来打造习作教学平台,就应该怀着理解儿童的本意出发,开放一些、活泼一些,真正为实现儿童的自由表达服务。我相信,解掉这一层束缚后,学生在敲击键盘时也会

轻松许多，教师也不必为批改习作而苦苦思索了。

　　此外，互联网丰富的资源是语文教学的一大财富。对于习作教学，学生缺少的是生活体验，是优秀的习作范本，是难点段落的结构把握，甚至是起笔的勇气。这种种困难，不就是网络平台择取资源的出发点吗？例如，小丁同学在数篇习作中都表现出人物外貌描写特征不鲜明的特点，语文教师就可以借助后台的运算得出这一分析结果，再从后台的资源库中调出《外貌描写难？看这里！》这篇文章，推送给小丁同学的家长。这样的方式，对学生的习作能力提高一定有帮助！

　　最后，我们应当认清：习作教学的本质追求应该是让我们的孩子乐于表达、自信表达，能够以规范且自己喜欢甚至擅长的方式抒发自己的想法，记录自己的生活，丰富和愉悦内心的精神世界。当互联网的热潮澎湃涌动时，我们热切期待着互联网与语文教学的"甜蜜联姻"。然而，互联网本身只是信息媒介，真正有价值的是将互联网与生产工作相结合的巧妙方式和所收获的高效率。无论在作文本前，或是面对键盘，我们首先应当成为合格的小学语文教师。

（南京市中央路小学　袁卓然）

在"真实写作"中学会写作

——记一次习作课磨课经历和课后思考

一、一语惊醒梦中人

四月份的时候,我校迎来了五年一次的大督导,按教学进度,算算日子,那天正好该上习作《记一次班级讨论会》了,于是我便选定了这一课,认真准备。

《记一次班级讨论会》要求学生围绕某件关注的事情,相互间谈谈看法,再写下来。书上提供了一篇例文,寥寥数语,记录了同学们对"非典"的看法。

夏冰洁同学说:"我和爸爸、妈妈天天看报纸,看电视,了解'非典'疫情的最新情况。"

刘蔚同学说:"我妈妈参加了医院的紧急救护工作。我盼望着她早日平安回来。"

李琦君同学说:"我们可以给医生、护士们写一封信,慰问他们。"

——例文选段

我想:就把大家说的话记录一下,这也太简单了。这么简单的内容怎么配得上督导课的"档次"呢?我仔细斟酌,决定拔高一点。这篇习作不仅要记录大家发言的内容,还要把讨论时的场景写下来,让文章更加具体生动。

基于此,我把其中的一条教学目标定为:通过描写人物发言时的动作、神态,将讨论会场景写具体。

针对该目标,我设计了以下环节:

(1) 同学们,咱们学习例文更要超越例文,如果我们来写讨论会,哪些地方可以写得更好?

(2) 教师出示片段,交流例文的不足之处。

(3) 师总结:同学们发言的动作呀、神态呀、说话语气呀,这些精彩的部分也要写出来。

(4) 刚刚的讨论会上,同学们的发言十分精彩,谁的样子给你留下了深刻的印象？说一说。

（5）利用投屏技术回放精彩镜头，加深学生对人物说话神态、动作和发言内容的印象。

试教时，我右手一支粉笔，左手一个手机，时而拍摄讨论会精彩场景，时而板书，忙得不亦乐乎。当时讨论的是"小学生该不该上网"的话题，学生十分感兴趣，教室内气氛热烈。到回放镜头的时候了，我利用教室电脑软件的投屏功能，直接把手机上的画面投放到电脑大屏上，想看谁就看谁。有了"高科技"加持，课堂更加活跃了。看着出现在大屏上的熟悉面孔，同学们一边笑得前仰后合，一边妙语连珠。"他挥舞着双手，像一个王者发号施令般，滔滔不绝地说着……""他一边说一边用笔点着桌子，十分镇定。""某某某一站起来，就大声反驳了某某的看法，只见他一边说一边扫视全班，像在争取别人的认可。"……看着这一幕幕，我的内心十分满足：瞧！目标达成得多好。这讨论会要是写下来，可比干巴巴的例文生动多了。

一切似乎都很完美！课堂结束，我还沉浸在课堂热闹的气氛中心满意足，直到评课的老师说："我们讨论问题的时候，最关注的到底是什么呢？"

一语惊醒梦中人。写一次讨论会，应该关注的是倾听和记录别人的看法。原来例文没有描写人物神态动作是有道理的。我拔高的部分，恰恰是最没有用的部分。

我彻底清醒了。后来，我将本节习作课重点回归到指导学生认真倾听并记录别人的发言上。

怎么记录呢？话说得那么快，全记下来是来不及的，那就指导孩子记录关键词。孩子说："小学生可以上网，一些网络游戏能够锻炼我们的大脑呢。"怎么记关键词？一个孩子说："锻炼大脑。"我假装不满意："四个字，太多了。"全班静了一会，有个孩子说："健脑。"大家一致通过。

孩子不听别人的发言怎么办？老师不写板书，内容全靠自己记，不听，一个字都写不出来。

最终，那节督导课，没有用上高科技，也不如试教时热闹，上成了一节"家常"课。但是，学生却在这节课上学会了讨论和记录。

二、习作课堂真在哪里

这次磨课之后，我反复追问自己：第一次试教时，为什么会设定那样的目标？在多次灵魂拷问之后，我不得不承认，我很功利。我要的是一篇篇"好看"的文章。将讨论会场景写具体，加上动作、神态描写的文章，显然比只表达看法的文章生动活泼得多。

但是,这样生动活泼的文章是"假"的,是为了完成教材任务的写作。如果习作教学只是为了得到一篇篇好文章,那无疑是矮化、窄化了习作教学。习作是学生自我表达和与人交流的方式,习作是学生细心观察、丰富见闻的体现,习作是个人独特感受的抒发,习作也可以是解决具体问题的途径……习作有如此丰富的内涵,习作教学要做的绝不仅仅只是教学生写出优秀的应试文章。

那怎么样才能让课堂上发生"真实写作"呢?我思考总结了三点。

1. 习作动机真实

真实的写作课堂,首先要激发学生真实的写作动机,要让学生觉得写作是有用处的,引导他们思考为什么要写,写给谁,把"要我写"变成"我要写"。真实的写作不是模拟生活,而是表达真实的生活。《记一次班级讨论会》中,我设计了这样的导入环节:

(1) 出示教育部紧急文件——《关于做好预防中小学生沉迷网络教育引导工作的紧急通知》,带学生读一读,了解通知内容。

(2) 贴出一所学校执行这则通知的做法——禁止小学生上网。

(3) 抛出话题:这所学校的做法合适吗?小学生该不该上网?

(4) 展开班级讨论。

在这个环节中,教育部的紧急通知是真实的,某些学校的做法也是真实的,学生就会觉得,这不是为了写作而讨论,而是就社会中发生的热点事件进行讨论。这种"真实情境的创设"实现了与生活世界的对接和融合,诱发了学生真实的写作动机。

2. 习作任务真实

为了激发学生的真实写作动机,教师首先要具备这样的意识,在教授习作创作方法或文章构思选材之前,考虑写作的实际用处。这不是一次训练,而是真实的表达与交流。基于此,制定的写作任务才会是真实的。还是以《记一次班级讨论会》为例,在现实生活中,讨论时有发生,讨论时我们是该去看别人的表情、动作,还是去听别人的看法?当然是后者。这次习作任务该指向哪一块就不言而喻了。习作教学是为了让学生更好地生活。教师明白了这一点,教学目标就不会发生偏移。否则,课堂上的热闹只能是虚假的繁荣。再如《谈谈对某个问题的看法》要求就一个问题和别人展开讨论,最后综合别人和自己的看法,写一篇文章。教材中举了四个例子:野猪糟蹋庄稼、乱扔电池、武松是不是英雄、"非典"病毒。这四个话题,哪些可以成为真实的写作任务呢?显然,对于根本见不到野猪糟蹋庄稼的城市学生来说,第一个话题就没必要写,因为写出来没有用。教师可以启发学生从现实生活中找话题,例如《流浪地球》为什么热播？你怎么看办得热火朝天的辅导班？要不要生二胎？小学生能不能拥有零花钱？小学生发生矛盾应该自己解决还是找老师？……学生身边真实存在的事件和问题才有讨论和写作的必要。真实的写作任务是治疗"无病呻吟""千篇一律"的良方。

3. 习作内容真实

真实的写作课堂,要敢于让学生写真话。个人认为,教师需要对学生进行价值观的引导,但不需要统一价值观,要尊重学生自身的认知。例如:一个学生在写自己父亲时,重点描述了父亲爱玩手机的行为,表达了对父亲的埋怨。这是他真实的生活感受。教师如果强行引导他体谅父亲的辛劳,理解父亲玩手机的行为,无疑会让学生感觉,文章不可以抒发真实感受,扼杀了学生的写作激情。教师可以抓住这个契机,鼓励学生再写一封信给父亲,表达希望父亲多陪伴自己的愿望。顺势而导,让学生尽情抒发真实感受。习作教学中,尊重儿童的自我认知和体验,让儿童为自己的喜而喜、为自己的悲而悲。这样,习作中才能流淌出也许并不崇高,但真实、纯粹,闪耀着人性光辉的情。

唯有真实,才能让学生做到课标中说的那样——"乐于书面表达""能不拘形式地写下自己的见闻、感受和想象"。唯有真实,写作才是有意义的。这一点,我将时刻谨记。

（南京市北京东路小学阳光分校　吴文霞）

其实，每一个孩子都是语言大师

如果这样讲笑话，你肯定会乐——那是中午，我正和孩子们在教室里吃午饭。一个小男孩走过来满脸认真地说："老师，你快点把嘴里的饭吃完，我给你讲个笑话。"我不以为然，用手势请他现在就讲。他摇头坚持："不，你必须吃完，要不然你听完一定会把饭笑喷出来的。"如此笃定，逼得我只好狼吞虎咽。他依然保持神秘，右手勾一勾，让我靠近，然后贴我的耳朵，热热的气声吹来："告诉你哦，我刚刚放了一个屁。"可以想见当时的我会多么震惊且觉得好笑，以至于到现在，我还会常常向朋友提起这件事。正如那个小家伙所言，几乎每一个听众，都笑喷了。

教一年级的老师，对这一幕估计都很熟悉。这些刚刚步入校园的小豆丁依然保持着特有的纯真和趣味，说起话来"头头是道"。其实，家里有小孩的人对这一幕也大抵都不陌生，那些入学前的儿童哪一个不是天才，当他们逐渐掌握说话这种技能时，个个妙语连珠。家有小儿，偶一日看到杯架上挂着三个杯子，便开始感慨："爸爸的杯子，妈妈的杯子，宝宝的杯子。唉，要是我们都是杯子就好了，能整天挂在一起。人就不一样，每天总是挂在不同的地方。"虽然"挂"字听着惊悚，但这奇妙又贴切的联想不得不让成人折服。他们不用冥思苦想，似乎这些妙语就摆在他们心中，需要时拿出来说说罢了。而一年级孩子敏锐的感受和想象的丰富有趣、表达的生动活泼，更让他们的语言充满灵动，总会给我们这些刻板乏味的成人世界带来许多惊喜。

有次上课，识记生字"日"和"月"。我先提出一个问题：太阳给你什么样的感觉？小朋友们纷纷举手，很快给出了答案：太阳给我的感觉是暖和和的，冬天晒在身上很舒服；太阳给我的感觉是凉爽的，秋天照在身上很凉快；太阳给我的感觉是热热的，夏天时晒得我直流汗；太阳给我的感觉是漂亮的，春天时它一晒花就开了。我又问一个特别俗气的问题：弯弯的月亮像什么？小朋友们的回答却不俗：弯弯的月亮像螃蟹张开的钳子，像快乐的笑脸，像咬了一口的月饼，像架在空中的金色桥，像宝宝的摇篮，像"0"的一半。在那一刻，我为自己只想到"弯弯的月亮像小船，像香蕉，像镰刀"而自惭形秽。把这一句句话记录下来，不就是一首灵动的诗吗？

固然，我们不能把孩子的语言神圣化，但不可否认，孩子在这个年龄段都爱说话，会"说话"，而且说得有趣、好玩，充满想象力。可为何随着年龄的增长，这种天生的语言优势渐渐消失了呢？甚至于越长大，越不会说话了呢？尤其到了中高年级，面对想象类习作，孩子们曾经的想象世界似乎一下子就褪色了。作为一年级的老师，我一直在想：该如何发挥并保持孩子们这份天生的语言优势？好在和孩子们相处久了，倒也有点心得。

一、给孩子一只倾听的耳朵

在孩子牙牙学语时，我们成人总是充满着耐心和鼓励。当他们蹦出第一个字时，我们会欣喜若狂；当他们能说出一句完整的话时，我们又是怎样地如获至宝！那时候，孩子的每一句话都会得到回应和肯定。可当孩子学会说话时，我们的关注点就会转移到其他要求上。朋友的孩子4岁，每次说话时，听到大人用"嗯"或者点头等方式回应时，总是非常不满："你听我说话了吗？请你不要'嗯'，不要点头摇头，用说话告诉我！"很有意思的是，这种现象在一年级孩子身上出现了反转。我们经常听到成人对孩子说："你听到了吗？不要点头摇头，用嘴巴说。"的确，每一个诉说者都需要听众，如果对孩子说出的话语，我们始终保持倾听和赞赏的态度，他们会不爱说吗？

如果经常和一年级的孩子在一起，你就会发现他们很喜欢聊天。只要你愿意听，他们能一直围绕在我身边叽叽喳喳，我发现他们特别善于观察。

班上有个女孩，害羞又胆小，很内向。有天放学，她突然问我："老师，我们校长辞职了吗？"我憋住笑："你怎么知道？"她很认真地说："这一个星期，我一直在观察校长室的门。早上看一次，放学看一次，都没开。而且，我在学校一直都没看见校长，以前都会看到的。"既有观察，又有推理，有理有据，还真是无法反驳。她要不说，谁还能想到小小的她会留心校长辞职这样的大事儿？

有段时间，午饭一打开饭盒，班上孩子都成了"表情包"。咋回事？原来，他们发现吃饭的勺子上有各种图案，于是他们自己就命名出了"国王""王后""小花""园丁"等各种身份的勺子。每天有人因拿到"国王"勺沾沾自喜，有人因拿到"小花"勺而"貌美如花"……日常生活的小细节，却被他们说成了神秘的"勺子世界"，谁能想到呢！

二、给孩子一道写话的缓坡

由说到写，应是顺理成章、水到渠成的事儿。所以，我们低年级的习作不叫

"习作",叫"写话",就是让孩子写自己想说的话。可现实却并非如此,似乎动笔写东西,在一年级就成了"烦恼"。低年级的孩子们有着和中高年级孩子怕写作文一样的烦恼——怕写话。不光孩子,就连我们低年级的老师也怕教学写话,总感觉教不好也教不会。于是,为了让孩子练习写话,成人总是想当然地认为越早练习越好、越规范越好。有时,为了完成一篇写话,孩子们要花很长时间,因为写字慢,因为拼音写错,因为错字多,因为句子不通顺……各种毛病,各种不对。真的说不清,到底是孩子不会写,还是成人要求高?或者是让孩子动笔写得太早?

记得春天来临时,我让孩子们回去画一幅画,题目就是"我眼中的春天",并且告诉他们发现什么就画什么,不需要写文字,只要画就可以。课堂上,我带着他们读了几首春天的诗,有古诗,也有现代诗,还有一些儿童诗,并且带着他们欣赏了一些图片。课的最后,我鼓励他们为自己的画也配上一句话,或者两句话,想写什么就写什么。

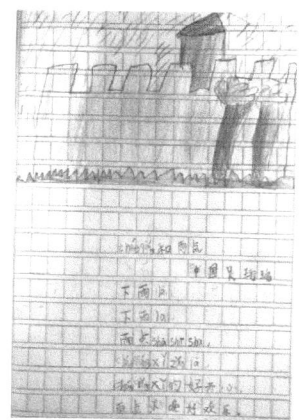
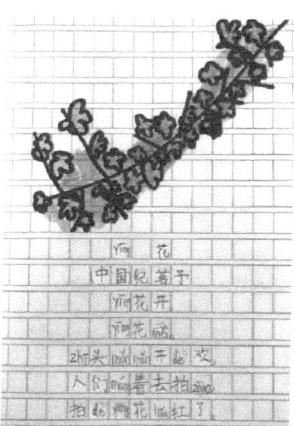
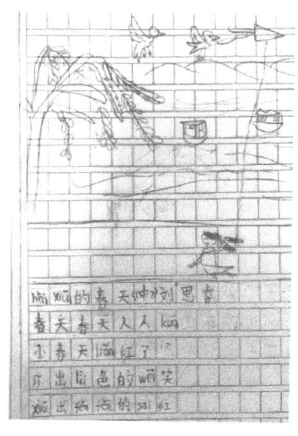

图 4-2　学生作品

当读着这些满是拼音且歪歪扭扭的文字，我不得不赞叹这一个个小诗人的灵气和慧眼。特别是他们在本子上写下"中国"，再添上自己的大名时那一刻的自信和自豪。谁说他们不会写呢？谁能说他们不会想象呢？有几个孩子的画自己提前写了一段文字：春天来了，冰雪融化了，燕子从南方飞回来了，五颜六色的鲜花都开了……我问她是不是自己写的，她说："妈妈教我的。"这段标准的放之四海而皆准的"春天"，和孩子们自己的"话"一比，真是逊色太多！

如果我们先让孩子充分地阅读、感受，充分地练说，他们写起来会不会更容易？

如果孩子们只要能够写出来，我们就认为是最好的，并且充分肯定，他们会不会更自信？

如果那些在我们眼里不够整洁、不够标准，甚至很多错误的"话"，我们不去强求改成所谓的正确规范，只尊重孩子自己的话，他们会不会更想写？

如果我们只让孩子写自己想说的话，写自己能说的话，他们的文字会不会越来越独特？

同学在国外，告诉我美国的低年级孩子每天也在写作文，但他们每天写得很开心。我问为什么，她说答案大概就是没有人告诉他们：你写得不够好，你这里错了，请你下次注意，更多的则是"太棒了""你太让我惊喜了"这样真诚又夸张的肯定。

不管是习作还是写话，其实都是一种思维的内在建构。当孩子能够熟练地写出自己想说的话时，不断地进行这样的输出训练，由易到难，不仅会促进他们阅读，更会促进他们思维方式的建立、表达流畅性的提升。

（南京市北京东路小学　左海霞）

后　记

今年的暑假不平凡。我深爱的南京经历了疫情的严峻考验，伴随着的，还有这座城市里每个人默默地成长。

因居家的暑假生活，工作室的伙伴们有了更多静心学习和思考的时间。当我汇集好《儿童写作课》的校对稿，眼前不由自主浮现着伙伴们动人的面庞：

徐红飞老师，思维深刻而独特，看问题入木三分，是大家信赖的研究伙伴；

王成老师，不急不躁，聚焦习作研究一个个难题十多年如一日，成果卓著；

左海霞老师，爱孩子懂孩子，教学富有创意，是低年级说话写话教学能手；

汪家燕老师，相信习作课程的力量，温柔而坚定，开发课程独具匠心；

赵昌竹老师，幽默儒雅，潜心研究，独创的广播剧习作课堂充满魅力；

赵凯宁老师，热爱写作，大量文字公开发表，带出了一个又一个爱写的孩子；

袁卓然老师，孩子们喜欢的帅气大哥哥，和孩子一起抒写了动人的写作故事；

朱志林老师，另辟蹊径，在古代经典中开掘了一片儿童习作的广阔天地；

肖娴老师，文静秀美，课堂上却活泼幽默，走进孩子心田，爱和孩子一起写；

吴文霞老师，聚焦儿童习作情感研究，经她设计的习作活动总是很迷人；

陈佳老师，专注于儿童习作学程研究，为着每一个孩子的个性化习作在努力。

对，就是这样一群有才华的年轻人，为着共同热爱的儿童写作教学研究，有缘和我走到了一起。从2018年"朱萍名师工作室"正式挂牌开始，我们已经一起走过了三年时光。

三年时间不算长，但是也实在不短，改变的，真是不算少。挂牌最初的忐忑，却在工作室一次次活动中得以消解，青春洋溢的力量永远这样神奇。11个伙伴都是温暖的小太阳，让我的内心一直充盈着感动与力量。感谢玄武区教育局和教师发展中心，相信并支持着我们，让我们充满信心，凝聚在一起，建立了"研究—实践"的伙伴关系，勇敢地发出儿童写作研究的声音。

围绕儿童写作教学研究项目，我们在一节节写作课堂中发声。传统课堂，线上教学，远程微课……只要儿童需要，我们都努力研究。因为我们深知，儿童写作教学改革的核心在课堂。如何突破小学写作教学的难点，追求每一个儿童真正的学习与成长，让习作成为儿童的快乐和需要，是我们的初心和使命，也是我们想要拥有的专业水准。

围绕儿童写作教学研究项目，我们还在一次次反思与理性总结、提升中发声。好的教师不仅仅能上课，还应该爱研究、会研究。于是，我们努力超越"研究—实践"的二元对立关系，利用工作室微信公众号每周推送研究文章，抓住各级各类教师论文评比活动的契机，坚持写作。故事、案例、论文、研究报告……大家轮流写，赛着写，一年以后，就出版了工作室自己的教学专辑；满三年，我们竟然可以联手合作，有了这本《儿童写作课》。

真的要感谢前行过程中给予我们关心与指导的每一位专家，感谢工作室伙伴们所在学校的大力支持，感谢伙伴们的家人的包容理解。

《儿童写作课》并没有完整的学术体系架构，但四个版块确是我们真实走过的研究之路。虽有不足，却不彷徨，读懂儿童，研究儿童写作教学，我们永远在路上……

朱　萍

2021 年 8 月写于钟山